Lutz Fehling

AUSTRALIEN
NATUR-REISEFÜHRER
mit Neuseeland

Tiere und Pflanzen
am touristischen Wegesrand

Lutz Fehling

AUSTRALIEN
NATUR-REISEFÜHRER
mit Neuseeland

Tiere und Pflanzen
am touristischen Wegesrand

2., überarbeitete und erweiterte Auflage

Ilona Hupe Verlag
Edition Fehling

Zum Autor Dr. Lutz Fehling

Jahrgang 1940. Wirtschaftsstudium an den Universitäten München und Köln. Infizierung mit dem Australien-Bazillus bei einem Studienaufenthalt auf dem Fünften Kontinent. Daraus resultierend Diplom- und Doktorarbeit mit australischen wirtschaftsgeographischen Themen bei Prof. Dr. Erich Otremba in Köln und erneuten Besuchen in »Down Under«. Handelsstudienrat in Bonn. 1985 Verlegung des Wohnsitzes in das Land der Sehnsucht. Redakteur für eine deutschsprachige Zeitung. Ab 1990 Leiter für Expeditions- und Studienreisen in Australien, später auch Neuseeland. Seit 1995 ausschließlich für Studiosus-Reisen in München tätig. Wohnsitz in Brisbane, der Hauptstadt des »Sonnenschein-Bundesstaates« Queensland.

Bibliografische Information der Deutschen Bibliothek

Die Deutsche Bibliothek verzeichnet diese Publikation in der Deutschen Nationalbibliografie; detaillierte bibliografische Daten sind im Internet abrufbar über http://dnb.ddb.de

Anregungen und Berichtigungen

Verlag und Autor (und die Leser späterer Ausgaben) sind dankbar für jeden Verbesserungsvorschlag. Wir freuen uns über alle Zuschriften und belohnen verwertete Tipps mit einem Freiexemplar der neuen Auflage. Bitte kontaktieren Sie direkt den Autor: PO Box 5492, West End (Brisbane), 4101, Australien Fax +61 7 3846 0003 • e-mail: lufe@tpg.com.au

Impressum

2., überarbeitete und erweiterte Auflage 2007

© 2003-2007 Edition Fehling im Ilona Hupe Verlag, München

Volkartstraße 2, D 80634 München
Tel. 089/16783783 Fax 089/1684474
e-mail: ilona@hupeverlag.de
Internet: www.hupeverlag.de

Herausgeber und Text: Dr. Lutz Fehling
Zeichnungen: Sharon Dye und Ted Poulter
Verbreitungskarten: Peter Evans
Satz und Layout: Peter Evans
Druck und Bindung: Firmengruppe APPL, aprinta druck, Wemding

Alle Angaben ohne Gewähr
Alle Rechte vorbehalten

Printed in Germany • ISBN 978 3 932084 34 8

Inhaltsverzeichnis

Vorwort zur 1. Auflage

Das vorliegende Buch entstand durch meine langjährige Tätigkeit als Studienreiseleiter in diesem Land und beantwortet die häufigsten Fragen der Reisegäste zur australischen Tier- und Pflanzenwelt. Es ist für den Laien gedacht und verzichtet deshalb weitgehend auf Fremdwörter. Die Fachleute mögen mir daher verzeihen, wenn ich Angaben stark vereinfacht und oft auch dem Laien weniger verständliche deutsche Fachausdrücke umschrieben habe.

Herzlichen Dank an alle, die mir bei meinem »Lebenswerk« mit Korrekturen und Verbesserungsvorschlägen behilflich waren. Mein Bruder Peter Fehling besorgte mir vergriffene Literatur. Besonderer Dank gilt meinem langjährigen Freund und Kollegen Hans Ludwig Schwinghammer: Die Datensammlung zur australischen Tier- und Pflanzenwelt in seinem Buch »Australien für Insider« war eine wertvolle Ausgangsbasis, ferner half er mir mit vielen persönlichen Anregungen und auch als »Computerlehrer«. Des weiteren gilt mein besonderer Dank Herrn Prof. Dr. Martin Lechner, der die fachliche Endkorrektur des Manuskripts übernahm und noch wertvolle Anregungen zur textlichen Gestaltung einbrachte. Schließlich danke ich der Verlegerin Ilona Hupe für ihre praktischen Ratschläge und für die Aufnahme des Werkes in ihr Verlagsprogramm, quasi als »Osterweiterung«.

Dem Leser wünsche ich, dass er neugierig wird auf die faszinierende Tier- und Pflanzenwelt Australiens und sie dann beim Naturerlebnis vor Ort noch besser verstehen kann. Viel Spaß beim Lesen und Reisen!

Vorwort zur 2. Auflage

Nach der so langen »Schwangerschaft« war der Erfolg der ersten Auflage ein großes Vergnügen, besonders habe ich mich über die zahlreichen begeisterten und dankbaren Leserzuschriften gefreut. Schöne Komplimente kamen von mit meinem Büchlein reisenden Familien, deren Kinder »verständlichen« Spaß an der Lektüre hatten. Auch bedanke ich mich für die Leseranregungen.

So wurde auf vielfachen Leserwunsch diese Auflage vor allem um Neuseeland ergänzt - mit über 60 Tier- und Pflanzenarten »am touristischen Wegesrand«. Einige Spezies erscheinen im Australien- und im Neuseeland-Teil, so z.B. das in

Neuseeland eingeführte und allgegenwärtige »Bürstenschwanz-Possum«. Das Register wurde ebenfalls erweitert: nicht nur um die Neuseeland-Einträge, sondern auf Leserwunsch ebenfalls um die wissenschaftlichen Familiennamen. Durch zehn zusätzliche Register-Seiten konnte die Schrifttype vergrößert werden, um das Auffinden im fahrenden Auto zu erleichtern.

Für die Neuauflage danke ich allen, die mir mit Korrekturen und Verbesserungsvorschlägen halfen, besonders Herrn Prof. Dr. Martin Lechner, der freundlicherweise wieder die fachliche Endkorrektur übernahm. Dank auch an den Layouter Peter Evans und den Zeichner Ted Poulter sowie die Verlegerin Ilona Hupe für die herzliche Zusammenarbeit.

Brisbane, im Mai 2007

Geleitwort zur 2. Auflage

Woher A.B. (»Banjo«) Paterson, als er 1895 am Combo Waterhole im Outback von Queensland die inoffizielle australische Nationalhymne »Waltzing Mathilda« komponierte, den in der zweiten Liedzeile besungenen »Coolibah Tree« kannte, ist nicht überliefert. Ganz sicher ist jedoch, dass Paterson kein Reiseführer zur Verfügung stand, der in seinem Tuckerbag leicht Platz gefunden hätte.

Diese Lücke schloß erst mehr als 100 Jahre später Lutz Fehling mit seinem handlichen, liebevoll illustrierten Natur-Reiseführer Australien. Nach achtjähriger Arbeit konnte er das Puzzle aus etwa 325 Tier- und 200 Pflanzenarten im Jahr 2003 als Buch vorlegen.

Weil er inzwischen als Reiseleiter in Neuseeland oft nach fehlenden Arten angesprochen wurde, nahm er die Gelegenheit bei der zweiten Auflage wahr und erweiterte das bewährte Buch entsprechend.

Der vorliegende Natur-Reiseführer Australien mit Neuseeland erspart eine ganze Sammlung von Schriften und Büchern für einen kompletten Zugang zur Tier- und Pflanzenwelt sowie zur Kultur der Ureinwohner. Für deutsche und deutschsprachige Reisende wird das Buch dazu beitragen, Australien und Neuseeland, »Down Under«, bei der Vorbereitung einer Reise, unterwegs und zur Nachbereitung besser als bisher zu verstehen.

Prof. Dr. Martin Lechner
Berg bei Ravensburg, im Mai 2007

AUSTRALIENS TIERWELT

Vor rund 225 Mio Jahren vereinigten sich alle Landmassen dieser Erde zu einem einzigen Erdteil »Pangaea«. Dieser Urkontinent teilte sich etwa 45 Mio Jahre später und es entstanden:

➤ Laurasien im Norden mit dem späteren Nordamerika, Europa und Asien sowie

➤ Gondwana(land) im Süden.

Die Geschichte der australischen Tierwelt - übrigens wie auch jene der Pflanzenwelt - ist eng verbunden mit Gondwana. Noch heute finden sich verwandtschaftliche Beziehungen zwischen Australien und den von Gondwana abgetrennten Erdteilen und Landmassen. So gibt es beispielsweise Beuteltiere auch in Südamerika sowie Laufvögel und Lungenfische in Südamerika und Afrika.

Der Kontinent Gondwana löste sich in der nachfolgenden Erdgeschichte auf:

➤ Afrika driftete vor 160 Mio Jahren als erster Teil ab,

➤ Indien trennte sich vor 130 Mio Jahren als zweiter Teil und begann sich vor 50 Mio Jahren auf Asien aufzuschieben,

➤ Südamerika folgte vor 100 Mio Jahren,

➤ Neuseeland vor 80 Mio Jahren,

➤ Antarktis und Australien mit Neuguinea trennten sich vor 53 Mio Jahren.

Mit etwa 6 cm pro Jahr driftet das isolierte Australien seitdem nach Norden und wurde dabei zu einer Art »Arche Noah«. Hier konnte die Natur unbeeinträchtigt von den evolutionären Vorgängen auf den anderen Kontinenten sehr eigenwillige Tier- und Pflanzenformen erhalten bzw. entwickeln. So überlebten die eierlegenden Säugetiere und besonders die Beuteltiere, die in den anderen Erdteilen schon bald von höheren Säugetieren verdrängt waren. Auf dem Kontinent Australien gab es dagegen keine anderen großen Säugetiere. Weder die fleischfressenden Beutegreifer noch Vegetarier störten ihre Verbreitung.

Erst mit der Annäherung an Asien vor 15 Mio Jahren konnten die dort heimischen Flughunde und Fledermäuse, Nagetiere, Vögel und Reptilien auf den Inselkontinent gelangen und damit auch die Vielfalt der australischen Tierwelt erweitern.

vor 180 Mio Jahren

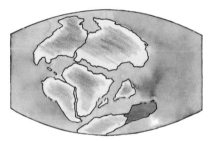

vor 120 Mio Jahren

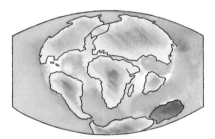

vor 53 Mio Jahren

Heute

Mammals

Säugetiere

Mammalia

Säugetiere sind Wirbeltiere mit einer konstanten Körpertemperatur (Warmblüter), die ihre Jungen säugen. Die befruchteten Eizellen entwickeln sich bei den höheren Säugetieren im Mutterleib zu einem mehr oder weniger selbständigen Individuum. Außer den eierlegenden Säugetieren gebären alle Säugetiere Junge, die von ihren Müttern zunächst mit Milch ernährt werden.

Die drei Gruppen der Säugetiere - Eierleger, Beuteltiere und höhere Säugetiere - sollen sich unabhängig voneinander aus inzwischen ausgestorbenen säugerähnlichen Reptilien entwickelt haben. Der natürliche Lebensraum für die Vertreter aller drei Gruppen ist heute nur noch Australien und Neuguinea.

Weltweit gibt es rund 4250 Säugetierarten. Die ca. 300 in Australien wild lebenden Arten verteilen sich folgendermaßen:

Eierlegende Säugetiere:
➤ Schnabeltier und Ameisenigel: 2 Arten

Beuteltiere:
➤ Koala: 1 Art
➤ Wombats: 3 Arten
➤ Kängurus und Verwandte: 42 Arten
➤ Kletterbeutler (Possums): 24 Arten
➤ Nasenbeutler bzw. Beuteldachse: 8 Arten
➤ Fleischfresser bzw. Raubbeutler wie Numbat, Beutelteufel und -marder: 42 Arten

Höhere Säugetiere:
➤ Nagetiere (Mäuse und Ratten): 51 Arten
➤ Flughunde und Fledermäuse: 58 Arten
➤ Meeressäuger (Robben, Seelöwen, Seekühe, Wale, Delphine): ca. 60 Arten

Zusätzlich gibt es 17 Arten von eingeführten und verwilderten Säugetieren wie Dingo, Fuchs, Kaninchen, Esel, Schwein, Kamel, Rotwild und Wasserbüffel.

17 Arten von Säugetieren wurden seit der europäischen Besiedlung ausgerottet!

Monotremes

Kloakentiere oder Eierlegende Säugetiere

Monotremata

Zu dieser Ordnung gehören nur die beiden Familien der **Schnabeltiere** und **Schnabeligel**, die ausschließlich in Australien und Neuguinea beheimatet sind. Nur hier konnten sie dank einer besonderen Lebensweise und durch fehlende Konkurrenten überleben.

Als zu Beginn der europäischen Besiedlung das erste ausgestopfte Exemplar eines Schnabeltieres nach England geschickt wurde, hielt man es für ein Fabelwesen, gekreuzt aus einer Ente und einem Biber, gefälscht von einem Scherzbold.

Kloakentiere bilden die ursprünglichste Ordnung der Säugetiere. Sie sind keineswegs Vorläufer der heutigen höheren Säugetiere, sondern zweigten sich schon sehr früh vom Stammbaum der Säuger ab und entwickelten sich selbständig weiter.

Monotremata heißt wörtlich »Einlochtiere«, abgeleitet vom griechischen *monos* (allein) und *trema* (Spalte). Wie bei den Reptilien und Vögeln verlassen Kot, Harn, Sperma und Eier den Körper durch die gleiche Öffnung, die man als »Kloake« bezeichnet. Andere Säugetiere haben dafür getrennte Körperausgänge!

Von allen Säugetieren legen nur die Weibchen der Kloakentiere die sehr dotterreichen und weichschaligen Eier, die in einem Nest oder im Beutel ausgebrütet werden. Die Jungen saugen dann die Milch aus einem bauchseitigen Milchdrüsenfeld und nicht aus den Zitzen wie bei den anderen Säugetieren.

Aber auch die Männchen der Kloakentiere bieten eine Besonderheit: Sie besitzen an dem Hinterfuß einen giftigen Sporn. Wahrscheinlich wird dieser als Waffe benutzt, um Nebenbuhler auszuschalten.

Platypus
Schnabeltier

Ornithorhynchus anatinus

Spiny Anteater
Short-beaked Echidna
Ameisenigel
Kurzschnabeligel

Tachyglossus aculeatus

Familie: Schnabeltiere, Ornithorhynchidae
Aussehen: Einem Biber sehr ähnlich mit einem »Entenschnabel« und einem dunkelbraunen, wasserdichten Haarpelz. 40-57 cm lang.
Lebensraum: Süßgewässer.
Lebensweise: An Land und im Wasser (also amphibisch). Schwimmt und taucht: Ohrmuscheln fehlen, hat Häute zwischen den Vorderzehen und benutzt den Schwanz als Steuer. Einzelgänger. Nachtaktiv, schläft tagsüber im Nest einer langen Wohnröhre in der Uferböschung.
Nahrung: Schnecken, Würmer und Kleinkrebse. Schwenkt nachts am Gewässerboden den Schnabel mit geschlossenen Augen (gründeln) und spürt dabei die elektrischen Ströme der Muskelbewegungen seiner Opfer auf.
Entwicklung: Paarung im Wasser. Das Weibchen bebrütet 1-3 Eier in 10 Tagen in einer separaten Bruthöhle und säugt seine Jungen dort noch etwa 16 Wochen. Ab 2 Jahren geschlechtsreif. Alter bis 15 Jahre.
Artenschutz: Ja. Art nicht bedroht. Aber der Lebensraum schrumpft durch Kulturland.
Achtung: Die männlichen Giftsporne am inneren Hinterfußgelenk sind für Menschen gefährlich!
Hotspots: z.B. Carnarvon Gorge NP (Qld) und Eungella NP (Qld).
Allgemeines: Kloakentiere, S. 8

Familie: Schnabeligel, Tachyglossidae
Aussehen: Einem Igel ähnlich, schwarz bis braun. Röhrenartiger »Schnabel«, keine Zähne. Kleine Augen. Füße mit kräftigen Grabkrallen versehen. 30-45 cm groß, 2-7 kg schwer.
Lebensraum: Alle Klima- und Vegetationszonen.
Lebensweise: Tag- oder nachtaktiv, je nach Temperatur. Einzelgänger. Bei Gefahr schnelles Eingraben oder Einrollen, dennoch sehr wehrhaft. Bei Kälte und Nahrungsmangel Winterschlaf.
Nahrung: Erbeutet Ameisen und Termiten mit seiner sehr langen, röhrenartigen und klebrigen Zunge, die 18 cm tief reicht und hundertmal pro Minute hin und her schnellt. Öffnet Baue mit den starken Klauen. Frisst auch Käfer und Erdwürmer.
Entwicklung: Wochenlange Werbung: Dem Weibchen folgen bis zu 10 Männchen im Gänsemarsch. Der stärkste Freier gewinnt beim Ringkampf in der »Paarungsfurche«. Das Weibchen bebrütet meist ein Ei in einer Bauchtasche. Das Junge schlüpft nach 10 Tagen und wird noch 6 Monate gesäugt.
Besonderes: Männchen wie beim →Schnabeltier mit einem Stachel, jedoch fehlt die Giftdrüse .
Artenschutz: Ja. Art nicht bedroht.
Vergleiche: Neuguinea: Langschnabeligel, *Zaglossus bruijni*, ist der einzige Verwandte. - Ist mit dem amerikanischen Ameisenbären nicht verwandt.
Allgemeines: Kloakentiere, S. 8

Marsupials
Beuteltiere
Marsupialia

Beuteltiere sind zwischen den eierlegenden und den höheren Säugetieren eingeordnet:
➤ Sie legen keine Eier.
➤ Nach einer kurzen Trächtigkeit (je nach Art 10-40 Tage) erfolgt eine »Frühgeburt«.
➤ Das Junge im Embryonalstadium (maximal nur 3 cm!) findet aus eigener Kraft den Weg zu den Zitzen der Mutter.
➤ Die Zitzen liegen meist in einer echten Tasche. (Bei einigen Arten liegen die Zitzen nur unter Hautfalten oder sogar völlig frei wie beim →Numbat.)
➤ Der Winzling heftet sich an die Milchzitze und »verwächst« dort mit der Mutter, je nach Art 2 bis 7 Monate.
➤ Die »zweite Geburt« entspricht der Erstgeburt der höheren Säugetiere. Das Junge verlässt zeitweise den Beutel und kehrt zum Säugen und bei Gefahr dorthin zurück, je nach Art bis zu 8 Monate.

Beuteltiere waren einst weit über die Erde verbreitet. In vielen Gebieten wurden sie aber durch die sich parallel entwickelnden höheren Säugetiere verdrängt. Außer in Australien konnten sie sich nur in Südamerika halten, bis dann die Landbrücke zu Nordamerika auch hier die Verhältnisse änderte. So sind heute noch ein Drittel aller Beuteltier-Arten auf dem amerikanischen Doppelkontinent heimisch; sie gehören alle zu den beiden Familien:
➤ Opossums bzw. Beutelratten, *Didelphidae*,
➤ und Opossummäuse, *Caenolestidae*.

Nur in Australien und Neuguinea mit den Nachbarinseln konnten sich die Beuteltiere - durch bessere Einpassung in die Gegebenheiten gegenüber den vor der Trennung von anderen Gondwana-Teilen miteingewanderten höheren Säugetieren - letztlich durchsetzen und sehr unterschiedliche Lebensräume besiedeln: als Bewohner von Bäumen, hüpfende Savannentiere, Insektenfresser sowie Beutegreifer bei Vögeln und Eidechsen, insgesamt 14 Familien, von denen die bekannten Kängurus nur eine darstellen.

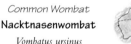

Common Wombat
Nacktnasenwombat
Vombatus ursinus

Familie: Plumpbeutler, *Vombatidae*
Aussehen: Wie ein kleiner Bär, denn auch der zoologische Name bedeutet »Bärähnlicher Wombat«. Fell dicht, schwarzbraun. Gestalt pummelig, kurzbeinig, dicker Kopf, »nackte« Nase, Stummelschwanz. Beutel nach hinten geöffnet (wie beim nah verwandten Koala), wodurch beim Graben kein Schmutz eindringt. Zweitgrößter Beutler (nach Riesenkänguru). Etwa 1 m lang und 30 kg schwer, in Tasmanien nur 85 cm und 20 kg.
Lebensraum: Busch und lichte Wälder.
Lebensweise: Dämmerungs- und nachtaktiver Einzelgänger. Schläft in den selbst gegrabenen Erdhöhlen, die er bei Feindgefahr mit dem hinteren Körperende verschließt.
Nahrung: Nur Gräser, Wurzeln und Blätter, obwohl er ein »Fleischfresser«-Gebiss hat.
Entwicklung: Paarung das ganze Jahr. Nur ein Junges, Beuteltragzeit 6 Monate, selbständig mit 18 Monaten, geschlechtsreif mit 2 Jahren. Alter in Gefangenschaft bis 25 Jahre, in der Wildnis nur 5 Jahre (mehr Stress).
Artenschutz: Ja. Art nicht bedroht.
Vergleiche: Southern Hairy-nosed Wombat, Südlicher Haarnasenwombat, *Lasiorhinus latifrons*, ist das Nationaltier von Südaustralien.
Allgemeines: Beuteltiere, S. 10

Koala

Koala

Phascolarctos cinereus

Familie: Beutelbären, *Phascolarctidae*
Aussehen: Im Süden (Victoria) dunkelbraun mit einer weißen Halskrause: Männchen Sitzhöhe ca. 78 cm und Gewicht 12 kg, Weibchen 72 cm und 8,5 kg. –
Im Norden (Queensland) silbergrau: Männchen Sitzhöhe ca. 70 cm und Gewicht 6,5 kg, Weibchen 68 cm und 5 kg. –
Das Fell ist wollig, am Bauch weißlich. Runde, stark behaarte Ohren. Schwarze, »nackte« Nase. Kein Schwanz. Öffnung des Beutels nach unten (bei den meisten Beutlern jedoch nach oben), wodurch beim Klettern keine Rindenstücke, Zweige und Blätter eindringen können.
Lebensraum: Lichte Eukalyptuswälder.
Lebensweise: Einzelgänger oder in kleinen Haremsgruppen. Baumbewohner, kommt nur zum »Bäumchen-wechsle-dich« auf den Boden. Aktiv bei Abenddämmerung und bei Nacht; frisst am Tage etwa 5 Stunden, die restlichen 19 Stunden ruht und schläft er in einer Astgabel. Müdigkeit sowie langsame Bewegungen sind keine Folge der Eukalyptus-»Drogen«, sondern eine energiesparende Anpassung an die Blätter-Diät.
Nahrung: Zum größten Teil Eukalyptusblätter, täglich etwa 1 kg. Wählt dabei nur Blätter von etwa nur 50 der insgesamt 700 verschiedenen Eukalyptus-Arten, außerdem auch nur die von Jugend an vertrauten und jahreszeitlich auch noch unterschiedlichen Arten. Die für die meisten anderen Säugetiere zu giftige Kost wird in einem 2,5 m langen Blinddarm aufbereitet und bleibt über 8 Tage im Darm. Frisst aber auch Blätter von Akazien und Obstbäumen! Muss kaum trinken, da die Blätter sehr wasserhaltig sind. Deshalb nennen ihn die Eingeborenen auch »Koala«, was so viel wie »Nichttrinker« bedeutet.
Entwicklung: Paarung im Frühjahr und Sommer auf Bäumen. Dann wird das Männchen aggressiv und beißt das Weibchen in den Nacken, wodurch es sich nicht befreien kann. Alle 2 Jahre nur ein Junges (selten Zwillinge), Geburtsgewicht nur 0,5 g, Beuteltragzeit 7 Monate, reitet dann auf Mutters Rücken. Bei der Umstellung von Milch auf feste Kost nimmt das Junge regelmäßig einen speziellen, vitaminreichen Blinddarmkot direkt vom After der Mutter auf. Mit 12 Monaten selbständig. Die Weibchen sind mit 2 und die Männchen mit 3-4 Jahren geschlechtsreif. Alter in Gefangenschaft bis 18 Jahre, aber in der Wildnis kürzer (da mehr Stress durch natürliche Feinde und durch Futtersuche).
Artenschutz: Zu Beginn der europäischen Besiedlung gab es etwa 10 Mio Tiere. Dann durch Felljäger fast ausgerottet; das Koala-Fell wurde als »Adelaide Chinchilla« bezeichnet. Erst 1933 unter Schutz gestellt. Heutige Bestände sind noch etwa 100 000 Tiere. Natürliche Gefahren sind Buschfeuer und Dürren sowie die Infektionskrankheit *Chlamydia psittaci*, die u.a. unfruchtbar macht. Die eigentliche Bedrohung heute ist aber die Zerstörung des Lebensraumes (Vernichtung der Wälder) durch die Ausdehnung der urbanen Siedlungen. Auch fallen etwa 4000 Koalas pro Jahr Autos und Hunden zum Opfer.
Bezeichnung: Sowohl der umgangssprachliche Name Koala»bär« als auch die zoologischen Bezeichnungen »*Phascolarctos cinereus* = Aschgrauer Beutelbär« und die Familie »Beutelbären« sind irreführend. Als Beuteltier hat der Koala mit dem höheren Säugetier »Bär, *Ursus*« nichts gemeinsam.
Sonstiges: Nationaltier von Queensland.
Allgemeines: Beuteltiere, S. 10

INFO

Kangaroos
Kängurus und Verwandte
Macropodidae

Zur Familie der »Großfüßer« gehören die größten, noch lebenden Beuteltiere mit einer Sitzhöhe von 1,8 m; dagegen hat die kleinste Art nur bis 30 cm Sitzhöhe.

Der Name des »Kangaroo« soll auf einem Missverständnis beruhen. Angeblich fragte Captain Cook 1770 die Ureinwohner nach dem Namen dieser Tiere; ihre Antwort war »kan ga roo« und das bedeutet soviel wie »ich verstehe nicht«.

Die Australier bezeichnen das männliche Känguru gern als *Boomer*, das weibliche als *Flyer* und das Jungtier als *Joey* bzw. *Young-at-foot*.

Die Entwicklung der Kängurus ist für das Überleben besonders vorteilhaft. Die nächste Generation kann sich dabei gleichzeitig in drei Stadien entwickeln:
➤ Im Mutterleib als Embryo,
➤ im Beutel an der Zitze als Fötus,
➤ und an der Seite der Mutter als Jungtier, das anfangs zeitweise in den Beutel zurückkehrt und an einer der restlichen drei Zitzen saugt. Dabei ist die Zusammensetzung der Milch für den Fötus und den »Halbstarken« sehr unterschiedlich, ein in der Säugetierwelt einmaliges Phänomen.

Kennzeichnend für die Kängurus ist nicht nur der Beutel, sondern auch die hüpfende Fortbewegung. Langsam gehend benutzen sie ihre kurzen Arme und den starken Schwanz, aber in schneller Bewegung ausschließlich die überdimensional entwickelten Hinterbeine, die wie Sprungfedern wirken. Auf der Flucht erreichen Kängurus eine Geschwindigkeit von über 80 km/h mit bis zu 12 m weiten und 3 m hohen Sprüngen, die sie mit dem Schwanz steuern und ebenfalls ausbalancieren. Dabei verbrauchen sie weniger Energie als alle anderen Vierbeiner ihrer Größe bei einer vergleichbaren Leistung.

Die größeren Känguruarten leben in Gruppen mit einem dominanten Männchen, das seine Stellung immer wieder verteidigen muss: Im Rivalenkampf stützen sich die Männchen mit dem Schwanz ab und verteilen Boxhiebe und Fußtritte. Mit den Hinterbeinen können sie dem Gegner sogar den Bauch aufschlitzen, was seltener gegenüber Artgenossen, wohl aber z.B. bei angreifenden Dingos und Hunden geschieht. Auch für den Menschen ist es daher nicht ratsam, ein Känguru zu reizen.

Durch Rodung und Schaffung von Weideland veränderten die weißen Siedler den Lebensraum der Kängurus: Kleinere Arten wurden bis zur Ausrottung dezimiert, während die größeren Arten als Weidegänger die Erweiterung der Futterfläche begrüßten und sich deshalb stark vermehrten, teils sogar zur Plage wurden.

Alle heimischen Tierarten stehen zwar heute unter Naturschutz. Einige Känguruarten dürfen jedoch bis zu einer Jahresquote (z. Zt. 6 Mio Tiere), die den Fortbestand der Arten nicht gefährdet, von professionellen Jägern abgeschossen werden. Auch Naturschützer haben dem inzwischen zugestimmt. Die Felle dürfen nur mit einer vom Staat ausgegebenen und nummerierten Plakette verkauft werden. Das Fleisch der erlegten Tiere wird meist zu Dosenfutter für Haustiere verarbeitet und das Fell wird in der Plüschtierindustrie verwendet.

Kängurufleisch für den menschlichen Verzehr wurde erst in den 1990er Jahren populär. Es schmeckt wie Rehfleisch, ist fettarm und sehr proteinreich und ist heute auf der Speisekarte vieler Restaurants zu finden.

Von 120 Käng uruarten in urgeschichtlicher Zeit überlebten nur 42 Arten, von denen 17 als gefährdet gelten. Sie tragen unterschiedliche Sammelnamen und gehören zwei Familien an:

1. Echte oder Eigentliche Kängurus
➤ Riesenkängurus und Wallaroos
➤ Wallabies (volkstümliche Bezeichnung für alle Kängurus mit Ausnahme der Riesen-, Baum- und Rattenkängurus)
➤ Filander (Pademelons)
➤ Felsenkängurus
➤ Quokkas
➤ Baumkängurus

2. Rattenkängurus

Red Kangaroo
Rotes Riesenkänguru
Macropus rufus

Eastern Grey Kangaroo
Östliches Graues Riesenkänguru
Macropus giganteus

Familie: Echte Kängurus, *Macropodidae*
Aussehen: Das Männchen meist rotbraun, sehr muskulös, Sitzhöhe 1,8 m, Gewicht 90 kg. Das Weibchen meist blaugrau, 1,3 m, 35 kg. Der Schwanz ist körperlang. Es ist das größte lebende Beuteltier.
Lebensraum: Gras- und Buschland mit Mulga-Akazien und Mallee-Eukalypten.
Lebensweise: Dämmerungs- und nachtaktiv. Tagesrast unter Büschen und Bäumen. Sehr gesellig, bildet kleine Trupps.
Nahrung: Gras und Kräuter. Kann bei frischer Vegetation sogar ohne Wasser überleben.
Entwicklung: Paarung meist das ganze Jahr. Nur ein Junges (Geburtsgewicht nur ein Gramm), Beuteltragzeit 9 Monate, selbständig mit einem Jahr, geschlechtsreif mit 2-3 Jahren. Alter bis zu 20 Jahre. Durch natürliche Feinde (vor allem Dingos, Füchse und Greifvögel) überleben nur 50% der Jungtiere die ersten zwei Jahre.
Artenschutz: Ja. Die Art ist nicht bedroht. Sogar starke Vermehrung durch die Ausdehnung des Weidelandes seit der weißen Besiedlung; deswegen auch Abschussquoten.
Besonderes: Springt bis 13 m weit und läuft auf Kurzstrecken über 80 km/h.
Info: Kängurus, S. 12
Allgemeines: Beuteltiere, S. 10

Familie: Echte Kängurus, *Macropodidae*
Aussehen: Silbergrau. Schwanz fast körperlang. Männchen Sitzhöhe 1,7 m, Gewicht 66 kg, sehr muskulös. Weibchen 1,25 m und 35 kg, meist mit weißer Brust.
Lebensraum: Gras- und Buschland.
Lebensweise: Dämmerungs- und nachtaktiv. Tagesrast unter Bäumen und Sträuchern. In Gruppen bis zu 10 Tieren und mehr.
Nahrung: Gräser und Sträucher.
Entwicklung: Paarung das ganze Jahr, aber überwiegend im Sommer. Jeweils nur ein Junges. Tragzeit im Beutel 11 Monate, selbständig mit 18 Monaten, geschlechtsreif mit 18-24 Monaten. Erreicht ein Alter von 10-12 Jahren.
Artenschutz: Ja. Art ist nicht bedroht. Sogar starke Zunahme durch die von den Siedlern geschaffenen Weideflächen; deswegen auch Abschussquoten.
Vergleiche: *Western Grey Kangaroo*, Westliches Graues Riesenkänguru, *Macropus fuliginosus*, kleiner, braungrau. Bei Überschneidung der Verbreitungsgebiete der Grauen Kängurus bilden sich sogar gemischte Verbände, aber keine Kreuzungen.
Hotspots: z.B. Kangaroo Island (SA).
Info: Kängurus, S. 12
Allgemeines: Beuteltiere, S. 10

Euro
Common Wallaroo
Bergkänguru
Gewöhnliches Wallaroo
Macropus robustus

Whiptail Wallaby
Pretty-faced Wallaby
Hübschgesichtswallaby
Macropus parryi

Familie: Echte Kängurus, *Macropodidae*
Aussehen: Zottiges Fell, rotbraun im Westen, grauschwarz im Osten. Bauch hell, Nase nackt. Langer Schwanz. Männchen Sitzhöhe bis 1,6 m, Gewicht bis 58 kg. Weibchen bis 1,2 m, 25 kg, oft blaugrau.
Lebensraum: Felsige und hügelige, oft trockene Landschaften.
Lebensweise: Dämmerungs- und nachtaktive Einzelgänger, aber die Männchen bilden gerne kleine Gruppen. Tagesrast möglichst in Höhlen oder unter Felsüberhängen, ähnlich den →Felsenkängurus. Widerstandsfähig gegenüber Hitze, Trockenheit und karger Nahrung.
Nahrung: Gräser und Sträucher. Kann sogar monatelang ohne Trinken überleben: Durch eine bessere Nahrungsausnutzung wird weniger Stickstoff über den Urin ausgeschieden und dadurch Wasser gespart.
Entwicklung: Paarung fast das ganze Jahr. Nur ein Junges, Tragzeit im Beutel 9 Monate, selbständig mit 14 Monaten, geschlechtsreif mit 14-24 Monaten. Alter ca. 15 Jahre.
Artenschutz: Ja. Art nicht bedroht. Abschussquoten wie bei anderen Riesenkängurus.
Besonderes: →Hübschgesichtswallaby.
Info: Kängurus, S. 12
Allgemeines: Beuteltiere, S. 10

Familie: Echte Kängurus, *Macropodidae*
Aussehen: Helles, sandfarbenes Fell. Gesicht mit dunkler Schnauze und einem weißen Wangenstreifen. Schwanz körperlang. Sitzhöhe 1,2 m, Gewicht 7-26 kg.
Lebensraum: Offenes, hügeliges Grasland mit einzelnen Baumgruppen.
Lebensweise: Meist tagsüber aktiv. Gesellig, oft lockere Herden von 50-80 Tieren beiderlei Geschlechts mit strenger Rangordnung.
Nahrung: Gras und Kräuter. Kann bei frischer Vegetation sogar ohne Wasser überleben.
Entwicklung: Paarung meist ganzjährig. Nur ein Junges, Beuteltragzeit 9 Monate, selbständig mit einem Jahr, geschlechtsreif mit 2-3 Jahren. Alter bis zu 20 Jahre.
Artenschutz: Ja. Art nicht bedroht. Jährliche Abschussquoten.
Besonderes: Beleckt (wie auch andere Arten von Kängurus) an heißen Tagen häufig die Unterarme, um sich durch die Verdunstung des Speichels Kühlung zu verschaffen.
Vergleiche: Im tropischen Norden am häufigsten verbreitet: *Agile Wallaby*, Flinkwallaby oder Sandwallaby, *Macropus agilis*, mit rotbrauner Oberseite und heller Unterseite, Sitzhöhe 1,2 m.
Info: Kängurus, S. 12
Allgemeines: Beuteltiere, S. 10

Red-necked Wallaby
Rotnackenwallaby
Macropus rufogriseus

Swamp Wallaby
Sumpfwallaby
Wallabia bicolor

Familie: Echte Kängurus, *Macropodidae*
Aussehen: Das Fell ist weich und graubraun, nur der Nacken ist rotbraun. Der Schwanz ist fast körperlang. Männchen Sitzhöhe bis zu 1 m und Gewicht 20 kg. Weibchen bis 80 cm und 14 kg.
Lebensraum: Eukalyptuswälder mit dichtem Unterwuchs.
Lebensweise: Überwiegend dämmerungsaktiv. Meist Einzelgänger. Bei guten Weidebedingungen auch Gruppen bis 30 Tiere, die bei Störungen alle in unterschiedliche Richtungen laufen.
Nahrung: Meist Gräser und Kräuter, aber auch Blätter, Knospen und Rinde.
Entwicklung: Paarung ganzjährig, im kühleren Tasmanien nur im Sommer. Nur ein Junges, Tragzeit im Beutel 10 Monate, mit 12-17 Monaten selbständig und 12-21 Monaten geschlechtsreif. Alter bis 18 Jahre.
Artenschutz: Ja. Art nicht bedroht.
Vergleiche: *Black-striped Wallaby*, Rückenstreifenwallaby, *Macropus dorsalis*, mit nur einem schwarzen Rückenstreifen. Die Gruppe läuft bei Störungen immer in die gleiche Richtung (siehe oben).
Sonstiges: Die tasmanische Unterart Bennettkänguru verträgt die Kälte gut und ist deshalb häufig in europäischen Zoos zu sehen.
Info: Kängurus, S. 12
Allgemeines: Beuteltiere, S. 10

Familie: Echte Kängurus, *Macropodidae*
Aussehen: Dichtes Fell, schwarz bis dunkelbraun, Bauch rotbraun, helle Backenstreifen. Langer Schwanz mit weißem Ende. Sitzhöhe bis 70 cm. Männchen 21 kg, Weibchen 15 kg.
Lebensraum: Im Gegensatz zu seinem Namen kaum Sümpfe, sondern bevorzugt Regen- und Eukalyptuswälder mit dichtem Unterwuchs, auch Heidelandschaften.
Lebensweise: Tag- und nachtaktiv. Versteckt sich gern im Unterwuchs. Einzelgänger, bei der nächtlichen Nahrungssuche aber auch Bildung kleinerer Gruppen.
Nahrung: Gräser und Kräuter sowie Knospen, Triebe, Blätter und Rinde von Sträuchern, aber auch für andere Känguruarten giftige Farne.
Entwicklung: Paarung fast das ganze Jahr. Nur ein Junges, Tragzeit im Beutel 9 Monate, selbständig mit 15 Monaten, geschlechtsreif mit 15-18 Monaten. Alter ca. 15 Jahre.
Sonstiges: Einziger Vertreter der in vorgeschichtlicher Zeit umfangreichen Gattung *Wallabia*; sie unterscheidet sich von anderen Känguruarten z.B. durch eine erneute Befruchtung schon kurz vor der Geburt des Jungen.
Artenschutz: Ja. Art nicht bedroht.
Info: Kängurus, S. 12
Allgemeines: Beuteltiere, S. 10

Red-necked Pademelon
**Rothalsfilander
Rotnackenfilander**
Thylogale thetis

Black-footed Rock-Wallaby
**Schwarzfuß-
Felsenkänguru**
Petrogale lateralis

Familie: Echte Kängurus, *Macropodidae*
Aussehen: Das Fell ist graubraun, nur am Nacken rotbraun. Sitzhöhe bis 50 cm. Männchen bis zu 7 kg, Weibchen bis 4 kg.
Lebensraum: Randgebiete dichter Wälder.
Lebensweise: Einzelgänger. Sehr scheu. Kommt nach Art der Rehe bei Dämmerung und nachts aus dem Wald, um im angrenzenden Gras- und Kulturland zu weiden, oft zum Leidwesen der Farmer.
Nahrung: Gras, Kräuter, frische Triebe.
Entwicklung: Paarung das ganze Jahr. Nur ein Junges, Beuteltragzeit 7 Monate, selbständig mit 10 und geschlechtsreif mit 17 Monaten.
Artenschutz: Ja. Art ist nicht bedroht. Früher durch Felljäger stark dezimiert.
Hotspots: z.B. O'Reillys und Binna Burra im Lamington NP (Qld).
Verwandte: Nur zwei weitere Arten:
In Tasmanien (mit Schneegebieten): *Tasmanian Pademelon*, Rotbauchfilander, *Thylogale billardierii*, roter Bauch. Paarung nur im Sommer.
In den Regenwäldern an der Ostküste: *Red-legged Pademelon*, Rotbeinfilander, *Thylogale stigmatica*, mit roten Beinen.
Info: Kängurus, S. 12
Allgemeines: Beuteltiere, S. 10

Familie: Echte Kängurus, *Macropodidae*
Aussehen: Fell graubraun. Pfoten dunkelbraun (scheinbar schwarz). Oft mit einem weißen Backenstreifen. Sitzhöhe 30-45 cm, Männchen 4-7 kg, Weibchen 3-5 kg.
Lebensraum: Felsige Trockengebiete mit einer Vorliebe für Geröllhalden.
Lebensweise: Dämmerungs- und nachtaktiv. Sucht tagsüber Schutz vor der Sonne und den Greifvögeln unter Felsüberhängen bzw. in Höhlen. Als »Gämsen Australiens« mit sehr gewandten Bewegungsweisen im felsigen Terrain. Lebt heute nur in sehr isolierten Kolonien von 10-100 Tieren.
Nahrung: Gras, Kräuter, Früchte und Blätter, auch Knospen und Rinde.
Entwicklung: Paarung das ganze Jahr. Nur ein Junges, Beuteltragzeit 6-7 Monate, bleibt dann vorläufig (im Gegensatz zu anderen Känguru-arten) im Versteck und wird dort gesäugt, eine Anpassung an das oft schwierige Gelände und mögliche Feinde. Mit 1 Jahr selbständig und mit 1-2 Jahren geschlechtsreif. Alter bis 15 Jahre.
Artenschutz: Ja. Art nicht bedroht.
Hotspots: z.B. die Schluchten der MacDonnell Ranges (NT).
Info: Kängurus, S. 12
Allgemeines: Beuteltiere, S. 10

Quokka
Kurzschwanzkänguru

Setonix brachyurus

Lumholtz's Tree-Kangaroo
Lumholtz-Baumkänguru

Dendrolagus lumholtzi

Familie: Echte Kängurus, *Macropodidae*
Aussehen: Rattenähnlich, ist aber dennoch ein echtes Känguru. Zottiges Fell, graubraun, kurzer Schwanz. Sitzhöhe 30 cm, Gewicht 2-4 kg. Die holländischen Entdecker hielten die Kurzschwanzkängurus wirklich für Ratten, daher »Rottnest Island«, also Rattennest-Insel.
Lebensraum: Eigentlich gebüschreich und feucht wie im Südwesten. Dennoch Behauptung auf Rottnest Island, trotz heißer und trockener Sommer mit wenig Wasser und Futter sowie geringen Schattenplätzen.
Lebensweise: Meist nachtaktiv. Lebt paarweise (außergewöhnlich für Känguru-Männchen) oder in Gruppen.
Nahrung: Gräser und Kräuter. Auch Laubblätter werden - dank eines ähnlichen Magens wie bei den Schafen - bakteriell verdaut.
Entwicklung: Paarung das ganze Jahr. Nur ein Junges, Tragzeit im Beutel 6 Monate, selbständig mit 8 Monaten, geschlechtsreif mit 18-24 Monaten. Alter über 10 Jahre.
Artenschutz: Ja. Auf dem Festland bedroht.
Hotspots: z.B. Rottnest Island bei Perth (WA) mit der Bitte um behutsame Beobachtung!
Name: Bei den Aborigines *Quak-a*.
Info: Kängurus, S. 12
Allgemeines: Beuteltiere, S. 10

Familie: Echte Kängurus, *Macropodidae*
Aussehen: Mehr bärenartig durch die kräftigen und fast gleich langen Vorder- und Hinter pfoten. Der lange Schwanz dient zur Balance (dagegen bei den →*Possums* zum Greifen). Die Sitzhöhe ist 48-59 cm, das Gewicht 5-8 kg.
Lebensraum: Tropischer Regenwald in nur noch sehr begrenzten Regionen.
Lebensweise: Dämmerungs- und nachtaktiv. Der einstige Bodenbewohner (vor Jahrmillionen) lebt heute auf Regenwaldbäumen. Klettert nicht so gut wie das →*Possum*, springt jedoch bis 9 m von Baum zu Baum. Einzelgänger ohne festen Schlafplatz, kauert sich wie der →*Koala* in eine Astgabel.
Nahrung: Meist Blätter, auch Früchte.
Entwicklung: Kaum erforscht. Paarung das ganze Jahr. Nur ein Junges, Tragzeit im Beutel 7-8 Monate, selbständig erst mit 2 Jahren.
Artenschutz: Ja. Art ist noch nicht bedroht. Aber durch die Forstwirtschaft schrumpft der Lebensraum.
Vergleiche: *Bennet's Tree-Kangaroo*, Bennetts Baumkänguru, *Dendrolagus bennettianus*, dunkelbraun, 65 cm, 13 kg; nur noch einzelne Bestände in der Daintree- und Cooktown-Region (Qld).
Info: Kängurus, S. 12
Allgemeines: Beuteltiere, S. 10

Musky Rat-Kangaroo
Moschus-Rattenkänguru
Hypsiprymnodon moschatus

Rufous Bettong
Rotes Rattenkänguru
Aepyprymnus rufescens

Familie: Unechte bzw. Ratten-Kängurus, *Potoroidae*, (mit insgesamt 8 Arten).
Aussehen: Fell dunkelbraun. Unterschiede zum echten Känguru: Hoppelt durch die fast gleich langen Vorder- und Hinterbeine auf allen Vieren statt zweibeiniges Hüpfen; der lange Schwanz dient nicht zum Stützen, sondern zum Greifen beim Sammeln von Nestmaterial und beim Klettern als fünfte Hand. Ist die kleinste Art von den beiden Känguru-Familien. Sitzhöhe nur 16-30 cm, Gewicht 500 g.
Lebensraum: Tropischer Regenwald nahe Fließgewässern bis in Seehöhen von 1500 m.
Lebensweise: Tagaktiver Einzelgänger, hält aber Mittagsschlaf. Schlafnester aus trockenem Gras und anderem Pflanzenmaterial.
Nahrung: Insekten, Früchte und Nüsse.
Entwicklung: Mehrtägige (!) Paarung. Meist 2-3 Junge (einzigartig bei Kängurus), Beuteltragzeit 21 Wochen, selbständig mit einem Jahr und geschlechtsreif mit 2 Jahren.
Artenschutz: Ja. Art nicht bedroht. Doch durch die Forstwirtschaft schrumpft der Lebensraum.
Info: Känguru, S. 12
Allgemeines: Beuteltiere, S. 10
Sonstiges: Rattenkängurus nicht verwechseln mit →Quokkas und auch nicht mit nordamerikanischen Känguru-Ratten (höhere Säugetiere).

Familie: Unechte bzw. Ratten-Kängurus, *Potoroidae*, (mit insgesamt 8 Arten).
Aussehen: Fell rotbraun bis silbergrau. Hüpft wie ein echtes Känguru. Mit einer Sitzhöhe von 40 cm und einem Gewicht von 4 kg ist es die größte Art der Rattenkängurus. Das Weibchen ist ausnahmsweise größer als das Männchen.
Lebensraum: Lichte, grasbewachsene Wälder bis in Seehöhen von 1000 m.
Lebensweise: Nachtaktiver Einzelgänger. Baut Pflanzennester. Sammelt das Nestmaterial mit der Schnauze und transportiert es mit dem eingerollten Schwanz.
Nahrung: Gräser, Wurzeln, Kräuter und Knollen, die im Normalfall auch den Wasserbedarf decken, muss nur in Dürrezeiten zusätzlich trinken.
Entwicklung: Paarung ganzjährig. Nur 1 Junges, Beuteltragzeit 3 Monate, selbständig mit 5 und geschlechtsreif mit 8-12 Monaten.
Artenschutz: Ja. Die Art ist nicht bedroht. Doch der Lebensraum schrumpft durch die zunehmende Forstwirtschaft.
Hotspots: z.B. Eungella NP (Qld).
Vergleiche: *Tasmanian Bettong*, Tasmanisches Rattenkänguru, *Bettongia gaimardi*, graubraun, bis 30 cm und 2,3 kg.
Info: Känguru, S. 12
Allgemeines: Beuteltiere, S. 10

*Common
Brush-tail Possum*

Fuchskusu
»Bürstenschwanz-Possum«

Trichosurus vulpecula

Familie: Kletterbeutler, *Phalangeridae*
Aussehen: Katzenartig. Meist silbergrau mit
cremefarbenem Bauch, teils auch schwarz bis
dunkelrot. Der buschige Greifschwanz ist fast
körperlang. 35-55 cm, bis 4,5 kg,
Lebensraum: Wälder, Siedlungsgebiete.
Lebensweise: Nachtaktiver Einzelgänger. Meist
Baumbewohner; klettert gewandt. Schläft oft in
Baumhöhlen, auch auf Dachböden in Siedlungen.
Nahrung: Überwiegend Eukalyptusblätter, auch
Knospen, Blüten, Früchte, Rinde und Kräuter
sowie Insekten und Vogeleier.
Entwicklung: Paarung ganzjährig. Pro Jahr oft
2 Würfe, je 1 Junges, Beuteltragzeit 5 Monate.
Junges reitet dann auf dem Rücken der Mutter,
ist selbständig mit 7 Monaten und geschlechts-
reif mit 1-2 Jahren. Alter bis 11 Jahre.
Artenschutz: Ja. Früher bejagt wegen des
Pelzes (fälschlich als »Australisches Opossum«
bezeichnet) . Jetzt häufigster Kulturfolger unter
den australischen Beuteltieren. Feinde sind
Dingos, Echsen, Schlangen. - Wurde um 1850 in
Neuseeland ausgesetzt und gilt dort heute
mangels natürlicher Feinde als große Plage.
→Fuchskusu (Neuseeland).
Vergleiche: *Spotted Cuscus*, Tüpfelkusu, *Spilocuscus
maculatus*, meist in Neuguinea.
Allgemeines: Beuteltiere, S. 10

Common Ringtail Possum

»Ringelschwanz-Possum«
Gewöhnlicher Ringbeutler

Pseudocheirus peregrinus

Familie: Kletterbeutler, *Phalangeridae*
Aussehen: Katzenähnlich. Grauroter Rücken,
weißer Bauch. Etwa 35 cm groß, 1 kg schwer.
Der Schwanz ist körperlang und in Ruhestellung
eingerollt (daher Ringbeutler).
Lebensraum: Alle Arten von Wäldern, dichte
Buschvegetation, aber auch Hausgärten und
Dachböden (Kulturfolger).
Lebensweise: Nachtaktiver, einzelgängerischer
Baumbewohner. Schläft tagsüber in kunstvollen
Nestern aus Pflanzenmaterial in Astlöchern
oder im Geäst. Klettert gewandt, dabei hilft als
»fünfte Hand« der Greifschwanz, mit dem auch
Nestmaterial transportiert wird.
Nahrung: Blätter, Knospen, Früchte, Blüten.
Für die schwer verdauliche Kost, wie z.B. die
Eukalyptusblätter, hilft ein langer Blinddarm
(wie beim →Koala).
Entwicklung: Paarung April bis November. Oft
2 Würfe pro Jahr mit je 2 Jungen, Beuteltragzeit
4 Monate, dann auf dem Rücken der Mutter,
selbständig mit 6 Monaten, geschlechtsreif mit
13 Monaten. Alter über 5 Jahre.
Artenschutz: Ja. Die Art ist nicht bedroht.
Frisst zum Leidwesen von Gartenbesitzern gern
die Knospen und Blüten der Zierpflanzen.
Allgemeines: Beuteltiere, S. 10

Sugar Glider
Kurzkopfgleitbeutler
Gleithörnchenbeutler
Petaurus breviceps

Greater Glider
Riesengleitbeutler
Petauroides volans

Familie: Kletterbeutler, *Phalangeridae*
Aussehen: Grauer Rücken und weißer Bauch. Die Flughaut zwischen den Gliedmaßen befähigt zum Segelfliegen (mit Weiten bis zu 50 m). Der körperlange, buschige Schwanz dient als Kletterhilfe, Steuerruder und Transportmittel für das Nestbaumaterial. Nur 17 cm lang und 160 g schwer.
Lebensraum: Wälder, Hausgärten.
Lebensweise: Nachtaktiver Baumbewohner. Gewandter Kletterer. Nest in Astlöchern. Lebt in Sippen mit bis zu 12 Tieren, die sich und auch das Revier mit Drüsensekreten duftmarkieren. Kuscheln im kühleren Klima; verfallen auch in eine temporäre Körperstarre zum Energiesparen und bei Futterknappheit.
Nahrung: Nektar, Pollen, Baumsäfte und reifes Obst. Vorliebe für Süßes, daher auch *Sugar-Glider* (engl. *sugar* = Zucker).
Entwicklung: Paarung Juni bis November. Oft 2 Würfe pro Jahr mit je 2 Jungen, Beuteltragzeit 2 Monate, selbständig mit 4 Monaten und geschlechtsreif mit 1 Jahr.
Artenschutz: Ja. Die Art ist weit verbreitet, teils sehr häufig. Etwa die Hälfte der Jungtiere wird Beute von Eulen, Echsen, Katzen und auch von →*Kookaburras*.
Allgemeines: Beuteltiere, S. 10

Familie: Kletterbeutler, *Phalangeridae*
Aussehen: Fell ist schwarzbraun und grauweiß (im Süden) bzw. graubraun (im Norden). Der bis 65 cm lange Schwanz dient nicht zum Greifen. Kopfrumpflänge bis 45 cm.
Lebensraum: Eukalyptuswälder.
Lebensweise: Nachtaktiver und lethargischer Baumbewohner. Schläft tagsüber in den mit Pflanzenmaterial ausgepolsterten Astlöchern. Einzelgänger, nur kurzfristiges Zusammenleben vor der Paarung.
Nahrung: Nur ausgewählte Eukalyptusblätter und -blüten. Für die schwer verdauliche Kost wie Eukalyptusblätter hilft ein langer Blinddarm (wie beim →*Koala*). Trinkt kaum, da der Flüssigkeitsbedarf durch die stark wasserhaltigen Blätter gedeckt wird.
Entwicklung: Paarung Februar bis Mai. Meist 1 Junges, Beuteltragzeit 5 Monate, dann Huckepack, selbständig mit 9 Monaten, geschlechtsreif mit 12-18 Monaten. Alter etwa 15 Jahre.
Besonderes: Ist weltweit der größte Gleiter mit der auch größten Flughaut, die steuerbare Gleitflüge über 100 m ermöglicht.
Artenschutz: Ja. Art nicht bedroht. Aber der Lebensraum schrumpft durch die zunehmende Forstwirtschaft.
Allgemeines: Beuteltiere, S. 10

Pygmy Glider
Feathertail Glider

Zwerg-Gleitbeutler
Federschwanz-Gleitbeutler

Acrobates pygmaeus

Honey-Possum

Honigbeutler

Tarsipes rostratus

Familie: Kletterbeutler, *Phalangeridae*

Aussehen: Mausartig, graubraun. Segelt bis zu 20 m weit dank einer Flughaut zwischen den Gliedmaßen und dem körperlangen, federartigen Schwanz als Steuerruder. Ist mit einer Körperlänge von 7-8 cm und nur 12 g Gewicht der kleinste Gleiter der Welt.

Lebensraum: Lichte und dichte Eukalyptus-Wälder.

Lebensweise: Nachtaktiv. Schläft in blattgepolsterten Nestern in Baumhöhlen. Lebt in kleinen Familiengruppen. Im kühleren Klima kuscheln sie sich aneinander und verfallen in eine winterschlafähnliche Körperstarre, um bei Kälte und bei Futtermangel Energie zu sparen.

Nahrung: Vorwiegend Insekten, aber auch Pollen, Nektar sowie Baumsäfte. Hat die Zähne eines Insektenfressers und die pinselartige Zunge eines Nektarfressers.

Entwicklung: Paarung im Norden das ganze Jahr, im Süden Juli bis Januar. 2-3 Würfe pro Jahr mit je 2-3 Jungen, Tragzeit im Beutel 2 Monate, selbständig mit 5 Monaten und geschlechtsreif mit 8-12 Monaten. Alter mehr als 3 Jahre.

Artenschutz: Ja. Art nicht bedroht. Beliebte Beute von Elstern, Füchsen und Katzen.

Allgemeines: Beuteltiere, S. 10

Familie: Kletterbeutler, *Phalangeridae*

Aussehen: Mausartig. Fell gelblich-graubraun meliert, dunkle Rückenstreifen. Nur 9 cm lang und 12 g schwer. Das Weibchen ist meist größer. Der körperlange »Wickelschwanz« verleiht ihm akrobatische Fähigkeiten.

Lebensraum: Heide- und Buschgebiete.

Lebensweise: Nachtaktiv. Bildet kleine Familiengruppen mit einem dominanten Weibchen (das ist selten bei Beutlern). Schläft kuschelnd in Astlöchern oder verlassenen Vogelnestern. Verfällt in temporäre Körperstarre zum Energiesparen bei Kälte und Futtermangel.

Nahrung: Leckt Pollen und Blütennektar mit seiner langen, pinselartigen Zunge aus den Blütenkelchen, meist von →Banksias. Bestäubt dabei zugleich die Blüten.

Entwicklung: 2-3 Würfe pro Jahr mit jeweils 2-4 Jungen, selbständig mit 3 Monaten und mit 6 Monaten geschlechtsreif. Alter 2 Jahre.

Artenschutz: Ja. Art nicht bedroht. Aber der Lebensraum schrumpft durch Kulturflächen.

Besonderes: Hält zwei Rekorde im Reich der Säugetiere: Die Weibchen gebären die kleinsten Jungen (nur 5 mg), und die Männchen haben die größten Samenzellen (0,3 mm).

Allgemeines: Beuteltiere, S. 10

Northern Brown Bandicoot
Gefleckter Kurznasenbeutler
Isoodon macrourus

Greater Bilby
Rabbit-eared Bandicoot
Großer Kaninchennasenbeutler
Macrotis lagotis

Familie: Beuteldachse bzw. Nasenbeutler, *Peramelidae*
Aussehen: Dachsartig, dunkelbraun, mit langer und spitzer Schnauze. Die Kopfrumpflänge beträgt 30-47 cm, das Gewicht etwa 2 kg.
Lebensraum: Grasland und Wälder, auch in Hausgärten als Kulturfolger.
Lebensweise: Nachtaktiver Bodenbewohner. Einzelgänger. Baut Bodennester in Erdmulden, Büschen, hohlen Baumstämmen und auch in verlassenen Kaninchenbauten.
Nahrung: Allesfresser: Insekten, Larven, Würmer, Beeren, Samen, Knollen. In Gärten unbeliebt, da er bei der Nahrungssuche Rasen und Beete durchwühlt.
Entwicklung: Paarung ganzjährig. 3-4 Würfe pro Jahr mit je 2-4 Jungen, Beuteltragzeit 50 Tage, selbständig mit 60 Tagen, geschlechtsreif mit 3-4 Monaten. Alter 3 Jahre.
Artenschutz: Ja. Art nicht bedroht.
Vergleiche: *Southern Brown Bandicoot*, Kleiner Kurznasenbeutler, *Isoodon obesulus*.
Besonderes: Der Gefleckte Kurznasenbeutler und zwei nahe verwandte Arten haben mit nur 12,5 Tagen die kürzeste Trächtigkeit aller Säugetiere weltweit.
Allgemeines: Beuteltiere, S. 10

Familie: Beuteldachse bzw. Nasenbeutler, *Peramelidae*
Aussehen: Kaninchenartig. Fell silbergrau, die Nase und Stehohren sind rosa. Der Schwanz ist fast körperlang, oben schwarz und unten weiß. Kopfrumpflänge 30-50 cm, Gewicht 2 kg.
Lebensraum: Trockene Busch- und Graslandschaften ohne Wasserstellen.
Lebensweise: Nachtaktiv, meist Einzelgänger. Lebt in selbst gegrabenen Erdhöhlen, um sich vor der Tageshitze zu schützen.
Nahrung: Allesfresser: Termiten, Ameisen, Samen, Knollen, Früchte. Nimmt mit seiner langen Zunge viel Nahrung vom Boden auf, daher besteht der Kot zu 20-90% aus Sand.
Entwicklung: Paarung in der Höhle. Pro Jahr 3-4 Würfe mit je 1-2 Jungen, Beuteltragzeit 75 Tage, selbständig mit 3 Monaten.
Artenschutz: Ja. Art sehr gefährdet, vor allem durch die eingeführten Nahrungskonkurrenten wie Kaninchen, Füchse und Katzen.
Sonstiges: »Pinkie« ist der populäre Name für *Bilby*, der den australischen Kindern zunehmend das traditionelle Oster-Kaninchen (ähnlich wie der Osterhase) ersetzt, denn das eingeführte →Wildkaninchen gilt als Umweltschädling.
Allgemeines: Beuteltiere, S. 10

Tasmanian Devil

Beutelteufel
Tasmanischer Teufel

Sarcophilus harrisii

Tiger Cat
Tiger Quoll
Spotted-tailed Quoll

Riesenbeutelmarder
Fleckschwanzbeutelmarder

Dasyurus maculatus

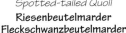

Familie: Raubbeutler, *Dasyuridae*
Aussehen: Fell schwarz, meist mit einem weißen, individuellen Kragen. Ohren und Schnauze bei Erregung rötlich. Kräftiges Raubtiergebiss. Ist mit 65 cm Kopfrumpflänge und 9 kg Gewicht der größte noch lebende Raubbeutler.
Lebensraum: Heute nur dingofreies Tasmanien, starb auf dem Festland vor ca. 600 Jahren aus.
Lebensweise: Nachtaktiver Einzelgänger. Lebt am Boden, erklettert aber auch Bäume. Auf der Nahrungssuche streift er 10-20 km in seinem Revier umher. Schreit markerschütternd.
Nahrung: Meist Aas (Gesundheitspolizei), auch kleine Säuger bis hin zu Insekten. Reißt auch Geflügel und Lämmer (unbeliebt bei Farmern).
Entwicklung: 2-4 Junge (oft 20-30 Geburten, aber nur 4 Zitzen →Riesenbeutelmarder), Beuteltragzeit 5 Monate, selbständig mit einem Jahr, geschlechtsreif mit 2 Jahren. Alter 6-7 Jahre.
Artenschutz: Ja, erst seit 1941. Art noch häufig, trotz früherer Abschussprämien. Seit 1995 hat der Gesichtskrebs Lymphosarkom die Bestände halbiert auf heute weniger als 100 000 Tiere.
Besonderes: Zweitstärkster Biss (nach dem →Weißen Hai) mit 50 kg Druck pro cm².
Name: »Teufel« wegen des schwarzen Felles und des zänkischen Verhaltens untereinander.
Allgemeines: Beuteltiere, S. 10

Familie: Raubbeutler, *Dasyuridae*
Aussehen: Unverkennbar mit weißen Flecken auf dem rehbraunen Fell und dem langen Schwanz. Ist mit Kopfrumpflänge bis 50 cm und 3,5 kg die größte australische Beutelmarder-Art.
Lebensraum: Wälder, Heide, Kulturland.
Lebensweise: Meist nachtaktiv. Klettert zwar gut, bleibt aber lieber am Boden. Lebt in Familiennestern in hohlen Baumstämmen und Felshöhlen. Agilster Beutegreifer im Busch.
Nahrung: Aas großer Säugetiere. Jagt kleine bis mittlere Säugetiere, u.a. Kaninchen, verwilderte Katzen, aber auch Vögel und Echsen.
Entwicklung: Im Winter eine Marathon-Paarung (bis zu 8 Stunden). 4-6 Junge, Tragzeit im Beutel 7 Wochen, selbständig mit 5 Monaten, geschlechtsreif mit 1 Jahr. Alter 4 Jahre.
Artenschutz: Ja. Art nicht bedroht. Aber der Lebensraum schrumpft durch Rodungen.
Vergleiche: 3 kleinere Beutelmarder-Arten ohne getupften Schwanz, u.a. *Eastern Quoll*, Tüpfelbeutelmarder, *Dasyurus viverrinus*, in Tasmanien.
Besonderes: Das Weibchen hat nur 6 Zitzen, gebärt aber bis 30 Junge. Deswegen überleben nur die sechs stärksten, die einen Zitzenplatz ergattern können (natürliche Auslese).
Hotspots: z.B. Nationalparks in Tasmanien.
Allgemeines: Beuteltiere, S. 10

Brush-tailed Phascogale
**Große
Pinselschwanz-Beutelmaus**
Phascogale tapoatafa

Numbat
**Numbat
Ameisenbeutler**
Myrmecobius fasciatus

Familie: Raubbeutler, *Dasyuridae*
Aussehen: Rattenartig, grau. Der pinselartige Schwanz (Name) ist länger als der Körper. Ist mit Kopfrumpflänge 18 cm und Gewicht 300 g die größte Beutelmaus.
Lebensraum: Lichte Küstenwälder.
Lebensweise: Nachtaktiver Beutegreifer. Wohnt auf Bäumen, schläft in Baumnestern. Klettert sehr elegant, springt bis 2 m weit.
Nahrung: Meist Insekten, Spinnen, auch kleine Echsen, Vögel und Säugetiere.
Entwicklung: Im Mai eine Marathon-Paarung (bis zu 12 Stunden). 3-8 Junge, zwei Monate Tragzeit in Beutelfalten (besitzt keinen Beutel), selbständig mit 4 Monaten, geschlechtsreif mit 8 Monaten. Alter der Weibchen 2-3 Jahre.
Artenschutz: Ja. Art ist nicht bedroht, jedoch schrumpft der Lebensraum.
Vergleiche: Es gibt weitere 34 Beutelmausarten (jeweils mit markanten Schwanzformen) aus verschiedenen Gattungen mit unterschiedlichen englischen Namen, wie z.B. Mulgara, Kaluta, Kowari, Dibbler, Pseudantechinus, Antechinus, Dunnart, Planigale und Kultarr.
Kurioses: Die männlichen Beutelmäuse vieler Arten sterben oft am Ende der zweiwöchigen Paarungssaison an Erschöpfung.
Allgemeines: Beuteltiere, S. 10

Familie: *Myrmecobiidae,* (Raubbeutler)
Aussehen: Katzenartig. Rot- bis schwarzbraun mit weißen Querstreifen; langer und buschiger Schwanz. 20-27 cm und 715 g.
Lebensraum: Eukalyptuswälder mit Termiten. Zu Beginn der europäischen Besiedlung noch auf dem ganzen südlichen Kontinent verbreitet.
Lebensweise: Eines der wenigen tagaktiven Beuteltiere. Einzelgänger. Bodenbewohner, mit Klettereigenschaften. Schläft in Nestern in hohlen Baumstämmen, selbst gegrabenen Höhlen und in Felsspalten.
Nahrung: Etwa 85% Termiten (bis 20 000 pro Tag) und 15% Ameisen. Angelt sie mit seiner wurmförmigen, klebrigen und 11 cm langen Zunge aus den Bauen.
Entwicklung: Paarungszeit von Januar bis März. 2-4 Junge saugen sich 4 Monate lang an den freiliegenden Zitzen fest (besitzt keinen Beutel zum Schutz) und sind selbständig mit 7 Monaten, geschlechtsreif mit 1 Jahr. Alter 6 Jahre.
Artenschutz: Ja. Ist vom Aussterben bedroht durch Zerstörung des Lebensraumes (meist durch Rodungen) und eingeführte Feinde, vor allem Füchse. Seit 1980 engagierte Rettungsmaßnahmen in Westaustralien, so dass es jetzt wieder über 1000 Numbats gibt.
Allgemeines: Beuteltiere, S. 10

Thylacine †
Tasmanian Tiger †
Beutelwolf †
Tasmanischer Tiger †
Thylacinus cynocephalus †

Marsupial Mole
Beutelmull
Beutelmaulwurf
Notoryctes typhlops

Familie: *Thylacinidae,* (Raubbeutler)
Aussehen: Wolfsähnlich, daher der zoologische Name »Beutelhund mit Wolfskopf«. Das sandbraune Fell hat eine tigerähnliche Zeichnung. Wäre mit einer Kopfrumpflänge von 1 bis 1,3 m und einem Gewicht von 15 bis 35 kg der größte, evt. noch lebende Raubbeutler.
Lebensraum: Lichte Wälder. Überlebte (wie der →Beutelteufel) nur auf Tasmanien. Starb auf dem Festland schon vor ca. 3000 Jahren aus.
Lebensweise: Nachtaktiver, einzelgängerischer Beutegreifer. Tagsüber im Nestbau.
Nahrung: Frischfleisch und Blut von Kängurus, Vögeln, Echsen. Nach der europäischen Besiedlung auch Schafe und Kälber wegen Umwandlung seines eigentlichen Lebensraums in Kulturland.
Entwicklung: Aufzucht von 2-4 Jungen, erst Beuteltragzeit, dann im Bau. Selbständig mit 1 Jahr. Alter in Gefangenschaft bis 13 Jahre.
Artenschutz: Ja. Kam leider im Jahr 1936 zu spät. Im gleichen Jahr starb der wohl letzte Beutelwolf im Zoo von Hobart. Obwohl der Dingo auf dem Festland viel schädlicher war, wurde der »Schafsdieb« wohl vom Menschen ausgerottet (es gab sogar Kopfprämien). Es gibt aber bis heute immer wieder vermeintliche Sichtungen, die sich aber leider nicht bestätigt haben.
Allgemeines: Beuteltiere, S. 10

Familie: *Notoryctidae,* (Raubbeutler)
Aussehen: Maulwurfartig, langes, seidenes, goldbraunes Fell. Blind; unter dem Fell liegen verkümmerte Augen (nur 1 mm groß). Keine sichtbaren Ohren. Starke Grabklauen. Mit Hornplatte auf der Nase. 12-16 cm und 40-70 g.
Lebensraum: Sanddünen und auch sandige Uferböschungen in Trockengebieten.
Lebensweise: Wenig erforscht. Lebt im Boden, kommt nur nach Regen an die Oberfläche. Bau und Nest liegen etwa 2,5 m unter der Erde.
Nahrung: Im Boden lebende Insekten mit Larven wie Ameisen, Termiten, Käfer, Schmetterlinge. Durchwühlt mit schwimmartigen Bewegungen in 10-20 cm Tiefe den Sand und die Gänge fallen dahinter wieder zu.
Entwicklung: Wenig bekannt. 1-2 Junge. Der nach hinten geöffnete Beutel hat 2 Zitzen. Alter nur 18 Monate.
Artenschutz: Ja. Art nicht bedroht, lebt fernab von Siedlungen. Ist wegen der unterirdischen Lebensweise nur selten zu sehen.
Vergleiche: Keine Verwandten, hat eine eigene Familie und Ordnung *(Notoryctemmorphia).*
Kurioses: Hat verblüffende Ähnlichkeit mit dem afrikanischen Goldmull, der aber zu den höheren Säugetieren gehört.
Allgemeines: Beuteltiere, S. 10

Eutherian or Placental Mammals
Plazentale oder Höhere Säugetiere
Eutheria

Im Vergleich zu den eierlegenden Säugetieren und den Beutelsäugern bieten die echten bzw. höheren Säuger ihrem Nachwuchs eine relativ große Sicherheit:

➤ Die Jungen bleiben bis zu einem viel höheren Entwicklungsstadium im Mutterleib.

➤ Ernährung in der Gebärmutter durch den Stoffwechsel der Mutter. Dabei hilft ein besonderes Organ, das als Mutterkuchen oder Plazenta bezeichnet wird. Daher auch »Plazentalier«.

➤ Den Beuteltieren fehlt in der Regel diese Plazenta. Es kommt zur »Frühgeburt« mit einer relativ langen Tragzeit im Beutel. Löst sich das Junge endlich von der Zitze, so entspricht das der »ersten Geburt« bei den höheren Säugetieren.

➤ Ab diesem Zeitpunkt verhalten sich die Sprösslinge der Beutler und der höheren Säuger gleich: Bis zur Entwöhnung kommen sie nur noch gelegentlich zum Säugen.

Von den weltweit etwa 4000 Arten der höheren Säugetiere gibt es auf dem Fünften Kontinent relativ wenige. Sie haben sich hier auch nicht weiter entfaltet, denn nach der Trennung Australiens von der Antarktis haben sich die Beuteltiere auf dem australischen Kontinent eindeutig durchgesetzt.

Erst mit der Annäherung an Asien vor etwa 15 Mio Jahren kam es zu einer natürlichen Einwanderungswelle von drei Gruppen höherer Landsäugetiere:

➤ Nagetiere überbrückten die Meerengen auf schwimmendem Pflanzengut,

➤ Flughunde und

➤ Fledermäuse kamen auf dem Luftweg.

Die zweite Einwanderungswelle verursachte der Mensch:

➤ Der Dingo wurde sehr wahrscheinlich schon vor 3500 bis 4000 Jahren von asiatischen Fischern mitgebracht,

➤ die Europäer führten Nutztiere ein, die oft verwilderten, auch kamen blinde Passagiere auf Schiffen nach Australien, wie z.B. Ratten und Mäuse.

Water-Rat
Beaver-Rat
Australische Schwimmratte
Hydromys chrysogaster

Familie: Nagetiere, *Muridae*
Aussehen: Kaninchengroß, braunschwarz bis dunkelgrau. Ist mit 30 cm und 1,3 kg das größte heimische Nagetier (engl. *Rodent*).
Lebensraum: Flussufer, Bracklagunen, morastige und sumpfige Stellen.
Lebensweise: Angepasst an Land und Wasser. (Nur die Australische Schwimmratte und das →Schnabeltier haben als heimische Säuger diese Lebensweise.) Beutefang nachts. Schläft in Uferhöhlen und hohlen Baumstämmen.
Nahrung: Weichtiere, Krabben, Fische, Frösche, Nestjunge von Wasservögeln.
Entwicklung: 2-3 Würfe pro Jahr mit jeweils 3-5 Jungen, selbständig mit 2 Monaten und geschlechtsreif mit 1 Jahr.
Artenschutz: Ja. Die Art ist nicht bedroht. Früher durch Felljäger fast ausgerottet.
Vergleiche: Alle 51 heimischen Mäuse- und Rattenarten gehören zur Familie *Muridae*. Sie haben sich an viele Lebensräume angepasst, wie z.B. Tree Rats, Baumratten, Gattung *Mesembriomys*; Rock Rats, Felsratten, Gattung *Petromus*; Rabbit Rats, Kaninchenratten, Gattung *Conilurus*. Im Bild der größte (Australische Wasserratte) und zum Vergleich der kleinste heimische Nager (→*Delicate Mouse*, S. 27).
Allgemeines: Höhere Säugetiere, S. 26

Spinifex Hopping-mouse
Spinifex-Hüpfmaus
Notomys alexis

Familie: Nagetiere, *Muridae*
Aussehen: Wie ein sehr kleines Känguru, lange Hinterbeine. Hellbraunes, kurzes Fell. 10 cm groß, Schwanz 15 cm. Gewicht 45 g.
Lebensraum: Trockengebiete und Sanddünen, meist mit →Spinifexgras bewachsen.
Lebensweise: Nachtaktiv. Lebt gesellig in weit verzweigten und 1 m tiefen Bauen.
Nahrung: Samen, Blätter, Wurzeln, Insekten. Überlebt ohne Trinken, da Pflanzen und Insekten genügend Wasser enthalten.
Entwicklung: Paarung meist nach Regen. Dann mehrere Würfe pro Jahr mit je 3-4 Jungen, selbständig mit 1 Monat, geschlechtsreif mit 2 Monaten. Alter bis 4 Jahre.
Artenschutz: Ja. Art nicht bedroht. Bestände abhängig von Regenfällen oder Dürren.
Vergleiche: In Nordaustralien: *Delicate Mouse, Pseudomys delicatulus*, mit 6 cm und 10 g kleinster heimischer Nager (vgl. Bild S. 26); verziert den Baueingang mit Steinhäufchen *(Pepple-mound)*. Im Nordwesten lebt die 10-15 g leichte *Western Pepple-mound Mouse, Pseudomys chapmani*, baut Steinhaufen bis zu 9 m² Grundfläche und bewegt Steinchen bis zu ihrem halben Körpergewicht.
Sonstiges: Die Wüstenspringmaus in Arabien und Nordafrika sieht verblüffend ähnlich aus.
Allgemeines: Höhere Säugetiere, S. 26

Grey-headed Flying Fox
Graukopf-Flughund
Pteropus poliocephalus

Familie: Flughunde, *Flying Foxes, Pteropodidae*
Aussehen: Grauer Kopf und rotbraune Halskrause. Größtes heimisches Fledertier mit Kopfrumpflänge 23-28 cm, Flügelspannweite über 1 m und Gewicht 700 g.
Lebensraum: Hartlaub- und Mangrovenwälder.
Lebensweise: Nachtaktiv, hängt tagsüber mit den Hinterbeinen an einem Ast, im Sommer in Kolonien bis zu 50 000 Tiere. Bei Dämmerung Gruppen-Abflug zu den 50 km entfernten Futterbäumen (auch Obstbäume).
Nahrung: Früchte, Eukalyptusblüten.
Entwicklung: Tragzeit 6 Monate, 1 Junges, mit 4 Monaten selbständig und mit 18 Monaten geschlechtsreif. Alter ca. 18 Jahre.
Artenschutz: Ja. Art nicht bedroht.
Vergleiche: Die 7 heimischen Arten von Flughunden gehören alle zur Familie *Pteropodidae*.
Sonstiges: Im Vergleich zu den →Fledermäusen (vgl. S. 26) wichtige Unterscheidungsmerkmale der **Flughunde**:
➤ Der Kopf ist hundeartig (bei den Deutschen) bzw. fuchsartig (bei den Angelsachsen),
➤ große Augen, beste Nachtsicht,
➤ kleine Ohren, keine Echoortung,
➤ meist Vegetarier, guter Geruchssinn.
Allgemeines: Höhere Säugetiere, S. 26

Common Bent-wing Bat
Langflügel-Fledermaus
Miniopterus schreibersii

Ghost Bat
False Vampire Bat
**Australische
Gespenstfledermaus**
Macroderma gigas

Familie: Glattnasen, *Vespertilionidae*
Aussehen: Fell schokobraun. Kopfrumpflänge 5-6 cm, Spannweite ca. 30 cm und Gewicht 13-17 g. Echoortung mit 46 kHz.
Lebensraum: Hartlaub- und Regenwälder. Art auch in Asien, Afrika und Europa verbreitet.
Lebensweise: Nachtaktiv. Hängt tagsüber mit den Hinterbeinen an Bäumen oder in Höhlen, im Sommer oft in Kolonien bis 150 000 Tiere. Startet am Abend in großen Trupps zu den Nahrungsflügen.
Nahrung: Fluginsekten.
Entwicklung: Die Weibchen versammeln sich zu Tausenden zur Geburt und Aufzucht in Bruthöhlen (sogenannte Wochenstuben). Pro Jahr nur ein Junges, selbständig mit 3 Monaten, geschlechtsreif mit 1 Jahr. Alter bis 20 Jahre.
Artenschutz: Ja. Art nicht bedroht.
Sonstiges: Im Gegensatz zu den →Flughunden (vgl. S. 25) wichtige Unterscheidungsmerkmale der **Fledermäuse**:
➤ mausartiger Kopf,
➤ kleine Augen, schlechte Nachtsicht,
➤ große Ohren, Echoortung,
➤ meist Insektenfresser.
Allgemeines: Höhere Säugetiere, S. 26

Familie: Großglattnasen, *Megadermatidae*
Aussehen: Fell und Flügel bleich. Im Gegensatz zu anderen Fledermäusen große Augen mit guter Sicht. Häutiges Nasenblatt, das auf einem fleischigen Nasenaufsatz steht. Ist mit Kopfrumpflänge 10-13 cm, Spannweite bis zu 1 m und Gewicht 140-170 g die zweitgrößte Fledermausart weltweit.
Lebensraum: Wälder und Buschvegetation.
Lebensweise: Meist nachtaktiv. Hängt zum Tagesschlaf in tiefen Höhlen, Felsspalten und alten Bergbaustollen, teilweise einzeln oder in Kolonien bis zu 400 Tiere.
Nahrung: Ist als einzige heimische Fledermaus ein echter Beutegreifer, benutzt dabei Augen und Echoortung! Jagt vorwiegend Vögel, Echsen, Mäuse sowie Flughunde und auch andere Fledermäuse.
Entwicklung: Pro Jahr nur ein Junges, das mit 7 Wochen flugfähig und selbständig ist.
Artenschutz: Ja. Art ist bedroht. Es gibt in Australien nur noch etwa 10 000 Exemplare .
Vergleiche: Neben der Australischen Gespenstfledermaus und der →Langflügel-Fledermaus gibt es weitere 49 heimische Fledermausarten (in 6 Familien).
Sonstiges: →Langflügel-Fledermaus.
Allgemeines: Höhere Säugetiere, S. 26

Australian Sea-Lion
Australischer Seelöwe
Neophoca cinerea

New Zealand Fur-Seal
Neuseeland-Seebär
Arctocephalus forsteri

Ordnung: Raubtiere, *Carnivora*
Familie: Ohren- oder Pelzrobben (Urahnen sind bärenartige Raubtiere), *Otariidae*
Aussehen: Flache Schnauze mit Schnurrhaaren, kleine Ohren. Vorder- und auch Hinterflossen. Männchen (im Bild rechts) braun oder schwarz mit Nackenmähne, ca. 2,5 m lang, bis 400 kg schwer. Weibchen (im Bild links) kleiner, nur 1,7 m und 80 kg. Einzige endemische Robbenart.
Lebensraum: Kühle Küstengewässer. Bevorzugt an Land sandige und felsige Ufer.
Lebensweise: Gewöhnlich 3 Tage zum Fischen im Meer, Antrieb nur mit den Vorderflossen, und für 3 Tage an Land zur Erholung und Fortpflanzung, die Hinterflossen dienen dann als Beine.
Nahrung: Als Meeresbeutegreifer meist Fische, Tintenfische, Krustentiere, auch Pinguine.
Entwicklung: Das Männchen verteidigt den Brutplatz. Alle 17-18 Monate nur ein Junges, das allein an Land bleibt, wenn das Weibchen fischt, selbständig mit 1 Jahr. Alter bis 25 Jahre.
Artenschutz: Ja. Art nicht bedroht. Wurde früher von Pelzjägern fast ausgerottet. Die Bestände stabilisieren sich bei 12 000 Tieren.
Hotspots: z.B. Brutplätze auf Kangaroo Island an der Seal Bay (SA).
Vergleiche: Walross in der Arktis.
Allgemeines: Höhere Säugetiere, S. 26

Ordnung: Raubtiere, *Carnivora*
Familie: Ohren- oder Pelzrobben (Urahnen sind bärenartige Raubtiere), *Otariidae*
Aussehen: Graubraun. Spitze Schnauze mit Schnurrhaaren. Vorder- und Hinterflossen. Das Männchen mit Nackenmähne, bis 2,5 m, 200 kg. das Weibchen bis 1,5 m und 90 kg.
Lebensraum: Kühle Küstengewässer. An Land bevorzugt felsige Ufer. Lebt auch in Neuseeland.
Lebensweise: Meist im Wasser, Antrieb mit den Hinterflossen. Schläft unter Wasser, taucht alle 30 Minuten auf, ohne aufzuwachen.
Nahrung: Fische, Tintenfische, Pinguine.
Entwicklung: Fortpflanzung nur an Land; bilden Brutkolonien bis 1500 Tiere. Nur ein Junges pro Jahr, selbständig mit 1 Jahr, geschlechtsreif mit 5 Jahren. Alter etwa 20 Jahre.
Artenschutz: Ja. Art ist nicht bedroht. Früher durch Pelzjäger fast ausgerottet. Bestände steigen wieder an, in Australien ca. 35 000 und in Neuseeland 100 000 Tiere.
Hotspots: z.B. Kangaroo Island (SA).
Vergleiche: *Australian Fur-Seal*, Australischer Seebär, *Arctocephalus pusillus*; Männchen 2,2 m und 280 kg; Weibchen 1,6 m und 77 kg. Auf Inseln in der Bass Strait Bestände um 100 000 Tiere. Siehe auch →Neuseeland-Seebär (Neuseeland).
Allgemeines: Höhere Säugetiere, S. 26

Leopard Seal
Seeleopard
Hydrurga leptonyx

Dugong
Sea Cow
Dugong
Gabelschwanz-Seekuh
Dugong dugon

Ordnung: Raubtiere, *Carnivora*
Familie: Seehunde oder Hundsrobben (Urahnen sind hundeartige Landraubtiere), *Phocidae*
Aussehen: Dunkelgrau. Großer Kopf, keine Ohrmuscheln (die Gehörgänge sind verdeckt). Zwei Vorderflossen und die Hinterflossen sind verbunden. Männchen bis zu 3 m und 270 kg; Weibchen sogar bis 3,6 m und 450 kg.
Lebensraum: Im Sommer in den antarktischen Gewässern und überwintert an den Küsten von Australien, Neuseeland und Südamerika.
Lebensweise: Überwiegend im Wasser. An Land nur zum Ausruhen, Fortpflanzen und Haarwechsel; ist dann auch sehr gesellig. Fortbewegung an Land »robbend« mit den Vorderflossen, da die Hinterflossen zusammengewachsen sind.
Nahrung: Als ein echter Beutegreifer meist Pinguine, andere Robben, Delphine, auch Fische.
Entwicklung: Nur 1 Junges pro Jahr, selbständig mit 2 Monaten, geschlechtsreif mit 5 Jahren.
Artenschutz: Ja. Art nicht bedroht.
Vergleiche: *Southern Elephant-Seal*, Südlicher See-Elefant, *Mirounga leonina*. Ist mit bis 6 m Länge und einem Gewicht von 4000(!) kg die größte Robbenart der Erde. Lebt im Bereich der Antarktis, erreicht auf seinen Wanderungen auch Gewässer südlich von Tasmanien.
Allgemeines: Höhere Säugetiere, S. 26

Ordnung: Seekühe bzw. Sirenen (anatomisch mit Elefanten verwandt), *Sirenia*
Familie: Gabelschwanz-Seekühe, *Dugongidae*
Aussehen: Robbenähnlich. Haut ist graubronzefarben. Vorderflossen frei, die Hinterflossen sind verwachsen. Bis 3,2 m, 420 kg.
Lebensraum: Warme Küstengewässer.
Lebensweise: Ständig im Meer, gesellig, Herden über 100 Tiere. Fortbewegung durch Auf- und Abbewegungen der Schwanzflosse (erreicht bis 22 km/h), Steuerung mit den Vorderflossen.
Nahrung: Seegräser und Algen, Abweidung bis zu 12 m Tiefe. Ist der einzige Vegetarier unter den heimischen Meeressäugern.
Entwicklung: Alle 3-6 Jahre nur ein Junges, saugt wie der Elefant an Milchdrüsen unter den Achseln, selbständig mit 2 Jahren, geschlechtsreif mit 9-15 Jahren. Alter bis 73 Jahre.
Artenschutz: Ja. Art stark bedroht durch die Haischutz- und Fischernetze (sie ersticken dann, da sie zum Luftholen auftauchen müssen).
Vergleiche: In afrikanischen und amerikanischen Gewässern gibt es drei Arten der Manatis bzw. Rundschwanz-Seekühe.
Name: Die beim Säugen sichtbaren Brüste und der Fischschwanz erinnerten die Seeleute an Sirenen bzw. Meerjungfrauen.
Allgemeines: Höhere Säugetiere, S. 26

INFO

Whales (Dolphins and Whales)
Wale (Zahn- und Bartenwale)
Cetacea

Wale sind neben den Seekühen die einzigen Säugetiere, die ihr gesamtes Leben im Wasser verbringen und entsprechend angepasst sind:

➤ Sie gebären lebende Junge. Die Walbabys saugen nicht, sondern Direkteinspritzung der Milch in den Mund, z.B. Bartenwalmütter geben täglich rund 600 Liter Milch!

➤ Sie besitzen keine Kiemen wie die Fische, sondern Lungen und atmen daher regelmäßig über der Wasseroberfläche durch die obenliegenden Nasen- bzw. Blaslöcher.

➤ Die hohe Fontäne beim Ausatmen besteht nicht aus Wasser, sondern aus wasserdampfgesättigter, körperwarmer, mit hohem Druck ausgestoßener Ausatmungsluft.

➤ Die Rückenflosse (Finne) hilft, unter Wasser das Gleichgewicht zu halten.

➤ Die waagerechte Schwanzflosse (Fluke) wird zum Antrieb (bis 65 km/h) auf und ab geschwungen (die senkrechte Schwanzflosse der Fische schwingt dagegen seitlich).

➤ Wichtigstes Sinnesorgan ist das Gehör, obwohl die äußeren Ohrmuscheln fehlen. Ein melonenförmiges Organ hinter der Stirn ermöglicht die Echoortung mit Wellenlängen vom Infra- bis zum Ultraschallbereich.

➤ Verständigung der meist sehr gesellig lebenden Wale durch ein umfangreiches Repertoire von Tönen. Auch für den Menschen hörbar (am besten über ein Unterwassermikrofon mit Verstärker) sind die unheimlich anmutenden Gesänge, insbesondere die der Buckelwale, die über 100 km weit registrierbar sind.

➤ Riesenwale gehören zu den größten noch lebenden Tieren. Der Blauwal ist sogar das größte Tier aller Zeiten: Seine Masse von 150 t entspricht 5 Brontosauriern oder 25 Elefanten.

➤ Grönlandwale werden bis zu 200 Jahre alt und damit älter als alle anderen Tiere.

Rund 50 der weltweit etwa 80 Walarten leben in australischen Gewässern.

Man bezeichnet die kleineren Walarten meist als Delphine oder Tümmler (*Porpoises*) und die größeren als Wale. Generell werden zwei Gruppen unterschieden:

1. Zahnwale (*Toothed Whales*) mit mehreren Familien, wobei die der Delphine am größten ist. Besondere Merkmale sind:

➤ Zähne, wie die meisten Säugetiere.

➤ Ihre Nahrung sind deshalb meist die großen Beutetiere, wie Tintenfische und Fische. Nur der Schwertwal bevorzugt Warmblüter.

➤ Nur ein Blasloch.

➤ Hochentwickelte Echoortung. Ein großes, leistungsfähiges Gehirn wertet die Daten des Ultraschallsenders aus.

2. Bartenwale (*Baleen Whales*) mit drei Familien und zehn Arten, zu denen die größten Wale gehören. Besondere Merkmale sind:

➤ Keine Zähne, sondern an dem Oberkiefer hängen Hunderte meterlanger »Barten«. Sie dienen als Sieb, um die Hauptnahrung →Krill (massenhaft vorkommende Planktonkrebse) aus dem Wasser zu filtern (bis 7 t pro Tag!).

➤ Echoortung ist bei diesen Planktonfressern nicht notwendig; im Gegensatz zu den Zahnwalen, die ihre Beutetiere orten müssen.

➤ Zwei Blas- bzw. Nasenlöcher.

➤ Weite Wanderungen der großen Arten. Die Wale der Südhalbkugel nehmen ihre Nahrung im Sommer in den antarktischen Gewässern auf, die angefutterte Fettschicht dient dann als Nahrungsreserve und Wärmeisolation. Überwinterung in wärmeren »Brutgewässern« mit Paarung und (nach einem Jahr) Geburt der Jungen.

Einige Walarten sind trotz des weltweiten Schutzes, an den sich leider nicht alle Länder halten, vom Aussterben bedroht. In Australien fing man von 1791-1978 kommerziell Wale. Schon ab 1935 schützte man die ersten Arten und erließ 1980 ein generelles Walschutzgesetz.

Auch an Küsten Australiens kommt es zu Massenstrandungen von Walen (→Gewöhnlicher Grindwal), zu deren Ursachen es verschiedene Theorien gibt. Im Rahmen eines Rettungsplanes der Nationalparkbehörde wird den gestrandeten Walen Hilfe geleistet.

Bottlenose Dolphin
»Flipper«
Großer Tümmler
Tursiops truncatus

Unterordnung: Zahnwale, *Odontoceti*
Familie: Eigentliche Delphine, *Delphinidae*
Aussehen: Die Schnauze ist schnabelartig. Markante Stirn (Melone). Hohe gezackte Finne. Überwiegend grau mit einer helleren Unterseite. 3-4 m lang, 650 kg schwer.
Lebensraum: Warme und gemäßigte Meere, bis zu 800 km vor der Küste .
Lebensweise: Kleine und große Gruppen mit über 1000 Tieren (sogenannte Schulen). Reitet gern auf der Bugwelle von Schiffen.
Nahrung: Fische, Tintenfische. Makrelenjagd gemeinsam mit Thunfischen.
Entwicklung: Zehn Monate Tragzeit, nur ein Junges, selbständig mit 18 Monaten und mit 5 Jahren geschlechtsreif. Alter 35 Jahre.
Artenschutz: Ja. Die Art ist nicht bedroht. Die Treibnetze sind die größte Gefahr für sie.
Besonderes: Sehr intelligent und gelehrig; zeigt in Delphin-Shows seine akrobatischen Übungen und Sprünge aus dem Wasser.
Hotspots: z.B. auf Tuchfühlung am Strand: Monkey Mia/Shark Bay (WA), Tangalooma auf Moreton Island (Qld).
Vergleiche: *Common Dolphin*, Gewöhnlicher Delphin, *Delphinus delphis.*
Info: Wale, S. 31
Allgemeines: Höhere Säugetiere, S. 26

Long-finned Pilot Whale
Gewöhnlicher Grindwal
Globicephala melas

Unterordnung: Zahnwale, *Odontoceti*
Familie: Eigentliche Delphine, *Delphinidae*
Aussehen: Grauschwarzer Rücken und weißer Bauch. Großer Kopf mit vorgewölbter runder Stirn (Melone). Männchen bis zu 7,5 m und 4 t, Weibchen 5,7 m und 2,5 t.
Lebensraum: Kühle Gewässer, bevorzugt in den Polarregionen.
Lebensweise: Schwimmt in Herden, die immer bedingungslos ihrem Leitwal folgen (daher *Pilot Whale*). Gegenseitige Verständigung mit einem vielfältigen Tonrepertoire.
Nahrung: Bevorzugt Tintenfische, frisst aber auch Fische.
Entwicklung: Alle 3-5 Jahre nach 15 Monaten Tragzeit 1 Junges, selbständig mit 2 Jahren, geschlechtsreif mit 10 Jahren. Alter 30-50 Jahre.
Artenschutz: Ja. Art nicht bedroht.
Besonderes: Selbst beim Massenstranden folgen dem Leitwal oft über 100 Tiere in den Tod, z.B. 1991 auf Tasmanien 168 Wale, gleichzeitig ca. 400 in Argentinien. Zu den Ursachen gibt es verschiedene Theorien.
Vergleiche: Häufig auch Massenstrandungen des 5-6 m langen *False Killer Whale*, Falscher Schwertwal, *Pseudorca crassidens.*
Info: Wale, S. 31
Allgemeines: Höhere Säugetiere, S. 26

Orca
Killer Whale
Raubwal
Schwertwal
Orcinus orca

Sperm Whale
Pottwal
»Moby Dick«
Physeter catodon

Unterordnung: Zahnwale, *Odontoceti*
Familie: Eigentliche Delphine, *Delphinidae*
Aussehen: Schwarzweißer Körper. 1,8 m hohe, schwertartige Finne. Männchen bis zu 9,6 m und 9 t, Weibchen bis zu 8,2 m und 4,8 t. Größte Delphinart weltweit.
Lebensraum: Weltweit in polaren bis tropischen Meeren.
Lebensweise: Gruppen (sogenannte Schulen) von 2-40 Tieren, die ein Leitwal führt. Schwimmt bis 50 km/h schnell.
Nahrung: Fische, auch Robben, andere Delphine, Schildkröten und Pinguine. Überwältigt im Rudel - Wölfen im Wasser gleich - sogar einen riesigen Bartenwal!
Entwicklung: Paarung das ganze Jahr über. Tragzeit 16-17 Monate, ein Junges, bei Geburt 2 m lang, selbständig ab 1 Jahr. Alter 50 Jahre.
Artenschutz: Ja, in Australiens Gewässern. Die Art ist nicht bedroht.
Name: Zu Unrecht auch »Mörder- oder Killerwal« genannt, weil er wie alle Beutegreifer seine Beutetiere nicht böswillig tötet. Bisher soll es auch noch keine Menschenopfer gegeben haben.
Info: Wale, S. 31
Allgemeines: Höhere Säugetiere, S. 26

Unterordnung: Zahnwale, *Odontoceti*
Familie: Pottwale, *Physeteridae*
Aussehen: Dunkelgrau mit weißer Unterseite. Der riesige eckige Kopf hat die größte Gehirnmasse (10 kg) aller Lebewesen. Keine Finne. Die Atemfontäne ist bis 5 m hoch. Männchen bis zu 20 m und 60 t; Weibchen bis zu 12 m und 45 t. Mit Abstand der größte Zahnwal.
Lebensraum: In tropischen und subtropischen Meeren. Die Männchen auch in polaren Regionen.
Lebensweise: Lebt in Herden von 10-30 Tieren. Starkes Sozialverhalten, sie helfen z.B. den in Not geratenen Herdenmitgliedern.
Nahrung: Große Tintenfische und Fische der Tiefsee. Taucht bis 2 Stunden und 3000 m tief. Gegen Kälte hilft eine 35 cm dicke Fettschicht.
Entwicklung: Alle 4-6 Jahre nur ein Junges, selbständig mit 2 Jahren und geschlechtsreif mit 10 Jahren. Alter 50-70 Jahre.
Artenschutz: Ja. Art nicht bedroht.
Besonderes: Der Schädel enthält viel Öl. Dieses an der Luft wachsartige »Walrat« (Cetaceum) war ein begehrter Rohstoff für Salben und Kosmetika sowie ein hochwertiges Schmiermittel.
Vergleiche: Siehe auch →Pottwal (Neuseeland).
Info: Wale, S. 31
Allgemeines: Höhere Säugetiere, S. 26

Humpback Whale
Buckelwal
Megaptera novaeangliae

Southern Right Whale
Südkaper
Südlicher Glattwal
Eubalaena australis

Unterordnung: Bartenwale, *Mysteceti*
Familie: Furchenwale, *Balaenopteridae*
Aussehen: Rücken schwarz, Bauch weiß. Mit 5 m langen Brustflossen. An Kopf und Flossen warzenartige »Buckel« (Name). 12-17 m lang und 30-45 t schwer.
Lebensraum: Wandert regelmäßig: Im Sommer Ernährung in den antarktischen und arktischen Gewässern und dann im Winter Paarungen und Geburten in den wärmeren Breiten.
Lebensweise: Gesellig. Springt akrobatisch. Melodische »Gesänge« der geschlechtsreifen Männchen (bis 185 km im Wasser hörbar).
Nahrung: Meist →Krill, Schwarmfische.
Entwicklung: Alle 2-3 Jahre nach 1 Jahr Tragzeit nur ein Junges, selbständig mit 1 Jahr und geschlechtsreif ab 4 Jahre. Alter 30-80 Jahre.
Artenschutz: Ja. Art wurde durch Walfang fast ausgerottet. Die Bestände erholen sich; auf der Südhalbkugel jetzt wieder etwa 5000 Tiere.
Hotspots: August bis Oktober: z.B. Cape Byron (NSW), Shark Bay (WA). Außerdem Walfahrten: z.B. ab Hervey Bay (Qld).
Vergleiche: *Blue Whale*, Blauwal, bis zu 30 m und 150 t; *Fin Whale*, Finnwal, bis zu 25 m und 50 t; *Minke Whale*, Zwergwal, bis zu 10 m und 10 t.
Info: Wale, S. 31
Allgemeines: Höhere Säugetiere, S. 26

Unterordnung: Bartenwale, *Mysteceti*
Familie: Glattwale, *Balaenidae*
Aussehen: Schwarz mit weißen Flecken. Der sehr große Kopf ist besetzt mit sogenannten »Seepocken«. Glatter Rücken ohne Finne (daher Name). Wird 14-18 m lang und 50-95 t schwer.
Lebensraum: Wandert regelmäßig: Im Sommer Aufnahme der Nahrung in den antarktischen Gewässern, im Winter Paarungen und Geburten an den Südküsten Australiens.
Lebensweise: Gruppen bis 50 Tiere.
Nahrung: Meist →Krill, Schwarmfische.
Entwicklung: Alle 2-3 Jahre nach 1 Jahr Tragzeit nur 1 Junges, selbständig mit 1 Jahr und geschlechtsreif ab 4 Jahre . Alter ca. 30 Jahre.
Artenschutz: Ja. Art bedroht. Vor dem Walfang gab es etwa 120 000 Tiere, heute schätzt man die Bestände auf nur noch 5000 Tiere.
Hotspots: Mai bis November: z.B. Otway Coast (Vic), Cape Leeuwin (WA), Kangaroo Island (SA).
Besonderes: Sein Verhalten machte ihn zum »richtigen Wal« (engl. Name) für die Walfänger: schwimmt langsam (8 km/h), treibt nach dem Erlegen im Gegensatz zu anderen Walen an der Wasseroberfläche und taucht zum Atmen lange auf.
Info: Wale, S. 31
Allgemeines: Höhere Säugetiere, S. 26

INFO

Feral Mammals
Eingeführte und verwilderte Säugetiere
Unterklasse *Eutheria*

Von allen Kontinenten hat Australien wahrscheinlich am stärksten unter den unsinnigen und schädlichen Importen von fremden Tier- und Pflanzenarten zu leiden.

Für die Tierwelt brachten die eingeführten höheren Säuger die größten Veränderungen. Man schätzt, dass mindestens 10% der freilebenden Säugetierarten vom Menschen eingeführt wurden.

Die Vorfahren der Dingos wurden vermutlich vor 3500 bis 4000 Jahren (älteste Knochenfunde) von asiatischen Fischern freigesetzt, die Hunde als Lebendnahrung mit sich führten. Die Dingos breiteten sich dann auf dem gesamten Festland aus und verursachten die ersten Verschiebungen im ökologischen Gleichgewicht des Kontinents.

Doch erst die seit 1788 von den europäischen Siedlern eingeführten Nage-, Nutz-, Weide-, Haus- und Jagdtiere fügten der australischen Tier- und Pflanzenwelt große Schäden zu, so dass etliche heimische Tierarten ausstarben oder heute stark gefährdet sind.

Die ersten Siedler empfanden die Umwelt als feindlich, zumal man - im Gegensatz zu den Ureinwohnern - die heimischen Tiere und Pflanzen (vom Holz abgesehen) nicht optimal nutzen konnte. Man versuchte daher, die neue Umgebung der alten Heimat anzugleichen und importierte so viele vertraute Tiere und Pflanzen wie möglich.

Eingebürgerte jagdbare Tiere, wie Kaninchen und Füchse, sowie unerwünscht mitgekommene Ratten und Mäuse begrüßten das fast teindfreie Land. Auch viele Haus- und Nutztiere (wie Katzen, Pferde, Esel, Ziegen, Schweine, Kamele und Wasserbüffel) erlangten die Freiheit und entwickelten sich zu wildähnlichen Formen zurück, die der Australier als »*Feral Animals*« bezeichnet. Verwilderte Hunde vermischten sich mit den Dingos, die deshalb heute kaum noch reinrassig vorkommen (Ausnahme: z.B. auf Fraser Island).

Die fremden Tiere konnten sich mangels natürlicher Feinde fast unbegrenzt vermehren. Bezüglich Wasser- und Futterangebot bestand eine gewisse Einschränkung. Aber auch hier half der Mensch nach, indem er Wasserstellen schuf und die Weiden verbesserte.

Aufwändige Maßnahmen zur Reduzierung - wie Fallenstellen, Giftköder und Abschießen - brachten zwar Teilerfolge, führten aber nie zur völligen Ausrottung. Besonders die Abschüsse hatten Protestaktionen von Tierschützern im In- und Ausland zur Folge, die die Probleme jedoch völlig verkannten. Auch der - ansonsten wohlgemeinte - Pelzboykott war für Australien (und Neuseeland) ein Schuss nach hinten. Der damit verbundene Preisverfall entzog nämlich den professionellen Fallenstellern und Jägern den Verdienstanreiz und erhöhte wieder die verwilderten Populationen.

Fast alle verwilderten Tierarten sind auch mögliche Träger von Maul- und Klauenseuche sowie Tollwut. Wie durch ein Wunder, aber auch dank penibler Einfuhrkontrollen, ist Australien davon weitestgehend verschont geblieben. Zudem würde ein Ausbruch dieser Seuchen bei den verwilderten Arten auch erst relativ spät entdeckt und hätte katastrophale Folgen, besonders für die Schaf- und Rinderzucht.

Aber auch Rinder und Schafe - zusammen mit den verwilderten Tieren - verursachen große Schäden an der Vegetation. Überweidung und die damit begünstigte Bodenerosion sowie das Abpumpen von Grundwasser für Viehtränken ließen einst fruchtbare Gegenden veröden.

Neben den Säugetieren wurden aber auch Vögel, Fische, Insekten und Kröten eingeführt - siehe jeweilige Kapitel - und verdrängten die heimischen Tierarten.

Alle freilebenden heimischen Tiere sind heute geschützt (nur für einige Känguruarten gibt es Abschussquoten), sie dürfen weder gejagt noch gefangen oder exportiert werden. Dagegen ist die Jagd - sogar ohne Jagdschein - auf die eingeführten und verwilderten Arten erlaubt und sogar willkommen.

*Dingo**
*Native Dog**

Dingo*
»Australischer Wildhund«*

*Canis lupus dingo**

*Red Fox**

Rotfuchs*

*Vulpes vulpes**

Ordnung: Raubtiere, *Carnivora*
Familie: Hunde, *Canidae*
Aussehen: Ähnelt einem mittelgroßen Hund (Stammvater ist der indische Wolf). Fell meist rostbraun. Schulterhöhe rund 60 cm, bis 24 kg. Bellt nicht, sondern heult ähnlich wie ein Wolf.
Lebensraum: Gesamtes Festland.
Lebensweise: Einzeln, paarweise oder familiär, je nach dem verfügbaren Nahrungsangebot. Meist nachtaktiv. Größter Landbeutegreifer in Australien. Jagt größere Tiere im Rudel.
Nahrung: Kängurus, Wombats, andere Beutler, Vögel, Nager, Echsen, Aas. Reißt aber auch Lämmer und Schafe.
Entwicklung: Ein Wurf pro Jahr mit 4-6 Welpen, selbständig mit einem Jahr.
Artenschutz: Nur in Nationalparks. Zählt nicht als heimisches Tier, da eingeführt (siehe Info).
Besonderes: Der 5614 km lange »Dingo-Zaun« schützt die Schafzuchtgebiete im Südosten.
Achtung: Respekt vor diesem Raubtier! Nicht füttern (Geldstrafen in Nationalparks)! Verliert damit seine natürliche Scheu und kann gefährlich werden. Bisher gab es zwei bekannte Todesfälle: 1980 Baby Azaria am Ayers Rock und 2001 ein neunjähriger Junge auf Fraser Island.
Info: Eingeführte Säugetiere, S. 35
Allgemeines: Höhere Säugetiere, S. 26

Ordnung: Raubtiere, *Carnivora*
Familie: Hunde, *Canidae*
Aussehen: Fell »fuchsrot«, Kehle weiß. Schwanz buschig und fast körperlang. Kopfrumpflänge 55-75 cm und Gewicht 7 kg. Ist Australiens zweitgrößter Landbeutegreifer (nach →Dingo).
Lebensraum: Fast überall auf dem Festland, außer Gebiete im tropischen Norden.
Lebensweise: Meist nachtaktiver Einzelgänger, Aufzucht nur paarweise. Bewohnt die selbst gegrabenen Erdbaue.
Nahrung: Allesfresser, ob Lämmer, Kaninchen, Mäuse, heimische Säuger, Vögel, Echsen, Frösche oder Insekten sowie Pflanzen.
Entwicklung: Nur ein Wurf pro Jahr mit 4-7 Welpen, geschlechtsreif mit einem Jahr. Alter in der Wildnis 7 Jahre, in Gefangenschaft 15 Jahre.
Artenschutz: Nein! Wurde 1871 in Victoria als Jagdwild eingeführt, fand bis 1930 schon weite Verbreitung. Heute ca. 3 Mio Tiere, eine Plage für die heimische Tierwelt und auch für die Farmer. Verfolgung mit Giftködern und Fallen. Durch den Preisverfall für Fuchsfelle besteht auch für die Trapper kein Anreiz mehr (siehe Info).
Besonderes: Ist im Gegensatz zu dem Vetter in Europa nicht mit Tollwut infiziert.
Info: Eingeführte Säugetiere, S. 35
Allgemeines: Höhere Säugetiere, S. 26

Feral Cat
Verwilderte Hauskatze*
Felis catus

*European Rabbit**
**Europäisches
Wildkaninchen***
Oryctolagus cuniculus *

Ordnung: Raubtiere, *Carnivora*
Familie: Katzen, *Felidae*
Aussehen: Der Körper ist meist gedrungener und der Kopf dicker als bei der Hauskatze. Kopfrumpflänge 38-62 cm.
Lebensraum: Der ganze Kontinent, besonders auch in Trockengebieten.
Lebensweise: Die freigekommenen Hauskatzen (3-6 kg) werden bereits nach wenigen Generationen wieder zu Wildkatzen (bis 13 kg Gewicht!).
Nahrung: Teils Plagegeister wie Ratten, Mäuse und Kaninchen zur Freude der Farmer, teils aber auch viele heimische Tiere wie Vögel und Echsen (man schätzt bis 3,8 Mrd pro Jahr). Reißt leider mehr Tiere als zur Ernährung erforderlich sind. Trinkt wenig, das Blut deckt den Trinkbedarf.
Entwicklung: Bis zu 3 Würfe pro Jahr mit jeweils 2-7 blinden Jungen, selbständig mit 6 Monaten, geschlechtsreif mit einem Jahr.
Artenschutz: Nein! Kam ab 1788 mit den ersten Siedlern an die Ostküste, an die Westküste evtl. schon früher, mit holländischen Schiffen. Die Zahl der verwilderten Katzen schätzt man heute auf 17 Mio. Bis 1988 wurden auch Katzenfelle exportiert, doch die Nachfrage sank durch das falsch verstandenen Fellboykotte (siehe Info).
Info: Eingeführte Säugetiere, S. 35
Allgemeines: Höhere Säugetiere, S. 26

Familie: Hasenartige, *Leporidae*
Aussehen: Fell meist graubraun. Bauch und Unterseite des Schwanzes weiß. 35-45 cm, 2 kg.
Lebensraum: Weite Teile des Kontinents mit Ausnahme des tropischen Nordens.
Lebensweise: In ausgedehnten Bauen in Großfamilien mit strenger Rangordnung.
Nahrung: Pflanzenkost. Der ausgeschiedene, kotähnliche Blinddarminhalt (Coecotrophe) wird zur Förderung der Verdauung wieder verzehrt.
Entwicklung: Bis zu 8 Würfe pro Jahr mit je 4-7 Jungen, selbständig mit 21 Tagen, mit drei Monaten geschlechtsreif. Alter bis 7 Jahre.
Artenschutz: Nein! 1859 als jagdbares Wild in Victoria eingeführt, 1910 schon weit verbreitet mit 1 Mrd Tieren. Zerstörten weiträumig die Pflanzendecken und lösten Bodenerosionen aus. Abschuss, Gift und Zäune konnten die Plage nicht stoppen. Ab 1950 starben durch das Myxomatose Virus 11 Mrd Tiere. Aber durch die Virusresistenz gibt es heute wieder etwa 300 Mio der Plagegeister. Das 1996 freigesetzte Calicivirus ist nicht so erfolgreich, da nur 65 % der infizierten Tiere sterben (Myxomatose 99 %).
Sonstiges: Für die typisch australischen Hüte »Akubra« wird Kaninchen-Filz verwendet.
Info: Eingeführte Säugetiere, S. 35
Allgemeines: Höhere Säugetiere, S. 26

Brumby*
Feral Horse*
Verwildertes Hauspferd*
Equus caballus*

Feral Donkey*
Verwilderter Esel*
Equus asinus*

Familie: *Pferde, Equidae*
Aussehen: Das Fell ist braun. Im Vergleich zum →Esel kleinere Ohren und keine Stehmähne. Schulterhöhe bis 1,6 m, Gewicht 350 kg.
Lebensraum: Grasvegetation und Buschländer mit Wasserstellen, südöstliche Bergländer.
Lebensweise: Tagaktiv. Bildet kleine Stutenrudel mit einem Leithengst. Herden bis zu 100 Tiere an Wasser- und Weidestellen.
Nahrung: Grasfresser, folglich ein Nahrungskonkurrent für Rinder und Schafe.
Entwicklung: Alle zwei Jahre nur ein Fohlen, das mit einem Jahr selbständig und mit drei Jahren geschlechtsreif ist. Alter über 20 Jahre.
Artenschutz: Nein! Eingeführt seit 1788. Ist ausgebrochen oder wurde im Alter freigelassen, daher heute etwa 300.000 verwilderte Tiere. Verursacht als Huftier vor allem artbedrohende Schäden an der heimischen Tier- und Pflanzenwelt. Wird deshalb seit einigen Jahren besonders aus Nationalparks konsequent entfernt, z.B. aus dem Palm Valley (Finke Gorge NP) in Zentralaustralien. Die notwendigen Abschüsse, teils vom Hubschrauber aus, wurden leider weltweit von Tierschützern missverstanden.
Info: Eingeführte Säugetiere, S. 35
Allgemeines: Höhere Säugetiere, S. 26

Familie: *Pferde, Equidae*
Aussehen: Das Fell ist graubraun mit einem Aalstrich entlang des Rückens, Bauch und Maul sind weißlich. Im Vergleich zum →Pferd mit langen »Eselsohren« und einer Stehmähne. Bis 1,4 m Rückenhöhe und 300-350 kg Gewicht.
Lebensraum: Beste Anpassung an die Trockengebiete und tropischen Savannen.
Lebensweise: Tagaktiv. Zieht meist in großen Trupps ohne feste Gruppenbindung auf der Nahrungssuche umher. Sein Streifgebiet ist oft mehrere 1000 km² groß.
Nahrung: Gräser, Kräuter, Laub, Rinde. Noch genügsamer als das →Pferd.
Entwicklung: Pro Jahr nur ein Fohlen, selbständig mit einem Jahr, geschlechtsreif mit 2-3 Jahren. Alter etwa 20 Jahre.
Artenschutz: Nein! Wurde seit 1866 eingeführt als Packesel und später wie Pferd und Dromedar im Alter freigelassen. Man schätzt heute etwa 5 Mio verwilderte Esel. Sie verursachen sogar noch größere Farm- und Umweltschäden als die verwilderten Pferde. Deshalb gibt es regelmäßige Abschussprogramme, besonders in der Kimberley-Region.
Info: Eingeführte Säugetiere, S. 35
Allgemeines: Höhere Säugetiere, S. 26

Feral Pig*
Eurasisches Wildschwein*
Verwildertes Hausschwein*
Sus scrofa*

»Camel«*
Dromedary*
One-humped Camel*
Dromedar*
Einhöckriges Kamel*
Camelus dromedarius*

Familie: Schweine, *Suidae*
Aussehen: Das Fell ist schwarzgrau und borstig. Massiger Körper. Kopfrumpflänge 1-2 m, Rückenhöhe 50-100 cm, wiegt 25-175 kg.
Lebensraum: Möglichst feuchte Gebiete.
Lebensweise: Aktiv am Tag und bei Dämmerung. Bilden Familienverbände (Rotten) bis zu 60 Tiere. Schnelle Rückentwicklung vom freigewordenen Hausschwein zum Wildschwein.
Nahrung: Ein Allesfresser: Wurzeln, Knollen, Früchte, auch Lämmer, Mäuse, bodennistende Vögel, Echsen, Schlangen, Eier.
Entwicklung: 1-2 Würfe pro Jahr, je 4-10 Junge (Frischlinge) mit hell-dunkler Längsstreifung, selbständig mit 4 Monaten und geschlechtsreif mit 7 Monaten . Alter bis 21 Jahre.
Artenschutz: Nein! Eingeführt als Hausschwein und Jagdwild. Heute 23 Mio verwilderte Schweine mit Schäden auf breiter Front: Sie fressen die heimischen Tiere, zerstören in den Wäldern die Bodenvegetation und damit den Lebensraum der heimischen Bodenbewohner. Abschüsse und Giftköder sind die bisherigen Gegenmaßnahmen.
Achtung: Der Urin kann beim Menschen sogar Gelbsucht hervorrufen, da er den Erreger der Krankheit Leptospirosis (*Weil's Disease*) enthält.
Info: Eingeführte Säugetiere, S. 35
Allgemeines: Höhere Säugetiere, S. 26

Familie: Kamele, *Camelidae*
Aussehen: Nur ein Rückenhöcker, der als Fett- und nicht als Wasserreserve dient. Fell meist sandbraun. Kopfrumpflänge bis 3,5 m, Schulterhöhe 1,8-2,1 m, Gewicht 1000 kg.
Lebensraum: Trockengebiete.
Lebensweise: Familiengruppen von 2-12 Tieren. Geht sicher im Sand mittels der gepolsterten, großen Schwielensohlen. Wiederkäuer.
Nahrung: Blätter, Zweige, Kräuter und Gras. Braucht wochenlang kein Wasser, kann aber dann bis zu 200 Liter in 3 Minuten trinken!
Entwicklung: Alle zwei Jahre nur ein Junges, selbständig mit 18 Monaten. Alter ca. 40 Jahre.
Artenschutz: Nein! Wurde ab 1840 eingeführt als Last- und Reittier zur Erschließung des Outback, u.a. für Expeditionen, beim Bau von Telegraphenleitungen und Eisenbahnen sowie zur Versorgung abgelegener Orte. Ab 1925 wurden die nicht mehr benötigten Arbeitstiere frei gelassen und verwilderten. Sie bilden heute mit etwa eine Million Tieren den weltweit höchsten Bestand an wilden Dromedaren; sie vermehren sich jährlich um 10 %. Einige fängt man ein, sie werden an Touristen vermietet oder auch exportiert, sogar häufig in arabische Länder!
Info: Eingeführte Säugetiere, S. 35
Allgemeines: Höhere Säugetiere, S. 26

Water Buffalo*
Swamp Buffalo*
Wasserbüffel*
Bubalus bubalis ★

Feral Goat*
Verwilderte Hausziege*
Capra hircus ★

Familie: Hornträger, *Bovidae*
Aussehen: Das Fell ist schwarzbraun. Bis zu 2 m ausladende Hörner. Körperlänge bis 2,6 m, Schulterhöhe bis 1,9 m, Gewicht 450-1200 kg.
Lebensraum: Feuchtgebiete.
Lebensweise: Meist dämmerungsaktiv. Lebt in Herden von 50-250 Tieren. Suhlt sich gern im Schlamm, da die feuchte Dreckschicht kühlt und vor Insekten schützt.
Nahrung: Gräser, Kräuter, Sträucher, junge Bäume, Sumpf- und Wasserpflanzen.
Entwicklung: Nach 11 Monaten Tragzeit meist nur ein Junges, geschlechtsreif mit drei Jahren. Alter etwa 20 Jahre.
Artenschutz: Nein! Für die Siedlungsversuche an der Nordküste 1825-1851 wurden 80 Büffel als Fleisch- und Arbeitstiere eingeführt und bei Aufgabe der Siedlungen meist freigelassen. Sie vermehrten sich trotz Jagd bis 1985 auf 350 000 Tiere. Sie schädigen die heimische Tier- und Pflanzenwelt der Feuchtgebiete, sind auch Träger der Rindertuberkulose. Vor allem im Kakadu Nationalpark entfernte man die Büffel systematisch, und die Natur erholte sich in kurzer Zeit erstaunlich gut. Die heutigen Bestände schätzt man auf etwa 30 000 Tiere.
Info: Eingeführte Säugetiere, S. 35
Allgemeines: Höhere Säugetiere, S. 26

Familie: Hornträger, *Bovidae*
Aussehen: Das zottige Fell ist schwarz, weiß, braun oder gefleckt. Kopfrumpflänge bis 1,6 m, Schulterhöhe 90 cm, Gewicht 15-80 kg.
Lebensraum: Bevorzugt felsige und hügelige Trockengebiete.
Lebensweise: Bildet außerhalb der Paarungszeit Rudel von 40 bis 50 Tieren, getrennt nach Geschlechtern. Sicherer Felskletterer.
Nahrung: Pflanzenkost jeder Art (die teils für andere Weidegänger giftig ist): Gräser, Kräuter, Wurzeln, sowie Blätter und Rinde von Sträuchern bis zu einer Höhe von 1,8 m.
Entwicklung: Alle 8 Monate ein bis drei Junge (Zickel oder Kitze genannt), geschlechtsreif mit 6 Monaten. Alter etwa 18 Jahre.
Artenschutz: Nein! Das praktische Vielzweck-tier (zur Gewinnung von Milch, Fleisch, Wolle und Leder) wurde schon ab 1788 eingeführt. Die freigewordenen Tiere vermehrten sich auf heute 5-7 Mio verwilderte Ziegen mit sehr fatalen Folgen: Sie sind Nahrungskonkurrenten für andere Weidetiere, zerstören die Pflanzen-decke, verursachen dadurch Bodenerosionen und verdrängen die heimischen Tiere, wie die →Felsenkängurus.
Info: Eingeführte Säugetiere, S. 35
Allgemeines: Höhere Säugetiere, S. 26

House Mouse *
Hausmaus *
Mus musculus ⋆

Ship Rat *
Black Rat *
Hausratte *
Rattus rattus ⋆

Familie: Nagetiere, *Muridae*
Aussehen: Mausgrau! Wiegt 8-25 g und ist 6-10 cm groß, der Schwanz ist körperlang.
Lebensraum: Überall in Australien.
Lebensweise: Meist in der Nacht aktiv. Äußerst anpassungsfähig und besiedelt dadurch fast alle Lebensräume. Lebt in Sippenverbänden mit strenger Rangordnung. Nagt sich durch vielfältige Materialien. Klettert und schwimmt gut.
Nahrung: Alles Verdaubare, von den bevorzugten Getreidekörnern bis hin zu Hausabfällen jeder Art einschließlich Klebstoff, Seife und Papier.
Entwicklung: Wirft 4-8 mal pro Jahr jeweils 4-9 nackt und blind geborene Junge, selbständig mit 3 Wochen, geschlechtsreif mit 6-7 Wochen. Alter in Gefangenschaft bis sechs Jahre.
Artenschutz: Nein! Kam schon 1788 als blinder Passagier auf den ersten Schiffen mit. Heute Mäuseplagen besonders in den Getreideanbaugebieten etwa alle 1 Jahre, oft auch nach Dürren, mit großen Schäden an dem angebauten und gelagerten Getreide. Auch widerwärtig in den Farmhäusern: Die Mäuse springen dann buchstäblich über Tische und Bänke.
Info: Eingeführte Säugetiere, S. 35
Allgemeines: Höhere Säugetiere, S. 26

Familie: Nagetiere, *Muridae*
Aussehen: Fell grau oder braun, nur selten schwarz (engl. Name). Wiegt 95-340 g und ist 16-22 cm groß, der Schwanz ist gut körperlang.
Lebensraum: Gewässernähe, deshalb nicht in reinen Trockengebieten.
Lebensweise: Überwiegend in der Nacht aktiv. In Familiengruppen ohne Rangordnung. Klettert und schwimmt sehr gut. Siedlungsfolger.
Nahrung: Alles Verdaubare. Bevorzugt Pflanzenkost, vor allem Samen, ferner Bodenpilze, Eier, kleine Säuger, Vögel sowie Hausabfälle jeder Art.
Entwicklung: Wirft bis zu sechsmal pro Jahr jeweils 5-10 Junge, selbständig mit drei Wochen und geschlechtsreif mit 3-4 Monaten. Alter etwa ein Jahr, in Gefangenschaft drei Jahre.
Artenschutz: Nein! Kam wie die →Hausmaus, als blinder Passagier schon ab 1788. Überträgt gefährliche Krankheiten durch Kot und den Rattenfloh (Pest.)
Vergleiche: *Brown Rat* * or *Sewer Rat* *, Wander- oder Kanalratte *, *Rattus norvegicus* *, graubraun, 24 cm, 320 g; ebenfalls illegaler Einwanderer und gefährlicher Krankheitsüberträger; nicht so verbreitet wie die Hausratte.
Info: Eingeführte Säugetiere, S. 35
AllgemeinesL Höhere Säugetiere, S. 26

Birds
Vögel
Aves

Vögel sind, wie die Säugetiere, auch Wirbeltiere mit einer konstanten Körpertemperatur (Warmblüter). Alle Vögel legen Eier, aber nicht alle benutzen ein Nest und nicht alle bebrüten ihre Eier. Je nach Vogelart bleiben die geschlüpften Jungen nach der Geburt im Nest (Nesthocker), verlassen das Nest (Nestflüchter) oder zeigen eine Mischung aus beiden Verhaltensweisen.

Von den weltweit fast 9000 Vogelarten sind rund 750 in Australien beheimatet, etwa 300 davon kommen regelmäßig als Zugvögel. Viele auf der Nordhalbkugel brütende Küstenvögel überwintern in Australien. Dagegen ist der Vogelzug innerhalb des Landes nicht so ausgeprägt wie auf anderen Kontinenten, da die Gegensätze von Sommer und Winter in weiten Teilen abgemildert sind.

Australien wird gern als »Vogelkontinent« bezeichnet. Zwar entspricht die Artenzahl beispielsweise der von Nordamerika, doch sind australische Vögel durch Farbenpracht und markante Stimmen auffälliger. Auch sind sie in der meist offenen Vegetation leichter zu sehen.

Etwa 70% der heimischen Arten ernähren sich ganz oder teilweise von Insekten.

Allerdings fehlten bis zur Ankunft der weißen Siedler auch einige bekannte Vogelfamilien völlig: dazu gehören z.B. Geier, Flamingos, Spechte, Würger und Fasane. Die ökologischen Nischen sind aber meist mit heimischen Vertretern von anderen Familien besetzt.

Entwicklungsgeschichtlich stammen die Vorfahren der australischen Vogelwelt vor allem
➤ aus Gondwana-Zeiten, wie z.B. die Familien Laufvögel und Großfußhühner,
➤ aus Asien, nachdem der australische Kontinent nach Norden gedriftet war, wie z.B. die Mistelesser, sowie
➤ aus von den weißen Siedlern eingeführten Arten, wie z.B. bestimmte Stare.

INFO

Parrots and Parakeets
Papageien und Sittiche
Psittaciformes

Papageien sind die wohl bekanntesten und auffälligsten australischen Vögel. Es gibt weltweit rund 350 Arten, überwiegend in der südlichen Hemisphäre. 44 der 53 in Australien beheimateten Arten leben nur hier. Sie gehören zu den drei Familien:
➤ **Kakadus** *(Cacatuidae):* Bis zu 68 cm groß, gekennzeichnet durch eine aufstellbare Federhaube. Meist Bodenfresser.
➤ **Loris** *(Loriidae):* Meist grünes Gefieder mit roten, blauen, gelben, braunen oder schwarzen Elementen. Ernährung untypisch von Nektar und Blütenpollen. Typische Nektarfresser sind kleiner und haben einen langen Schnabel.
➤ **Eigentliche bzw. Echte Papageien** *(Psittacidae):* ca. 40 Arten, u.a. die Sittiche. Sie sind überwiegend Bodenfresser.

Durch die Aufnahme so unterschiedlicher Nahrung konnten sie sich über den ganzen Kontinent verbreiten. Allerdings müssen sie regelmäßig trinken und sind daher von Wasserstellen abhängig. Außerhalb der Brutzeit bilden sie oft große Trupps und überfallen dann gerne Nutzpflanzungen.

Aufgrund ihres einheitlichen Körperbaues bilden Papageien nur eine Ordnung.
Typische Merkmale sind:
➤ Papageienschnabel: Dabei greift der obere über den unteren Teil. Der Oberschnabel ist am Nasenbein beweglich und dient auch als dritter Fuß beim Klettern.
➤ Greiffuß: Je zwei gegenübergestellte Zehen helfen sowohl beim Klettern als auch beim Ergreifen und Festhalten von Nahrung, wie Früchte und Samen. (Bei den meisten Vögeln zeigen drei Zehen nach vorne und eine nach hinten.)
➤ Ein äußerst modulationsfähiges Stimmorgan - bis hin zum Nachsprechen von Wörtern und Sätzen.
➤ Eine dicke Zunge.

»Cocky«
Sulphur-crested
Cockatoo
Gelbhaubenkakadu

Cacatua galerita

Galah
Rosakakadu
»Schnatterkakadu«

Eolophus roseicapillus

Familie: Kakadus, *Cacatuidae*

Aussehen: Weißes Gefieder mit gelber und aufstellbarer Federhaube sowie einem schwarzen Schnabel. 40-50 cm groß und 900 g schwer.

Lebensraum: Wälder und auch offene Ebenen, als Kulturfolger auch oft in Siedlungen.

Lebensweise: Außerhalb der Brutzeit in großen Kolonien mit geregeltem Tagesablauf: Morgens Gruppenabflug vom Gemeinschaftsschlafplatz zu der Stammtränke und den Nahrungsgründen, abends wieder zurück zu den Schlafbäumen.

Stimme: Penetrant laut und kreischend.

Nahrung: Bodenfresser: Körner (zum Leidwesen der Getreidefarmer), Samen, Knollen, Beeren, Bodeninsekten.

Entwicklung: Brutzeit paarweise in Baumhöhlen. Die Eltern bebrüten abwechselnd die 2-3 Eier in 30 Tagen und füttern gemeinsam die Jungen, die mit 9-12 Wochen flügge sind.

Besonderes: Alter bis 80 Jahre: Wurde 1982 im Londoner Zoo erreicht; dies soll zugleich das höchste bewiesene Alter eines Vogels sein.

Artenschutz: Ja. Art nicht bedroht. Aber die beliebten Stubenvögel werden trotz der hohen Strafen oft außer Landes geschmuggelt (große Verkaufserlöse).

Info: Papageien, S. 42

Familie: Kakadus, *Cacatuidae*

Aussehen: Gefieder an Brust und Hals rosa, Rücken und Schwanz grau. Sie bilden daher beim Schwarmflug je nach Winkel eine graue oder rosa »Wolke«. Weißer Federschopf. 34-38 cm. Ist der häufigste australische Papagei.

Lebensraum: Lichte Wälder und Ebenen, unter 600 m Seehöhe. Auch Kulturfolger.

Lebensweise: Gesellig, außerhalb der Brutzeit oft Trupps von über 1000 Vögeln.

Stimme: Kreischend und schnatternd.

Nahrung: Meist Bodenfresser: Körner und Samen. Schrecken der Getreidefarmer.

Entwicklung: Der Schwarm bleibt in der Brutzeit in Kolonien zusammen. Brütet meist in Baumhöhlen. 3-4 Eier werden nachts vom Weibchen und tags vom Männchen bebrütet. Beide füttern auch die nach einem Monat schlüpfenden Jungen, die nach 9 Wochen flügge sind.

Artenschutz: Ja. Art nicht bedroht.

Name: Rosakakadus und →Gelbhaubenkakadus werden auch häufig als die »weißen Kakadus« bezeichnet.

Sonstiges: Als »Galah« wird in Australien oft umgangssprachlich auch ein schwatzhafter Mensch bezeichnet.

Info: Papageien, S. 42

Little Corella
Nacktaugenkakadu
Cacatua sanguinea

Familie: Kakadus, *Cacatuidae*
Aussehen: Gefieder überwiegend weiß. Kurzer, aufrichtbarer Federschopf; schwarzer Schnabel. Rosa Fleck zwischen Schnabel und Augen. Augen bläulich umrandet (scheinbar »nackt«, daher der deutsche Name). 36-38 cm.
Lebensraum: Trockengebiete mit Wasserstellen, offene Wälder, Buschlandschaften bis hin zu Mangrovenwäldern.
Lebensweise: Sehr gesellig, oft Trupps von über 1000 Vögeln. Fliegt schnell wie eine Taube. Überwintert auf Neuguinea.
Stimme: Mehrere Rufe, der markanteste ist ein ohrenbetäubendes Kreischen.
Nahrung: Vor allem Pflanzenteile wie Knospen, Früchte, Samen und Nüsse.
Entwicklung: Brutzeit paarweise, am liebsten in den Baumhöhlen von Eukalyptusbäumen und →Australischen Baobabs. Beide Elternteile bebrüten abwechselnd 2-3 Eier in 24 Tagen. Die Jungen sind mit 7 Wochen flügge.
Artenschutz: Ja. Art nicht bedroht.
Vergleiche: Long-billed Corella, Nasenkakadu, *Cacatua tenuirostris*, sehr langer Oberschnabel, lebt in Victoria, ist aber auch häufig in den Zoos zu sehen.
Info: Papageien, S. 42

*Red-tailed
Black-Cockatoo*
Rabenkakadu
Calyptorhynchus magnificus

Familie: Kakadus, *Cacatuidae*
Aussehen: Männchen ganz schwarz mit rotem Schwanzband, Schnabel dunkelgrau. Weibchen schwarz mit gelben Punkten, Schwanzband mit gelben Streifen, Schnabel weißlich. Haube aufrichtbar. 60-65 cm.
Lebensraum: In Küstennähe lichte Wälder, im Landesinneren schmale Waldstreifen entlang der Trockenflüsse (Galeriewälder).
Lebensweise: Sehr gesellig. Laute Trupps mit bis zu 100 Vögeln.
Stimme: Knirschend, unmelodisch.
Nahrung: Meist Bodenfresser: Am liebsten herabgefallene Eukalyptusblüten, auch Samen, Körner und Bodeninsekten.
Entwicklung: Nisten gerne in Baumhöhlen von toten Bäumen. Das Weibchen bebrütet 1-2 Eier in 4 Wochen. Beide Partner füttern die Jungen, die mit 10-12 Wochen flügge sind.
Artenschutz: Ja. Art nicht bedroht. Wird trotz hoher Strafen oft außer Landes geschmuggelt.
Vergleiche: Die 5 schwarzen Kakaduarten sind die größten Papageien Australiens. Größter ist mit 63-68 cm der im Südosten lebende *Yellow-tailed Black-Cockatoo*, Rußkakadu oder Gelbohrkakadu, *Calyptorhynchus funereus*. Im Südwesten: *White-tailed Black Cockatoo, C. latrostris*.
Info: Papageien, S. 42

Pink Cockatoo
Major Mitchell Cockatoo
Inkakakadu
Cacatua leadbeateri

Cockatiel
Nymphensittich
Leptolophus hollandicus

Familie: Kakadus, *Cacatuidae*
Aussehen: Körper ist lachsrosa. Flügel sind weiß. Die aufrichtbare Haube zeigt gelbrote Bänder. 33-36 cm.
Lebensraum: Gras- und Buschlandschaften, vorzugsweise mit Beständen von Akazien und Mallee-Eukalypten.
Lebensweise: Gesellig, aber mit kleineren Trupps als bei den anderen Kakaduarten. Bekannt für seine Streitsüchtigkeit, ist daher auch nicht so menschenfreundlich. Wenig wanderfreudig.
Stimme: Trillerndes Gekreisch ähnlich dem der →Nacktaugenkakadus.
Nahrung: Samen, Früchte und Triebe, aber auch Insekten.
Entwicklung: Dasselbe Paar kehrt jahrelang zur gleichen Bruthöhle in einem hohen Baum zurück. 2-4 Eier werden nachts vom Weibchen und tags vom Männchen bebrütet. Beide Partner füttern auch die nach einem Monat geschlüpften Jungen, die nach 7-8 Wochen flügge sind.
Artenschutz: Ja. Art gefährdet. Die beliebten Käfigvögel werden trotz der hohen Geldstrafen leider oft außer Landes geschmuggelt (hohe Verkaufserlöse).
Info: Papageien, S. 42

Familie: Kakadus, *Cacatuidae*
Aussehen: Der gelb-graue Federschopf ist charakteristisch. Orangefarbener Wangenfleck, der beim Weibchen fehlt. 32 cm. Ein beliebter Käfigvogel in aller Welt.
Lebensraum: Gras- und Buschvegetation, besonders mit Akazien und Wüstenkasuarinen.
Lebensweise: Außerhalb der Brutzeit in Trupps bis 100 Vögel, die im Sommer nach Süden ziehen und im Winter in den Norden zurückkehren.
Stimme: Im Fluge ein trillerndes »quiel-quiel«, bei der Rast und Nahrungssuche eher still. Als Käfigvogel umfangreiches Stimmrepertoire.
Nahrung: Gras- und Kräutersamen, auch Nektar von Eukalyptusblüten sowie Insekten.
Entwicklung: Nisten gerne in Baumhöhlen von hohen Bäumen am Flussufer. Beide Partner bebrüten abwechselnd 2-8 Eier in 21-23 Tagen und füttern gemeinsam die Jungen, die nach 6-7 Wochen flügge sind.
Artenschutz: Ja. Art ist nicht bedroht. Aber trotz des großen Verbreitungsgebietes sind die Bestände rar.
Name: Früher *Nymphicus hollandicus* und Mitglied der Nymphensittich-Familie *Nymphicidae*, gehört aber jetzt zur Kakadu-Familie.
Info: Papageien, S. 42

Rainbow Lorikeet
Red-collared Lorikeet
Allfarblori
Rotnackenlori

Trichoglossus haematodus

Familie: Loris, *Loriidae*
Aussehen: Das Gefieder ist regenbogenfarben. Oberseite und Schwanz sind leuchtend grün. Schnabel und Augen rot. Je nach Region Bauch blauviolett oder grün, Brust gelb bis rot und Nacken mit grünem oder rotem Band. 25-30 cm. Gehört zu den buntesten Vögeln der Welt.
Lebensraum: Dichte und lichte Eukalyptuswälder, auch Parks, Gärten, Kokoshaine.
Lebensweise: Kolonien bis über 100 Vögel. Tägliche Nahrungsflüge bis zu 50 km weit. Kommt nur zum Trinken auf den Boden.
Stimme: Lärmendes Schreien im Flug, sanftes Zwitschern in den Schlafbäumen. Ein beliebter Käfigvogel, oft sprachbegabt.
Nahrung: Überwiegend Nektar, Pollen und Blüten, auch süße Früchte, Samen, Beeren.
Entwicklung: Höhlenbrüter; baut das Nest meist in einen hohlen Baum. Eine Brut (August bis Januar), 2 Eier. Nur das Weibchen brütet. Die Jungen sind nach 7-8 Wochen flügge.
Besonderes: Die der Ernährung angepasste, pinselförmige Zungenspitze spielt eine wichtige Rolle bei der Bestäubung vieler Strauch- und Baumarten.
Artenschutz: Ja. Art nicht bedroht.
Info: Papageien, S. 42

Scaly-breasted Lorikeet
Schuppenlori

Trichoglossus chlorolepidotus

Familie: Loris, *Loriidae*
Aussehen: Überwiegend leuchtend grün. Brust gelb und schuppenartig (daher engl. *scaly*). Schnabel und Augen rot. 23 cm.
Lebensraum: Meist lichte Eukalyptuswälder, seltener Regenwälder, Parks und Gärten.
Lebensweise: Schwarmvogel. Folgt der Blütezeit von Eukalyptus-, Banksia- und Grevillea-Arten. Kommt nur zum Trinken auf den Boden.
Stimme: Wie der →Allfarblori, aber mit einer höheren Stimmlage.
Nahrung: Pollen, Blüten und Früchte. Nahrungssuche oft zusammen mit den →Allfarbloris.
Entwicklung: Höhlenbrüter hoch im Baum; als Nistmaterial dient meist vermodertes Holz. Nur das Weibchen bebrütet 2 Eier 25 Tage lang. Aber beide Partner füttern dann die Jungen, die mit 7-8 Wochen flügge sind.
Artenschutz: Ja. Art nicht bedroht.
Vergleiche: Im Südosten und auf Tasmanien: *Musk Lorikeet*, Moschuslori, *Glossopsitta concinna*, Stirn und Wangenfleck sind rot.
Hotspots: z.B. Fütterungen, oft zusammen mit →Allfarbloris, in offenen Vogelgehegen und auf Campingplätzen.
Info: Papageien, S. 42

Australian King Parrot
Königssittich
Alisterus scapularis

Crimson Rosella
Pennant-Sittich
Platycercus elegans

Familie: Echte Papageien, *Psittacidae*
Aussehen: Überwiegend grün. Kopf und Brust des Männchens rot. Kopf des Weibchens grün. Langer Schwanz. 43 cm.
Lebensraum: Regen- und dichte Küstenwälder bis 1600 m Meereshöhe.
Lebensweise: Paarweise, außerhalb der Brutzeit kleine Trupps. Brütet in den Bergwäldern, fliegt dann in die Küstenwälder und kehrt im Frühjahr wieder zurück.
Stimme: Metallisches »chäck-chäck«.
Nahrung: Knospen, Samen, Früchte, Nektar, grüne Triebe, aber zum Leidwesen der Farmer auch Getreide.
Entwicklung: Brütet in Höhlen. Bevorzugt hohle Bäume: Oft liegt der Höhleneingang hoch oben, aber das Nest befindet sich in Bodennähe. Dies bedarf akrobatischer Kletterei im Baum mit Hilfe des Schnabels als dritter Hand. Das Weibchen bebrütet 3-6 Eier. Die Jungen sind nach 5 Wochen flügge.
Artenschutz: Ja. Art nicht bedroht.
Hotspots: z.B. O'Reillys und Binna Burra im Lamington NP (Qld).
Vergleiche: Ist in Nordaustralien beheimatet: *Red-winged Parrot*, Rotflügelsittich, *Aprosmictus erythropterus*, 32 cm.
Info: Papageien, S. 42

Familie: Echte Papageien, *Psittacidae*
Aussehen: Gefieder ist überwiegend karminrot (aber gelb bei der südaustralischen Population), schwarzgescheckter Rücken. Flügel, Schwanz und Kehle blau. Schnabel grau. Augen braun. Die roten Körperpartien sind bei Jungvögeln grün. 36 cm (davon 19 cm der Schwanz).
Lebensraum: Regenwälder bis 1900 m Seehöhe. Als Kulturfolger in Parks und Gärten. Auf Norfolk Island und Kangaroo Island ausgesetzt.
Lebensweise: Außerhalb der Brutzeit in großen Trupps.
Stimme: Kreischend oder glockenähnlich, in der Gruppe meist schnatternd.
Nahrung: Samen von Gräsern, Büschen und Bäumen, auch Früchte, Nektar, Insekten.
Entwicklung: Koloniebrüter; dabei besetzt jedes Paar (lebt in Dauerehe) seinen Stammplatz. Höhlenbrüter in Eukalypten 8-30 m über dem Boden. Das Weibchen bebrütet 4-8 Eier in 3 Wochen. Junge mit 5 Wochen flügge.
Artenschutz: Ja. Art nicht bedroht.
Hotspots: z.B. O'Reillys und Binna Burra im Lamington NP (Qld).
Info: Papageien, S. 42

Eastern Rosella
Weißwangen-Rosella
Platycercus eximius

Australian Ringneck
Kragensittich
Barnardius zonarius

Familie: Echte Papageien, *Psittacidae*
Aussehen: Roter Kopf mit weißen Wangen. Flügel und Schwanz blau. Bauch gelb. Rücken gelb und schwarz gescheckt. 31 cm.
Lebensraum: Früher nur Wälder, heute auch Getreidefelder, Parks und Gärten.
Lebensweise: Außerhalb der Brutzeit in großen Trupps, oft mit anderen Papageien.
Stimme: Klingt wie das Anstoßen mit leeren Weingläsern. Im Schwarm kreischend.
Nahrung: Samen, Früchte und Insekten.
Entwicklung: Baumhöhlenbrüter. 2 Gelege pro Jahr. Das Weibchen bebrütet 5 Eier in 3 Wochen. Beide Partner füttern dann die Jungen, die nach einem Monat flügge sind.
Artenschutz: Ja. Art nicht bedroht.
Vergleiche: Nur auf Tasmanien: *Green Rosella*, Gelbbauchsittich, *Platycercus caledonicus*;
in Nordostaustralien: *Pale-headed Rosella*, Blasskopfrosella, *Platycercus adscitus*;
in Nordaustralien: *Northern Rosella*, Brownsittich, *Platycercus venustus*;
in Westaustralien: *Western Rosella*, Gelbwangenrosella, *Platycercus icterotis*.
Name: »Rosella« stammt vom Sydney-Vorort »Rose Hill« ab, wo Rosellas in den Pionier-Tagen zahlreich vertreten waren.
Info: Papageien, S. 42

Familie: Echte Papageien, *Psittacidae*
Aussehen: Gelbes Halsband (*Ringneck*). Brust und Rücken grün. Meist mit rotem Stirnband. 34-38 cm, je nach Unterart.
Lebensraum: Trockengebiete im Landesinneren, auch Wälder im Südwesten.
Lebensweise: Sehr scheu gegenüber Menschen. Bildet nur kleine Familiengruppen. Bleibt gern im Bereich des Geburtsortes.
Stimme: Meist ein klingelndes, wiederholtes »kling«.
Nahrung: Als Körnerfresser nicht beliebt bei den Getreidefarmern. Außerdem Beeren, Früchte, Blüten und Insekten.
Entwicklung: Höhlenbrüter, meist in Eukalyptusbäumen 1-15 m über dem Boden. Oft zwei Gelege pro Jahr mit 4-5 Eiern. Brutdauer 21 Tage. Die Jungen sind nach etwa fünf Wochen flügge.
Artenschutz: Ja. Art nicht bedroht.
Vergleiche: Karte zeigt die Verbreitung aller vier Unterarten, die regional unterschiedliche Namen tragen und auch in den Farben leicht variieren.
Im Westen: *Twenty-eight Parrot*, der häufigste Papagei von Westaustralien, sein Ruf klingt wie »twentyeight«;
im Osten: *Port Lincoln Parrot, Mallee Ringneck, Cloncurry Parrot*.
Info: Papageien, S. 42

Swift Parrot
Schwalbenlori
Schwalbensittich
Lathamus discolor

»Budgy«
Budgerigar
Wellensittich
Melopsittacus undulatus

Familie: Echte Papageien, *Psittacidae*
Aussehen: Loriartig, mit 24 cm jedoch kleiner. Das Gefieder ist überwiegend grün mit roten Farbtupfern am Kopf und an den Flügeln. Ist die häufigste Papageienart auf Tasmanien.
Lebensraum: Während der Brutzeit (September bis Januar) in tasmanischen Eukalyptuswäldern, Überwinterung auf dem Festland.
Lebensweise: Fliegt schnell und schwalbenartig (Swift). Folgt der Blütezeit der Eukalyptusbäume. Bei der Überwinterung der tasmanischen Vögel auf dem Festland bilden sich Trupps von mehr als 100 Vögeln, die nachts über die Bass Strait fliegen.
Stimme: Wiederholtes, pfeifendes »pi-pit«.
Nahrung: Wie die Loris hauptsächlich Pollen und Nektar in den Baumkronen (meist Eukalypten). Auch Kleininsekten und ihre Larven. Gelegentlich reifes Obst.
Entwicklung: Höhlenbrüter in Eukalyptusästen und -stammen. Das Weibchen bebrütet 4 Eier in 20 Tagen. Junge nach ca. 6 Wochen flügge.
Artenschutz: Ja. Art ist bedroht. Man schätzt die heutigen Bestände auf insgesamt nur noch 5000 Vögel.
Info: Papageien, S. 42

Familie: Echte Papageien, *Psittacidae*
Aussehen: Grün mit gelbem Kopf. Wangen mit blauen und schwarzen Punkten. Kopf und Rücken mit dunklen Querbändern. Schwanz lang, spitz und blau. Männchen mit blauer, Weibchen mit bräunlicher Nasenwulst. Wird heute in vielen Farbvarianten gezüchtet. 18 cm.
Lebensraum: Trockene Gras- und Buschlandschaften im Landesinneren.
Lebensweise: Fliegt schnell, schwirrend, in Wellenlinien (deutscher Name). Streift bei der Nahrungs- und Wassersuche in lautstarken Trupps oft weit umher. Nahrungsaufnahme am Morgen und am Abend, ruht tagsüber im Schatten.
Stimme: Äußerst angenehm. Ein plauderndes Zwitschern und Trällern.
Nahrung: Samen jeder Art.
Entwicklung: Brutzeit je nach Regenfällen, dann oft mehrere Gelege pro Jahr. Brütet gesellig, z.T. mehrere Paare in Höhlen des gleichen Baumes. 4-6 Eier, Brutdauer 18 Tage. Die Jungen sind nach 5-6 Wochen flügge.
Artenschutz: Ja. Art nicht bedroht.
Sonstiges: Kam 1840 nach Europa und ist dort seitdem einer der beliebtesten Käfigvögel.
Info: Papageien, S. 42

Emu
Emu
Dromaius novaehollandiae

Southern Cassowary
Double-wattled Cassowary
Helmkasuar
Casuarius casuarius

Familie: Kasuarvögel, *Casuariidae*
Aussehen: Graubraunes, zottiges Gefieder, bei den Jungvögeln gestreift. Flugunfähig, nur Flügelstummel. Das Weibchen ist größer. 1,6 bis 1,9 m, 30 bis 45 kg; Zweitgrößter Vogel der Erde nach dem →Strauß (in Australien eingebürgert).
Lebensraum: Trockene Graslandschaften.
Lebensweise: Tagaktiv. Große nahrungsbedingte Wanderungen. Einzelgänger, aber außerhalb der Brutzeit oft Kleingruppen von 5-10 Tieren. Läuft bis zu 70 km/h.
Nahrung: Beeren, Früchte, Blätter und Insekten.
Entwicklung: Bodenbrüter. Nur das Männchen bebrütet die 5-15 Eier. Während der 8-wöchigen Brutdauer bleibt das Weibchen entweder beim Nest oder produziert mit einem anderen Männchen ein weiteres Gelege. Das Männchen zieht dann 9-18 Monate lang allein die Jungen auf. Alter über 40 Jahre.
Artenschutz: Ja, aber in West-Australien nicht geschützt (schädigen die Getreidefelder). Art ist nicht bedroht. Man schätzt, dass es noch etwa 700 000 wildlebende Emus gibt.
Sonstiges: 160 Farmer züchten derzeit etwa 32 000 Emus für Fleisch, Öl, Leder, Eierschalen.
Achtung: Meist scheu, kann aber mit den kräftigen Beinen und scharfen Krallen Menschen verletzen!

Familie: Kasuarvögel, *Casuariidae*
Aussehen: Gefieder schwarz, fellartig. Hals und Kopf blau, rote Hautlappen. Der »Helm« schützt den Kopf beim Durchstreifen des Unterholzes. Stämmige Beine. Das Weibchen ist größer und dominanter. Flugunfähig. Ist im Vergleich zum →Emu mit bis zu 1,8 m kleiner, aber mit bis 58 kg schwerer. Jungvögel mit gestreiftem Gefieder.
Lebensraum: Tropische Regenwälder.
Lebensweise: Einzelgänger, Brutzeit paarweise. Läuft bis 50 km/h, schwimmt gut.
Nahrung: Abgefallene Regenwaldfrüchte, Teile von Pflanzen, auch Insekten, Fische, Aas.
Entwicklung: Bodenbrüter. Nur das Männchen bebrütet 55 Tage lang die 3-4 Eier. In der Brutzeit (Juni bis Oktober) hat das Weibchen weitere Gelege mit anderen Männchen. Das Männchen zieht 9 Monate lang allein die Jungen auf.
Artenschutz: Ja. Art ist bedroht. Besonders durch Rodungen wird der Lebensraum eingeengt. Nur noch etwa 1200 Exemplare.
Vergleiche: Neuguinea: Bennett-Kasuar.
Besonderes: Verbreitet die Regenwaldpflanzen durch unverdaute Samen.
Name: Abgeleitet von den →Kasuarinen, da sich Blätter und Federn ähneln.
Achtung: Meist scheu, kann aber Angreifer mit seinen spitzen Krallen schwer verletzen.

Ostrich*

Strauß*

Struthio camelus★

Malleefowl

**Wallnister
Thermometerhuhn**

Leipoa ocellata

Familie: Strauße, *Struthionidae*
Aussehen: Gefieder schwarzweiß beim Männchen, graubraun beim kleineren Weibchen. Hals und Beine rosa oder blaugrau (je nach Rasse). Kräftige Laufbeine mit zwei Zehen. Langer Hals, kleiner Kopf, große Augen (sind mit 5 cm Durchmesser die größten aller Landwirbeltiere). Mit bis 2,5 m und 150 kg der größte lebende Vogel.
Lebensraum: Trockene Steppengebiete.
Lebensweise: Paarweise, kleine Trupps. Mit nahrungsbedingten Wanderungen. »Badet« gern im Sand. Läuft bis zu 100 km/h.
Nahrung: Teile von Pflanzen, auch Großinsekten, Reptilien und Kleinsäuger.
Entwicklung: Beeindruckender Balztanz. In ein Boden-Gemeinschaftsnest legen 3-5 Weibchen bis zu 78 Eier, die tagsüber von der Haupthenne und nachts vom Hahn bebrütet werden. Junge schlüpfen nach 42 Tagen und sind bald flügge.
Artenschutz: Nein. 1890 aus Afrika eingeführt für Straußenfarmen, wurden dann wegen Unrentabilität in den 1930er Jahren freigelassen und besiedelten Trockengebiete in Südaustralien.
Besonderes: Das Auge ist größer als das Gehirn.
Vergleiche: Bildet mit dem südamerikanischen Nandu (engl. *Rhea*), dem neuseeländischen →Kiwi, sowie dem →Emu und dem →Helmkasuar, die Ordnung der Laufvögel *Struthioniformes*.

Familie: Großfußhühner, *Megapodiidae*
Aussehen: Das grau, braun, schwarz und weiß gezeichnete Gefieder ist zur Tarnung perfekt an die Umgebung angepasst. Bis 60 cm und 2,2 kg.
Lebensraum: Meist Trockenlandschaften mit Mallee-Eukalypten und Akazien
Lebensweise: Am Boden, fliegt nur bei Gefahr und zum Schlafen auf Bäume. Scharrt mit den kräftigen Füßen im Boden nach Nahrung. Lebt einzeln, aber nach Paarung Dauerehe.
Nahrung: Pflanzenteile, auch Spinnen, Würmer und andere Kleintiere.
Entwicklung: Die Brutmethode gilt als die aufwändigste und faszinierendste in der Vogelwelt. Der Hahn scharrt eine 1 m tiefe Grube, füllt sie mit Pflanzengut und türmt nach der Eiablage bis 1 m Sand darüber. Mit seinem temperaturempfindlichen Schnabel hält er die Fäulniswärme im Bruthaufen auf 33°C, indem er den Sand (wegen der Sonnenwärme) umschichtet. Nach etwa 50 Tagen schlüpfen die 15-24 Jungen, die sofort selbständig und bald flugfähig sind.
Artenschutz: Ja. Durch Rodungen und Feinde, wie z.B. Füchse, stark gefährdet.
Vergleiche: Das →Reinwardt-Großfußhuhn und das →Buschhuhn.
Besonderes: Als einzige Vögel brüten alle Großfußhühner nicht mit ihrer Körperwärme aus.

Australian Brush-Turkey
Buschhuhn
Alectura lathami

Jungle Fowl
Orange-footed Scrubfowl
Reinwardt-Großfußhuhn
Megapodius reinwardt

Familie: Großfußhühner, *Megapodiidae*
Aussehen: Gefieder ist blauschwarz, Kopf rot, Schwanz fächerartig, kräftige Beine und Füße, das Männchen mit gelbem Kehllappen (*Wattle*). 60-75 cm.
Lebensraum: Feuchtere Küstenwälder, aber auch Kulturfolger in Parks und Gärten.
Lebensweise: Bodenvogel. Nahrungssuche allein oder paarweise. Aber nachts Gemeinschafts-schlafplätze in den Bäumen.
Nahrung: Samen, Früchte, Schnecken, Insekten und andere Kleintiere.
Entwicklung: Im Gegensatz zum →Thermometer-huhn baut der Buschhahn auf dem flachen Boden einen 1-2 m hohen und 3-7 m breiten Bruthügel aus Laub. Nach der Ablage von bis zu 50 Eiern - oft von mehreren Hennen - überwacht er mit dem sensiblen Schnabel die Bruttemperatur von 33°C durch Umschichten des Pflanzenguts. Nach 50 Tagen schlüpfen dann die Jungen, die sich aus eigener Kraft nach oben arbeiten und sofort selbständig und flugfähig sind.
Artenschutz: Ja. Art nicht bedroht. Obwohl die Buschhühner ihre Gelege verteidigen, stehlen gerne Warane, Pythons, Raubbeutler, verwilderte Schweine und Füchse ihre Eier.
Vergleiche: →Thermometer-Huhn und →Rein-wardt-Großfußhuhn

Familie: Großfußhühner, *Megapodiidae*
Aussehen: Einem Haushuhn ähnlich. Beine und Füße orange (engl. Name). Gefieder blau und braun. Kurze Haube. Bis 40 cm und 1 kg.
Lebensraum: Regen-, Monsun- und Mangroven-wälder in Gewässernähe.
Lebensweise: Gesellig, im Gegensatz zu anderen Großfußhühnern. Flüchtet bei Gefahr oder fliegt auf einen Baumast und stellt sich tot.
Stimme: Lautes, doppeltes Krähen, besonders bei Dämmerung und in der Nacht.
Nahrung: Samen, Früchte, Beeren, Wurzeln, Insekten und andere Kleintiere.
Entwicklung: In den von 2-3 Paaren gemeinsam gebauten Bruthügel (→Buschhuhn) legen die Hennen 3-13 Eier. Die Hähne überwachen die Nesttemperatur und nach 50 Tagen schlüpfen sofort selbständige Junge, die ihre Eltern meist nicht einmal sehen.
Besonderes: Baut als kleinstes Großfußhuhn den größten Hügel, der bis 15 m breit und 3 m hoch ist.
Artenschutz: Ja. Art nicht bedroht.
Vergleiche: →Buschhuhn und →Thermometer-Huhn.
Sonstiges: Großfuß- und Haushühner gehören zu derselben Ordnung: Hühnervögel, *Galliformes*.

Stubble Quail
Pectoral Quail
Schwarzbrustwachtel
Coturnix pectoralis

Familie: Fasanenartige, *Phasianidae*
Aussehen: Tarngefieder überwiegend hellbeige und dunkel gefleckt. Mit kurzem Schnabel und Schwanz. Nur das Männchen hat eine schwarze Brust (dt. Name, wie Abbildung). Bis 19 cm.
Lebensraum: Busch-und Graslandschaften.
Lebensweise: Bodenvogel. Lebt gesellig, aber paarweise in Dauerehe. Streift bis zu 1300 km umher, um Nahrung zu suchen.
Stimme: Scharfer, kurzer Pfeifton.
Nahrung: Grassamen, Triebe, Insekten.
Entwicklung: Das Weibchen allein formt mit ihrem Körper eine Bodenmulde und bebrütet die 7-14 Eier in 21 Tagen. Junge in 6 Wochen flügge.
Artenschutz: Ja. Nicht bedrohte Art, obwohl früher stark bejagt.
Vergleiche: Die Verbreitungskarte zeigt alle drei heimischen, sehr ähnlich aussehenden Wachtel-Arten, incl. *Brown Quail or Swamp Quail*, Ypsilon-Wachtel, *Coturnix ypsilophora*, und *Blue-breasted Quail or King Quail*, Zwergwachtel, *Coturnix chinensis*. - Außerdem gibt es noch vier eingeführte Arten, wie Haushuhn, Pfau oder Jagdfasan.
→*California Quail*, Schopfwachtel, (Neuseeland).
Sonstiges: Die sehr ähnlichen →*Buttonquails*, Laufhühnchen, Gattung *Turnix*, gehören zur Laufhühnchen-Ordnung und -Familie, vor allem aufgrund ihrer unterschiedlichen Zehen.

Plumed Whistling-Duck
Sichelpfeifente
Gelbfuß-Pfeifgans
Dendrocygna eytoni

Familie: Entenartige, *Anatidae*
Aussehen: Mit sichelförmigen Schmuckfedern an den Flanken *(Plumes)* und langen rosagelben Beinen. 42-62 cm.
Lebensraum: In der Nähe von Feuchtgebieten und Süßgewässern.
Lebensweise: Mehr nacht- als tagaktiv. Tritt in großen Trupps auf, auch die Nahrungssuche gemeinsam. Lebt dennoch paarweise in Einehe; die Lieblingsbeschäftigung ist das gegenseitige Gefiederkraulen.
Stimme: Hoher Pfeifton (Name).
Nahrung: Untypisch für Wildgänse: fast nur Gras und Samen; oft bedeutet das einen bis zu 30 km langen Flug von der Brutheimat bis zu den Grassavannen. Nur gelegentlich werden Wasserpflanzen abgeweidet.
Entwicklung: Beide Partner legen am Boden unter dichten Büschen eine mit wenig Gras ausgepolsterte Nistmulde an. Beide bebrüten abwechselnd 8-14 Eier in 28 Tagen und ziehen 8-12 Wochen lang die Jungen auf.
Artenschutz: Ja. Art nicht bedroht.
Vergleiche: Karte mit allen vier Pfeifgansarten, u.a. *Wandering Whistling-Duck*, Wanderpfeifgans, *Dendrocygna arcuata*.
Hotspots: z.B. Yellow Waters im Kakadu NP (NT).

Black Swan
Trauerschwan
Schwarzschwan
Cygnus atratus

Cereopsis Goose
Cape Barren Goose
Hühnergans
Cereopsis novaehollandiae

Familie: Entenartige, *Anatidae*
Aussehen: Das Gefieder ist schwarz, die weißen Flügelspitzen sind nur beim Flug sichtbar. Augen und Schnabel rot. Jungvögel grauweiß. Ist mit bis 1,4 m Länge und 2 m Spannweite der größte heimische Wasservogel.
Lebensraum: Sümpfe, flache Süßgewässer mit Wasservegetation, Stadtparkteiche.
Lebensweise: Nach der Brutzeit gesellig. Auch ausgezeichneter Flieger, zieht in den Trockenperioden zu größeren Gewässern mit Ansammlungen von bis zu 50 000 Vögeln.
Stimme: Trompetend, Männchen tiefere Töne.
Nahrung: Meist Wasserpflanzen bis zu 1 m Tiefe, die mit dem langen Hals gründelnd abgeweidet werden; auch Gräser und Kräuter am Uferrand.
Entwicklung: Im reiferen Alter Dauerehe. Baut meist Schwimmnester aus Wasserpflanzen. Beide Eltern bebrüten abwechselnd die 4-6 Eier in 40 Tagen. Junge mit 5 Monaten flügge.
Artenschutz: Ja. Art nicht bedroht.
Hotspots: Lake Monger in Perth (WA).
Achtung: Ist zur Brutzeit aggressiv und kann kleine Kinder schwer verletzen!
Sonstiges: Wappentier von West-Australien.
Vergleiche: Der eingeführte *Mute Swan**, Höcker- oder Weißschwan*, *Cygnus olor**, bis 1,6 m, ziert viele Stadtparkteiche.

Familie: Entenartige, *Anatidae*
Aussehen: Graues Gefieder. Gelber, eigenartig geformter Schnabel. Bis 1 m und 5,5 kg.
Lebensraum: Weite Graslandschaften.
Lebensweise: Schwimmt schlecht, daher meist an Land. Verbringt Brutzeit paarweise auf Inseln, fliegt dann im Schwarm mit bis zu 250 Vögeln zum Festland.
Stimme: Grunzend, daher auch der englische Name *Pig Goose*, also »Schweinegans«.
Nahrung: Meist Gräser und Kräuter, seltener Samen.
Entwicklung: Dauerehe. Brütet am Boden: Das Nest besteht aus Gras und Daunen, in einer Bodenmulde gut versteckt hinter Felsen und Sträuchern. Paarung nicht im Wasser, sondern an Land. 1 Brut, 4-5 Eier, Brutdauer 34-37 Tage. Die schwarzweiß gestreiften Jungen sind nach 6 Wochen flügge.
Artenschutz: Ja. Wurde stark bejagt und bestand kurz vor der Ausrottung. Ein rigoroser Schutz führte zur Erholung der Bestände von nur noch 2000 auf jetzt 17000 Vögel.
Hotspots: z.B. Kangaroo Island (SA): Dort 1920 - wie auch der Koala – eingebürgert, da man das Aussterben auf dem Festland befürchtete.
Achtung: Ist bei Brut und Aufzucht aggressiv und eventuell gefährlich für den Menschen.

Pacific Black Duck
Augenbrauenente
Anas superciliosa

Pied Goose
Magpie Goose
Spaltfußgans
Anseranas semipalmata

Familie: Entenartige, *Anatidae*
Aussehen: Dunkelbraun (nicht schwarz wie engl. Name). Weiße Streifen an den Augen (deutscher Name). Grünes Untergefieder. 50-60 cm. Ist die häufigste heimische Wildente.
Lebensraum: Stehende und langsam fließende Gewässer im Landesinneren sowie in Küstennähe, auch Stadtparkteiche.
Lebensweise: Fliegt oft weite Strecken auf der Suche nach Wasser; sogar bis in das trockene Landesinnere, wenn es dort stark geregnet hat.
Stimme: Typisches »quaak-quaak«.
Nahrung: Teils Landgräser und -kräuter, teils Wasserpflanzen und -insekten.
Entwicklung: Nur das Weibchen baut ein karges Nest, bebrütet 8-10 Eier und zieht die nach 26-28 Tagen schlüpfenden Jungen auf, die nach 50-55 Tagen flügge sind.
Artenschutz: Zeitweise Bejagung.
Sonstiges: Die Stammform der Hausente wurde eingeführt: *Mallard**, Stock- oder Laysanente*, *Anas platyrhynchos**. Sie kreuzt sich mit der Augenbrauenente; dabei dominiert die Stockente und deshalb befürchtet man, dass die Augenbrauenente eines Tages aussterben wird.
Vergleiche: Mit grauem Kopf: *Southern Shoveller*, Halbmondlöffelente oder Australische Löffelente, *Anas rhynchotis*.

Familie: Spaltfußgänse, *Anseranatidae*
Aussehen: Gefieder schwarzweiß, typische Beule am Kopf. Die gespaltenen Zehen (Name) mit den nur angedeuteten Schwimmhäuten ermöglichen eine Rast auf Bäumen. 71-92 cm.
Lebensraum: Küstennaho Fouchtgebiete.
Lebensweise: Gesellig. Schwimmt sehr selten. Schläft nachts auf Bäumen.
Nahrung: Meist Gräser und Grassamen, wie wilder Reis (zerstörten dadurch die Reispflanzversuche im Norden). In der Regenzeit die stärkereichen Knollen der Sumpfriedgräser.
Entwicklung: Polygame Familie mit 1 Männchen und 1-3 Weibchen. Sie bauen gemeinsam ein schwimmendes Pflanzennest und brüten im Schichtwechsel etwa 16 Eier in 25 Tagen. Junge werden gefüttert (ungewöhnlich bei Gänsen), sind nach 11 Wochen flügge. Die Familien bilden dann große Trupps. Alter über 20 Jahre, wenn das Junge das erste kritische Jahr überlebt hat.
Artenschutz: Ja. Zahlreiche Bestände, z.B. im Kakadu NP bis zu 2 Mio Tiere.
Hotspots: z.B. Yellow Waters im Kakadu NP (NT).
Sonstiges: Ist der einzige Familienvertreter. Die nächsten Verwandten sind die Wehrvögel in Südamerika.

Great Crested Grebe
Haubentaucher
Podiceps cristatus

Fairy Penguin
Little Penguin
Zwergpinguin
Weißflügelpinguin
Eudyptula minor

Familie: Lappentaucher, *Podicipedidae*
Aussehen: Überwiegend graubraun. Hals und Gesicht sind weiß. Die federgeschmückte Haube richtet sich nur bei der Balz auf. Die Zehen mit seitlichen Hautlappen ohne Verbindung durch Schwimmhäute. 46-51 cm.
Lebensraum: Stille Süßgewässer jeder Art, auch Brackwasser mit Ufervegetation. Auch in Eurasien und Afrika verbreitet.
Lebensweise: Wasservogel. Taucht bei der Suche nach Nahrung bis zu eine Minute lang. Fliegt auch weit, aber nur bei Wanderungen.
Nahrung: Fische, Wasserinsekten, Krebstiere, Frösche, Schnecken.
Entwicklung: Spektakuläre Balz: Beide Partner zeigen den Kopf-Federschmuck, schwimmen mit den Pflanzenteilen im Schnabel aufeinander zu, steigen Brust an Brust aus dem Wasser und schütteln dabei die Köpfe. Sie bauen gemeinsam ein schwimmendes Nest in der Ufervegetation. Männchen und Weibchen bebrüten abwechselnd 3-7 Eier in 22-29 Tagen. Die Jungen sind Nestflüchter, reiten gern auf dem Rücken der Eltern und sind mit 10 Wochen flügge.
Artenschutz: Ja. Art nicht bedroht.
Vergleiche: Nur 25 cm groß: *Australasian Grebe*, Neuhollandtaucher, *Tachybaptus novaehollandiae*.

Familie: Pinguine, *Spheniscidae*
Aussehen: Rücken blaugrau, Bauch weiß. Ist mit 40 cm und 1 kg der kleinste von weltweit 17 Pinguinarten (alle nur auf der Südhalbkugel).
Lebensraum: Kühle Meere und Küsten.
Lebensweise: Ausgezeichneter Schwimmer und Taucher. Tagsüber Nahrungssuche im Meer, watschelt bei Dämmerung an Land (Flossenfüße) zu den Brut- und Schlafplätzen und bei Morgendämmerung geht es dann zurück ins Meer.
Nahrung: Kleine Fische, Krebstiere, Tintenfische.
Entwicklung: Koloniebrüter (ca. 100 Vögel) meist in Dünen. Beide Partner bebrüten im Schichtwechsel (alle 5-12 Tage) nur 2 Eier in 38 Tagen. Jungen wird vorverdauter Fisch heraufgewürgt, der erste Meergang erfolgt nach 2 Monaten.
Artenschutz: Ja. Art nicht bedroht. Aber die Brutgebiete sind gefährdet.
Hotspots: z.B. allabendliche »Pinguinparade« auf Phillip Island (Vic).
Vergleiche: An Australiens Küsten brüten nur die Zwergpinguine, weitere 9 Arten sind nur Besucher, u.a. der an neuseeländischen Küsten brütende →*Victoria or Fjordland Crested Penguin*, Dickschnabelpinguin, *Eudyptes pachyrhynchus*.
Zwergpinguine brüten auch an den Küsten von Neuseeland, werden dort *Blue Penguins* genannt.
→*Gelbaugenpinguin* (Neuseeland).

Muttonbird
Short-tailed Shearwater
Millionensturmtaucher
Kurzschwanzsturmtaucher
Puffinus tenuirostris

Shy Albatross
White-capped Albatross
Weißkappen-Albatros
Diomedea cauta

Familie: Röhrennasen, *Procellariidae*
Unterfamilie: Sturmvögel, *Procellariinae*
Aussehen: Oberseite braun, Unterseite silberweiß, hakenartiger Schnabel mit röhrenartigem Nasenaufsatz (Familienname). 41-43 cm.
Lebensraum: Meer und Küsten.
Lebensweise: Gleitet über Wellenkämme. Taucht nach lebender Beute bis zu 10 m tief.
Nahrung: Fische, Krebs- und Weichtiere.
Entwicklung: Koloniebrüter in Erdhöhlen an den Küsten (Oktober-April). Beide Partner bebrüten im Schichtwechsel (alle 10-12 Tage) nur ein Ei in 53 Tagen. Der andere Partner fischt tagsüber und füttert das Junge mit vorverdautem Fisch. Das Junge ist in rund 94 Tagen flügge.
Besonderes: Ist ein Rekordwanderer: Absolviert außerhalb der Brutzeit einen Rundflug von etwa 25 000 km bis Alaska und Beringmeer (Sommergebiete). Fliegt 50-90 km/h, 15-20 Stunden am Tag d h 750-1800 km pro Tag! An den Brutküsten landen dann wieder ca. 17 Mio Vögel fast gleichzeitig (bis zu 350 000 pro Stunde).
Artenschutz: Begrenzt. 400 000 Jungvögel pro Jahr werden auf den Furneaux-Inseln in der Bass Strait für Fleisch und Daunen verwertet.
Vergleiche: 40 andere Sturmtaucherarten.
Hotspots: z.B. auch bei der »Pinguinparade« auf Phillip Island (Vic).

Familie: Röhrennasen, *Procellariidae*
Unterfamilie: Albatrosse, *Diomedeinae*
Aussehen: Weiß, Schnabelspitze gelb, Flügel grau, mit 2,25 m Spannweite. 99 cm.
Lebensraum: Kühles Meer und Küsten.
Lebensweise: Verbringt die meiste Zeit auf dem Meer, schläft sogar im Flug. Segelt bis 500 km pro Tag, schwimmt bei Windstille. Nimmt die Nahrung an der Wasseroberfläche auf.
Nahrung: Tintenfische, Fische, Krebse.
Entwicklung: Landgang nur zum Brüten. Bodennest. Dauerehe. Beide Partner bebrüten abwechselnd nur ein Ei in 60-70 Tagen. Dem Jungen werden vorverdaute Meerestiere heraufgewürgt, flügge mit 18-19 Wochen. Alter über 30 Jahre.
Artenschutz: Ja. Bedroht durch *Long-line Fishing* der Hochseefischerei.
Vergleiche: Fast alle weltweit 14 Albatrosarten leben in den Meeren rund um den Südpol. Nur der Weißkappen-Albatros brütet an australischen Küsten, weitere 8 Arten sind Besucher, u.a. die mit bis 1,35 m größte Art: *Wandering Albatross*, Wanderalbatros, *Diomedea exulans*, der auch mit 3,3 m die größte Spannweite aller Vögel hat. - Die Karte zeigt die Verbreitung der 9 Arten. Siehe auch →Königsalbatros (Neuseeland).
Sonstiges: Der Angelsachse bezeichnet kleinere Albatros-Arten als *Mollymawks* oder *Mollyhawks*.

Red-tailed Tropicbird
Rotschwanz-Tropikvogel
Phaethon rubricauda

Brown Booby
Brauntölpel
Weißbauchtölpel
Sula leucogaster

Familie: Tropikvögel, *Phaethontidae*
Aussehen: Das Gefieder ist überwiegend weiß. Roter Schnabel mit gezähnten Schneidekanten. Die beiden charakteristischen, körperlangen Steuerfedern sind rot. Gesamtlänge 86-90 cm.
Lebensraum: Warme Meere.
Lebensweise: Außerhalb der Brutzeit einzeln oder paarweise auf dem Meer. Fliegt mit sehr beständigen und kraftvollen Flügelschlägen. Erbeutet seine Nahrung stoßtauchend aus Höhen von 10-20 m, meist nachts.
Nahrung: Fische, meist fliegende Fische, auch Tintenfische und Krebstiere.
Entwicklung: Landgang nur zum Brüten in Kolonien auf Inseln. Gesellschaftsbalz mit wellenförmiger Flugbahn. Meist Dauerehe. Kein Nest, nistet in Felsspalten oder Höhlungen von Klippen. Beide Partner bebrüten abwechselnd (Schichtwechsel täglich immer am Mittag) ihre 1-2 Eier in 42-50 Tagen. Den Jungen werden die vorverdauten Meerestiere heraufgewürgt, sie sind dann flügge mit 4-5 Wochen.
Artenschutz: Ja. Art nicht bedroht.
Hotspots: z.B. Cape Byron (NSW), Point Danger (Qld).
Vergleiche: Weißer Schwanz: *White-tailed Tropicbird*, Weißschwanz-Tropikvogel, *Phaethon lepturus*. Die Karte zeigt die Verbreitung beider Arten.

Familie: Tölpel, *Sulidae*
Aussehen: Oberseite schokobraun, Unterseite weiß. Langer, keilförmig zugespitzter Schnabel. Spannweite 1,4 m. 75-80 cm.
Lebensraum: Die tropischen und gemäßigten Meere mit ihren Küsten.
Lebensweise: Großartiger Flieger und Taucher. Fliegt oft mehr als 100 km auf das offene Meer zum Fang von Fischen, die er aus 10-20 m Höhe stoßtauchend erbeutet. Ruht sich nach der Rückkehr gerne auf Bäumen, Sträuchern und Hafenanlagen aus.
Nahrung: Fische und Tintenfische.
Entwicklung: Koloniebrüter, meist auf Inseln. Nest aus Pflanzenmaterial auf Felsen oder im Gebüsch. Oft Dauerehe, doch sind die Partner nur zur Brutzeit zusammen. Beide bebrüten abwechselnd 2 Eier in 43-47 Tagen. Die Jungen sind mit 4 Monaten flügge. Meist überlebt nur das Erstgeborene.
Artenschutz: Ja. Art nicht bedroht.
Hotspots: z.B. Uferpromenade in Cairns.
Vergleiche: Weitere 3 *Booby*-Arten in tropischen und subtropischen Breiten sowie 2 *Gannet*-Arten an kühlen und gemäßigten Meeren, u.a. Australasian Gannet, Australischer Tölpel, *Morus serrator*, mit gelbem Kopf.

Darter
Snake Bird
Schlangenhalsvogel
Anhinga melanogaster

Little Shag
Little Pied Cormorant
Kräuselscharbe
Australische Zwergscharbe
Phalacrocorax melanoleucos

Familie: Schlangenhalsvögel, *Anhingidae*
Aussehen: Überwiegend schwarz (Männchen) oder graubraun und weißbrüstig (Weibchen) mit Weißanteilen. Langer, dünner Hals. Schlanker Kopf. Schnabel ist stilettförmig mit gesägten Schneidekanten. Schwanz lang und keilförmig. 85-90 cm.
Lebensraum: Am Süß- und Salzwasser: Seen, Flüsse, Sümpfe, Küstenlagunen.
Lebensweise: Meistertaucher der fliegenden Vögel. Harpuniert seine Beute durch blitzartiges Zustoßen des spitzen Schnabels im bis 15 m tiefen Wasser. Muss nach jedem Tauchgang die Flügel trocknen, da ihm die fettgebende Bürzeldrüse fehlt. Beim Schwimmen sieht man nur seinen S-förmigen, schlangenartigen Hals und Kopf (Name).
Nahrung: Süßwasserfische, andere Wassertiere (Wasserinsekten bis Frösche).
Entwicklung: Koloniebrüter, oft gemeinsam mit Kormoranen, Reihern und Ibissen. Flaches Nest in Sträuchern und Bäumen über dem Wasser oder im Schilf. Beide Elternteile bebrüten abwechselnd 3-5 Eier in 26-30 Tagen. Die Jungen sind dann mit 50 Tagen flügge.
Artenschutz: Ja. Art nicht bedroht.
Hotspots: z.B. Yellow Waters im Kakadu NP (NT).
Vergleiche: Weltweit 3 weitere Arten.

Familie: Kormorane, *Phalacrocoracidae*
Aussehen: Rücken schwarz, Bauch weiß. Kurzer, gelber Schnabel mit Hakenspitze. Spannweite 84-92 cm. Ist mit 58-63 cm die kleinste, aber häufigste Art in Australien.
Lebensraum: Süß- und Salzwasser: an Seen, Flüssen, Küstenlagunen.
Lebensweise: Schwimmt tief im Wasser, hält den Kopf schräg nach oben. Jagt tauchend nach Beute und bleibt über 1 Minute unter Wasser, Antrieb durch Ruderfüße. Muss nach jedem Tauchgang die Flügel trocknen (wie →Schlangenhalsvogel). Überwintert teilweise auf Neuguinea.
Nahrung: Fische, Frösche, Krustentiere.
Entwicklung: Koloniebrüter, oft gemeinsam mit Reihern, Schlangenhalsvögeln und Ibissen. Baut Zweignester in Bäumen oder am Boden. Beide Partner bebrüten abwechselnd die 3-5 Eier in 28-30 Tagen. Junge flügge mit 7 Wochen.
Artenschutz: Ja. Art nicht bedroht.
Hotspots: z.B. Yellow Waters im Kakadu NP (NT).
Vergleiche: Es gibt noch vier weitere heimische Kormoran-Arten, u.a. *Pied Cormorant*, Elsterscharbe, *Phalacrocorax varius*, mit gelblichen Wangen und mit 66-81 cm auch größer als die Kräuselscharbe. - Bezeichnung der Kormoran-Arten im Englischen als *Cormorant* oder *Shag*. Siehe auch →Kormoran (Neuseeland).

Australian Pelican
Brillenpelikan
Pelecanus conspicillatus

Great Frigatebird
Bindenfregattvogel
Fregata minor

Familie: Pelikane, *Pelecanidae*
Aussehen: Typisch mit langem Schnabel und Kehlsack am Unterschnabel. Überwiegend weiß mit schwarzen Endspitzen an den Flügeln und am Schwanz. Mit 8,2 kg Gewicht, 1,2 m Länge und 3,2 m Spannweite der größte fliegende(!) Vogel Australiens.
Lebensraum: Meist tropische und subtropische Süß- und Salzgewässer jeder Art mit einem ausreichenden Nahrungsangebot.
Lebensweise: Sehr gesellig. Betreibt als Nichttaucher eine raffinierte Gemeinschaftsjagd: Treibt die Fischschwärme ins Flachwasser und schöpft sie dort ab, indem er seinen zehn Liter fassenden Schnabelsack als Schöpfkelle benutzt. Majestätischer Segler bis zu 3000 m Höhe; legt dann den Kopf auf die Schultern zurück.
Nahrung: Fast ausschließlich Fische.
Entwicklung: Koloniebrüter (bis 30 000 Vögel) an entlegenen Seen. Baut Zweignest in Bodensenken. Beide bebrüten 2-4 Eier in 32-35 Tagen. Junge mit 12 Wochen flügge. Alter 50 Jahre.
Artenschutz: Ja. Art nicht bedroht. Allerdings gefährdet die einseitige Ernährung mit oft biocidverseuchten Fischen zunehmend den Bruterfolg, da die Eier dann zu dünnschalig werden.
Vergleiche: Weltweit 6 weitere Arten.

Familie: Fregattvögel, *Fregatidae*
Aussehen: Männchen schwarz, mit rotem und aufblasbarem Kehlsack. Weibchen dunkelbraun, weiße Brust. Langer, hakenförmiger Schnabel. Tief gegabelter Schwanz. Lange Flügel mit einer Spannweite bis 2,3 m. Band mit bräunlichen Schulterfedern (Name). 90-120 cm.
Lebensraum: Küsten und Inseln der Tropen und Subtropen.
Lebensweise: Kann weder schwimmen noch tauchen. Nimmt die Nahrung im Flug von der Wasseroberfläche auf. Bedrängt auch andere Seevögel so lange, bis diese ihre Beute hergeben oder erbrechen, die er dann im Flug auffängt. Verbringt die überwiegende Zeit fliegend. Gehört aufgrund seiner Wendigkeit zu den elegantesten Fliegern in der Vogelwelt.
Nahrung: Fische, Weichtiere, Quallen, auch Eier und Jungvögel anderer Seevögel.
Entwicklung: Koloniebrüter. Nach dem Nestbau imponiert das Männchen dem Weibchen mit einem prall aufgeblasenen Kehlsack. Alle zwei Jahre bebrüten beide abwechselnd nur ein Ei in 40-50 Tagen. Junges ist mit 6 Monaten flügge.
Artenschutz: Ja. Art nicht bedroht.
Vergleiche: *Least or Lesser Frigatebird*, Kleiner Fregattvogel, *Fregata ariel*, kleiner, weiße Flanken. Die Karte zeigt die Verbreitung beider Arten.

Great Egret
Silberreiher
Ardea alba

Cattle Egret*
Kuhreiher*
Ardea ibis*

Familie: Reiher, *Ardeidae*
Aussehen: Fast weiß, nur der Schnabel und die Augen sind gelb, Beine grauschwarz. Der Hals ist länger als der Körper. Hat während der Brutzeit einen schwarzen Schnabel und trägt daunige Schmuckfedern an den Flügeln. Mit 80-90 cm der größte Vertreter der weißen Reiher.
Lebensraum: Flache Gewässer und Küsten.
Lebensweise: Lauert am Ufer ausdauernd und bewegungslos auf Beute, oder er pirscht sich langsam schreitend an und schnappt dann pfeilschnell zu. Zieht bei Ruhestellung und im Flug den Hals S-förmig ein - wie die Pelikane.
Nahrung: Meist Fische, auch Frösche, Krustentiere, Wasser- und auch Landinsekten.
Entwicklung: Koloniebrüter, oft gemeinsam mit anderen Wasservögeln. Nest im Baum oder im Schilf. Beide bebrüten 3-6 Eier in 25 Tagen. Die Jungen sind mit 6 Wochen flügge.
Artenschutz: Ja. Früher wegen Reiherfedern bejagt. Heute bedroht durch Lebensraumentzug.
Vergleiche: Ähnlich: *Intermediate Egret*, Mittel- oder Edelreiher, *Ardea intermedia*, kleiner, aber der Winkel des längeren Schnabels reicht bis hinter das Auge. Karte mit Verbreitung beider Arten.
Hotspots: Beide Arten z.B. Yellow Waters im Kakadu NP (NT).
Allgemeines: →Riffreiher.

Familie: Reiher, *Ardeidae*
Aussehen: Vorwiegend weiß, nur Schnabel, Beine und Füße gelb. Zur Brutzeit an Kopf, Brust und Rücken mit orangefarbenen, langen Schmuckfedern (im Bild der hintere Vogel). 48-53 cm.
Lebensraum: In Küstennähe und bis zu 700 km landeinwärts: Feuchtgebiete und Savannen, Wiesen und Weiden.
Lebensweise: Unabhängiger vom Wasser als andere Reiherarten. Fängt gerne die von Rinder- und Pferdeherden aufgestöberten Insekten und kleinen Wirbeltiere. Sucht auch den Rücken der Tiere nach Parasiten ab. Fliegt in Trupps von und zu den Gemeinschaftsschlafplätzen.
Nahrung: Insekten, kleine Wirbeltiere.
Entwicklung: Koloniebrüter, oft gemeinsam mit anderen Wasservögeln. Nester in Bäumen und Sträuchern, gelegentlich auch im Schilf. Beide bebrüten 3-6 Eier in 22-26 Tagen. Die Jungen sind in 25 Tagen flügge.
Artenschutz: Ja. Die Bestände steigen sogar. 1933 eingeführt gegen die Rinderzecken.
Vergleiche: *Little Egret*, Seidenreiher, *Ardea (Egretta) garzetta*, mit schlankem, schwarzem Schnabel, gelbem Gesicht und gelben Füßen (beim Flug gut sichtbar).
Allgemeines: →Riffreiher.

Reef Heron
Riffreiher
Ardea sacra
(Egretta sacra)

White-faced Heron
Weißwangenreiher
Ardea novaehollandiae
(Egretta novaehollandiae)

Familie: Reiher, *Ardeidae*
Aussehen: Es gibt zwei Farbvarianten:
Die weiße Form mit dem gelben Schnabel lebt überwiegend im tropischen Norden;
die blaugraue Form (auch *Blue Heron* genannt) mit grauem Schnabel lebt überwiegend im subtropischen und gemäßigten Süden. 60-65 cm.
Lebensraum: Meeresküsten, Lagunen, Koralleninseln und -riffe (Name).
Lebensweise: Tag- und nachtaktiv: Fängt die Beute auf Korallenriffen und in seichten Küstengewässern, bevorzugt bei zurückgehender Flut und bei Ebbe.
Nahrung: Fische, Tintenfische, Krustentiere. Erbeutet in Seeschwalbenkolonien Eier und Jungvögel, auch kleine Fische, die als Nahrung für die Jungvögel bestimmt sind.
Entwicklung: Koloniebrüter. Baut ein Zweignest in Bäumen und Sträuchern, auf Koralleninseln auch am Boden. Beide Partner bebrüten 2-5 Eier in 25-28 Tagen. Junge nach 5-6 Wochen flügge. Beide Farbformen (siehe oben) paaren sich auch und ziehen dann weiße und blaugraue Junge auf.
Artenschutz: Ja. Art nicht bedroht.
Engl. Name: Irreführend auch *Pacific Reef Egret*.
Allgemeines: Die Angelsachsen bezeichnen die weißen Reiherarten meist als *Egrets* und die farbigen Varianten meist als *Herons*.

Familie: Reiher, *Ardeidae*
Aussehen: Einheitlich blaugrau mit weißem Gesichtsfeld, schwarzer Schnabel, gelbe Beine. Im Brutkleid (Bild) mit Schmuckfedern an Brust und Rücken. 68 cm.
Lebensraum: Flache Binnen- und Brackgewässer. Häufigster Reiher in Australien.
Lebensweise: Sucht die Nahrung meist als Einzelgänger: Steht oder watet im flachen Wasser und pirscht nach Beute. Fliegt wie die anderen Reiher mit S-förmig gekrümmtem Hals und hinten herausragenden Beinen.
Nahrung: Nicht wählerisch: Meist Fische, auch Frösche, Nagetiere, Insekten, kleine Reptilien, sogar Jungvögel. Periodische Heuschrecken- und Mäuseplagen bedeuten für ihn ein Festessen.
Entwicklung: Koloniebrüter. Beide bebrüten in einem Baumnest 4-7 Eier in 24-26 Tagen. Junge mit 40 Tagen flügge.
Artenschutz: Ja, aber Lebensraumentzug durch Trockenlegung von Feuchtgebieten.
Engl. Name: Irreführend auch *White-faced Egret*.
Vergleiche: Brütet als einziger Reiher ausschließlich in Australien (endemisch): *Pacific Heron* oder *White-necked Heron*, Weißhalsreiher, *Ardea (Egretta) pacifica*, ähnlich, mit 90 cm aber größer. Verbreitungskarte mit beiden Arten.
Allgemeines: →Riffreiher.

Pied Heron

Elsterreiher

Ardea picata
(Egretta picata)

Rufous Night-Heron
Nankeen Night-Heron

Rotrücken-Nachtreiher

Nycticorax caledonicus

Familie: Reiher, *Ardeidae*
Aussehen: Vorwiegend blauschwarzes Gefieder, weißer Hals, schwarzblaues Häubchen und gelber Schnabel. 45-48 cm.
Lebensraum: Süßwassersümpfe, Mangrovenwälder, Lagunen in Küstennähe.
Lebensweise: Sehr gesellig, auch gemeinsame Schlafplätze. Die Nahrungssuche in Gruppen von 5-30 Artgenossen, meist in seichten Lagunen und bei eintretender Ebbe am Strand. Jagt auch die von Viehherden aufgescheuchten Insekten - ähnlich wie der →Kuhreiher.
Nahrung: Überwiegend Insekten und Larven, auch Krustentiere, kleine Mollusken und Fische.
Entwicklung: Koloniebrüter, oft zusammen mit Edelreiher und Kräuselscharbe. Zweignester in Mangrovenwäldern. Beide bebrüten abwechselnd 3-4 Eier in 24 Tagen. Die Jungen holen anfangs die Nahrung aus dem Kehlsack der Eltern. Später speien die Eltern das Futter ins Nest. Flügge mit 6 Wochen.
Artenschutz: Ja. Art nicht bedroht.
Hotspots: z.B. Yellow Waters im Kakadu NP (NT): Da in der Regenzeit genistet wird, sieht man in der Trockenzeit oft Jungvögel, denen die schwarzblaue Haube auf dem Kopf noch fehlt.
Allgemeines: →Riffreiher.

Familie: Reiher, *Ardeidae*
Aussehen: Gefieder zimtrot am Rücken und cremefarben am Bauch. Oberkopf blauschwarz, am Hinterkopf oft 2-3 lange, weiße Schmuckfedern. 56-65 cm.
Lebensraum: An den Ufern von Sümpfen, Flüssen, Lagunen und Mangrovenwäldern.
Lebensweise: Dämmerungs- und nachtaktiv: Fliegt dann geräuschlos zu den Nahrungsgründen. Tagesrast gut getarnt in Laubbäumen.
Stimme: Nächtliches, kehliges Quaken.
Nahrung: Fische, Frösche, Insekten, auch Eier und Jungtiere anderer Vogelarten.
Entwicklung: Koloniebrüter in Baumnestern. Saisonehe. Beide bebrüten 2-3 Eier in 3 Wochen. Junge mit 7 Wochen flügge.
Artenschutz: Ja. Art ist bedroht. 85% (mehr als andere Reiherarten) sind mit Gehirnhautentzündung (Enzephalitis) infiziert.
Vergleiche: Ist die einzige heimische Art von weltweit insgesamt 9 Nachtreiher-Arten.
Hotspots: z.B. Yellow Waters im Kakadu NP (NT). Da in der Regenzeit genistet wird, sieht man in der Trockenzeit oft Jungtiere (im Bild links) mit tropfenförmigen, weißen Flecken auf Flügel und Rücken. Leicht zu verwechseln mit →Australischer Rohrdommel.
Allgemeines: →Riffreiher.

Austral(as)ian Bittern
Australian Brown Bittern
Australische Rohrdommel
Botaurus poiciloptilus

Australian White Ibis
Molukkenibis
Threskiornis molucca

Familie: Reiher, *Ardeidae*
Aussehen: Das Gefieder ist braun, grau und weiß gezeichnet, perfekt im Schilf getarnt. Ist die größte heimische Dommelart. 65-75 cm.
Lebensraum: Schilfreiche Süß- und Brackwassergebiete.
Lebensweise: Nachtaktiv, scheu, Einzelgänger. Tarnt sich vor seinen Feinden typisch dommelhaft durch Hochrecken von Hals und Schnabel (Pfahlstellung) und ist dadurch im Röhricht schwer erkennbar.
Stimme: Häufig nachts: Unheimlicher Ruf wie Nebelhorn oder Stiergebrüll (»Moorochse«).
Nahrung: Kleine Vögel und Säugetiere, Frösche, Fische, Insekten, Schnecken.
Entwicklung: Einzelbrüter. Flaches Nest aus Sumpfgräsern an seichten Stellen im dichten Schilf. Das Weibchen allein bebrütet 4-6 Eier in 25 Tagen und zieht die Jungen auf, die dann mit 4 Wochen flügge sind.
Artenschutz: Ja. Art nicht bedroht.
Vergleiche: Die nördliche Variante *Black Bittern*, Schwarzdommel, *Ixobrychus flavicollis*, ist weniger scheu und mit 55-65 cm etwas kleiner.
Sonstiges: Für Aborigines verbarg sich hinter dem gebrüllähnlichen Ruf das sagenhafte Fischungeheuer »Bunyip«.

Familie: Ibisse und Löffler, *Threskiornithidae*
Unterfamilie: Sichler, *Threskiornithinae*
Aussehen: Weißer Körper. Sichelförmig nach unten gebogener Schnabel (daher »Sichler«). Hals, Beine und Schirmfedern über dem Schwanz sind schwarz. 68-75 cm.
Lebensraum: Seichte Gewässer. Überwiegend Süßwasser, seltener Brack- und Salzwasser. Kulturfolger auf Viehweiden und in Parks.
Lebensweise: Einzeln, paar- oder gruppenweise. Stochert in Böden, Schlamm und seichten Gewässern nach Nahrung. Fliegt auch in großen Trupps 30-40 km weit und bis 3000 m hoch, oft zu schädlingsbefallenen Kulturen (und ist deswegen ein Freund der Farmer).
Nahrung: Frösche, Fische, Krustentiere, Wasser- und Landinsekten, auch Aas.
Entwicklung: Koloniebrüter. Baut ein flaches Zweignest im Schilf, auf Sträuchern oder Bäumen. Beide Eltern bebrüten 2-5 Eier in 20-25 Tagen. Junge in 5-6 Wochen flügge.
Artenschutz: Ja. Art nicht bedroht.
Sonstiges: Der ähnliche Heilige Ibis, *Threskiornis aethiopicus*, galt in dem alten Ägypten als die Verkörperung von Mondgott Thot, der als Ibis oder als Mensch mit Ibiskopf dargestellt wurde. Ist heute in Ägypten ausgestorben, aber noch im südlichen Afrika und Nahen Osten verbreitet.

Straw-necked Ibis
Stachelibis
Threskiornis spinicollis

Royal Spoonbill
**Königslöffler
Schwarzschnabellöffler**
Platalea regia

Familie: Ibisse und Löffler, *Threskiornithidae*
Unterfamilie: Sichler, *Threskiornithinae*
Aussehen: Oberseite schwarz mit einem grünen Glanz. Unterseite weiß. Kopf und sichelförmiger Schnabel schwarz. Am Hals mit den Namen gebenden, gelblichen, stroh- bzw. stachelartigen Federn. Ist mit 68-75 cm die größte, zugleich häufigste Ibisart in Australien.
Lebensraum: Sümpfe, Seeufer, Farmen.
Lebensweise: Sehr gesellig. Auch Nahrungssuche paarweise oder in Trupps.
Stimme: Im Fluge langes, grunzendes »ju-ju-jur«, im Stand »orr-orr«.
Nahrung: Wasserinsekten, Frösche, Fische. Heuschrecken- und Raupen-Plagen sind für ihn ein Festessen, daher ein Liebling der Farmer.
Entwicklung: Brütet in Kolonien mit bis zu 200 000 Vögeln. Beide Elternteile bebrüten abwechselnd die 2-5 Eier in 20-25 Tagen. Die Jungen sind mit 5 Wochen flügge.
Artenschutz: Ja. Art nicht bedroht.
Vergleiche: *Glossy Ibis*, Braunsichler oder Sichler, *Plegadis falcinellus*, rotbraun glänzend.
Kurioses: Für die australischen Kinder bringt der Ibis die Babys (daher hat er den gebogenen Schnabel!), da der →Indische Großstorch nur im bevölkerungsarmen Norden lebt.

Familie: Ibisse und Löffler, *Threskiornithidae*
Unterfamilie: Löffler, *Plataleinae*
Aussehen: Weiß, nur die Beine und der am Ende löffelartig verbreiterte Schnabel (Name) sind schwarz. Brutkleid mit weißen Schmuckfedern am Hinterkopf. 75-80 cm.
Lebensraum: Dicht bewachsene, aber seichte Sümpfe, Seen, Flussdeltas und Lagunen mit Süß- oder Salzwasser.
Lebensweise: Paarweise oder in Kleingruppen. Watet im flachen Wasser, um Futter zu suchen. Bewegt den leicht geöffneten Löffelschnabel ständig hin und her und schnappt die dadurch verwirrte Beute aus dem Wasser.
Stimme: Schnabelklappern.
Nahrung: Fische, Krustentiere, Wasserinsekten, seltener pflanzliche Kost.
Entwicklung: Brutkolonien oft gemeinsam mit Ibissen und Reihern. Plattformnest bis in 9 m Baumhöhe. Beide Eltern bebrüten abwechselnd 2-4 Eier in 25 Tagen. Junge mit 5 Wochen flügge.
Artenschutz: Ja. Art nicht bedroht.
Vergleiche: Ähnliche Verbreitung: *Yellow-billed Spoonbill*, Gelbschnabellöffler, *Platalea flavipes*, weiß, Schnabel und Beine gelblich, 80-90 cm.
Hotspots: z.B. Yellow Waters im Kakadu NP (NT).

Jabiru
Black-necked Stork
Indischer Großstorch
Xenorhynchus asiaticus

Familie: Störche, Ciconiidae
Aussehen: Kopf, Hals, Schwanz und Schwingen grünschwarz glänzend; sonst weiß. Schnabel schwarz, Beine rot. Augen beim Weibchen gelb, beim Männchen blau. Mit 1,2 m Stehhöhe und mit 2,2 m Spannweite größer als der europäische Weißstorch.
Lebensraum: Süßwasser-Feuchtgebiete.
Lebensweise: Einzeln oder paarweise. Doch der einzige australische Storch ist sesshaft, fliegt nur in Dürrezeiten zu neuen Futterplätzen, wo sich größere Gruppen treffen.
Stimme: Typisches Schnabelklappern bei Balz, Partnerbegrüßung und Brutablösung.
Nahrung: Sucht langsam schreitend nach Fischen, Fröschen, Reptilien, Kleinsäugern, Insekten, sogar Aas.
Entwicklung: Der Reisighorst in bis 25 m Höhe auf Bäumen wird jährlich wieder benutzt. Dauerehe. Beide Partner bebrüten abwechselnd 2-4 Eier in 31-34 Tagen. Junge flügge mit 4 Monaten.
Artenschutz: Ja. Bestände abnehmend.
Hotspots: z.B. Yellow Waters im Kakadu NP (NT).
Name: *Jabiru* stammt von den Portugiesen (nicht Aborigines) und ist eigentlich der Name für die südamerikanischen bzw. afrikanischen Störche.

INFO

Greifvögel: Erkennungsmerkmale

Die Greifvögel (die früher auch als Raubvögel bezeichnet wurden) sind am Tage oft in der Luft, um nach ihrer Beute zu suchen. Als Beobachter sieht man deswegen meist nur den Umriss der majestätisch dahingleitenden Vögel. Jede Gruppe hat charakteristische Flügelformen. Die Übersicht soll zum Erkennen in der Luft helfen.

Habicht, Milan, Weihe (*Hawk, Kite*)

Flügel: Lang und breit, gefingerte Enden.
Schwanz: Meist nach außen gerundet, beim Schwarzmilan (Bild) leicht nach innen gegabelt.
Beine: Nur Oberschenkel befiedert.
Füße: Starke Krallen, vorwiegend zum Ergreifen, auch zum Töten der Beutetiere.
Flug: Mittlere Geschwindigkeit, segelt viel.

Adler (*Eagle*)

Flügel: Lang und breit, gefingerte Enden.
Schwanz: Meist nach außen gerundet, nur beim Keilschwanzadler (Bild) keilförmig.
Beine: Ganz befiedert.
Füße: Starke Krallen, vorwiegend zum Ergreifen, auch zum Töten der Beutetiere.
Flug: Mittlere Geschwindigkeit, segelt viel.

Falke (*Falcon*)

Flügel: Lang, schmal und spitz zulaufend.
Schwanz: Nach außen gerundet.
Beine: Nur Oberschenkel befiedert.
Füße: Dolchartige Krallen zum Ergreifen der Beutetiere; tötet mit einem Schnabelbiss.
Flug: Fliegt schnell, oft Rüttelflug (scheinbar am Himmel hängend).

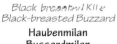
Black-breasted Kite
Black-breasted Buzzard
Haubenmilan
Bussardmilan
Hamirostra melanosternon

Black Kite
Black-eared Kite
Schwarzmilan
Milvus migrans

Familie: Greifvögel, *Accipitridae*
Aussehen: Kräftiger, gedrungener Körper mit weißen Flügelfedern, kurzer Schwanz. Vorwiegend schwarz mit braunem Rücken. Die Schultern, Schenkel und Schwanzpartien sind gesprenkelt. Spannweite bis 1,5 m. 51-61 cm. Die Jungvögel sind tiefbraun bis sandfarben und haben schwarze Streifen.
Lebensraum: Buschlandschaften im Binnenland und im tropischen Norden.
Lebensweise: Paarweise. Gehört zu den wenigen Vögeln in der Welt, die Werkzeuge gebrauchen. Um die Eischalen von Bodenbrütern, z.B. Emus, aufzubrechen, benutzt er entweder Schnabelschläge oder wirft mit seinem Schnabel Steine auf die Eier (wird bei Greifvogelvorführungen demonstriert). Steigt eine Adler gleich mit wenigen Flügelschlägen in die Höhe.
Stimme: Wiederholend scharf jaulend.
Nahrung: Eier, Säugetiere, Vögel, Echsen, Aas, räubert Nester anderer Greifvögel.
Entwicklung: Reisighorst auf Bäumen. Eltern bebrüten abwechselnd 2-3 Eier in 36 Tagen. Die Jungen sind in 60 Tagen flügge.
Artenschutz: Ja. Art nicht bedroht.
Hotspots: Greifvogelvorführungen: Desert Park und Territory Wildlife Park (NT).
Info: Greifvögel, S. 66

Familie: Greifvögel, *Accipitridae*
Aussehen: Gefieder schwarzbraun, heller Kopf. Der Schwanz ist leicht gegabelt. Schmale Flügel, Spannweite 1,3 m. 48-55 cm.
Lebensraum: Auf dem ganzen Festland verbreitet, besonders Kulturlandschaften (incl. Müllhalden). Auch Europa, Nordafrika, Asien.
Lebensweise: Nach der Brutzeit gesellig, große Trupps mit gemeinsamen Schlafplätzen. Hebt Flügel beim Segeln etwas an. Teilweise Zugvogel.
Stimme: Hoher Pfeifton.
Nahrung: Eher Straßenkehrer als Greifvogel: meist kranke Tiere, Aas und Abfall. Aber auch kleine Säuger, Vögel, Reptilien, Fische, Insekten.
Entwicklung: Horst auf Bäumen, polstert die Nistmulde mit weichem Material, wie z.B. Kuhdung. Das Weibchen allein bebrütet 1-4 Eier in 35 Tagen. Junge mit 6 Wochen flügge.
Artenschutz: Ja. Art nicht bedroht.
Besonderes: Ein sehr einfallsreicher Ernährungs-Spezialist: fängt z.B. Fische, indem er Köder auf die Wasseroberfläche wirft; oder frisst sogar die Eingeweide der sonst giftigen →Aga-Kröte (Zuckerrohr-Kröte), indem er den Bauch öffnet und damit die Giftdrüsen umgeht.
Sonstiges: Der europäische Rotmilan, *Milvus milvus*, ist in Australien nicht verbreitet.
Info: Greifvögel, S. 66

Whistling Kite
Pfeifweih(e)
Haliastur sphenurus

Collared Sparrowhawk
Sydneysperber
Accipiter cirrhocephalus

Familie: Greifvögel, *Accipitridae*
Aussehen: Gefieder mittelbraun, Kopf und Bauch hellbraun, Schnabel dunkelbraun. Flügel mit gefingerten Enden, Spannweite 1,35 m. 50-55 cm.
Lebensraum: Gesamtes Festland und nördliches Tasmanien, auch Kulturlandschaften.
Lebensweise: Fliegt beim Jagen langsam und rüttelt (scheinbar still am Himmel stehend) vor dem Herabstoßen. Zwingt Wasservögel durch wiederholte Angriffe zu häufigem Tauchen und greift sie dann, wenn sie erschöpft sind.
Stimme: Pfeifend (engl. und dt. Name).
Nahrung: Kleinsäuger, Vögel, Reptilien, Fische, Großinsekten, Aas und Abfälle.
Entwicklung: Baut ein Zweignest weit oben in lebenden oder abgestorbenen Bäumen. Das Weibchen allein bebrütet 1-4 Eier in 31-34 Tagen. Die Jungen sind mit 6 Wochen flügge.
Artenschutz: Ja. Art nicht bedroht.
Hotspots: z.B. Yellow Waters, Kakadu NP (NT).
Vergleiche: Ähnlich aussehend:
Australien: *Little Eagle,* Kaninchenadler, *Aquila (Hieraaetus) morphnoides,* mit kürzerem Schwanz;
Australien und Neuseeland: →*Swamp Harrier,* Australasian Harrier, Sumpfweih(e), *Circus approximans,* dunkelbraun, (im Neuseeland-Teil).
Info: Greifvögel, S. 66

Familie: Greifvögel, *Accipitridae*
Aussehen: Oberseite grau mit rötlichem Nacken, unterseits weißlich quergestreift. Gelbe Augen. Lange Beine. Langer Schwanz mit eckigem Ende. Weibchen 36-39 cm, Männchen 28-33 cm.
Lebensraum: Überall in Australien, meist Waldlandschaften, auch Parks.
Lebensweise: Sehr wendiger Flieger durch kurze, abgerundete Flügel und langen Schwanz. Jagt aus der Deckung heraus, greift sich Vögel im Flug. Recht aggressiv, vertreibt sogar größere Greifvögel aus seinem Revier und schlägt große Beutetiere.
Stimme: Wiederholt schrill »swi-swi-swi« oder bedächtig miauend.
Nahrung: Meist kleine Vögel, die vor dem Kröpfen gerupft werden. Auch Kleinsäuger, Reptilien und Insekten.
Entwicklung: Baut einen Reisighorst in den Baumkronen . Das Weibchen allein bebrütet 2-4 Eier in 28-30 Tagen. Das Männchen sorgt für Nahrung, erst für das Weibchen, dann auch für die Jungen, die mit 4 Wochen flügge sind.
Artenschutz: Ja. Art nicht bedroht.
Vergleiche: Nur an der Ostküste und Nordküste: Grey or White Goshawk, Neuhollandhabicht oder Grau(kehl)habicht, *Accipiter novaehollandiae.*
Info: Greifvögel, S. 66

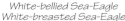

White-bellied Sea-Eagle
White-breasted Sea-Eagle
Weißbauch-Seeadler
Haliaeetus leucogaster

»Wedgie«
Wedge-tailed Eagle
Keilschwanzadler
Aquila audax

Familie: Greifvögel, *Accipitridae*
Aussehen: Kopf, Hals und Unterseite weiß. Oberseite grau. Breite Flügel, Spannweite 2 m. Weibchen 84 cm, Männchen 76 cm.
Lebensraum: Küste und Binnengewässer.
Lebensweise: Einzeln oder paarweise. Sitzt oft auf Bäumen und exponierten Jagdsitzen. Ist ein gewandter Flieger. Jagt im flachen Sturzflug oder greift Beute aus dem Gleitflug direkt von der Wasseroberfläche.
Stimme: Echohaft, glockenähnlich »känk-känk-känk« vom Ansitz aus oder im Flug.
Nahrung: Fische, Vögel, Reptilien, Flughunde, Kaninchen, auch Aas. Jagt anderen fischenden Vögeln die Beute ab.
Entwicklung: Imposanter Balzflug. Horst hoch auf Bäumen und Felsvorsprüngen. Das Weibchen bebrütet meist allein 1-3 Eier in 6 Wochen. Junge flügge mit 9-10 Wochen.
Artenschutz: Ja. Art nicht bedroht.
Vergleiche: Alle Küstenregionen: Kosmopolitischer *Fish Hawk or Osprey*, Fischadler, *Pandion haliaetus*, weiß und dunkelbraun, 50-63 cm; nur nördliche Küstengebiete: *Brahminy Kite*, Brahminenweih(e), *Haliastur indus*, Gefieder weiß und rotbraun, Schnabel weiß, 43-51 cm. - Die Jungvögel aller drei Arten sind ähnlich.
Info: Greifvögel, S. 66

Familie: Greifvögel, *Accipitridae*
Aussehen: Gefieder dunkelbraun, Schnabel weiß. Mächtige Flügel mit gefingerten Enden, bis zu 2,5 m Spannweite. Keilartiger Schwanz (Name). Ist der größte heimische Greifvogel, Weibchen bis 1 m und Männchen 90 cm.
Lebensraum: Überall auf dem Kontinent, selten in Kulturlandschaften.
Lebensweise: Segelt ausgezeichnet. Sucht Nahrung meist im Niedrigflug unter Ausnutzung jeglicher Deckung. Mitunter jagen auch zwei Adler gemeinschaftlich und hetzen dann ein größeres Beutetier zu Tode.
Stimme: Sanftes Pfeifen, selten zu hören.
Nahrung: Meist Frischfleisch von Säugetieren, Vögeln und Reptilien. Aber auch Aas: weidet als Straßenkehrer auf Überlandstraßen gern die überfahrenen Kängurus aus.
Entwicklung: Großer Zweighorst auf hohen Bäumen oder in Felshöhlungen. Das Weibchen bebrütet 1-3 Eier in 45 Tagen. Die Jungen sind mit 70-90 Tagen flügge. Alter bis 50 Jahre, im Durchschnitt aber nur 20 Jahre.
Artenschutz: Ja. Art nicht bedroht.
Vergleiche: Kleinster heimischer Adler: *Little Eagle*, Kaninchenadler, *Hieraaetus morphnoides*, Spannweite bis 1,2 m, Größe etwa 50 cm.
Info: Greifvögel, S. 66

Peregrine Falcon
Wanderfalke
Falco peregrinus

Brolga
Brolgakranich
Grus rubicunda

Familie: Falken, *Falconidae*
Aussehen: Oberseits graublau, unterseits hell mit dunklen Bändern. 38-48 cm.
Lebensraum: Oft Fels- und Gewässernähe. Der weltweit verbreitete Falke lebt in Australien schon seit Tausenden von Jahren.
Lebensweise: Kraftvoller und zügiger Flug. Meister im Rüttelflug (scheinbar still am Himmel stehend). Stößt aus großer Höhe auf die Beute in der Luft oder am Boden. Teilweise Zugvogel.
Stimme: Ausdauernd wiederholte Schreie.
Nahrung: Vögel bis Reihergröße mit Tauben als Leibspeise.
Entwicklung: Baut selbst keine Nester, sondern nistet in fremden Nestern, Bodenmulden und Felsnischen. Beide Eltern bebrüten 2-6 Eier in 31-38 Tagen. Junge mit 45 Tagen flügge.
Artenschutz: Ja. Art war bedroht durch die Pestizidbelastung der Beutetiere. Seit dem Verbot von DDT haben sich die Bestände wieder erholt.
Besonderes: Gilt als schnellster Vogel: erreicht im Sturzflug bis 320 km/h.
Vergleiche: *Australian Hobby or Little Falcon*, Australischer Baumfalke, *Falco longipennis*, mit heller Halskrause; *Australian Kestrel or Nankeen Kestrel*, Graubartfalke, *Falco cenchroides*, ist der kleinste heimische Falke.
Info: Greifvögel, S. 66

Familie: Kraniche, *Gruidae*
Aussehen: Hellgraues Gefieder mit rotem Kopfband und graugrüner Krone, langer Hals, dunkle lange Beine, Spannweite 1,7 bis 2,3 m. Standhöhe bis 1,4 m.
Lebensraum: Feuchtgebiete aller Art.
Lebensweise: Paarweise, außerhalb der Brutzeit auch große Trupps. Lässt im Fluge die Beine hängen und neigt den Hals leicht abwärts. Schläft nachts auf Bäumen.
Stimme: Weittragend, trompetenartig und gurgelnd.
Nahrung: Insekten, Würmer, kleine Wirbeltiere, Pflanzenkost aller Art, Samen.
Entwicklung: Graziöser Balztanz. Dauerehe. Oft einfaches Bodennest in Wassernähe. Beide Partner brüten 1-3 Eier und ziehen 10 Monate lang die Jungen auf. Alter bis zu 50 Jahre.
Artenschutz: Ja. Art nicht bedroht.
Hotspots: z.B. Yellow Waters im Kakadu NP (NT).
Sonstiges: Viele Legenden und Tänze der Aborigines beinhalten den Brolgatanz.
Vergleiche: Seltener, nur im Norden: *Sarus Crane*, Saruskranich, *Grus antigone*, sehr ähnlich, etwas größer mit Standhöhe bis 1,5 m und Spannweite bis 2,4 m, mit rötlichen Beinen.

Purple Swamphen
Purpurhuhn
Porphyrio porphyrio

Black Coot
Eurasian Coot
Blässhuhn
Fulica atra

Familie: Rallen, *Rallidae*
Aussehen: Das purpurfarbene Gefieder ist namensgebend. Unterschwanz ist weiß. Beine, Schnabel und Stirnplatte sind rot. Spannweite 70-88 cm. 44-48 cm groß.
Lebensraum: Sümpfe und Feuchtgebiete mit dichter Vegetation. Auch Stadtparks.
Lebensweise: Schwimmt nur selten, fliegt aber gut und läuft schnell. Ist in der Natur meist scheu und verbirgt sich in der dichten Vegetation.
Stimme: Schrille Trompetenrufe und dumpfe Laute, meist nachts.
Nahrung: Pflanzenteile, auch Insekten, Fische, Reptilien, Kleinvögel.
Entwicklung: Bildet eine Brutgemeinschaft mit 1-2 Weibchen und 2-7 Männchen. Alle helfen beim Bau des Bodennestes, bebrüten abwechselnd 3-8 Eier in 23-29 Tagen und ziehen dann auch gemeinsam die Jungen auf.
Artenschutz: Ja. Art nicht bedroht.
Vergleiche: Gleiche Verbreitung: *Dusky Moorhen, Papuateichhuhn, Gallinula tenebrosa*, mit rotem Schnabel mit gelber Spitze, 35-40 cm; nur auf dem Festland: *Black-tailed Native-Hen, Rotfuß-Pfuhlhuhn, Gallinula ventralis*, rote Füße, 32-38 cm; nur Tasmanien: *Tasmanian Native-Hen, Gallinula mortierii*, olivbraun, flugunfähig, 42-50 cm.
→*Purpurhuhn, Pukeko*, (Neuseeland).

Familie: Rallen, *Rallidae*
Aussehen: Rundlich wirkender Wasservogel. Bis auf den weißen Schnabel und das weiße Stirnschild schwarz gefärbt. Die Zehen mit seitlichen Lappen. 36-40 cm groß.
Lebensraum: Binnengewässer mit Wasser- und Ufervegetation. Auch Stadtparks. Seltener Brackgewässer. Auch weitverbreitet in Asien und Europa.
Lebensweise: Bildet außerhalb der Brutzeit große Trupps, oft mit Enten zusammen. Verteidigt sein Revier während der Brutzeit energisch. Langer, platschender Anlauf, um von der Wasseroberfläche aus starten zu können. Taucht auf der freien Wasserfläche mit einem kleinen Sprung unter; nickt beim Schwimmen mit dem Kopf. Zieht teilweise im Winter nach Norden.
Stimme: Kontaktruf krächzendes »kur-ruk«, auch schrille und schreiende Rufe.
Nahrung: Wasserpflanzen, Algen, kleine Wassertiere, auch Samen oder Gras auf ufernahen Wiesen.
Entwicklung: Baut in der Ufervegetation ein Boden- oder Schwimmnest . Nur das Weibchen bebrütet 5-15 Eier in 21-24 Tagen. Die Jungen sind mit 8 Wochen flügge.
Artenschutz: Ja. Art nicht bedroht.

Australian Bustard
Wammentrappe
Ardeotis australis

Painted Buttonquail
Buntlaufhühnchen
Turnix varia

Familie: Trappen, *Otididae*
Aussehen: Großer Bodenvogel mit einem derben, kurzen Schnabel. Stämmig gebaut mit kräftigen Lauffüßen. Der Kopf und der lange, aufgereckt getragene Hals sind weißlich. Rücken braun, Bauch weiß. Spannweite bis zu 2,3 m. Stehhöhe bis 1,2 m.
Lebensraum: Bevorzugt offene Grasländer.
Lebensweise: Tagaktiv. Kleine, nomadisierende Trupps. Lebt gern am Boden und bevorzugt das Laufen. Fliegt selten, da er ein hohes Startgewicht hat. Wird bei Gefahr erst statuenhaft und läuft dann langsam weg. Teilweise Zugvogel.
Stimme: Meist still, gelegentlich Krächzen.
Nahrung: Grüne Pflanzenteile und Samen, auch Reptilien, kleine Säuger, wie z.B. Mäuse, sowie Insekten, besonders Heuschrecken.
Entwicklung: Spektakuläre Balz der Trapphähne. Weibchen allein bebrütet 1-3 Eier direkt auf dem Boden (kein Nest). Die Jungen können schon kurz nach dem Schlüpfen laufen.
Artenschutz: Ja. Art ist bedroht: früher durch Bejagung, heute durch Füchse.
Besonderes: Sie gehören mit bis 18 kg zu den schwersten flugfähigen Vögeln der Erde.
Name: Schon der Römer Plinius der Ältere (23-79 n.Chr.) nannte die großen Vögel *Avis Tarda*, langsame Vögel, daraus wurde dann *Bustard*.

Ordnung: Laufhühnchen, *Turniciformes*
Familie: Laufhühnchen, *Turnicidae*
Aussehen: Gestalt eiförmig, Tarngefieder braungrau, das Weibchen (rechts im Bild) ist rotbraun. Kleiner Schnabel, rote Augen. Bis zu 20 cm groß.
Lebensraum: Meist lichte Eukalyptuswälder und Graslandschaften in Küstennähe.
Lebensweise: Einzeln, paarweise oder in kleinen Gruppen. Lebt meist am Boden, fliegt ungern. Das Weibchen verteidigt das Revier.
Stimme: Dröhnend, meist nachts zu hören.
Nahrung: Sowohl Pflanzenteile, Samen, als auch Insekten und andere wirbellose Tiere.
Entwicklung: Das Weibchen dominiert in der Partnerschaft, es lockt das Männchen gern mit »Leckerbissen« an (Bild). Aber dafür muss das Männchen dann allein 3-5 Eier in 2 Wochen ausbrüten (Bodennest) und die Jungen aufziehen. In der Brutzeit hat das Weibchen dann noch bis zu 7 weitere Gelege mit anderen Männchen.
Artenschutz: Ja. Art nicht bedroht.
Vergleiche: 7 (von den weltweit 15) Arten der Laufhühnchen leben in Australien.
Sonstiges: Laufhühnchen gehörten früher als Kampfwachteln zur Ordnung der Kranichvögel *Gruiformes;* aber bilden jetzt eine eigene Ordnung mit nur einer Familie (siehe oben).
Fasanenartige Wachteln →*Stubble Quail.*

Bar-tailed Godwit
Pfuhlschnepfe
Limosa lapponica

Eastern Curlew
Isabellbrachvogel
Numenius madagascariensis

Familie: Schnepfenvögel, *Scolopacidae*
Aussehen: Gefieder überwiegend graubraun mit weißer Unterseite, zur Brutzeit (z.B. in Europa) rotbraun mit kastanienbrauner Unterseite. Langer, leicht aufwärts gebogener Schnabel. Das Weibchen ist etwas größer als das Männchen. 37-40 cm.
Lebensraum: Nordeuropa über Nordsibirien bis nach Alaska. Überwinterung in Afrika, Asien und australpazifischer Region.
Lebensweise: Rastet auf dem Zug in großen Trupps im Wattenmeer. Überwintert in Australien von August bis April, z.B. allein im Raume Broome (Roebuck Bay und Eighty Mile Beach) etwa 100 000 Saisongäste.
Nahrung: Insekten und deren Larven, Würmer, Schnecken, Muscheln und Krebstiere.
Entwicklung: Die Saisongäste in Westaustralien brüten meist in Nordsibirien, die in Ostaustralien meist in Alaska.
Artenschutz: Ja. Art nicht bedroht.
Vergleiche: Die Verbreitungskarte zeigt alle 3 *Limosa*-Arten, die in Australien überwintern, u.a. der von Europa bekannte *Black-tailed Godwit*, Uferschnepfe, *Limosa limosa*.
- Außerdem überwintern drei Schnepfen-Arten der Gattung *Galligano*, die als (echte) *Snipes* bezeichnet werden.

Familie: Schnepfenvögel, *Scolopacidae*
Aussehen: Schlanker und stromlinienförmiger Körper mit einem gesprenkelten, graubraunen Gefieder. Typisch ist der gleichmäßig abwärts gebogene Schnabel mit der fünffachen Kopflänge. 60-66 cm.
Lebensraum: Mandschurei und Ostsibirien, aber überwintert u.a. an der ostaustralischen Küste zwischen August und April.
Lebensweise: Stochert zur Nahrungssuche mit dem sehr langen, tastempfindlichen Schnabel im weichen Boden. Pickt auch Beutetiere von der Oberfläche ab.
Stimme: Zweitoniges Pfeifen, gelegentlich auch kurzes Jodeln; nachts gut zu hören.
Nahrung: An den Küsten Australiens bevorzugt Krebse, Muscheln und Schnecken, sonst auch Insekten, Würmer, Spinnen, Beeren, Samen.
Entwicklung: Bodenbrüter im Heimatland.
Artenschutz: Ja. Art nicht bedroht.
Vergleiche: Die Verbreitungskarte zeigt alle 4 *Numenius*-Arten, die in Australien überwintern, u.a. der von Europa bekannte *Eurasian Curlew*, Großer Brachvogel, *Numenius arquata*. -
Weitere Mitglieder der Familie, aber andere Gattungen: u.a. Grünschenkel, Wasserläufer, Sumpfläufer, Strandläufer, Knutt, Sanderling, Kampfläufer und Steinwälzer.

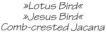

»Lotus Bird«
»Jesus Bird«
Comb-crested Jacana

Kammblatthühnchen

Irediparra gallinacea

Familie: Blatthühnchen, *Jacanidae*

Aussehen: Hochbeiniger kleiner Wasservogel mit dunkelbrauner Oberseite und weißer Unterseite. Stirnkamm rot und bei Erregung gelb. Weibchen 24-27 cm, Männchen 20-21 cm.

Lebensraum: Dicht bewachsene Süßgewässer aller Art in Küstennähe. Auch in Indonesien und Neuguinea verbreitet.

Lebensweise: Aggressiv in der Brutzeit, wenn die Paare ihr Revier verteidigen. Kann mit seinen langen Zehen über die schwimmende Pflanzendecke laufen ohne einzusinken; schreitet also scheinbar über das Wasser, deswegen umgangssprachlich auch »Jesusvogel«.

Stimme: Trompetend, auch Trillerlaute.

Nahrung: Schnecken, Krebstiere, Insekten und deren Larven, die von den Schwimmblättern abgelesen werden.

Entwicklung: Das Männchen allein baut ein schwimmendes Nest, bebrütet 3-4 Eier in 4 Wochen und zieht die Jungen in 2-3 Wochen auf.

Artenschutz: Ja. Art nicht bedroht.

Hotspots: z.B. Yellow Waters im Kakadu NP (NT).

Besonderes: Blatthühnchen besitzen von allen Vögeln die verhältnismäßig längsten Zehen und auch die längste Kralle an der Hinterzehe.

»Bush Thick-knee«
Australian Stone-Curlew

Buschtriel
Langschwanztriel

Burhinus grallarius

Familie: Triele, *Burhinidae*

Aussehen: Hochbeiniger Watvogel, oberseits graubraun, unterseits weiß. Großer schwarzer Schnabel, gelbe Augen. Winkelt beim Hinsetzen die Unterbeine ab, daher leicht »verdickte« Knies (wie engl. Umgangsname). 55-60 cm.

Lebensraum: Lichte Wälder und Küstenebenen. In Nordqueensland auch Kulturfolger: brütet in Stadtparks, auf Golfplätzen und Friedhöfen, selbst in Hausgärten.

Lebensweise: Meist nachtaktiv. Gesellig, zur Brutzeit paarweise. Fliegt niedrig. Läuft abrupt und verharrt bei Gefahr (»versteinert« wie engl. Name). Kein Zugvogel wie die anderen Trielarten.

Stimme: Sehr gespenstisch und meist mitten in der Nacht. Kann z.B. Camper sehr beunruhigen.

Nahrung: Insekten und Spinnen, Schnecken, Würmer, kleine Wirbeltiere.

Entwicklung: Beide Eltern bebrüten in einer Bodenmulde 2-3 Eier in 28-30 Tagen. Bei Gefahr tragen sie die Eier bzw. die Jungen unter den Flügeln davon. Junge mit 50 Tagen flügge.

Artenschutz: Ja. Art nicht bedroht.

Vergleiche: Nur an geschützten Küstengewässern, auch auf Riffen und Koralleninseln: *Beach Stone-Curlew or Great Australian Stone-Plover*, Rifftriel, *Esacus neglectus*, meist tagaktiv, 54-56 cm.

Sooty Oystercatcher
Klippenausternfischer
Haematopus fuliginosus

Red-necked Avocet
Rotkopf-Säbelschnäbler
Recurvirostra novaehollandiae

Familie: Regenpfeiferartige, *Charadriidae*
Aussehen: Markant mit dem rußig schwarzen (sooty) Gefieder und roten Augen, Beinen und Schnabel. 40-52 cm.
Lebensraum: Unmittelbar am Meer, meist an Fels- und Steinküsten.
Lebensweise: Trippelt durch seichtes Wasser oder bei zurückgehender Flut über den Strand, um vor allem nach Muscheln zu suchen. Er öffnet die Schalen geschickt mit dem kräftigen Schnabel oder zertrümmert sie auf einem Stein. Sesshaft, kein Zugvogel wie die anderen Austernfischerarten.
Stimme: Lautes, weit zu hörendes »kliep-kliep«, bei Erregung auch mehrmals hintereinander. Bei Balz trillernde Strophen.
Nahrung: Muscheln, Schnecken, Wattwürmer und kleine Krebse.
Entwicklung: Beide Partner bebrüten in einer Bodenmulde 2-4 Eier in 25-27 Tagen. Die Jungen bleiben noch 9 Monate bei den Eltern; sie ducken sich bei Gefahr und gleichen sich dank des Tarngefieders dem Boden an.
Artenschutz: Ja. Art nicht bedroht.
Vergleiche: Mit einer ähnlichen Verbreitung: *Pied Oystercatcher or South Island Oystercatcher*, Gefleckter Austernfischer, *Haematopus longirostris (H. finschi)*, mit schwarzweißem Gefieder.

Familie: Regenpfeiferartige, *Charadriidae*
Aussehen: Gefieder schwarzweiß; Kopf und Nacken kastanienrot; langer, dünner, aufwärts gebogener, schwarzer Schnabel. 40-48 cm.
Lebensraum: Ausschließlich in Australien (d.h. endemisch). Bevorzugt an der Küste auf kleinen Inseln und im Brackwasser. Zieht aber auch nach Regenfällen ins Landesinneren zu salzhaltigen Binnenseen; so wurden z.B. am Lake Eyre in Süd-Australien bis zu 95 000 Vögel gezählt.
Lebensweise: Gesellig. Sucht tierische Nahrung in seichten Salzgewässern durch Hin- und Herschwenken des langen Schnabels. Im Flug ragen die Beine lang nach hinten.
Stimme: Trompetendes »tuut-tuut«.
Nahrung: Insekten und deren Larven, Würmer, kleine Krebse, kleine Fische, gelegentlich auch Pflanzenteile.
Entwicklung: Brütet in Kolonien. Beide Partner bebrüten 3-4 Wochen lang 4 Eier in einer mit Pflanzenmaterial ausgelegten Bodenmulde. Die Jungen sind mit 4-5 Wochen flügge.
Artenschutz: Ja. Art nicht bedroht.
Vergleiche: Auch nur in Australien: *Banded Stilt*, Schlammstelzer, *Cladorhynchus leucocephalus*, mit weißem Kopf und geradem Schnabel.

Masked Lapwing
Spur-winged Plover

Spornkiebitz
Schwarznackenkiebitz

Vanellus miles

Familie: Regenpfeiferartige, *Charadriidae*
Aussehen: Gesicht wie gelbe Faschingsmaske (masked), gelbe Kehllappen, schwarze Kappe; Hals und Bauch weiß, grauer Rücken. Häufig gelber Sporn (Spur) am Flügelbug. 30-37 cm. - Rasse *novaehollandiae* mit schwarzem Nacken, besonders in Neuseeland weit verbreitet.
Lebensraum: Graslandschaften in Wassernähe, Feuchtgebiete, Küstengewässer. Ist aber auch Kulturfolger, z.B. in Stadtparks.
Lebensweise: Verteidigt Brutrevier mit Sturzflügen. Außerhalb der Brutzeit in großen Trupps.
Stimme: Hoch und kläffend, ähnlich dem Bellen eines kleinen Hundes.
Nahrung: Insekten, Spinnen, Schnecken und Würmer; Samen, grüne Pflanzenteile.
Entwicklung: Dauerehe. Beide Eltern bebrüten in einer mit Blattwerk gepolsterten Bodenmulde 2-4 Eier in 26-29 Tagen. Die Jungen sind mit 6-7 Wochen flügge.
Artenschutz: Ja. Art nicht bedroht.
Achtung: Verletzen auch Menschen mit ihren Spornen, falls man sich dem Nistplatz nähert.
Vergleiche: Karte mit Verbreitung der zweiten australischen Kiebitzart: *Banded Lapwing or Banded Plover*, Schwarzbauch- oder Schildkiebitz, *V. tricolor*, rotes Stirnschild (dt. Name), keine Kehllappen, weißer Streifen von Auge bis Nacken (engl. Name)

Silver Gull
Hartlaub's Gull

Sternmöwe
Weißkopf-Lachmöwe

Larus novaehollandiae

Familie: Möwenartige, *Laridae*
Aussehen: Weißer Körper. Silbergraue Flügel mit schwarzweißen Enden. Beine und Schnabel rot (dunkelbraun bei Jungvögeln bis 3 Jahre, außerdem gesprenkelte Flügel). 40-43 cm.
Lebensraum: Meist Meeresküsten, auch Binnengewässer. Oft Kulturfolger, z.B. Stadtparks, Stadtstrände, Mülldeponien, etc.
Lebensweise: Sehr gesellig, oft vieltausendköpfige Schwärme. Neigt vereinzelt auch zum Kannibalismus.
Stimme: Umfangreiches Lautinventar; meist jaulende, miauende oder gackernde Rufe.
Nahrung: Fische, Krebse, Muscheln, Vögel, Eier, Kleinsäuger. In Siedlungen Allesfresser, vor allem Abfall und Aas.
Entwicklung: Überwiegend Koloniebrüter auf vorgelagerten Inseln, z.B. versammeln sich vor Wollongong (NSW) jährlich etwa 50 000 Vögel. Beide Eltern bebrüten abwechselnd in einem Bodennest 1-3 Eier in 21-27 Tagen. Die Jungen sind dann mit 4 Wochen flügge.
Artenschutz: Ja. Art nicht bedroht. Oft gilt der Kulturfolger sogar als Plage.
Vergleiche: An den Südküsten Australiens und auch an den Küsten von Neuseeland: *Kelp Gull*, Dominikanermöwe, *Larus dominikanus*, mit einem schwarzen Rücken.

Great Crested-Tern
Eil-Seeschwalbe
Sterna bergii

Crested Pigeon
Spitzschopftaube
Ocyphaps lophotes

Familie: Möwenartige, *Laridae*
Aussehen: Weißer Körper, schwarze Federhaube (Crested), gelber Schnabel, Rücken und Flügel grau. 46-49 cm.
Lebensraum: Alle Küstengewässer.
Lebensweise: Das ganze Jahr über gesellig in vielköpfigen Trupps. Sucht die Nahrung im Wasser stoßtauchend. Fliegt schnell (dt. Name) dank eines stromlinienförmigen Körpers und einer Flügelspannweite von mehr als 1 m.
Stimme: Sehr raues Raspeln.
Nahrung: Fische und Kleinkrebse.
Entwicklung: Koloniebrüter auf vorgelagerten Inseln. Bei der Balz mit einem eindrucksvollen, spiralartigen Flug. In einer Sandkuhle bebrüten dann beide Partner 1-2 Eier in 25-26 Tagen. Die Jungen sind mit 1 Monat flügge.
Artenschutz: Ja. Art nicht bedroht.
Besonderes: Spürt Fischschwärme auf, so dass auch Fischer sich daran orientieren.
Vergleiche: Rastet auch an Australiens Küsten: *Arctic Tern*, Küstenseeschwalbe, *Sterna paradisaea*, sie hat den längsten Zugweg aller Vogelarten mit jährlich insgesamt 36 000 km zwischen Arktis und Antarktis.
Sonstiges: Insgesamt brüten 17 Möwen- und Seeschwalbenarten in Australien.

Familie: Tauben, *Columbidae*
Aussehen: Die bekannteste australische Taube ist überwiegend grau, hat rosa Beine, gebänderte Flügel und einen spitzen Schopf (Name) mit schwarzen Federn. 30-34 cm.
Lebensraum: Lichte Wälder mit Grasbewuchs sowie Buschlandschaften. Kulturfolger in Siedlungen und auf Farmen.
Lebensweise: Paarweise, kleinere und größere Trupps bis über hundert Vögel. Läuft bei Gefahr meist weg. Fliegt mit pfeifendem Geräusch auf, gleitet und flattert dann abwechselnd.
Stimme: Gurrend; scharfes »wu-uk«.
Nahrung: Samen, grüne Pflanzenteile, Beeren.
Entwicklung: Zweignest in Sträuchern und auf Bäumen. Dauerehe. Pro Jahr bis zu 7 Gelege. Beide Elternteile bebrüten 2 Eier in 18-20 Tagen. Die Jungen sind mit 20-25 Tagen flügge.
Artenschutz: Ja. Art nicht bedroht. Durch die Ausweitung der Landwirtschaft nehmen die Bestände sogar zu.
Vergleiche: Auf dem Festland, aber auch auf Tasmanien verbreitet: *Common Bronzewing*, Bronzeflügeltaube, *Phabs chalcoptera*, ohne Schopf, mit bronzegrünen Flügelstreifen, 30-36 cm.
Allgemeines: Die Angelsachsen bezeichnen die größeren Taubenarten meist als *Pigeons* und die kleineren Taubenarten meist als *Doves*.

Spinifex Pigeon
White-bellied Plumed Pigeon

Sekretärtaube
Rotschopftaube

Geophabs plumifera

Diamond Dove

Diamanttäubchen

Geopelia cuneata

Familie: Tauben, *Columbidae*
Aussehen: Überwiegend braunorangefarbenes und dunkel gebändertes Tarngefieder, das an die inneraustralische Landschaft angepasst ist. Besonders markant mit dem rötlichen, spitzen Schopf (dt. Name) und dem schwarz-rot-weißen Streifen am Auge. 20-33 cm.
Lebensraum: Überwiegend felsige und mit dem →Stachelschweingras (*Spinifex*, daher engl. Name) bewachsene Trockenlandschaften.
Lebensweise: Meist Trupps von 6-10, teils bis zu 50 Vögel. Ist sesshaft, solange Wasser in der Nähe ist. Tagaktiv besonders in den frühen Morgen- und späten Abendstunden. Rastet während der Tageshitze im Schatten von Grasbüscheln, Sträuchern und Felsen.
Stimme: Gurrend, oft »ko-o ko-o«.
Nahrung: Am Boden liegende Samen, vor allem vom Stachelschweingras.
Entwicklung: Je nach Regen oft mehrere Gelege pro Jahr. Beide Elternteile bebrüten in einer mit Gras gepolsterten Bodenmulde zwei Eier in 16-17 Tagen. Junge sind mit 8 Tagen flügge.
Artenschutz: Ja. Art nicht bedroht.
Hotspots: z.B. alle Touristenziele in Zentralaustralien, besonders Kings Canyon.
Allgemeines: →Spitzschopftaube.

Familie: Tauben, *Columbidae*
Aussehen: Überwiegend grau, Flügel mit sehr markanten weißen Punkten (ähneln Diamanten, daher der Name), Augen mit einem ausgeprägten roten Ring. 19-22 cm.
Lebensraum: Ausschließlich in Australien (d.h. endemisch). Trockenregionen mit Wasser in der Nähe sowie Bäumen zum Schlafen und Nisten; auch lichte Wälder.
Lebensweise: Lebt am Boden. Nahrungssuche meist in kleinen Trupps von 10-30 Vögeln. Muss jeden Tag trinken, d. h. in Dürrezeiten oft weit wandern. Fortbewegung am Boden durch ein drolliges Watscheln, kann aber auch erstaunlich schnell laufen.
Stimme: Typisch melodisches »gu-u gu-u«.
Nahrung: Bodenfresser. Samen von Gräsern, Kräutern und Akazien sowie grüne Blätter.
Entwicklung: Flaches Nest in Bäumen, seltener auch am Boden. Je nach Regen oft mehrere Gelege pro Jahr. Beide Eltern brüten 2 Eier in 12-13 Tagen. Junge mit 12-14 Tagen flügge.
Artenschutz: Ja. Art nicht bedroht. Durch Viehtränken sogar Zunahme der Bestände.
Vergleiche: Mit einer ähnlichen Verbreitung: *Peaceful Dove*, Friedenstäubchen, *Geopelia placida*, graubraun, gebändert, Augenring blau.
Allgemeines: →Spitzschopftaube.

Wonga Pigeon
Wongataube
Leucosarcia melanoleuca

Wompoo Pigeon
Purpurbrust-Fruchttaube
Ptilinopus magnificus

Familie: Tauben, *Columbidae*
Aussehen: Draller Körper, weißes Gesicht, Oberseite grau, weißes V-Muster auf der Brust, der weiße Bauch ist schwarz gesprenkelt, Füße rosarot. 38-41 cm.
Lebensraum: Nur in Australien (d.h. endemisch). Meist dichte Küstenwälder mit viel Unterholz, stellenweise auch Buschländer. Kulturfolger auf Picknickplätzen, etc.
Lebensweise: Außerhalb der Brutzeit meist Einzelgänger, Nahrungsflüge manchmal in Trupps. Ist bei der Nahrungssuche am Waldboden sehr behände und schnell.
Stimme: Das anhaltende, gurrende »gu-u gu-u« hört man häufiger als man den scheuen Vogel sieht.
Nahrung: Heruntergefallene Samen, Früchte und Beeren, aber zupft gelegentlich auch Beeren von niedrigen Sträuchern.
Entwicklung: Flaches Nest in hohen Bäumen. Beide Eltern bebrüten abwechselnd 2 Eier in 17-18 Tagen. Junge in der gleichen Zeit flügge.
Artenschutz: Ja. Art nicht bedroht. Aber in Teilgebieten ausgerottet, da die große und wohlschmeckende Taube in der Pionierzeit als Delikatesse galt und das auch beim Kochen weiß bleibende Fleisch geschätzt wurde.
Allgemeines: →Spitzschopftaube.

Familie: Tauben, *Columbidae*
Aussehen: Farbenprächtiges Gefieder: Rücken und Oberflügel intensiv grün, Kehle und Brust purpurn (dt. Name), die Unterflügel und der lange Schwanz leuchtend gelb. Hellgrauer Kopf mit roten Augen, Schnabel rot und gelb. Misst mit Schwanz 35-45 cm.
Lebensraum: Ausschließlich dichte Baumkronen tropischer und subtropischer Regenwälder, kommt nie auf den Boden.
Lebensweise: Einzeln, paarweise oder nach dem Nisten auch in kleinen Gruppen; Nahrungsflüge auch in großen Trupps.
Stimme: Tiefes, hallendes »wum-puh« (im engl. *wom-poo* und daher der engl. Name).
Nahrung: Etwa 50 verschiedene Beeren- und Fruchtarten von Bäumen, Kletterpflanzen und Sträuchern des Regenwaldes.
Entwicklung: Flaches Zweignest in 5-20 m Höhe am Ende eines Baumastes. Beide Elternteile bebrüten abwechselnd nur ein Ei in etwa 17 Tagen und ziehen gemeinsam das Junge auf.
Artenschutz: Ja. Gebietsweise bedroht.
Besonderes: Verbreitet Regenwaldpflanzen: Verdaut das Fruchtfleisch und scheidet die Samen, wie bei Fruchtfressern üblich, unverdaut aus.
Vergleiche: →Maorifruchttaube (Neuseeland).
Allgemeines: →Spitzschopftaube.

Rock Dove*
Feral Rock Pigeon*
Felsentaube*
Columba livia*

Shining Bronze-Cuckoo
Bronzekuckuck
Chrysococcyx lucidus

Familie: Tauben, *Columbidae*
Aussehen: Stammform der in der ganzen Welt bekannten Straßentaube. Überwiegend grau, am Hals metallisch grün und lila schimmernd. 34-36 cm.
Lebensraum: Früher felsige Küsten, heute als Kulturfolger in Siedlungsgebieten.
Lebensweise: Früher Koloniebrüter an Felsen und felsigen Küsten, brütet heute paarweise farbvariierend als Stadttaube an Mauern, Gebäuden und unter Brücken.
Stimme: Besonders während der Balz hört man das typisch gurrende »ruckedi-guh«.
Nahrung: Samen, Beeren, Pflanzenteile.
Entwicklung: Dauerehe. Flaches Zweignest. Pro Jahr 3-4 Gelege. Beide Elternteile bebrüten abwechselnd 2 Eier in 17-18 Tagen. Die Jungen sind mit 35 Tagen flügge.
Sonstiges: Die Felsentaube ist die Stammform aller gezüchteten Haustaubenrassen sowie der verwilderten Stadttauben.
Artenschutz: Nein. Eingeführt ab 1788 mit den ersten Siedlern.
Vergleiche: Ebenfalls eingeführt: *Laughing Dove**, Palm- oder Senegaltaube*, *Streptopelia senegalensis**; *Spotted Dove**, Perlhalstaube*, *S. chinensis**.
Allgemeines: →Spitzschopftaube.

Familie: Altweltkuckucke, *Cuculidae*
Aussehen: Kleiner, pummeliger Körper. Rücken grün-bronze schillernd, Bauch weiß mit dunklen Querbändern. 17-18 cm.
Lebensraum: Dichte Wälder, meist Regenwälder.
Lebensweise: Einzelgängerisch wie die meisten Kuckucke. Zugvogel, überwintert von Februar bis Ende Juli auf Inseln nördlich von Australien.
Stimme: Nicht wie in Europa »ku-kuk«, sondern ein ansteigender Pfeifton, als ob jemand nach seinem Hund pfeift.
Nahrung: Insekten, oft Raupen (sogar die giftigen, behaarten →Prozessionsspinnerraupen).
Entwicklung: Als so genannter Brutschmarotzer lässt er seine Eier von Wirtsvögeln (bis zu 65 verschiedene Arten) ausbrüten. Das Weibchen legt bis zu 16 Eier pro Brutzeit, gibt aber jeweils nur ein Ei in ein Wirtsnest (meist Kugelnest). Nach 14-17 Tagen schlüpft der junge Kuckuck und wirft alle Nestgeschwister oder Eier aus dem Nest; er wird von den Wirtseltern aufgezogen und ist mit etwa 19 Tagen flügge.
Artenschutz: Ja. Art nicht bedroht.
Vergleiche: Horsfield's Bronze-Cuckoo, *Chrysococcyx basalis*; Little Bronze-Cuckoo, *C. minutillus*; Black-eared Cuckoo, Schwarzohrkuckuck, *C. osculans*; Gould's Bronze-Cuckoo, *C. russatus*.
Karte mit Verbreitung aller fünf Arten.

Pheasant Coucal
Fasankuckuck
Centropus phasianinus

Barn Owl
Schleiereule
Tyto alba

Familie: Spornkuckucke, *Centropodidae*
Aussehen: Das Gefieder ist unterseits strohfarben und oberseits schwarzbraun gesperbert, in der Brutzeit (hintere Vogel im Bild) Kopf und Unterseite schwarz. Kurze, abgerundete Flügel und langer, fasanenartiger Schwanz (Name). Lange, scharfe Hinterzehenkralle (Familienname). 45-75 cm.
Lebensraum: Dichte Wälder in Küstennähe und Mangrovendickichte. Ist auch in Neuguinea und Timor verbreitet.
Lebensweise: Meist am Boden. Fliegt niedrig und beschwerlich mit aufgespanntem Schnabel. Erklettert gern Bäume, vor allem um Material für den Nestbau zu sammeln.
Stimme: Serien schneller durchdringender Töne, zuerst fallend, dann aufschwingend. Oft auch schrille Alarmschreie.
Nahrung: Insekten, kleine Kriechtiere, Frösche, kleine Vögel und Eier; Echsen und Schlangen werden mit dem kräftigen Schnabel getötet.
Entwicklung: Brütet als einziger Vertreter der 13 heimischen Kuckucksarten selbst. Baut im dichten Unterholz, meist in Grasbüscheln, ein kugeliges Nest mit Seiteneingang. Etwa 15 Tage lang bebrüten beide Eltern abwechselnd 2-4 Eier. Die Jungen sind mit 12-15 Tagen flügge.
Artenschutz: Ja. Art nicht bedroht.

Familie: Schleiereulen, *Tytonidae*
Aussehen: Namensgebender heller, herzförmiger Gesichtsschleier, dunkle Augen. Oberseits grau gezeichnet, unterseits weiß gefärbt mit feinen, dunklen Punkten. 30-40 cm.
Lebensraum: Fast weltweit verbreitet, auch überall in Australien. Bevorzugt lichte Wälder, aber auch Kulturlandschaften.
Lebensweise: Jagt überwiegend nachts. Fliegt langsam und gaukelnd. Hört sehr gut.
Stimme: Sehr vielfältig: Der Revierruf klingt wie vibrierendes Fauchen, der Warnruf wie ein schriller Schrei. Am Brutplatz auch schnarchende und kreischende Laute.
Nahrung: Kleine Nagetiere, vor allem Mäuse; auch Kleinvögel, Reptilien, Insekten.
Entwicklung: Nistet auf dem Boden von Baumhöhlen, Felsnischen und Erdlöchern. 1-3 Gelege pro Jahr. Das Weibchen bebrütet 4-7 Eier in 30-34 Tagen. Das Männchen hilft dann bei der Aufzucht der Jungen, die mit 7-10 Wochen flügge sind.
Besonderes: Spielt eine wichtige Rolle bei Mäuseplagen: Produziert dann ein Gelege nach dem anderen, jeweils mit der maximalen Anzahl von Eiern. Sinkt dann das Nahrungsangebot an Mäusen, sterben aber auch viele Eulen.
Artenschutz: Ja. Art nicht bedroht.

Barking Owl
Kläfferkauz
Ninox connivens

*Morepork
Southern Boobook*
Neuseeland-Kuckuckskauz
Ninox novaeseelandiae

Familie: Eulen, *Strigidae*
Aussehen: Die Oberseite ist graubraun, an der Unterseite weißlich mit dunklen Längsstreifen. Gelbe Augen und Füße. 35-45 cm.
Lebensraum: Dichte und lichte Wälder, im Norden bevorzugt Teebaum-Sümpfe.
Lebensweise: Paarweise. Jagt bei Dämmerung und nachts in Bäumen oder am Boden. Schläft tagsüber auf Bäumen.
Stimme: Namensgebendes »wuk-wuk« ist dem Bellen von Hunden täuschend ähnlich. Ferner ein Repertoire sehr unheimlich klingender Laute, wird deswegen im Volksmund auch *Screaming Woman Owl* oder *Murder Bird* genannt.
Nahrung: Große Insekten, Vögel, Kleinsäuger wie Kletterbeutler und Kaninchen.
Entwicklung: Nest in Baumhöhlen, Felsspalten, Astgabeln, auch in verlassenen Kaninchenbauten. 2-3 Eier werden 37 Tage lang vom Weibchen bebrütet, es wird jeden Abend vom Männchen außerhalb des Nestes gefüttert. Junge sind mit 35 Tagen flügge.
Artenschutz: Ja. Art nicht bedroht.
Vergleiche: Nur an der Südostküste bis zum Ort Rockhampton: *Powerful Owl*, Riesenkauz, *Ninox strenua*, überwiegend braun, relativ kleiner Kopf, gelbe Augen, ist mit rund 60 cm Länge die größte Eule Australiens. Diese Art ist bedroht.

Familie: Eulen, *Strigidae*
Aussehen: Oberseits dunkelbraun, oft mit weißen Punkten, unterseits weiß und braun gefleckt, gelbgrüne Augen, Schleier. 25-35 cm. Kleinste und häufigste Eule der australischen Region. Natürlich verbreitet auch in Neuguinea, Timor und Neuseeland (deutscher und wissenschaftl. Name).
Lebensraum: Äußerst anpassungsfähig, von Trockenlandschaften bis zu dichten Wäldern, auch landwirtschaftliche Kulturflächen.
Lebensweise: Paarweise. Nahrungssuche in den ersten Nachtstunden. Ruht am Tage im Dickicht, daher selten zu sehen. Rührt sich auch nicht, wenn man in der Nähe vorbeigeht.
Stimme: Beide englische Namen sind abgeleitet vom nächtlichen »buh-buk« und »more-pork« (mehr Schweinefleisch). Der Ruf erinnert auch an Menschenstimmen, daher bellen sogar Hunde, wenn sie die Laute hören.
Nahrung: Insekten, Vögel, Reptilien und kleine Nagetiere, vor allem Mäuse.
Entwicklung: Baumhöhlennest in 1-20 m Höhe. Die 2-4 Eier werden 1 Monat lang vom Weibchen bebrütet, das jeden Abend vom Männchen gefüttert wird. Junge flügge mit 5-6 Wochen.
Artenschutz: Ja. Art nicht bedroht.
Vergleiche: →Neuseeland-Kuckuckskauz (Neuseeland).

Tawny Frogmouth
Eulenschwalm
Podargus strigoides

Spotted Nightjar
Argusnachtschwalbe
Eurostopodus argus

Familie: Eulenschwalme, *Podargidae*
Aussehen: Hervorragend getarnt durch ein rindenartig gemustertes, graubraunes Gefieder. Breiter, flacher Hakenschnabel mit froschähnlicher Mundspalte (engl. Name). Eulenartige Stellung der großen Augen (dt. Name). Misst 35-53 cm. Die Größe variiert je nach Unterart und nimmt nach Süden zu.
Lebensraum: Überall in Australien, bevorzugt lichte Eukalyptuswälder.
Lebensweise: Paarweise. Nachtaktiv. Ruht tags auf einem Ast. Erstarrt bei Gefahr mit hochgerecktem Kopf und geschlossenen Augen und sieht einem abgebrochenen Ast ähnlich; und ist damit für Feinde, aber auch für Vogelbeobachter kaum sichtbar.
Stimme: Bis zu vierzigmal »oom-oom-oom«.
Nahrung: Käfer, Schnecken, Heuschrecken, Frösche, Mäuse, Reptilien. Jagt vom Ansitz, überwältigt die Beute meist am Boden.
Entwicklung: Dauerehe. Zweignest in einer Astgabel 5-15 m hoch. Beide Elternteile bebrüten abwechselnd 1-3 Eier in 28-32 Tagen. Die Jungen sind mit 25-35 Tagen flügge.
Artenschutz: Ja. Art nicht bedroht. Speichert im Körperfett die mit der Beute aufgenommenen Garteninsektizide und der Fettabbau bei Kälte verursacht dann Krämpfe und Tod.

Familie: Federnachtschwalben, *Eurostopidae*
Aussehen: Wie der europäische Ziegenmelker. Rindenartiges Tarngefieder. Große, schwarze Augen. Flügel und Schwanz sehr lang mit im Fluge sichtbaren weißen Flecken (engl. Name). 29-31 cm.
Lebensraum: Trockenlandschaften und lichte Wälder.
Lebensweise: Aktiv bei Dämmerung und in der Nacht. Schläft tagsüber gut getarnt meist am Boden. Fliegt fast lautlos. Jagt von niedriger Warte aus. Senkt bei Nahrungsmangel die Körpertemperatur und hält zeitweise eine Art Hungerschlaf. Unternimmt teilweise auch Nord-Süd-Wanderungen.
Stimme: Schnarrend (*jar*).
Nahrung: Fängt mit dem breiten Schnabel wie mit einem Sieb Fluginsekten.
Entwicklung: Direkt auf dem Boden wird von beiden Partnern nur ein Ei in 20 Tagen bebrütet. Das Junge ist mit 4 Wochen flügge.
Artenschutz: Ja. Art nicht bedroht.
Besonderes: Nachtschwalben haben in der Vogelwelt die kürzesten Schnäbel (8-10 mm).
Vergleiche: Auch weitverbreitet in Australien ist: (*Australian*) *Owlet-Nightjar*, Baumschwalm, *Aegotheles cristatus*, aus der Familie *Aegothelidae*, Höhlenschwalben.

Blue Kingfisher
Azure Kingfisher
Azurfischer
Alcedo azurea

Laughing Kookaburra
Jägerliest
»Lachender Hans«
Dacelo novaeguineae

Familie: Eisvögel, *Alcedinidae*
Aussehen: Farbenprächtiges Gefieder mit einer stahlblauen Ober- und rostroten Unterseite. Kurze, rote Füße; weißer Wangenfleck, braune Augen. Der gerade, schwarze, kräftige Schnabel nimmt etwa ein Viertel der Gesamtlänge von 19 cm ein.
Lebensraum: Küste, küstennahe Gewässer.
Lebensweise: Ungesellig, verteidigt sein Revier energisch. Fliegt pfeilschnell und geradlinig dicht über dem Wasser. Die südlichen Bestände der Vögel überwintern im Norden.
Stimme: Schrilles »piep-piep«.
Nahrung: Kleine, schlanke Fische, die von einer Warte aus (z.B. toter Ast über dem Wasser) stoßtauchend erbeutet und dann am Ast totgeschlagen, weich geklopft und verschluckt werden. Außerdem auch Wasserinsekten und Kaulquappen.
Entwicklung: Beide Eltern graben eine bis zu 1 m lange Röhre in die Uferböschung und bilden die Nistkammer am Ende. 1-3 Gelege pro Jahr. Von beiden werden abwechselnd 4-7 Eier bebrütet. Junge flügge mit 3-4 Wochen.
Artenschutz: Ja. Art nicht bedroht.
Vergleiche: Ebenfalls mit einem blauen Gefieder: →Götzen-, Spiegel- und Haubenliest.

Familie: Lieste (Baum-Eisvögel), *Halcyonidae*
Aussehen: Oberseite schwarzbraun mit hellblau gepunkteten Flügeln. Unterseite, Hals und Kopf weiß. Mit schwarzbrauner Augenbinde. Ist mit 40-45 cm der größte Eisvogel der Erde.
Lebensraum: Lichte Wälder und ist nicht von Gewässern abhängig wie andere Eisvögel; auch Kulturfolger in Siedlungen.
Lebensweise: Die Großfamilie (Eltern mit den bis zu 4 Jahre alten Jungen) verteidigt das Revier.
Stimme: Gelächterartiger Ruf. Ersetzt am Morgen den Wecker im Outback *(Bushman's clock)*. Für die Aborigines ist es auch der Weckruf für die »Himmels-Leute«, um das Feuer für die Tagesbeleuchtung und -erwärmung anzuzünden.
Nahrung: Meist Reptilien, Krabben, Frösche, kleine Vögel; aber auch Ratten, daher ein sehr beliebter Schädlingsbekämpfer.
Entwicklung: Dauerehe. Bebrütet meist in einer Baumhöhle 1-4 Eier in 25 Tagen. Die Jungen sind mit 4-5 Wochen flügge. Alter 20 Jahre.
Artenschutz: Ja. Art nicht bedroht.
Besonderes: Hebt Schlangen in die Lüfte und tötet sie durch Fallenlassen aus großer Höhe.
Vergleiche: In Nordaustralien: *Blue-winged Kookaburra*, Haubenliest, *Dacelo leachii*, Schwanz und Flügel blau, kein Gelächter wie der Jägerliest.

Sacred Kingfisher
Götzenliest
Todirhamphus sanctus

Rainbow Bee-eater
Australian Bee-eater
Regenbogenspint
Merops ornatus

Familie: Lieste (Baum-Eisvögel), *Halcyonidae*
Aussehen: Oberseite überwiegend blaugrün, an der Unterseite weiß und blassgelb; dunkle Augenbinde. 19-23 cm.
Lebensraum: Überall in Australien, aber meidet Regenwälder und extreme Trockenräume.
Lebensweise: Einzeln, während der Brutzeit auch paarweise. Nicht scheu. Lauert auf Bäumen und auch Straßenmasten auf Beute. Sitzt seltener am Wasser, um zu fischen. Überwintert teilweise in Nordaustralien.
Stimme: Abfallendes »kik-kik-kik« oder auch »dek-dek-dek«.
Nahrung: Kleine Echsen, Heuschrecken, Grillen, Käfer und deren Larven; beim Leben am Wasser auch Fische und Krabben.
Entwicklung: Gräbt mit seinem spechtähnlichen Schnabel eine Brutröhre in Termitenbaue, Bäume und Erdböschungen. Beide Elternteile bebrüten abwechselnd 3-6 Eier in 16-17 Tagen. Die Jungen sind mit 4 Wochen flügge.
Artenschutz: Ja. Art nicht bedroht.
Vergleiche: Eisvögel mit ähnlichem Aussehen: →Azurfischer, stahlblaues Gefieder;
Forest Kingfisher, Spiegelliest, *Todirhamphus macleayii*, mit weißem Fleck an den Flügeln;
Red-backed Kingfisher, Rotbürzelliest, *Todirhamphus pyrrhopygia*, mit weißen Kopfstreifen.

Familie: Spinte (Bienenfresser), *Meropidae*
Aussehen: Das regenbogenfarbene Gefieder mit orangen, gelben, blauen, grünen und schwarzen Tönen ist namensgebend. Schwarze Augenbinde. Schnabel lang, nach unten gebogen. Im Flug sind die orangefarbenen Flügel gut zu sehen. Klein, nur 21-24 cm.
Lebensraum: Bevorzugt offene Landschaften, meidet dichte Wälder.
Lebensweise: Sehr gesellig. Blickt vom Ansitz aus in die Luft und hält nach fliegender Beute Ausschau (die ähnlichen Eisvögel schauen nach unten). Südpopulationen überwintern in Trupps in Nordaustralien und auf vorgelagerten Inseln.
Stimme: Flugruf klingelndes »prrp-prrp«.
Nahrung: Fluginsekten, gern Bienen und Wespen.
Entwicklung: Koloniebrüter. Gräbt mit seinen Füßen und dem langen Schnabel eine 1-2 m lange Brutröhre in die Böschung oder den Boden. Beide Eltern bebrüten abwechselnd 4-5 Eier in 21-25 Tagen. Die Jungen sind mit 1 Monat flügge.
Artenschutz: Ja. Art nicht bedroht.
Besonderes: Tötet eine erbeutete Biene auf dem Ansitz durch Zerschlagen des Kopfes und macht dann den Giftstachel durch Reiben des Hinterleibes unschädlich.
Unterscheidungsmerkmal: Die Eisvögel haben gerade, die Bienenfresser gebogene Schnäbel.

Noisy Pitta
Lärmpitta
Pitta versicolor

Superb Lyrebird
Leierschwanz
Graurückenleierschwanz
Menura novaehollandiae

Familie: Pittas (Prachtdrosseln), *Pittidae*
Aussehen: Farbenprächtiges Gefieder mit roten, gelben, grünen und schwarzen Tönen. Kopf und Hals schwarz, rostbraune Kappe. Schwanz kurz. Nur 17-20 cm groß.
Lebensraum: Regenwälder und andere dichte Wälder.
Lebensweise: Außerhalb der Brutzeit einzeln. Meist am Boden. Stöbert am Tag nach Nahrung am Waldboden. Läuft bei Störung weg. Fliegt ungern, aber singt und schläft in Baumkronen. Verteidigt sein Revier energisch. Überwintert teilweise auf Neuguinea.
Stimme: Zirpendes Pfeifen, sehr laut (Name).
Nahrung: Insekten und andere wirbellose Tiere. Leibspeise sind Schnecken: Nimmt dabei das Gehäuse in den Schnabel und zerschlägt es z.B. an einem Stein. (Ähnlich wie die europäische Singdrossel, die Gehäuseschnecken aufhackt.)
Entwicklung: Zeitehe. Baut großes Kugelnest im Gestrüpp mit seitlichem Eingang. Das Pärchen bebrütet abwechselnd 3-5 Eier in ca. 17 Tagen. Junge mit 2 Wochen flügge.
Artenschutz: Ja. Art nicht bedroht.
Vergleiche: 3 (von weltweit 29) Pitta-Arten sind heimisch. Die 2 anderen Arten leben im Norden: *Red-bellied Pitta*, Rotbauchpitta, *Pitta erythrogaster*, und *Rainbowpitta*, Regenbogenpitta, *Pitta iris*.

Familie: Leierschwänze, *Menuridae*
Aussehen: Oberseits dunkel-graubraun und unterseits grünlich-graubraun. Kehle rötlich. Hahn mit besonders prächtigem, bei der Balz nach vorn gebogenem Schwanzgefieder; äußere Federn leierförmig (Name). 75-100 cm.
Lebensraum: Feuchte Wälder.
Lebensweise: Bodenvogel, fliegt wenig, tagaktiv, scharrt wie die Hühner nach Nahrung. Schläft in der Nacht auf Bäumen.
Stimme: Singt laut und abwechslungsreich, wohltönende Motive. Imitiert auch Stimmen anderer Vögel und Umgebungsgeräusche, neuerdings sogar die Klingeltöne von Mobiltelefonen.
Nahrung: Insekten, Würmer und andere große wirbellose Tiere.
Entwicklung: Der Hahn balzt sich mit einem eindrucksvollen Tanz durch die Brutsaison. Nur die Henne baut ein Laubennest, bebrütet nur ein Ei in 50 Tagen und zieht das Küken auf, das in weiteren 50 Tagen flügge ist.
Artenschutz: Ja. Art ist bedroht. Früher wegen der Schwanzfedern, heute u.a. durch Füchse, verwilderte Hunde und wildernde Katzen.
Vergleiche: *Albert's Lyrebird*, Braunrücken-Leierschwanz, *Menura alberti*, kleiner, schlichteres Schwanzgefieder. - Beide Arten 1930-1950 in Tasmanien ausgesetzt, zunehmende Bestände.

Blue Wren
Superb Fairywren
Prachtstaffelschwanz
Malurus cyaneus

Spotted Pardalote
Fleckenpanthervogel
Pardalotus punctatus

Familie: Staffelschwänze, *Maluridae*
Aussehen: Männchen im Brutkleid (rechts im Bild) vorwiegend blau mit schwarzen Partien; außerhalb der Brutzeit bräunlich wie auch das Weibchen (links). Flügel kurz und gerundet. Ist einschließlich des langen, meist aufgestellten Schwanzes nur 12-15 cm groß.
Lebensraum: Grasland und Buschvegetation. Häufig Kulturfolger in Gärten und Parks (vor allem in Melbourne).
Lebensweise: Meist Familien. Nahrungssuche am Boden und im niedrigen Gebüsch.
Stimme: Pfeifend, von hoch nach tief.
Nahrung: Insekten und Larven, Spinnen.
Entwicklung: Koloniebrüter. Baut im Dickicht ein kuppelförmiges Nest mit Seiteneingang. Das Weibchen bebrütet 3-4 Eier in 13-15 Tagen. Das Männchen und die Jungen der vorhergehenden Brut helfen bei der Aufzucht der Nestlinge, die mit 13-14 Tagen flügge sind.
Artenschutz: Ja. Art nicht bedroht. Ist als Bodenfresser vor allem durch Katzen gefährdet.
Vergleiche: Ähnliches Aussehen und mehr in den Trockengebieten: *Splendid Fairywren or Banded Fairywren*, Türkisstaffelschwanz, *Malurus splendens;* außerdem *Emuwrens*, Borstenschwänze, aus der Gattung *Stipiturus*, und *Grasswrens*, Grasschlüpfer, Gattung *Amytornis*.

Familie: Panthervögel, *Pardalotidae* (auch: Südseegrasmücken, *Acanthizidae)*
Aussehen: Oberseite schwarzgrau mit weißen Punkten, Unterseite und Kehle gelb. Nur 9-10 cm.
Lebensraum: Lichte und dichte Wälder.
Lebensweise: Paarweise und in Familien; aber außerhalb der Brutzeit auch größere Trupps, die zum Teil im warmen Norden überwintern. Leben und Nahrungssuche in den Baumkronen.
Stimme: Etwa »pih-tuh«.
Nahrung: Insekten und deren Larven.
Entwicklung: Gräbt eine Brutröhre entweder in Ufersandbänke oder im ebenen Gelände seitlich in kleine Kuhlen. Nesteingang und ein Mauseloch sind nur durch zwei kleine »Startfurchen« vor der Öffnung zu unterscheiden. Beide Partner bebrüten abwechselnd 3-6 Eier in 14-16 Tagen.
Artenschutz: Ja. Art nicht bedroht.
Vergleiche: Alle vier *Pardalotus*-Arten sind rein australisch: u.a. auch häufig zu sehen *Striated Pardalote*, Streifenpanthervogel, *Pardalotus striatus*, weiße Kopfstreifen, keine Punkte. Die Panthervögel erinnern übrigens an →*Mistelfresser (Dicaeidae)*. Weitere Familienvertreter: u.a. *Scrub-, Heath-, and Field-Wrens*, *Bristlebirds*, *Thornbills*, *Gerygones*. Ebenfalls *Redthroat*, Dornhuscher, *Pyrrholaemus brunneus*, zählt nicht zu →*Robins*, Rotkehlchen.
→*Maorigerigone, Gerygone igata*, (Neuseeland).

Red Wattlebird
Rotlappen-Honigfresser
Anthochaera carunculata

Blue-faced Honeyeater
Blauohr
Entomyzon cyanotis

Familie: Honigfresser, *Meliphagidae*
Aussehen: Markant mit den namensgebenden roten Kehllappen *(Wattle)*. Gefieder überwiegend grauschwarz mit weißen Streifen, Bauch gelb. Ist der größte Honigfresser des Festlandes mit 32-35 cm.
Lebensraum: Lichte und dichte Wälder, auch Kulturfolger in Parks und Gärten.
Lebensweise: Paarweise, außerhalb der Brutzeit auch größere Trupps, die teilweise im warmen Norden überwintern.
Stimme: Wie rauer Husten.
Nahrung: Blütennektar, der mit der pinselförmig ausgefransten Zungenspitze aufgenommen wird; auch Honigtau und Insekten.
Entwicklung: Dauerehe. Napfförmiges Nest aus Grashalmen möglichst hoch in Sträuchern und Bäumen. Beide Eltern bebrüten abwechselnd 2-3 Eier in 14-16 Tagen. Die Jungen sind mit 18 Tagen flügge.
Artenschutz: Ja. Art nicht bedroht. Galt früher als beliebter Jagdvogel.
Vergleiche: Nur auf Tasmanien: *Yellow Wattlebird,* Gelblappen-Honigfresser, *Anthochaera paradoxa,* der mit 37-47 cm der größte Honigfresser ist.
Allgemeines: 170 Honigfresser-Arten weltweit sind im australpazifischen Raum konzentriert, 65 davon sind in Australien beheimatet.

Familie: Honigfresser, *Meliphagidae*
Aussehen: Auffällig mit blauem Fleck um Augen und Ohren (dt. Name). Schwarzer, nackter Kopf und Höcker auf dem Schnabel. Das Gefieder ist oberseits schwarzgrau gestreift, unterseits ist es hellbraun. 30-34 cm.
Lebensraum: Wälder, aber auch Kulturfolger in Parks, Gärten und Obstplantagen.
Lebensweise: Bildet Trupps von 10-30 Vögeln außerhalb der Brutzeit. Verteidigt die blühenden Bäume seines Reviers gegenüber den anderen Vögeln. Überwintert teilweise im Norden.
Stimme: Lautes und pfeifartiges »kwip«, das regelmäßig wiederholt wird.
Nahrung: Traditionell Nektar überwiegend von Eukalyptus-Blüten, auch Honigtau und Insekten. Zum Leidwesen der Farmer heute auch Früchte der Obstplantagen.
Entwicklung: Paarweise. Das Pflanzennest wird manchmal außen mit Spinnfäden tapeziert. 1-2 Gelege pro Jahr. Das Weibchen bebrütet 2-5 Eier in etwa 15 Tagen. Beide Eltern füttern die Jungen.
Artenschutz: Ja. Art nicht bedroht.
Vergleiche: Oft zu sehen bei Yellow Waters im Kakadu NP: *Little Friarbird,* Glattstirnlederkopf, *Philemon citreogularis,* ohne Schnabelhöcker wie die anderen Lederköpfe.

Bellbird
Bell Miner
Glocken-Honigfresser
Manorina melanophrys

New Holland Honeyeater
Yellow-winged Honeyeater
Weißaugen-Honigfresser
Phylidonyris novaehollandiae

Familie: Honigfresser, *Meliphagidae*
Aussehen: Gefieder überwiegend olivgrün-gelb, Schnabel und Füße gelb. 18-19 cm.
Lebensraum: Lichte und dichte Wälder in der Nähe von Küsten.
Lebensweise: Überwiegend in Baumkronen. Bilden Familienverbände mit bis zu 10 Mitgliedern, die ihr Revier aggressiv verteidigen.
Stimme: Wie das Geräusch zweier aufeinander reibender Metallteile; irritiert oft Autofahrer im Busch, die einen Defekt am Fahrzeug vermuten.
Nahrung: Vor allem Insekten an Blättern, nur selten Blütennektar.
Entwicklung: Baut napfförmiges Nest zwischen den Zweigen in 4-5 m Höhe. Nur das Weibchen bebrütet 1-3 Eier in 15 Tagen. Der Clan hilft dann bei der Aufzucht, Junge flügge in 12-15 Tagen.
Artenschutz: Ja. Art nicht bedroht.
Vergleiche: Mit ähnlichem Verbreitungsgebiet: *Noisy Miner*, Weißstirn-Schwatzvogel, *Manorina melanocephala*, grau. Westlich der Great Dividing Range: *Yellow-throated Miner*, Gelbstirnschwatzvogel, *Manorina flavigula*, gelblich. Beide warnen mit ihrem Ruf als »Wächter des Busches« auch andere Tiere vor Gefahren.
Name: *Miner* (= Bergmann, der in Australien anfangs meist im Goldbergbau tätig war) wegen der goldfarbenen Beine und Schnäbel.

Familie: Honigfresser, *Meliphagidae*
Aussehen: Oberseits dunkel, unterseits weißlich gestreift; Kopf schwarzweiß mit weißen Augen (dt. Name). Mit auffälligem, gelbem Flügelfleck (zweiter engl. Name). Schnabel lang und schlank. 17-19 cm.
Lebensraum: Lichte Wälder und Landschaften mit Buschvegetation.
Lebensweise: Überwiegend Familiengruppen. Sehr ortstreu durch das ganzjährige Blütenangebot.
Stimme: Hohes, pfeifendes »psi-iit«.
Nahrung: Vor allem Blütennektar, der mit der pinselförmigen Zunge aufgenommen wird, aber auch Honigtau und Insekten.
Entwicklung: Brütet in lockeren Kolonien. Napfartiges Nest bis zu 5 m über dem Boden. Das Weibchen bebrütet 1-3 Eier in 14-15 Tagen. Die Jungen sind mit 10-14 Tagen flügge.
Artenschutz: Ja. Art nicht bedroht.
Besonderes: Spielt, wie auch andere Honigfresser, eine wichtige Rolle bei der Bestäubung vieler Pflanzen durch Pollenübertragung.
Vergleiche: Ein ähnliches Verbreitungsgebiet haben: *Scarlet Myzomela* or *Sulawesi Myzomela*, Scharlachhonigfresser oder Boie-Honigfresser, *Myzomela sanguinolenta*, kleiner, das Männchen ist mit seinem rot-schwarz-weißen Gefieder besonders auffällig.

Crimson Chat
Scharlachtrugschmätzer
Epthianura tricolor

Red-capped Robin
Rotstirnschnäpper
Petroica goodenovii

Familie: Honigfresser, *Meliphagidae*
Aussehen: Beim Männchen (Bild) sind vor allem Haube und Unterteil karminrot *(crimson)*, Kehle weiß. Das Weibchen ist überwiegend braun mit blassroten Flecken auf der Brust und auch am Rücken. 11-12 cm.
Lebensraum: Meist Trockenlandschaften mit Akazien und Mallee-Eukalypten.
Lebensweise: In Familiengruppen, außerhalb der Brutzeit auch Trupps, die auf Nahrungssuche herumziehen. Verfällt bei großer Kälte in eine winterschlafähnliche Starre.
Stimme: Metallisches »täng«.
Nahrung: Meist Insekten, auch Nektar.
Entwicklung: Brütet in lockeren Kolonien. Baut ein napfförmiges Nest 1-7 m über dem Boden, meist in Sträuchern. Beide Eltern bebrüten abwechselnd 3-4 Eier in 12 Tagen. Die Eltern lenken gierige Greifvögel gern vom Nest ab, indem sie z.B. einen gebrochenen Flügel vortäuschen (»verleiten«). Junge flügge in etwa 14 Tagen.
Artenschutz: Ja. Art nicht bedroht.
Vergleiche: Die insgesamt 5 *Chat*-Arten sind rein australisch (endemisch).
Name: *Chat* hat hier mit dem »Schwätzchen« nichts zu tun, sondern bezieht sich auf den harschen Ruf. Anders beim →*Babbler.*

Familie: Schnäpper, *Petroicidae (Eopsaltriidae)*
Aussehen: Männchen mit roter Kappe und Brust, Kopf und Rücken schwarzbraun, Flügel weißlich. Weibchen oberseits bräunlich, Brust hellbraun. 11-12 cm.
Lebensraum: Meist unterholzreiche Wälder und buschreiche Graslandschaften.
Lebensweise: Einzeln oder paarweise. Meist standorttreu, aber die westlichen Bestände überwintern teilweise an der Küste.
Stimme: Als ob man auf Holz klopfen würde.
Nahrung: Heuschrecken, Käfer, Fliegen; für die Nestlinge meist Raupen.
Entwicklung: Oft Dauerehe. Nur das Weibchen flicht das napfförmige Baumnest in 1-10 m Höhe und bebrütet 2-3 Eier in 14 Tagen, wird aber in dieser Zeit vom Männchen gefüttert. Die Jungen sind mit 2 Wochen flügge.
Artenschutz: Ja. Art nicht bedroht.
Vergleiche: Ingesamt 21 heimische Vertreter der Familie mit verschiedenenen Gattungen, u.a. auch weitverbreitet *Jacky Winter*, Weißschwanz-schnäpper, *Microeca leucophaea.*
→Maorischnäpper, *P. macrocephala*, (Neuseeland).
Name: Frühe Siedler benannten *Robin* nach dem europäischen Rotkehlchen, *Erithacus rubecula*, das aber zur Sänger-Familie *Muscicapidae* gehört. Auch nicht verwandt mit »Fliegenschnäppern«.

Grey-crowned Babbler
Grauscheitelsäbler
Pomatostomus temporalis

Eastern Whipbird
»Peitschenvogel«
Schwarzschopf-Wippflöter
Psophodes olivaceus

Familie: Scheintimalien, *Pomatostomidae*
Aussehen: Überaugenstreif, Stirn und Kehle weiß; Oberkopf, Nacken und Rücken sind grau; die Unterseite ist bräunlich. Der lange Schnabel ist leicht gekrümmt. Mit 20-29 cm die größte Scheintimalienart.
Lebensraum: Meist unterholzreiche Wälder und buschreiche Graslandschaften.
Lebensweise: Sehr gesellig zu allen Jahreszeiten. Hält sich meist am Boden und in Bodennähe auf. Wandert nahrungssuchend umher.
Stimme: Oft melodisch, aber sehr laut, mitunter sogar lärmend.
Nahrung: Kerbtiere und deren Larven.
Entwicklung: Eine Wohngemeinschaft von 5-12 Vögeln baut ein bis zu 50 cm breites, kugeliges Nest. Die Weibchen legen bis zu 14 Eier hinein, die sie abwechselnd 18-23 Tage lang bebrüten. Die Jungen sind mit 3 Wochen flügge.
Artenschutz: Ja. Art nicht bedroht.
Vergleiche: 3 (von den weltweit 5) Vertretern der Familie sind rein australisch (endemisch).
Name: Die *Babblers* werden auch als *Chatterers* bezeichnet; beide Populär-Namen beschreiben ihr *Bubbly Chatter*, also ihr sprudelndes Geplapper. Nicht zu verwechseln mit den →*Chats*.

Familie: Rabenartige, *Corvidae*
Unterfamilie: Australflöter, *Cinclosomatinae*
Aussehen: Gefieder olivgrün, Kehle weiß, Kopf und Häubchen schwarz. Breitet den Schwanz oft fächerartig aus. 25-30 cm.
Lebensraum: Meist Regenwälder.
Lebensweise: Bleibt am Standort. Sucht oft paarweise nach Nahrung, meist am Boden. Sehr scheu, selten zu beobachten.
Stimme: Häufig zu hören. Männchen peitschenartig, das Weibchen erwidert oft umgehend mit »tschu-tschu«, sodass es wie ein einziger Ruf klingt. Australische Fußgängerampeln ahmen den Ruf bei Grün nach (speziell für Blinde gedacht).
Nahrung: Insekten.
Entwicklung: Napfförmiges Nest im Unterholz 50 bis 400 cm über dem Boden. Das Weibchen bebrütet 2 Eier in 17-18 Tagen, wird aber vom Männchen gefüttert. Beide Eltern ziehen die Jungen auf, die mit 10-11 Tagen flügge sind.
Artenschutz: Ja. Art nicht bedroht.
Vergleiche: Südwestaustralien: *Western Whipbird*, Grauschopf-Wippflöter, *Psophodes nigrogularis*, mit nur einem angedeuteten, peitschenartigen Ruf. In den Trockengebieten beheimatete Arten heißen *Wedgebills*; ähnlich auch die Familienvertreter der *Quail-thrushes*, Flöter, *Cinclosoma*-Gattung.

Crested Shrike-Tit
Meisendickkopf
Falcunculus frontatus

Golden Whistler
Gelbbauchdickkopf
Pachycephala pectoralis

Familie: Meisenartige, *Pachycephalidae*
Unterfamilie: Dickköpfe, *Pachycephalinae*
Aussehen: Ähnliche Färbung wie die Kohlmeise. Dicker Kopf (Name) und hohe Haube schwarzweiß gestreift, Rücken olivgrün, Flügel grau, an der Unterseite gelb. 16-19 cm.
Lebensraum: Lichte Eukalyptuswälder.
Lebensweise: Einzeln und paarweise, aber auch in Familiengruppen. Lebt meist im Baumkronenbereich. Löst mit seinem kräftigen, keilförmigen Schnabel die Baumrinde ab, um die dahintersitzenden Insekten zu erbeuten.
Stimme: Anhaltender, hoher, flötender Pfeifton.
Nahrung: Insekten und deren Larven sowie auch Spinnen.
Entwicklung: Brütet gern in kleinen Gruppen. Baut im hohen Baum ein napfförmiges Nest aus Rindenstücken und Spinnweben. Beide Eltern bebrüten die 2-3 Eier in etwa 15 Tagen. Die nicht brütenden Gruppenmitglieder helfen dann bei der Aufzucht der Jungen, die in ebenfalls etwa 15 Tagen flügge sind.
Artenschutz: Ja. Art nicht bedroht.
Vergleiche: Von den etwa 60 Dickkopf-Arten weltweit sind 14 Vertreter heimisch, 2 davon sogar rein australisch (endemisch), u.a. der Meisendickkopf.

Familie: Meisenartige, *Pachycephalidae*
Unterfamilie: Dickköpfe, *Pachycephalinae*
Aussehen: Das Männchen mit schwarzem Kopf und Kragen, weißer Kehle, olivgrüner Oberseite, gelber Unterseite und gelbem Nacken. Das Weibchen ist überwiegend graubraun, aber auch mit weißer Kehle. 15-16 cm.
Lebensraum: Wälder aller Art mit dichtem Laubwerk, auch Gärten und Parks.
Lebensweise: Außerhalb der Brutzeit oft allein. Hüpft gern durchs Geäst. Vögel aus südlichen Gebieten und aus Berg-Regionen überwintern teilweise in wärmeren Gefilden.
Stimme: Melodische Gesänge, meist anhaltend lautes »tchih-tchih-tchih-tchih« mit einem peitschenartigen Knall am Ende.
Nahrung: Insekten und Beeren.
Entwicklung: Das napfförmige Nest steht bis zu 5 m hoch. Beide Eltern bebrüten abwechselnd 2-3 Eier in 14-17 Tagen. Die Jungen sind dann mit 10-13 Tagen flügge.
Artenschutz: Ja. Art nicht bedroht.
Vergleiche: In den nördlichen Mangrovenwäldern ähnlich *Black-tailed Whistler*, Mangrovedickkopf, *Pachycephala melanura*.
Weitverbreitet: *Rufous Whistler*, Schlichtmantel-Dickkopf, *P. rufiventris*, mit rötlicher Unterseite sowie grauem Rücken und Kopf.

»Peewee«
Magpie-Lark

Drosselstelze

Grallina cyanoleuca

Willie-wagtail
Black-and-white Fantail

Gartenfächerschwanz

Rhipidura leucophrys

Familie: Drosselstelzen, *Grallinidae*
Aussehen: Gefieder ist schwarzweiß *(Magpie* in Anlehnung an →*Australian Magpie).* Weibchen mit weißem, Männchen mit schwarzem Gesicht. Die Augenbrauen sind weiß. 26-30 cm.
Lebensraum: Offenes Gelände in Gewässernähe, auch Parks und Gärten.
Lebensweise: Paarweise, außerhalb der Brutzeit auch kleine Trupps. Fliegt ungern; läuft meist am Boden mit einer markanten Vor- und Zurück-bewegung des Kopfes (ähnlich wie die Tauben).
Stimme: Oft paarweise »pie-wie«, daher der volkstümliche Name *Peewee.*
Nahrung: Erbeutet Insekten und kleine Wirbeltiere am Boden oder in der Luft. Auch Samen.
Entwicklung: Mörtelt ein napfförmiges Nest aus Lehm und Schlamm auf einen Baumast, der möglichst über dem Wasser hängt. Beide Eltern bebrüten abwechselnd 3-5 Eier in 17-18 Tagen. Junge flügge mit 18-23 Tagen.
Artenschutz: Ja. Art nicht bedroht.
Besonderes: Verteidigt sein Nest äußerst aggressiv. Deswegen nistet in unmittelbarer Nähe auch gern der →Gartenfächerschwanz und genießt diesen Schutz.
Name: *Lark* (Lerche) ist irreführend, gehört nicht zur Lerchen-Familie (→Feldlerche). Doch werden Drosselstelzen auch Elsterlerchen genannt.

Familie: Monarchen, *Monarchidae*
Aussehen: Oberseite und Kehle schwarz, Unterseite und Augenbrauen weiß. Der lange, fächerartige Schwanz (Name), wippt seitlich hin und her. 19-21 cm.
Lebensraum: Lichte Wälder, sehr häufig auch Parks und Gärten.
Lebensweise: Einzeln, paarweise, außerhalb der Brutzeit auch in kleinen Trupps. Hopst auf Nahrungssuche über den Boden oder verharrt auf seinem Ansitz (auf einem Ast oder auf dem Rücken von Pferden und Rindern), um die Fluginsekten zu schnappen. Laut und aggressiv z.B. gegenüber Schlangen und Katzen.
Stimme: Sehr melodischer Nachtgesang, im Verteidigungsfall schimpfend und rasselnd.
Nahrung: Meist Insekten, auch Spinnen.
Entwicklung: Nistet oft in Hausnähe. 1-4 Gelege pro Jahr. Beide Eltern bauen korbartiges Nest und bebrüten abwechselnd 2-4 Eier in 14 Tagen. Die Jungen sind nach der gleichen Zeit flügge.
Artenschutz: Ja. Art nicht bedroht.
Engl. Name: *Wagtail* (Bachstelze) ist irreführend. Bachstelzen wippen mit dem Schwanz auf und ab.
Vergleiche: Nord- und Ostküste: *Rufous Fantail,* Fuchsfächerschwanz, *R. rufifrons.* Überwiegend in Neuseeland: →Graufächerschwanz, *R. fuliginosa,* aber auch in Südostaustralien.

Black-faced
Cuckoo-Shrike
Schwarzgesicht-Raupenfänger
Coracina novaehollandiae

Olive-backed Oriole
Streifenpirol
Oriolus sagittatus

Familie: Stachelbürzler, *Campephagidae*
Aussehen: Kuckucksartig, aber nicht verwandt. Unverkennbar mit einem maskenhaften, schwarzen Gesicht, dem taubengrauen Gefieder und der weißen Unterseite. 32-34 cm.
Lebensraum: Meist lichte Wälder.
Lebensweise: Paarweise, außerhalb der Brutzeit Trupps bis 100 Vögel. Sucht Nahrung in den Baumkronen, nur selten am Boden, ist schlecht zu Fuß. Südliche Populationen überwintern in Nordaustralien und auf den vorgelagerten Inseln.
Stimme: Ein trillerndes »krih-ärck«, aber auch flötende und klappernde Rufe.
Nahrung: Meist große Insekten und deren Larven, auch Früchte und Samen.
Entwicklung: Das Nest, ein kleiner flacher Napf, wird hoch im Baum in einer Astgabel gebaut. Beide Eltern bebrüten 2-3 Eier in 20 Tagen. Die Jungen sind mit etwa 25 Tagen flügge.
Artenschutz: Ja. Art nicht bedroht.
Vergleiche: Überwiegend in den Trockengebieten: *Ground Cuckoo-Shrike*, Grundraupenfänger, *Coracina maxima*, mit grauem Gesicht.
An nordostaustralischen Küsten: *Barred Cuckoo-Shrike*, Gelbaugen-Raupenfänger, *Coracina lineata*, mit gelben Augen und gebänderter Brust.
Name: *Shrike* heißt Würger.

Familie: Pirole, *Oriolidae*
Aussehen: Kopf und Rücken olivgrün, Unterseite weiß und kräftig gefleckt. Flügel und Schwanz grau. Augen und Schnabel sind rot. 25-28 cm.
Lebensraum: Dichte und lichte Wälder, aber als Kulturfolger in Obstplantagen, Parks und Gärten.
Lebensweise: Einzeln oder paarweise, nach der Brutzeit auch kleine Trupps. Lebt meist im Baumkronenbereich und sucht dort auch seine Nahrung. Fliegt schnell, spechtähnlich. Die südlichen Bestände überwintern teilweise in Nordaustralien und auf den vorgelagerten Inseln.
Stimme: Weittragendes pfeifendes »ohlie-oh«. Melodische Gesänge, kann auch bis zu 27 andere Vogelrufe imitieren.
Nahrung: Meist größere Insekten und deren Larven; auch Beeren und Früchte.
Entwicklung: Baut das napfförmige Nest in einer Astgabel im Baumkronenbereich. Nur das Weibchen bebrütet in 17-18 Tagen 2-5 Eier. Die Jungen sind dann mit 15-17 Tagen flügge.
Artenschutz: Ja. Art nicht bedroht.
Vergleiche: Lebt in Nordaustralien: *Green Oriole or Australian Yellow Oriole*, Mangrovepirol, *Oriolus flavocinctus*, mit überwiegend gelblichem Gefieder. An der Nord- und Ostküste: *Green Figbird or Wetar Figbird*, Feigenpirol, *Sphecotheres viridis*, mit einem federfreien Hautbereich am Auge.

Dusky Woodswallow
Rußschwalbenstar
Artamus cyanopterus

Australian Magpie
**Flötenvogel
Australische Elster**
Gymnorhina tibicen

Familie: Schwalbenstare, *Artamidae*
Aussehen: Graubraunes Gefieder, schiefergraue Flügel, schwarzer Schwanz mit weißer Endbinde. 17-18 cm. Die dreiecksförmige Flugsilhouette ähnelt dem europäischen Star (Name).
Lebensraum: Lichte und dichte Wälder sowie Agrarlandschaften; oft in Gewässernähe.
Lebensweise: Äußerst gesellig in Gruppen von 10-30 Vögeln, außerhalb der Brutzeit häufig hundertköpfige Trupps; schlafen dichtgedrängt, z.B. auf Ästen. Ernährt sich schwalbenartig (Name): Jagt Insekten im Flug meist über den Baumkronen, seltener in Bodennähe. Südliche Bestände überwintern im Norden.
Stimme: Sanft quiekend und zwitschernd, aber imitiert auch andere Vogelstimmen.
Nahrung: Überwiegend Fluginsekten, aber auch Blütennektar mit Hilfe der pinselartigen Zunge.
Entwicklung: Errichtet das napfförmige Nest auf Ästen und Baumstümpfen, in Baumhöhlen und Felsspalten, auch im Gebüsch. Beide Eltern bebrüten 3-4 Eier in etwa 16 Tagen. Junge flügge mit 16-20 Tagen.
Artenschutz: Ja. Art nicht bedroht.
Besonderes: Heißt auch *Bee-Bird*, da er vor den Bienenstöcken die Bienen fängt (und deswegen bei Imkern nicht beliebt ist).

Familie: Australische Elstern, Würgatzeln und Würgerkrähen, *Cracticidae*
Aussehen: Gefieder schwarzweiß, rote Augen. Mit fünf Unterarten einer der häufigsten Vögel Australiens. 38-44 cm.
Lebensraum: Ursprünglich lichte Wälder, heute Agrar- und Siedlungsräume. Auch in Neuseeland.
Lebensweise: Kleingruppen von 2-24 Vögeln. Sind sehr ortstreu und verteidigen ihr ca. 40 ha großes Revier sehr energisch.
Stimme: Sowohl krächzende Laute als auch sehr schöner Flötengesang (dt. Name), oft im Chor. Imitiert auch fremde Vogelrufe und sogar menschliche Stimmen.
Nahrung: Bodeninsekten, Würmer, Spinnen, Aas, Schlangen; auch Fluginsekten.
Entwicklung: Nistet auf Bäumen, Büschen, Mauern, Masten. Das Weibchen bebrütet 1-6 Eier in 20 Tagen. Die Jungen sind mit 4 Wochen flügge. Alter bis 30 Jahre.
Artenschutz: Ja. Art nicht bedroht.
Achtung: Steuert manchmal im Sturzflug den Kopf von Wanderern an. Deshalb Hut tragen!
Vergleiche: Keine Verwandtschaft zur europäischen Elster, *European Magpie*, *Pica pica*.
Allgemeines: Das Wort *Magpie* verwendet man bei Vogelnamen gern als Synonym für »schwarzweiß«, z.B. →*Magpie-Lark*, →*Magpie-Goose*.

Pied Currawong

Weißbürzel-Würgerkrähe
Dickschnabel-Würgerkrähe

Strepera graculina

Grey Butcherbird

Graurücken-Würgatzel
»Metzger-/Fleischervogel«

Cracticus torquatus

Familie: Australische Elstern, Würgatzeln und Würgerkrähen, *Cracticidae*
Aussehen: Schwarz mit weißen Schwanz- und Flügelenden. Augen gelb (bei →*Magpie* rot, bei →*Pied Butcherbird* braun). 44-48 cm.
Lebensraum: Zur Brutzeit in den Bergwäldern, im Winter auch Agrar- und Siedlungsräume.
Lebensweise: Nistet paarweise. Zieht im Winter aus den Bergwäldern in die Küstenebenen. Ist gut zu Fuß, springt im Geäst, fliegt ungern und schlecht. Erfolgreicher Nesträuber.
Stimme: Tonfolge abwärts »kar-ra-wong«, also curra-wong (engl. Name); auch flötend und pfeifend.
Nahrung: Allesfresser, z.B. Aas, kleine Vögel, Insekten, Echsen, Beeren, aber auch Obst (zum Leidwesen der Baumbesitzer).
Entwicklung: Baut ein flaches Reisignest hoch im Baum. Nur das Weibchen bebrütet 3 Eier in 3 Wochen. Junge sind mit 30 Tagen flügge.
Artenschutz: Ja. Art nicht bedroht.
Vergleiche: Nur auf Tasmanien: *Black Currawong*, Tasmanwürgerkrähe, *Strepera fulliginosa*, weniger weiß. Im südlichen Kontinent und auf Tasmanien: *Grey Currawong*, Schlankschnabel-Würgerkrähe oder Ruß-Würgerkrähe, *Strepera versicolor*, graubraun bis fast schwarz. Alle 3 Arten sind rein australisch (endemisch).
Achtung: Ähnlich gefährlich wie →*Magpie*.

Familie: Australische Elstern, Würgatzeln und Würgerkrähen, *Cracticidae*
Aussehen: Gefieder grauschwarz, Rücken grau (Name), Schnabel mit hakenförmiger Spitze, Kehle weiß. Augen braun. 32-36 cm.
Lebensraum: Wald- und Buschgebiete, auch auf Tasmanien, seltener in Nordaustralien.
Lebensweise: Einzeln, paarweise oder in kleinen Familien. Sehr ortstreu, verteidigt sein Revier gegenüber allen Artgenossen.
Stimme: Laut und melodisch, auch raue Töne.
Nahrung: Große Insekten, kleine Vögel, Echsen, Kleinsäuger, aber auch Beeren.
Entwicklung: Baut das Nest in 3-10 m Höhe in eine Astgabel. Das Weibchen bebrütet 3-5 Eier in 24-26 Tagen. Junge sind mit 4 Wochen flügge.
Artenschutz: Ja. Art nicht bedroht.
Vergleiche: Nur auf dem Festland: *Pied Butcherbird*, Schwarzkehl-Würgatzel, *Cracticus nigrogularis*, schwarzweiß mit schwarzer Kehle. Augen braun (bei anderen Schwarzweiß-Vögeln, z.B. bei →*Pied Currawong* gelb, bei →*Magpie* rot. Die Karte zeigt Verbreitung beider Arten der Würgatzeln.
Name: Wegen der schwachen Klauen hängen sie ihre Beute in eine Astgabel (wie der Metzger an den Haken) und picken dann mit ihrem hakenförmigen Schnabel die Fleischstücke ab. Daher *Butcherbird* bzw. Metzger- oder Fleischervogel.

Relict Raven
Australian Raven
Neuhollandkrähe
Corvus coronoides

Magnificent Riflebird
Prachtparadiesvogel
Ptiloris magnificus

Familie: Rabenvögel, *Corvidae*
Aussehen: Gefieder schwarz mit metallischem Glanz, kräftiger Schnabel, Kehlkopfbart, weiße Augen. 48-54 cm. Jungvögel mit braunen Augen.
Lebensraum: Offene Landschaften, aber auch Agrar- und Siedlungsräume.
Lebensweise: Anpassungsfähig, da klug, sehr beweglich und neugierig. Läuft und hüpft meist am Boden. Das in Dauerehe lebende Pärchen verteidigt das Revier ganzjährig. Die nicht brütenden Jungvögel bilden kleine Trupps.
Stimme: Recht häufiges »kraa-kraa«, am Ende absterbend; auch schreiend wie Babys.
Nahrung: Frisst fast alles. Insekten, kleine Wirbeltiere; auch Aas, besonders von Lämmern; Eier und Jungvögel; Früchte und Pflanzenteile; Abfall (z.B. auf Müllkippen).
Entwicklung: Meist hohes Baumnest. Nur das Weibchen bebrütet 4-5 Eier in 20 Tagen. Die Jungen sind mit 43 Tagen flügge.
Artenschutz: Ja. Art nicht bedroht.
Vergleiche: Fünf heimische Arten von *Ravens*, Raben, und *Crows*, Krähen, die alle zur Gattung *Corvus* gehören. Die Raben sind meist größer und haben einen Kehlkopfbart.
Zur gleichen Gattung gehören in Europa: Dohle, Saatkrähe, Rabenkrähe, Kolkrabe.

Familie: Paradiesvögel, *Paradisaeidae*
Unterfamilie: Echte Paradiesvögel, *Paradisaeinae*
Aussehen: Männchen vorwiegend schwarz; die violettbraunen Flankenfedern ragen über den blauschillernden Schwanz hinaus; Oberkopf und Brust metallisch blaugrün. Weibchen oberseits graubraun, unterseits weiß gebändert; Flügel zimtfarben. 28-33 cm.
Lebensraum: Regenwälder.
Lebensweise: Hält sich mit den kräftigen Zehen am Baumstamm fest und sucht mit dem langen, gebogenen Schnabel unter der Rinde nach der Beute, die er dann mit den Füßen festhält.
Stimme: Sehr weittönende Pfeiftöne, etwa wie »wiih-o«, dazwischen oft brummende Laute.
Nahrung: Insekten, Früchte, Beeren.
Entwicklung: Das Männchen spreizt bei der spektakulären Balz das Brustschild ab, öffnet die langen runden Flügel und paart sich dann mit mehreren Weibchen, die allein je 1-2 Eier ausbrüten. Junge mit 17-30 Tagen flügge.
Artenschutz: Ja. Art nicht bedroht.
Vergleiche: An der Ostküste: *Paradise Riflebird*, Schild-Paradiesvogel, *Ptiloris paradiseus*.
Sonstiges: Keine andere Vogelgruppe erreicht den Farbenreichtum und eine solche Fülle bizarr geformter Federn wie die der Paradiesvögel. Die meisten Arten sind auf Neuguinea zu Hause.

Satin Bowerbird
Seidenlaubenvogel
Ptilonorhynchus violaceus

Green Catbird
Grünlaubenvogel
Ailuroedus crassirostris

Familie: Laubenvögel, *Ptilonorhynchidae*
Aussehen: Männchen (siehe Bild): Einfarbig schwarzblau glänzend; Weibchen: Grüngrau, helle Unterseite bräunlich gesperbert, Schwanz und Schwingen braun. 27-33 cm.
Lebensraum: Meist Regenwälder.
Lebensweise: Einzelgänger, aber außerhalb der Brutzeit auch Nahrungsflüge in kleinen Trupps.
Stimme: Männchen mit vielseitigem Balzgesang: schnattert, summt, knarrt, imitiert auch Vogelstimmen und Geräusche.
Nahrung: Früchte, Samen, kaum Insekten.
Entwicklung: Das Männchen balzt sich durch die Brutsaison. Es imponiert dem Weibchen durch eine alleeförmige Liebeslaube (Name) mit davor ausgelegten blauen Gegenständen aus Natur (Beeren, Blüten, Federn) sowie Zivilisation (wie Glas- und Plastikstücke) sowie Gesang und Tanz. Das Weibchen bebrütet dann allein im separaten Nest 1-3 Eier in 21-22 Tagen. Die Jungen sind mit 19-22 Tagen flügge.
Artenschutz: Ja. Art nicht bedroht.
Vergleiche: 10 (von weltweit 19) Laubenvogel-Arten sind heimisch. U.a. an Ostküste: *Regent Bowerbird*, Gelbnacken-Laubenvogel, *Sericulus chrysocephalus*, schwarzgold; in Nordaustralien: *Great Bowerbird*, Graulaubenvogel, *Chlamydera nuchalis*, graubraun; siehe auch →*Catbirds*.

Familie: Laubenvögel, *Ptilonorhynchidae*
Aussehen: Überwiegend grünes Tarngefieder verliert sich im Grün der Bäume. Unterseite, Kopf und Nacken weiß gepunktet. 24-32 cm, Weibchen deutlich kleiner.
Lebensraum: Regenwälder.
Lebensweise: Einzeln; zur Brutzeit paarweise; nur beim Aufsuchen von entfernteren Nahrungsplätzen auch Trupps bis 10 Tiere.
Stimme: Der Revierruf erinnert an das Miauen von Katzen (engl. Name).
Nahrung: Meist Früchte, am liebsten Feigen; auch Triebe, Knospen, Blüten und Samen.
Entwicklung: Im Gegensatz zu anderen Laubenvögeln lebt das Männchen zur Brutzeit in einer saisonalen Einehe und beeindruckt das Weibchen auch nicht mit einer Liebeslaube, sondern mehr durch seinen Balzgesang. Das Weibchen allein baut das Nest und bebrütet ihre 1-3 Eier in 23-24 Tagen. Beide Eltern füttern die Jungen, die mit 3 Wochen flügge sind.
Artenschutz: Ja. Art nicht bedroht.
Vergleiche: Zu den 10 heimischen Laubenvogel-Arten (u.a. auch →*Seidenlaubenvogel*) zählen 2 *Catbirds*; die zweite *Catbird*-Art lebt an der Nordostküste: *Tooth-billed Catbird*, Zahnlaubenvogel, *Ailuroedus dentirostris*, überwiegend braun.

Eurasian Skylark*
Japanese Skylark*
Feldlerche*
Alauda arvensis ★

Richard's Pipit
Australasian Pipit
Spornpieper
Hochlandpieper
Anthus novaeseelandiae

Familie: Lerchen, *Alaudidae*
Aussehen: Tarnfarbenes Gefieder mit braunen Tönen. Die Außenkanten am Schwanz sind weiß. Haubenfedern aufrichtbar. 17-19 cm.
Lebensraum: Baumlose Grasebenen, aber auch Kulturlandschaften wie Parks, Sportplätze.
Lebensweise: Einzeln oder paarweise. Außerhalb der Brutzeit lokale Nahrungsflüge auch in kleinen Trupps. Nahrungssuche meist am Boden. Ist kein Zugvogel.
Stimme: Steigt stumm und senkrecht auf; tiriliert und trillert lang am Himmel, rüttelt dabei; nähert sich abschließend steinartig dem Boden.
Nahrung: Insekten und Spinnen, auch grüne Pflanzenteile und Samen.
Entwicklung: Grasnest ist meist gut versteckt unter Grasbüscheln. Landet nicht direkt am Nest, um den Standort zu verbergen. Das Weibchen brütet in 11-13 Tagen 3-5 Eier. Die Jungen sind mit etwa 10 Tagen flügge.
Artenschutz: Ja. Art nicht bedroht. Eingeführt 1850-1866.
Besonderes: Dauergesang bis zu 15 Minuten.
Vergleiche: Nur 1 heimische Lerche: *Australasian Bushlark*, Horsefield-Lerche, *Mirafra javanica*, braun-tarnfarbig. - Die *Songlarks* sind →Zweigsänger (*Sylviidae*). - *Magpie-Lark* →Drosselstelze.

Familie: Pieper und Stelzen, *Motacillidae*
Unterfamilie: Stelzen, *Motacillinae*
Aussehen: Mit ähnlichem braunen Tarngefieder wie die →Feldlerche. Aber unverkennbar ist der auf und ab wippende Schwanz. Auch längere Beine und mit 16-18 cm auch etwas kleiner.
Lebensraum: Offene Landschaften.
Lebensweise: Frisst, schläft und nistet am Boden. Außerhalb der Brutzeit sehr gesellig, in Trupps bis zu 100 Vögel. Trippelt am Boden, hüpft und wippt mit dem Schwanz auf und ab.
Stimme: Zwitschert und trillert im Fluge ähnlich wie auch die Feldlerche, aber nicht so schön und ausdauernd.
Nahrung: Meist Insekten, gelegentlich auch Grassamen.
Entwicklung: Paarweise. Das Weibchen baut oft unter Grasbüscheln ein napfförmiges Grasnest und bebrütet 2-4 Eier in 13-14 Tagen. Beide Eltern ziehen die Jungen auf, die dann ebenfalls in 13-14 Tagen flügge sind.
Artenschutz: Ja. Art nicht bedroht.
Vergleiche: Insgesamt sechs heimische Familienvertreter: Nur eine hier brütende Pieper-Art (Spornpieper) und fünf *Wagtail*-Arten (Gattung *Motacilla*) kommen als Zugvögel im Sommer nach Australien, u.a. *Pied Wagtail or Black-backed Wagtail*, Bachstelze, *Motacilla alba*.

House Sparrow*
Haussperling*
Passer domesticus*

Zebra Finch
Spot-sided Finch
Zebrafink
Taeniopygia guttata

Familie: Sperlingsartige, *Passeridae*
Unterfamilie: Sperlinge, *Passerinae*
Aussehen: Männchen mit schwarzem Latz und grauem Scheitel, Oberseite rotbraun, Unterseite grau. Weibchen unscheinbar graubraun ohne Latz. 14-16 cm.
Lebensraum: Agrar- und Siedlungsräume.
Lebensweise: Einzeln, auch paarweise und kleine Trupps. Nimmt gern Staubbäder.
Stimme: Lautes, hartes »tschuip-tschuip«.
Nahrung: Samen, Beeren und Früchte; aber auch Insekten und Abfälle.
Entwicklung: Dauerehe. Sehr findig bei der Wahl des Neststandortes, z.B. auch Gebäudenischen. Mehrere Gelege pro Jahr. Nur das Weibchen bebrütet 3-6 Eier in 12-14 Tagen. Die Jungen sind mit 14-15 Tagen flügge.
Artenschutz: Nein. 1863 bis 1870 eingeführt. Der zunächst willkommene Bekannte aus der englischen Heimat wurde bald hier zur Plage, besonders für Obstplantagen. In WA wird jedes gesichtete Exemplar entfernt.
Name: Der auch Spatz genannte Haussperling ist der häufigste Vogel der Erde. Neuerdings weltweit rückgängig.
Vergleiche: Auch eingeführt und überwiegend in Victoria verbreitet: *Eurasian Tree Sparrow**, Feldsperling*, *Passer montanus**.

Familie: Sperlingsartige, *Passeridae*
Unterfamilie: Prachtfinken, *Estrildinae*
Aussehen: Das Männchen ist an der Oberseite graubraun, an der Unterseite weißlich, Wangen orange, Kehlmuster oft gebändert, Schnabel rot, Augen rötlich, Schwanz mit einem zebraartigen Streifen (Name). Das Weibchen (links im Bild) ist insgesamt matter. 10 cm groß.
Lebensraum: Graslandschaften mit Bäumen, meist in Gewässernähe.
Lebensweise: Sehr gesellig. Sucht Nahrung am Boden; hüpft auch hoch, um Grasfruchtstände herabzuziehen.
Ruf: Nasales »teng«, Gesang zwitschernd.
Nahrung: Grassamen und Insekten.
Entwicklung: Dauerehe. Brutbeginn meist nach Regenfällen. Brütet in lockeren Kolonien. Beutelnest meist niedrig in dornigen Büschen, bezieht aber auch Baumhöhlen, Erdlöcher und Gebäudenischen. Beide Elternteile bebrüten abwechselnd 3-7 Eier in 12-14 Tagen. Die Jungen sind mit 3 Wochen flügge.
Artenschutz: Ja. Art nicht bedroht.
Sonstiges: Der beliebte Käfigvogel ist einer der häufigsten Vögel Inneraustraliens.
Vergleiche: Nord- und Ostaustralien: *Double-barred Finch*, Ringelastrild, *Taeniopygia bichennovii*, bräunlich, weiße Gesichtsmaske.

Crimson Finch
Sonnenastrild
Neochmia phaeton

Gouldian Finch
Gould-Amadine
Erythrura gouldiae

Familie: Sperlingsartige, *Passeridae*
Unterfamilie: Prachtfinken, *Estrildinae*
Aussehen: Männchen karminrot (*crimson*), grau und bräunlich. Weibchen ist ähnlich, Rotfärbung nicht so intensiv, Rücken graubraun. 13-14 cm.
Lebensraum: Lichte Wälder mit üppigem Grasbewuchs.
Lebensweise: Allein, paarweise oder in kleinen Familiengruppen, keine großen Trupps wie bei den anderen Prachtfinken-Arten. Sehr streitsüchtig untereinander.
Stimme: Sehr weit tönendes, oft wiederholtes »tschih-tschih-tschih«.
Nahrung: Vor allem Grassamen, aber auch die Samen von leicht erreichbaren Stauden.
Entwicklung: Dauerehe. Kugelnest mit einem seitlichen Flugloch meist in →Schraubenpalmen (Gattung *Pandanus*). Beide Elternteile bebrüten abwechselnd (tagsüber Schichtwechsel jede Stunde, aber das Weibchen hat die gesamte Nachtschicht) 5-8 Eier in 12-14 Tagen. Die Jungen sind mit 21-22 Tagen flügge.
Artenschutz: Ja. Art nicht bedroht.
Vergleiche: Im Norden und Nordwesten: *Star Finch*, Binsenastrild, *Neochmia ruficauda*, olivgrün, die Brust ist getupft, der Bauch ist gelb, das Gesicht und der Schnabel sind rot .

Familie: Sperlingsartige, *Passeridae*
Unterfamilie: Prachtfinken, *Estrildinae*
Aussehen: Wohl der farbschönste Prachtfink. Kopf schwarz, rot oder gelb; Rücken olivgrün; Brust lila; Bauch goldgelb. 12 cm.
Lebensraum: Graslandschaften mit Bäumen, Ränder von Mangrovenwäldern.
Lebensweise: Sehr gesellig. Muss aber täglich mehrmals trinken. Sucht Nahrung am Boden bzw. zieht Grashalme herunter.
Stimme: Überwiegend still; nur manchmal ein hochtönendes, pfeifendes »ssitt«.
Nahrung: Grassamen; zur Brutzeit Insekten (auch für die Jungen).
Entwicklung: Dauerehe. Nistet als der einzige Prachtfink nur in Baumhöhlen und toten Bauten von Termiten, oft mehrere Paare. Beide Eltern bebrüten abwechselnd 4-8 Eier in 12-13 Tagen. Junge flügge mit 21 Tagen.
Artenschutz: Ja Die Art ist bedroht, vor allem durch den illegalen Vogelfang und auch durch eine Parasitenkrankheit.
Besonderes: Die fluoreszierenden Warzen im Schlund der Jungen erleichtern den Eltern das treffsichere Füttern in dunklen Höhlen.
Vergleiche: In Nordaustralien: *Long-tailed Finch*, Spitzschwanzamadine, *Poephila acuticauda*.

Diamond Firetail
Diamantamadine
Emblema guttata

European Goldfinch*
Stieglitz*
Carduelis carduelis*

Familie: Sperlingsartige, *Passeridae*
Unterfamilie: Prachtfinken, *Estrildinae*
Aussehen: Namensgebend sind die weißen Punkte (Diamanten) auf der schwarzen Unterseite und der rote Schwanzrumpf *(Firetail)*; Oberseite braun, Kopf grau, Augen und Schnabel rot, die Gesichtsmaske ist schwarz. 12-13 cm.
Lebensraum: Lichte Wälder und baumbestandene Graslandschaften in Wassernähe, auch Gärten und Parks am Stadtrand.
Lebensweise: Sehr gesellig. Bildet außerhalb der Brutzeit große Trupps. Muss täglich mehrmals trinken. Sucht Nahrung am Boden.
Stimme: Serie tiefer, raspelnder Töne.
Nahrung: Samen; in der Brutzeit Insekten.
Entwicklung: Dauerehe. Nistet in Kolonien mit bis zu 12 Paaren. Im Kugelnest auf Bäumen und Sträuchern bebrüten beide Eltern abwechselnd ihre 4-7 Eier in 12-15 Tagen. Die Jungen sind mit 10-12 Tagen flügge.
Artenschutz: Ja. Art ist bedroht, vor allem durch den illegalen Vogelfang und durch die Rodungen für Landwirtschaftsflächen.
Vergleiche: Nord- und Ostaustralien verbreitet: *Chestnut-breasted Munia*, Braunbrustschild-Fink, *Lonchura castaneothorax*.
Sonstiges: 20 heimische Prachtfinken-Arten, die verschiedenen Gattungen angehören.

Familie: Finkenartige, *Fringillidae*
Unterfamilie: Finken, *Fringillinae*
Aussehen: Rotes Gesicht, schwarzweiße Kopfzeichnung und breite, gelbe Flügelbinde. Rücken zimtfarben, Schwanz und Flügel sind schwarz, Unterseite und Bürzel weiß. 13-14 cm.
Lebensraum: Landwirtschafts- und Siedlungsräume, Parks und Gärten.
Lebensweise: Kleingruppen, aber außerhalb der Brutzeit auch hundertköpfige Trupps. Sucht Nahrung am Boden; u.a. durchstöbern Gruppen systematisch die abgeernteten Getreidefelder nach Körnern.
Stimme: Von dem klingelnden Flugruf »stig-litt« hat der Stieglitz seinen Namen.
Nahrung: Samen von Kräutern und Bäumen; während der Brutzeit auch Insekten (Proteine). Wegen seiner Vorliebe für Distelsamen wird er auch »Distelfink« genannt.
Entwicklung: Oft lockere Brutkolonien. Baut ein Napfnest meist hoch im Kronenbereich. Das Weibchen bebrütet 3-6 Eier in 12-13 Tagen. Die Jungen sind mit 12-15 Tagen flügge.
Artenschutz: Ja. Art nicht bedroht. Eingeführt im 19. Jahrhundert.
Vergleiche: Ebenfalls eingeführt: *Greenfinch**, Grünfink* oder Grünling*, *Carduelis chloris**, lebt überwiegend in Victoria.

Olive-backed Sunbird
Yellow-bellied Sunbird

Grünrücken-Nektarvogel

Nectarinia jugularis

Mistletoebird
Mistletoe Flowerpecker

Rotsteiß-Mistelfresser

Dicaeum hirundinaceum

Familie: Nektarvögel oder Honigsauger, *Nectariniidae*
Aussehen: Honigfressern ähnlich mit langem, dünnem, abwärts gebogenem Schnabel und röhrenartiger Zunge; Oberseite olivgrün; an der Unterseite gelb, Kehle des Männchens ist blau schillernd. 10-12 cm.
Lebensraum: Ränder von Regenwäldern, sowie Parks und Gärten.
Lebensweise: Bei der Nahrungssuche einzeln, paarweise oder in kleinen Trupps; schwebt im Rüttel- oder Schwirrflug (mit 50 bis 80 Flügelschlägen pro Sekunde!) vor die Blüten und saugt den Nektar auf. Sehr wanderfreudig.
Stimme: Hochtöniges Trillern.
Nahrung: Nektar und Insekten von Blüten.
Entwicklung: Dauerehe. Das Weibchen baut das am Ast oder z.B. unter einer Veranda hängende beutelförmige Nest mit dem seitlichen Flugloch, bebrütet 2-3 Eier in 13 Tagen und zieht dann die Jungen auf.
Artenschutz: Ja. Art nicht bedroht.
Vergleiche: Ist die einzige heimische Art. Die übrigen 22 Arten leben in den Tropen von Afrika bis Ozeanien. Hier nehmen die Nektarvögel eine ähnliche Stellung ein wie die nicht verwandten Kolibris in Amerika.

Familie: Mistelfresser, *Dicaeidae*
Aussehen: Oberseite, Kopf- und Halsseiten sind schwarzblau glänzend; Kehle, Vorderhals und Brust sind rot; Bauch weiß mit einem dunklen Längsstreifen. Das Weibchen ist unscheinbar graubraun, hellere Unterseite. 10-11 cm.
Lebensraum: Alle Bäume mit den tropischen →Riemenblumenarten *(Loranthus)*.
Lebensweise: Nomadisiert außerhalb der Brutzeit allein, paarweise oder in kleinen Trupps. Fliegt schnell (schwalbenähnlich) von Baum zu Baum und turnt bei der Nahrungssuche sehr gewandt durch das Geäst.
Stimme: Angenehm zwitschernd.
Nahrung: Überwiegend Riemenblumenbeeren sowie Blütennektar und Insekten.
Entwicklung: Das Weibchen baut das an einem Zweigende unter Blättern hängende Nest mit seitlichem Flugloch und bebrütet drei Eier in etwa 12 Tagen. Beide Eltern füttern die Jungen, die mit 4-5 Wochen flügge sind.
Artenschutz: Ja. Art nicht bedroht.
Besonderes: Scheidet die unverdauten, noch klebrigen Mistelsamen auf Bäumen aus und verbreitet damit diese halbparasitäre Pflanze.
Vergleiche: Einzige heimische Art, keine Verwandten in Australien. - Aussehen erinnert an →Panthervögel, *Pardalotidae*.

Welcome Swallow
Neuhollandschwalbe
Hirundo neoxena

Tree Martin
Baumschwalbe
Hirundo nigricans
(Cecropis nigricans)

Familie: Schwalben, *Hirundinidae*
Aussehen: Oberseits blauschwarz glänzend, unterseits weiß; Stirn und Kehle rotbraun; Gabelschwanz mit weißen Enden. 15 cm.
Lebensraum: Einst offene Landschaften, aber zunehmend in und bei Siedlungen.
Lebensweise: Sehr gesellig. Fliegt rasant. Fängt im Flug nicht nur Insekten, sondern trinkt auch von der Wasseroberfläche. Die südlichen Vögel überwintern im Norden.
Stimme: Anhaltendes Zwitschern.
Nahrung: Insekten.
Entwicklung: Napfartiges Nest aus Lehm und Speichel. Beide Eltern bebrüten abwechselnd 4-6 Eier in 16 Tagen. Junge flügge mit 19 Tagen.
Artenschutz: Ja. Art nicht bedroht.
Besonderes: Fliegt vor Regen niedrig, um die durch die warme Luftströmung aufgetriebenen Insekten zu fangen.
Vergleiche: Weniger verbreitet: *White-backed Swallow*, Weißrückenschwalbe, *Cheramoeca leucosternum*, Rücken weiß; *Barn Swallow*, Rauchschwalbe, *Hirundo rustica*, ein Zugvogel, der in Australien überwintert. - Die Neuhollandschwalbe ist auch in Neuseeland weitverbreitet.
Ähnlich: Sind aber nicht näher verwandt: Segler, *Swifts*, Familie *Apodidae*, kommen als Zugvögel im Sommer, um auch in Australien zu überwintern.

Familie: Schwalben, *Hirundinidae*
Aussehen: Rücken, Flügel und Kopf sind schwarz bis dunkelbraun, Kehle beige, Brust hellweiß, Rumpf und Oberschwanzdecken blaßgelb. Das beim Flug sichtbare Schwanzende (im Stand durch längere Flügel verdeckt) ist für Mauerschwalben typisch gerade und eckig, nicht gabelförmig wie bei anderen Schwalben. 12-13 cm.
Lebensraum: Lichte Wälder, baumbestandene Gewässer und Ebenen.
Lebensweise: Sehr gesellig. Meist kleine, aber lautstarke Trupps. Fängt im Flug Insekten über den Baumkronen. Braucht zum Trinken nicht zu landen, sondern schöpft Wasser im Flug. Südliche Bestände ziehen teilweise zum Norden.
Stimme: Anhaltendes Zwitschern.
Nahrung: Insekten.
Entwicklung: Nistet als einzige Schwalbenart bevorzugt in Baumhöhlen. Beide Eltern bebrüten gemeinsam 3-5 Eier in 15-16 Tagen und ziehen die Jungen auf.
Artenschutz: Ja. Art nicht bedroht.
Besonderes: Bei Abenddämmerung scheint es, als ob ein kreischender Schwarm vom Himmel fällt, da alle fast gleichzeitig in ihren einzelnen Baumhöhlen verschwinden.
Vergleiche: Häufig in Siedlungen: *Fairy Martin*, Arielschwalbe, *Cecropis ariel*, mit rotem Kopf.

Australian Reed-Warbler
Clamorous Reed-Warbler

Stentor-Rohrsänger

Acrocephalus stentoreus

Silver-eye
Grey-backed White-eye

Mantelbrillenvogel
Graurücken-Brillenvogel

Zosterops lateralis

Familie: Zweigsänger, *Sylviidae*
Unterfamilie: Rohrsänger, *Acrocephalinae*
Aussehen: Tarngefieder überwiegend bräunlich mit heller Unterseite. 16-17 cm.
Lebensraum: Mit Schilf bestandene Süßwasser-Feuchtgebiete.
Lebensweise: Versteckt sich meist im Röhricht; klettert geschickt an Halmen und pickt seine Nahrung von der Vegetation ab. Südliche Vögel überwintern im Norden.
Stimme: Lautstark *(clamorous)*, melodisch, in der Brutzeit den ganzen Tag bis in die Nacht.
Nahrung: Insekten, Spinnen.
Entwicklung: Napfförmiges Nest, wird zwischen die Halme geflochten. Das Weibchen bebrütet dann 3-4 Eier in 14-15 Tagen. Beide Elternteile füttern 2-3 Wochen lang die Jungen.
Artenschutz: Ja. Art nicht bedroht.
Vergleiche: 9 heimische (von weltweit ca. 500) Zweigsänger-Arten mit ähnlichem Aussehen; u.a. zwei Arten der *Grassbirds*, Schilfsteiger, Gattung *Megalurus*; zwei Arten der *Songlarks*, Lerchensänger, Gattung *Cincloramphus*. Beide Gattungen gehören zu der Unterfamilie der Grassänger, sind rein australisch (endemisch) und weitverbreitet auf dem Festland; zählen aber nicht zu der Lerchen-Familie *Alaudidae* (→Feldlerche).

Familie: Brillenvögel, *Zosteropidae*
Aussehen: Markanter Ring weißer Federchen um das Auge (Art- und Familienname). Je nach Unterart: Gefieder grau bis olivgrün, Unterseite weiß, gelb oder grau. 11-13 cm.
Lebensraum: Dichtes Laubwerk. Wälder, Parks, Gärten, Obstplantagen. Auch in Neuseeland.
Lebensweise: Gesellig; außerhalb der Brutzeit Trupps von 3-20 Vögeln. Oft dicht gedrängt an den gemeinsamen Schlafplätzen.
Stimme: Angenehm trillernder Gesang; deshalb auch beliebter Käfigvogel.
Nahrung: Insekten, Früchte, Beeren, Blütennektar und süße Säfte.
Entwicklung: Hängt das napfförmige Nest in eine Zweiggabel. Beide Elternteile bebrüten abwechselnd 2-4 Eier in 10-13 Tagen. Die Jungen sind mit 9-12 Tagen flügge.
Artenschutz: Ja. Art nicht bedroht. Ist für die Obstfarmer sowohl Freund (Schädlingsvertilger) als auch Feind (Früchtefresser).
Besonderes: Es bestehen viele Ähnlichkeiten mit den →Honigfressern, u.a. die aufgefaserte Zungenspitze zur Aufnahme von Nektar.
Vergleiche: An nördlichen und nordwestlichen Mangrovenküsten: Australian *Yellow White-eye or Yellow Silver-eye*, Mangrovebrillenvogel, *Zosterops luteus*, mit einer gelben Kehle.

White's Thrush
Bassian (Ground) Thrush
Erddrossel
Zoothera lunulata
(Zoothera dauma)

Red-whiskered Bulbul*
Rotohrbülbül*
Pycnonotus jocosus*

Familie: Sänger, *Muscicapidae*
Unterfamilie: Drosseln, *Turdinae*
Aussehen: Gutes Tarngefieder zum Laubboden des Waldes: Oberseits braun, unterseits rahmfarben mit dichten, pfeilspitzenförmigen Flecken. 25-29 cm.
Lebensraum: Dichte Wälder, Regenwälder.
Lebensweise: Einzeln oder paarweise. Sehr ortstreu. Sucht die Nahrung am Boden durch Umschichten des Laubes. Rennt ein kurzes Stück, bleibt dann aber abrupt stehen. Schläft und nistet aber in Bäumen.
Stimme: Gesang aus melodischen, flötenden und zwitschernden Motiven, die zwei- bis dreimal wiederholt werden, meist bei der Morgen- und Abenddämmerung.
Nahrung: Schnecken, Insekten, Würmer und heruntergefallene Früchte.
Entwicklung: Stabiles Napfnest in den Zweigen. Das Weibchen bebrütet 2-3 Eier in 12-14 Tagen. Junge flügge in etwa 14 Tagen.
Artenschutz: Ja. Art nicht bedroht.
Vergleiche: Im 19. Jahrhundert wurden zwei europäische Arten eingeführt: *Song Thrush**, Singdrossel*, *Turdus philomelos**, besonders im Raum Melbourne verbreitet; und *Eurasian Blackbird**, Amsel*, *Turdus merula**, im gesamten Südosten und auch auf Tasmanien verbreitet.

Familie: Bülbüls oder Haarvögel, *Pycnonotidae*
Aussehen: Drosselähnlich. Markant mit den verlängerten Nackenfedern (2. dt. Familienname) und dem namensgebenden roten Fleck hinter den Augen (gleicht roten Ohren, engl. *Whiskers*, Backenbart). Gefieder oberseits schwarz, unterseits weiß, Bürzel rot. 20-22 cm.
Lebensraum: In Australien hauptsächlich in den Vorortsiedlungen mit Parks und Gärten.
Lebensweise: Einzeln oder paarweise. Vermeidet durch das Leben in der »Zivilisation« den Wettbewerb mit den heimischen Vögeln, vor allem den Honigfressern. Sein Flug ähnelt dem der Spechte.
Stimme: Äußerst stimmfreudig, zwitschert sein »kink-äh-dschu« von Stromleitungen und Aussichtspunkten.
Nahrung: Beeren, Früchte, Knospen, aber auch Insekten. Bevorzugt die eingeführten Pflanzen, erbeutet aber gern die Fluginsekten der nektarreichen heimischen Vegetation.
Entwicklung: Baut ein napfförmiges Nest in Astgabeln. Beide Eltern bebrüten 2-4 Eier und ziehen die Jungen auf.
Artenschutz: Ja. Art nicht bedroht. Eingeführt. Ursprüngliche Heimat ist der indo-chinesische Raum.
Vergleiche: Keine heimischen Familienvertreter.

Shining Starling
Metallic Starling
Weberstar

Aplonis metallica

Indian Myna*
Common Myna*
Hirtenstar*
Hirtenmaina*

Acridotheres tristis*

Familie: Stare, Spottdrosseln, *Sturnidae*
Aussehen: Schwarzes Gefieder mit metallisch grünem und lilafarbenem Glanz. Rote Knopfaugen. 21-24 cm.
Lebensraum: Regenwälder.
Lebensweise: Sehr gesellig, lebt in Kolonien bis zu 1000 Vögel. Pickt die Früchte ungeschickt ab, so dass die Hälfte zu Boden fällt (zur Freude von Bodenbewohnern). Die vollgefressenen Vögel sitzen aufgereiht auf Ästen und ärgern sich gegenseitig. Meist Zugvogel, überwintert auf Neuguinea.
Stimme: Durcheinander von krächzenden und singenden sowie schnatternden Lauten.
Nahrung: Meist Früchte aus Regenwäldern, auch von Obstplantagen.
Entwicklung: Koloniebrüter. Errichten an den Baumästen oft Hunderte von tropfenförmigen Nestern mit einem seitlichen Eingang. Mehrere Neotor bildon dann oft einen zusammenhängenden Klumpen. Pro Gelege 2-4 Eier, oft 2-3 Gelege pro Brutsaison.
Artenschutz: Ja. Art nicht bedroht.
Sonstiges: Von den weltweit ca. 140 *Sturnidae*-Vertretern leben nur drei in Australien.
Davon ist nur der Weberstar heimisch, da der →Hirtenstar und →*Common Starling**, Gemeiner Star*, eingebürgert sind.

Familie: Stare, Spottdrosseln, *Sturnidae*
Aussehen: Ähnelt der Amsel. Überwiegend braun, Kopf schwarz. Augenrand, Schnabel und Beine gelb. Flügelspitzen weiß. 23-25 cm.
Lebensraum: Parks und Gärten in Australien.
Lebensweise: Sucht tagsüber Nahrung in kleinen Trupps am Boden, schläft nachts in Kolonien. Ist besonders in der Paarungszeit aggressiv und furchtlos gegenüber größeren Vögeln.
Stimme: Laut schnatternd und zeternd.
Nahrung: Als »Straßenkehrer« alles Essbare, meist Insekten, Früchte, Abfälle.
Entwicklung: Dauerehe. Nistet meist in Baumhöhlen (in Konkurrenz zu den heimischen Vögeln), aber auch unter Dachvorsprüngen, Brücken und im Dickicht. Das Weibchen brütet 3-6 Eier in ca. 2 Wochen. Junge mit etwa 3 Wochen flügge.
Heimat: Stammt aus dem südlichen Asien. In Australien und Neuseeland eingebürgert, aber auch in Südafrika und Nordamerika (Florida).
Artenschutz: Nein. Eingeführt als Schädlingsvertilger, aber die Erwartungen erfüllten sich leider nicht. Gilt heute sogar als Plage.
Vergleiche: Im Südosten und auf Tasmanien: *Common Starling**, *Gemeiner Star**, *Sturnus vulgaris**, schwarz; ist ebenfalls eingeführt und auch nicht geschützt, schädigt die Ernten in den Obstanbaugebieten durch massenweisen Einfall.

Reptiles and Amphibians
Kriechtiere und Lurche
Reptilia und Amphibia

Beide Tierklassen gehören zu den Wirbeltieren. Im Gegensatz zu den Säugetieren und Vögeln (Warmblüter) passt sich ihr Körper der Umgebungstemperatur an; dies bezeichnet man heute als wechselwarm, früher sprach man von Kaltblütern.

Kriechtiere oder Reptilien entwickelten sich aus Vorfahren der heutigen Lurche, sie traten vor ca. 300 Mio Jahren auf und erlebten ihre Blütezeit als Saurier. Von den heute weltweit ca. 6300 Arten leben um 675 in Australien (90% davon sind rein australisch, d.h. endemisch); hierzu zählen 2 Krokodil-, etwa 20 Schildkröten-, 480 Echsen- sowie 170 Schlangen-Arten. Wesentliche Gemeinsamkeiten der Kriechtiere:
➤ Lebensraum überwiegend an Land, teils auch im Süß- und Salzwasser;
➤ verhornte Körperschuppen und Schilder schützen vor Austrocknung;
➤ Entwicklung ohne Metamorphose (also keine Larven);
➤ legen meist Eier, Eiablage an Land, wenige Arten auch lebend gebärend;
➤ ausschließlich Lungenatmer;
➤ Geruchssinn meist gut entwickelt.

Lurche oder Amphibien entwickelten sich vor ca. 400 Mio Jahren aus Fischen und lebten als die ersten Wirbeltiere teilweise an Land. Weltweit gibt es heute etwa 3000 Arten, davon in Australien um 130 Arten von Fröschen und Kröten (jedoch gibt es keine heimischen Blindwühlen, Salamander und Molche). Wichtige Gemeinsamkeiten der Lurche sind vor allem:
➤ Die Süßgewässer sind ihr Lebensraum, selten Brackwasser, nie Salzwasser;
➤ hier auch Eiablage (laichen), Entwicklung zunächst zu den kiemenatmenden Larven (Kaulquappen), später zu lungenatmenden Landtieren (Metamorphose);
➤ die ungeschützte, nackte Haut darf nicht austrocknen (Feuchtigkeitszuführung durch Schleimdrüsen oder durch Baden);
➤ der Gesichtssinn ist meist gut entwickelt.

INFO

Crocodiles
Krokodile
Crocodylia

Krokodile gibt es schon seit 200 Mio Jahren. Bezüglich Körperbau fast unverändert überlebten insgesamt 22 Arten, die in und an tropischen und subtropischen Süß- und Salzgewässern zu finden sind. Sie gehören zu den drei Familien Alligatoren (mit Kaimanen), Gaviale und Echte Krokodile.

Zu den **Echten Krokodilen** zählen die beiden in Australien lebenden Arten mit den folgenden Gemeinsamkeiten:
➤ Der Kopf macht etwa ein Siebtel der Gesamtlänge aus; der Schwanz etwa die Hälfte der Gesamtlänge sowie ein Drittel des Gewichtes.
➤ Legen am Ufer in Vegetationshügeln oder Sandlöchern ihre Eier ab, die durch Fäulnis- bzw. Sandwärme ausgebrütet werden. Die Nesttemperatur bestimmt das Geschlecht der Jungen: Bei 30°C schlüpfen Weibchen, nahe 31°C sind es beide Geschlechter, zwischen 31°C und 32°C nur Männchen, über 32°C meist Weibchen. Etwa 80% der Jungen sterben im Eistadium durch eine falsche Nesttemperatur (zu hoch oder zu niedrig) oder Überschwemmung der Nester (die Embryos ersticken dann, da sie durch die Eischale atmen müssen). Die Krokodilmutter bringt die selbständig schlüpfenden Jungen zum Wasser und betreut sie noch kurze Zeit.
➤ Passen als wechselwarme Tiere ihre Körperwärme (30-33°C) der Umgebungstemperatur an, d. h., sie verbringen heiße Tage im Wasser oder Schatten, kühle Tage in der Sonne; liegen dann am Ufer mit aufgesperrtem Maul, um durch Verdunstung ihre Körpertemperatur zu senken.
➤ Setzen den Großteil der durch Nahrung aufgenommenen Energie in Wachstum um: Mit 3 kg Futteraufnahme steigt das Körpergewicht um 1 kg. Einem erwachsenen Tier reicht z.B. nur ein Huhn pro Woche (und das ist sehr wirtschaftlich für Krokodilfarmen!).

➤ Erbeuten alles, was sich bewegt. Halten das Opfer unter Wasser und ertränken es. Zerreißen dann die Beute (haben nur Reiß- und keine Mahlzähne) und verschlucken sie dann in kleinen Stücken. Eine größere Beute wird so lange unter Wasser versteckt, bis die Verwesung begonnen hat. Verfügen über sehr kräftige Kiefermuskeln, mit denen ein Leistenkrokodil z.B. einen Schweinskopf zerbrechen kann. Verschlucken auch Steine zur Nahrungszerkleinerung im Magen und als Ballast, um den Körper unter Wasser zu halten; man sieht dann nur die Augen, Ohren, Stirn und Nasenlöcher über der Wasserlinie.

➤ Jagen unglaublich schnell, der scheinbar träge Eindruck täuscht. Bewegen sich im Wasser wie Fische und tauchen bis zu einer Stunde (reduzieren dann die Herztätigkeit). Erreichen an Land bis 10 km/h, allerdings behindert das Schwanzgewicht das Kurvenlaufen. Im Falle eines Angriffes durch das Leistenkrokodil hat der Mensch durch Hakenschlagen eine Chance davonzulaufen; im Wasser dagegen kann er kaum entrinnen.

➤ Verteidigen energisch ihr begrenztes Jagdrevier (Territorium), das sich Jungtiere erst erkämpfen müssen.

In Australien wurden die Krokodile von 1947 bis 1971 bejagt, dann geschützt. Seitdem haben sich die Bestände wieder erholt von 5000 auf heute etwa 60000 bis 75000 Tiere.

Die Krokodile sind mit durchschnittlich zwei getöteten Menschen pro Jahr gefährlicher als Schlangen (1,5 Tote pro Jahr) und Haie (1 Toter pro Jahr). In Gebieten mit Leistenkrokodilen ist deshalb äußerste Vorsicht angeraten:

➤ Warntafeln unbedingt ernst nehmen!
➤ Nicht schwimmen oder baden!
➤ Nicht in Wassernähe kampieren!
➤ Nicht in die Nähe des Nestes gehen!
➤ Großer Abstand zu gesichteten Tieren!
➤ Bei Gefahr nicht durch den Raum zwischen Krokodil und Wasser fliehen!

Es gibt in Australien etwa 12 Krokodilfarmen. Sie züchten fast nur Leistenkrokodile, die mit 3 bis 4 Jahren und einer Länge von 1,5 bis 2 m geschlachtet werden. Das Leder wird meist exportiert (Weltmarktanteil 20%). Das Fleisch wird im Lande vermarktet und ist immer häufiger auf den Speisekarten der Restaurants zu finden.

»Saltie«
Estuarine Crocodile
Saltwater Crocodile
Leistenkrokodil
Crocodylus porosus

Familie: Echte Krokodile, *Crocodylidae*
Aussehen: Hat im Vergleich zum →Süßwasserkrokodil eine breitere Schnauze mit 2 Höckerleisten (Name). Weibchen ca. 3 m; Männchen ca. 5 m lang, Einzelexemplare bis 10 m.
Ist die größte lebende Krokodilart der Erde.
Lebensraum: Salz- bis Süßwasser: bis 200 km flussaufwärts und 1000 km vor den Küsten.
Lebensweise: Meist nachtaktiv. Verteidigt sein Jagdrevier energisch. Wandert bei Austrocknen der Wasserstellen bis 50 km über Land.
Nahrung: Fische, Seeschlangen, Wasservögel, große Säugetiere; auch Aas.
Entwicklung: Paarung in der Regenzeit (November bis April). Das Weibchen legt 30-70 Eier in einen Vegetationshügel in Ufernähe und hält Wache. Die Jungen schlüpfen in 75-95 Tagen (je nach Temperatur) und können gleich schwimmen. Geschlechtsreif mit 12-16 Jahren. Alter etwa 70 Jahre (Jahresringe in den Knochen).
Artenschutz: Ja. Art nicht bedroht.
Besonderes: Scheidet das überschüssige Salz über Tränendrüsen aus (Krokodilstränen).
Hotspots: z.B. Yellow Waters im Kakadu NP (NT), Daintree River (Qld).
Achtung: Gefährlich für Menschen (siehe Info)!
Info: Krokodile, S. 108/109
Allgemeines: Kriechtiere und Lurche, S. 108

»Freshie«
Johnston's Crocodile
Freshwater Crocodile
Süßwasserkrokodil
Australisches Krokodil
Crocodylus johnstoni

Familie: Echte Krokodile, *Crocodylidae*

Aussehen: Im Vergleich zum →Leistenkrokodil mit längerer, schmalerer und schnabelartiger Schnauze sowie mit ca. 2 m Körperlänge kleiner.

Lebensraum: Nur in und an den tropischen Süßgewässern (Seen, Flüsse), nie im Salzwasser. Diese Art lebt nur in Australien (endemisch).

Lebensweise: Meist nachtaktiv. Wandert weit über Land, wenn die Wasserstellen austrocknen, und frisst dann kaum.

Nahrung: Fische, Frösche, Wasservögel, kleine Reptilien und Säugetiere.

Entwicklung: Paarung in der Trockenzeit (Mai bis September). Das Weibchen legt 4-21 Eier in ein selbstgegrabenes Loch in der Ufersandbank und lässt das Nest unbewacht; gräbt dann nach 70 bis 90 Tagen (je nach der Temperatur) die geschlüpften Jungen aus, die sofort schwimmen können. Geschlechtsreif mit 12-17 Jahren. Alter etwa 60 Jahre.

Artenschutz: Ja. Art nicht bedroht.

Hotspots: z.B. Geiki Gorge (WA) und Katherine Gorge (NT).

Achtung: Meist ungefährlich, man kann sogar unter ihnen schwimmen. Aber falls gereizt, können sie mit ihren scharfen Zähnen verletzen!

Info: Krokodile, S. 108/109

Allgemeines: Kriechtiere und Lurche, S. 108

INFO

Turtles and Tortoises
Schildkröten
Chelonia

Schildkröten haben (ähnlich wie Krokodile) seit ca. 200 Mio Jahren mit fast unverändertem Körperbau überlebt. Gemeinsames Merkmal ist der knöcherne, den Rumpf umhüllende Panzer, der Teil des Skeletts ist. Insgesamt 260 Arten leben heute vor allem in den warmen Regionen der Erde, davon 21 Arten in Australien.

6 Arten gehören zu den weltweit 7 Arten der **Meeresschildkröten** *(Sea Turtles)*. Hierzu einige Fakten:

➤ Falten den Hals S-förmig, um den Kopf unter den Panzer zu ziehen (»Halsberger«).

➤ Die Beine sind flossenartig umgestaltet; sie rudern mit den längeren Vorderflossen und steuern mit den kürzeren Hinterflossen.

➤ Leben fast ausschließlich im Wasser, wo sie sich auch paaren.

➤ Nur die mit 30-50 Jahren geschlechtsreifen Weibchen kommen zur Eiablage kurz an Land, und zwar fast immer an den Ort der Geburt, zu dem sie oft Tausende von Kilometern anreisen müssen.

➤ Legen im Sommer - nachts und oberhalb der Flutlinie - 50 bis 200 tischtennisballgroße Eier in selbst gescharrte Sandlöcher. Mit den dabei beobachtbaren »Tränen« scheiden sie überflüssiges Salz aus.

➤ Junge schlüpfen selbständig und flüchten sofort in das Meer. Die Sandtemperatur entscheidet die Brutdauer (40-80 Tage) und das Geschlecht (bei 28°C schlüpfen nur Männchen, bei 30°C ist das Verhältnis etwa gleich und bei 32°C nur Weibchen).

➤ Werden bis 150 Jahre alt.

➤ Nur ein Junges von etwa 1000 erreicht die Geschlechtsreife. In jungen Jahren sind es meist natürliche Feinde, wie Vögel, Robben und Haie, später vor allem die Menschen. Verhängnisvoll sind Fischer- und Haischutznetze, in denen sie hängenbleiben und dann ertrinken. Auch werden z.B. nur in Indonesien etwa 70 000 Meeresschildkröten pro Jahr getötet: das Fleisch verarbeitet man zu Suppe und die Panzer verkauft man an

Touristen. Vermehrt sind auch die Brutgebiete gefährdet, entweder durch die menschlichen Nesträuber oder durch die fortschreitende Zivilisation. Australien hat strenge Schutzbestimmungen und am Strand von Mon Repos bei Bundaberg, etwa 400 km nördlich von Brisbane, befindet sich auch eine der weltweit führenden Forschungsstationen.

➤ Die unter den »Hotspots« angegebenen Brutplätze eignen sich dazu, auch mit Kindern das unvergessliche, nächtliche Naturschauspiel mitzuerleben. Die Eiablage kann bei ruhigem Verhalten sogar aus nächster Nähe beobachtet werden (das Weibchen ist dann in einer Art von Trance und wird nicht gestört). Bitte die Regeln der Ranger unbedingt beachten.

15 Arten gehören zu den **Süßwasserschildkröten** (Freshwater Turtles, volkstümlich meist Tortoises genannt, doch siehe unten). Hierzu einige Fakten:

➤ Nehmen den Hals seitlich, um den Kopf unter den Panzer zu ziehen (» Halswender«); nur die →Papua-Weichschildkröte ist ein »Halsberger« (siehe oben).

➤ Die Gliedmaßen sind weniger flossenartig als bei den Meeresschildkröten: Die Beine sind gleich lang, die Füße haben Krallen mit Schwimmhäuten dazwischen; nur die →Papua-Weichschildkröte hat Flossen.

➤ Leben vorwiegend im Wasser, kommen an Land nur zu Eiablage (Weibchen), Sonnenbad, Überwinterung (Eingraben) und Wanderungen, wenn die Wasserstellen austrocknen.

➤ Legen 3-30 Eier in einem Sandloch ab. Das Nest bleibt unbewacht, daher gehören Füchse, Echsen und Wasserratten zu den häufigsten Nesträubern. Nach 7-11 Wochen schlüpfen dann die Jungen selbständig und flüchten ins Wasser. Nur die →Nördliche Schlangenhalsschildkröte legt ihre Eier unter Wasser ab.

➤ 14 Arten sind »Schlangenhalsschildkröten«, die nur in Australien, Neuguinea und Südamerika beheimatet sind.

Kurioserweise lebt heute in Australien keine Art der auf den anderen Kontinenten so weit verbreiteten **Landschildkröten** (Tortoises), obwohl die klimatischen Bedingungen hier eigentlich optimal wären. Die letzte Art starb vor knapp 2 Mio Jahren aus.

Leathery Turtle
Leatherback Turtle
Lederschildkröte
Dermochelys coriacea

Familie: Lederschildkröten, *Dermochelydidae*
Aussehen: Dicke lederartige Haut mit mosaikartigen Knochenplättchen; kein Knochenpanzer. Großer Kopf. Ist mit bis zu 2 m Panzerlänge und 600 kg Gewicht die größte heute lebende Schildkrötenart.
Lebensraum: In gemäßigten und tropischen Meeren, Nahrungsgründe in der Tiefsee.
Lebensweise: Einzelgänger. Bildet manchmal kleine Gruppen bei den Wanderungen zu den Niststränden. Taucht bis zu 1200 m Tiefe.
Nahrung: Überwiegend Quallen, auch Fische, Tintenfische und Stachelhäuter.
Entwicklung: Brutplätze meist auf den nördlich vorgelagerten Inseln (Neuguinea, Salomon Inseln), seltener an der australischen Küste. Pro Gelege bis 130 Eier, davon relativ viele unbefruchtet. Die Jungen schlüpfen nach 65-70 Tagen.
Artenschutz: Ja. Art ist bedroht. In anderen Ländern vor allem durch menschliche Nesträuber. Tödlich sind auch die im Meer treibenden Plastiktüten, die für Quallen gehalten werden.
Hotspots: z.B. Dezember bis März: Mon Repos bei Bundaberg, Wreck Rock nördlich Bundaberg, Heron Island (alle in Qld).
Info: Schildkröten, S. 110/111
Allgemeines: Kriechtiere und Lurche, S. 108

Green Turtle
Suppenschildkröte
Chelonia mydas

Familie: Meeresschildkröten, *Cheloniidae*
Aussehen: Panzer flach, oliv- bis dunkelbraun mit einer gelblichen Musterung und im Umriss tropfenförmig. Kopf relativ klein. Panzerlänge bis zu 1,5 m, Gewicht bis zu 185 kg. Ist die häufigste Art in den australischen Gewässern.
Lebensraum: Seichte Bereiche der warmen und tropischen Meere.
Lebensweise: Einzelgänger. Sucht Nahrung in flachen Meeresbereichen mit Meerespflanzen. Kann bis zu fünf Stunden tauchen. Verlässt die flachen Gewässer nur zur Eiablage.
Nahrung: Erwachsene Tiere vegetarisch, meist Algen und Seegras; für die Jungtiere zusätzlich Krebstiere und Fische.
Entwicklung: Brutplätze meist auf kleinen Inseln. Die Weibchen legen bis 200 Eier (Dezember bis Januar). Junge schlüpfen nach 54-70 Tagen.
Artenschutz: Ja. Art bedroht. Andere Länder verwerten leider immer noch kommerziell Eier, Fleisch und Panzer. Offiziell vom internationalen Speiseplan verbannt.
Hotspots: z.B. Mon Repos bei Bundaberg, Heron Island, Wild Duck Island (alle in Qld).
Engl. Name: Wegen des grünen Körperfettes durch die vegetarische Ernährung.
Info: Schildkröten, S. 110/111
Allgemeines: Kriechtiere und Lurche, S. 108

Australian Flatback Turtle
Flache Suppenschildkröte
Natator depressus

Familie: Meeresschildkröten, *Cheloniidae*
Aussehen: Panzer flach, Seitenränder nach oben gebogen, olivbraun bis graugrün mit einer gewebeartigen Musterung. Panzerlänge etwa 90 cm und Gewicht 80 kg.
Lebensraum: Tropische und warme Meere, meist auf dem australischen Kontinentalschelf. Nahrungsgründe teils auch in Gewässern von Indonesien und Neuguinea.
Lebensweise: Einzelgänger. Meidet die Bereiche der Riffe, um den im Vergleich zu den anderen Meeresschildkröten mehr fleischigen Bauchpanzer nicht zu verletzen.
Nahrung: Rein tierisch; bevorzugt Seewalzen, weiche Korallen und Quallen.
Entwicklung: Bekannte Brutplätze nur in australischen Gewässern. Eiablage von November bis Januar. Das Schlüpfen der Jungen erfolgt dann nach 2 Monaten von Januar bis März.
Artenschutz: Ja. Art ist bedroht. Aber mit den Brutplätzen nur in Australien und den strengen Schutzbestimmungen bestehen berechtigte Hoffnungen, dass diese Art überlebt.
Hotspots: z.B. Mon Repos Beach bei Bundaberg, Heron Island bei Gladstone, Wild Duck Island bei Mackay (alle in Qld).
Info: Schildkröten, S. 110/111
Allgemeines: Kriechtiere und Lurche, S. 108

Loggerhead Turtle

**Unechte
Karettschildkröte**

Caretta caretta

*Eastern Long-necked Turtle
Eastern Snake-necked Turtle*

**Glattrückige
Schlangenhalsschildkröte**

Chelodina longicollis

Familie: Meeresschildkröten, *Cheloniidae*
Aussehen: Panzer gewölbt, bräunlich, im Umriss tropfenförmig. Unterseite gelb. Großer Kopf (*Loggerhead*) mit kräftigen Kiefern. Panzerlänge etwa 1 m, Gewicht 100 kg.
Lebensraum: Tropische und warme Meere.
Lebensweise: Einzelgänger. Kommt auch an Land, um sich auf Sandbänken oder an einsamen Inselstränden zu sonnen.
Nahrung: Meist tierisch: Fische, Quallen, knackt Seesterne und selbst →Riesenmuscheln mit ihren starken Kiefern; aber auch Algen.
Entwicklung: Das Weibchen legt 60-150 Eier von November bis Januar. Die Jungen schlüpfen dann nach 60-80 Tagen (Januar bis April).
Artenschutz: Ja. Die Art ist bedroht, vor allem durch Krabbennetze.
Hotspots: z.B. Mon Repos bei Bundaberg und Wreck Rock bei Bundaberg (Qld); auch Murion Island und Shark Bay (WA).
Vergleiche: Mit ähnlichem Verbreitungsgebiet: *Hawksbill Turtle*, Echte Karettschildkröte, *Eretmochelys imbricata*, mit habichtartigem Schnabel (*Hawksbill*).
Besonderes: Die Schilde beider Arten lieferten früher das Schildpatt (z.B. für Kämme).
Info: Schildkröten, S. 110/111
Allgemeines: Kriechtiere und Lurche, S. 108

Familie: Schlangenhalsschildkröten, *Chelidae*
Aussehen: Der Panzer ist schwarz oder braun, fast rund und die Hornplatten sind schwarz umrandet. Der Hals ist lang und die Knopfaugen stehen hervor. Panzer etwa 25 cm, Gesamtlänge mit Hals und Kopf etwa 50 cm.
Lebensraum: Am Grund von Süßgewässern, meist von Seen, auch Flüssen und Sümpfen.
Lebensweise: Tagaktiv. Lauert am Gewässergrund auf Fische, schnellt dann den Kopf mit dem langen Hals wie eine Schlange nach vorn und saugt die Beute ein.
Nahrung: Überwiegend Fische.
Entwicklung: Das Weibchen legt 12-24 Eier in die Uferböschung. Die Jungen schlüpfen nach etwa 2 Monaten. Alter etwa 36 Jahre.
Artenschutz: Ja. Art nicht bedroht.
Sonstiges: Im Volksmund auch *Stinker* genannt, da sie bei Gefahr oder auch beim Anfassen eine übelriechende Flüssigkeit absondert.
Vergleiche: Nordaustralien: *Northern Long-necked Turtle*, Nördliche Schlangenhalsschildkröte, *Chelodina rugosa*; im Norden und Nordosten: *Saw-shelled Turtle*, Australische Schnappschildkröte, *Elseya latisternum*.
Info: Schildkröten, S. 110/111
Allgemeines: Kriechtiere und Lurche, S. 108

Krefft's River Turtle
Krefft's Kurzhalsschildkröte
Emydura kreffti

Pig-nosed Turtle
Pitted-shelled Turtle
Papua-Weichschildkröte
Carettochelys insculpta

Familie: Schlangenhalsschildkröten, *Chelidae*
Aussehen: Der braune bis schwarze Panzer ist fast rund. Mit gelbem oder blaugrünem Streifen hinter den Augen. Relativ kurzer Hals. Bis 25 cm lang. Häufigste der insgesamt fünf Arten der Kurzhals-Fluss-Schildkröten.
Lebensraum: Fließende Süßgewässer.
Lebensweise: Tagaktiv. Sonnt sich oft an dem Uferrand, die höhere Körperwärme hilft bei dem Verdauen von Pflanzennahrung.
Nahrung: Als Jungtier nur Insekten, später tierisch (Schnecken, Muscheln, Krebse, Fische) und vegetarisch (Wasserpflanzen).
Entwicklung: Das Weibchen legt 4-16 Eier in die Uferböschung. Die Jungen schlüpfen dann selbständig nach ca. 2 Monaten.
Artenschutz: Ja. Art nicht bedroht.
Vergleiche: Verbreitungskarte mit allen 5 Arten der Kurzhals-Fluss-Schildkröten. Nur im Ellenbrook-Sumpf bei Perth (WA) lebt die einzigartige *Western Swamp Turtle*, Dunkle Kurzhalsschildkröte, *Pseudemydura umbrina*, die sich im Sommer bei Austrocknung des Wohngewässers im Schlamm eingräbt (6-9 Monate) bis der nächste ergiebige Winterregen sie wieder aufweckt.
Info: Schildkröten, S. 110/111
Allgemeines: Kriechtiere und Lurche, S. 108

Familie: Neuguinea-Weichschildkröten, *Carettochelydidae*
Aussehen: Gräulicher Panzer mit weicher, genarbter Haut *(pitted-shelled)*. Die Schnauze ist schweinsartig *(pig-nosed)*. Die Beine sind wie bei den Meeresschildkröten mehr flossenartig. Gesamtlänge 45-75 cm, bis 22 kg schwer.
Lebensraum: Überwiegend fließende Süßgewässer, auch Flussmündungen (Brackwasser). Außer in Australien nur noch in Neuguinea.
Lebensweise: Nachtaktiv. Schwimmt sehr gut, sucht ihre Nahrung meist im Schlamm des Gewässergrundes. Bleibt bis 30 Minuten unter Wasser, taucht nur kurz zum Atmen wieder auf.
Nahrung: Tiere (u.a. Schnecken, Krebse, kleine Fische) und Pflanzen (u.a. ins Wasser gefallene Früchte, Algen).
Entwicklung: Das Weibchen legt 8-30 Eier in der Trockenzeit in Sandbänken ab. Die Jungen schlüpfen nach 2-3 Monaten in der Regenzeit, wenn die Nester überflutet werden.
Artenschutz: Ja. Art nicht bedroht.
Sonstiges: Traditionelle Nahrung der Aborigines, oft auf Felsmalereien abgebildet.
Vergleiche: Keine Verwandte, sie ist der einzige Familienvertreter.
Info: Schildkröten, S. 110/111
Allgemeines: Kriechtiere und Lurche, S. 108

Three-lined
Knob-tailed Gecko
**Glatter
Knopfschwanzgecko**
Nephrurus levis

Common Scalyfoot
Southern Scalyfoot
Gewöhnlicher Flossenfuß
Pygopus lepidopodus

Familie: Geckos, Haftzeher, *Gekkonidae*
Aussehen: An der Oberseite rot- bis lilabraun gesprenkelt mit drei hellen Querbändern im Nackenbereich (engl. Name). Großer Kopf, kurzer Körper, keulenartiger Schwanz (daher auch »Keulenschwanzgecko«) mit knopfartig verdicktem Ende (dt. Name). 9-15 cm lang.
Lebensraum: Trockengebiete, meist sandige Böden mit Stachelschweingras.
Lebensweise: Nachtaktiv. Tagesrast in eigenen oder von anderen Tieren aufgegebenen Bauen, auch unter Felsen. Krümmt im Verteidigungsfall den Rücken und quiekt.
Nahrung: Spinnen und Schaben sowie andere wirbellose Tiere, auch kleinere Geckos.
Entwicklung: Das Weibchen legt meist zwei Eier zwischen Felsbrocken oder in Felsspalten. Die Jungen schlüpfen nach 2-4 Monaten.
Artenschutz: Ja. Art nicht bedroht.
Vergleiche: Verbreitungskarte mit allen neun heimischen Gecko-Arten. - Im Norden häufiger: *House Gecko*, Asiatischer Hausgecko, *Hemidactylus frenatus*, eingeführt aus Südostasien.
Achtung: Bitte nicht anfassen! Ist beißlustig und wirft aus Angst den Schwanz ab (wächst zwar nach, bedeutet aber Stress für das Tier).
Info: Echsen, S. 115/116
Allgemeines: Kriechtiere und Lurche, S. 108

Familie: Flossenfüßer, *Pygopodidae*
Aussehen: Schlangenähnlicher Körper mit gut sichtbaren Flossenfüßen. Mit regional sehr unterschiedlichen Farbtönen und Mustern; an der Oberseite meist grau bis bräunlich, gestreift oder gesprenkelt. Runde Schnauze. Kopfrumpflänge ca. 30 cm, Gesamtlänge mit Schwanz bis 1 m. (Man sieht kaum vollständige Exemplare, da der abgeworfene Schwanz nur einmal nachwächst.)
Lebensraum: Gebiete mit dichter oder lockerer Buschvegetation.
Lebensweise: Tag- oder nachtaktiv, je nach Temperatur. Flieht schlangenähnlich im Busch, springend im offenen Gelände.
Nahrung: Meist Spinnen, auch Insekten sowie kleine, weiche Früchte.
Entwicklung: Das Weibchen legt 2 Eier unter Felsen oder umgestürzte Baumstämme, oft bis 80 Eier in Gemeinschaft mit anderen Weibchen.
Artenschutz: Ja. Art nicht bedroht.
Besonderes: Ahmt zu seinem Schutz das Verteidigungsverhalten der Giftnattern nach. Ist aber (wie alle Flossenfüßer) absolut ungiftig. Die Zähne und Kiefer sind auch zu schwach, um einen Menschen zu verletzen.
Info: Echsen, S. 115/116
Allgemeines: Kriechtiere und Lurche, S. 108

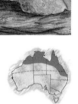

Burton's Snake-Lizard
Burton's Legless Lizard
Spitzkopf-Flossenfuß
Lialis burtonis

Frilled Lizard
Frill-necked Lizard
Kragenechse
Chlamydosaurus kingii

Familie: Flossenfüßer, *Pygopodidae*
Aussehen: Der keilförmige Kopf mit der spitzen Schnauze (deutscher Name) ist einmalig in der heimischen Reptilienwelt. Farbe und Muster sehr unterschiedlich; meist schwarz bis cremefarben; Schuppen an der Oberseite metallisch glänzend. Schlangenähnlicher Körper mit sehr kleinen und dreieckigen Flossenfüßen. Kopfrumpflänge bis 29 cm, Gesamtlänge mit Schwanz bis 62 cm.
Lebensraum: Vielfältige Landschaften, jedoch nicht Regenwälder, Halbwüsten und Gebirge.
Lebensweise: Tag- und nachtaktiv. Jagt gern bei Dämmerung: Lauert vorbeikommenden Reptilien auf und überfällt sie.
Nahrung: Fast ausschließlich andere Reptilien: Skinke, Geckos, kleine Schlangen.
Entwicklung: Das Weibchen legt 1-3 Eier, oft auch mehrere Gelege pro Brutsaison. Bilden Gemeinschaftsnester mit bis zu 20 Eiern.
Artenschutz: Ja. Art nicht bedroht.
Besonderes: Versteckt seinen Körper unter Laub oder Sand und bewegt dann nur die Schwanzspitze, die die Beutetiere für einen Wurm halten. Fängt dann blitzschnell neugierige andere Reptilien.
Ähnliches Verhalten wie →Todesotter.
Info: Echsen, S. 115/116
Allgemeines: Kriechtiere und Lurche, S. 108

Familie: Agamen, *Agamidae*
Aussehen: Die bekannteste australische Agame ist baumrindenartig gemustert und gefärbt. Die große Hautfalte unter dem Hals und an beiden Kopfseiten liegt in Ruhestellung wie ein zusammengefalteter Regenschirm an. Der Körper ist seitlich abgeplattet. Mit einer Kopfrumpflänge bis zu 28 cm, Gesamtlänge mit Schwanz bis 95 cm. Ein einmal abgeworfener Schwanz wächst nicht wieder nach.
Lebensraum: Lichte Wälder.
Lebensweise: Baumbewohner, jagt meist in der Regenzeit und am Boden. Versteckt sich in der Trockenzeit auf Bäumen. Stellt zum Drohen und Imponieren die bis zu 30 cm breite Halskrause (Name) wie einen Regenschirm auf und öffnet das Maul. Flüchtet bei erfolgloser Drohgebärde auf den Hinterbeinen und erklettert dann den nächsten Baum.
Nahrung: Heuschrecken, Insekten, Spinnen und kleine Säugetiere, wie Mäuse.
Entwicklung: In der Regenzeit gräbt das Weibchen ein 15-20 cm tiefes Loch in den weichen Boden und legt 4-23 Eier hinein. Die Jungen schlüpfen nach ca. 10 Wochen.
Artenschutz: Ja. Art ist bedroht.
Info: Echsen, S. 115/116
Allgemeines: Kriechtiere und Lurche, S. 108

Thorny Devil
Dornteufel
Moloch horridus

Tree Goanna
Lace Monitor
Buntwaran
Varanus varius

Familie: Agamen, *Agamidae*
Aussehen: Stachelartige Schuppen an Körper, Hals, Kopf, Beinen und Schwanz. Eindrucksvoll gemustert in rot, braun, gelb und weiß; passt zur Tarnung die Farben und Muster der Umgebung an. Der Bauch ist rau, hat aber keine Dornen. Kopfrumpflänge bis 10 cm, Gesamtlänge mit Schwanz bis 19 cm.
Lebensraum: Sandige Trockengebiete.
Lebensweise: Tagaktiv. Nimmt Flüssigkeit u.a. durch die Kapillarwirkung der Haut auf: Stellt sich z.B. in eine Pfütze und das Wasser gelangt dennoch zum Mund. Kann so den Kopf hoch halten und mögliche Feinde sichten.
Nahrung: Ameisen, leckt sie mit der Zunge direkt von der Ameisenstraße auf (ca. 45 pro Minute bzw. 5 000 pro Tag).
Entwicklung: Das Weibchen legt 3-10 Eier in eine selbst gegrabene Erdhöhle. Die Jungen schlüpfen nach 3-4 Monaten und sind dann mit 3 Jahren geschlechtsreif. Alter bis 20 Jahre.
Artenschutz: Ja. Art nicht bedroht.
Besonderes: Steckt bei Feindangriff (vor allem durch Greifvögel) den echten Kopf zwischen die Beine; der Nackenfortsatz (falscher Kopf) kann ohne Schaden geopfert werden.
Info: Echsen, S. 115/116
Allgemeines: Kriechtiere und Lurche, S. 108

Familie: Warane, *Varanidae*
Aussehen: Meist dunkelblau bis schwarz; gelblich oder cremefarben gesprenkelt und gebändert. Kopfrumpflänge bis 77 cm, Gesamtlänge mit Schwanz bis 2,1 m, 14 kg.
Lebensraum: Lichte Wälder, auch Buschland-schaften mit vereinzelten Bäumen.
Lebensweise: Tagaktiv. Eigentlich Baumbewohner, doch er jagt meist am Boden.
Nahrung: Räuberisch: Kleine Säugetiere, andere Echsen, Vogeleier, auch Aas.
Entwicklung: Das Weibchen legt 6-20 Eier meist in Termitenbaue, aber auch in Bodenlöcher und hohle Baumstämme. Die Jungen schlüpfen nach 8-10 Monaten; geschlechtsreif mit 4-5 Jahren.
Artenschutz: Ja. Art nicht bedroht.
Besonderes: Bei der Eiablage in den Termitenbau gräbt das Weibchen ein Loch, das dann die Termiten wieder zumauern. Die Embryonen in den Eiern können sich dadurch wohltemperiert und geschützt vor Feinden entwickeln. Meist befreit dann das Weibchen die geschlüpften Jungen.
Vergleiche: Westliche Trockengebiete: *Perentie*, Groß- oder Riesenwaran, *Varanus giganteus*, bis zu 2,5 m, ist die zweitgrößte Echse der Welt (nach dem indonesischen Komodowaran).
Info: Echsen, S. 115/116
Allgemeines: Kriechtiere und Lurche, S. 108

Sand Goanna
Gould's Monitor
Gould-Waran
Varanus gouldii

Mertens' Water Goanna
Mertens Wasserwaran
Varanus mertensi

Familie: Warane, *Varanidae*
Aussehen: Die Oberseite variiert von gelb bis fast schwarz; hell und dunkel gesprenkelt und gebändert. Dunkler Streifen vom Auge bis zum Ohr. Kopfrumpflänge bis 66 cm, Gesamtlänge mit Schwanz bis 1,66 m. Ist die häufigste und am weitesten verbreitete heimische Waran-Art.
Lebensraum: Fast überall auf dem Festland, aber nicht in den Regenwäldern.
Lebensweise: Tagaktiv. Bodenbewohner, aber auch guter Kletterer. Schläft in Felsspalten, hohlen Bäumen, Kaninchenbauten und selbst gegrabenen Höhlen. Bleibt in Gebieten mit kalten Wintern im Versteck und sonnt sich gelegentlich zum Aufwärmen. Der Schwanz dient als Stütze (bei aufgerichtetem Körper) und als Waffe.
Nahrung: Andere Echsen, Vögel, Kaninchen, wirbellose Tiere, Vogeleier, Aas.
Entwicklung: Das Weibchen legt 3-11 Eier in Erdlöcher oder Termitenbaue (→Buntwaran). Die Jungen schlüpfen nach 8-10 Monaten.
Artenschutz: Ja. Art nicht bedroht.
Vergleiche: Im Norden und Westen mit ähnlichem Aussehen: *Spotted Goanna*, Sandwaran, *Varanus panoptes*, mit gelben Flecken am Hals.
Info: Echsen, S. 115/116
Allgemeines: Kriechtiere und Lurche, S. 108

Familie: Warane, *Varanidae*
Aussehen: Überwiegend braun bis olivgrau; Rücken, Seiten und Beine sind hell gesprenkelt. Der abgeflachte, etwa körperlange Schwanz dient als Schwimmflosse. Gesamtlänge bis zu 1,3 m.
Lebensraum: Süßgewässer und Ufer.
Lebensweise: Taucht und schwimmt sehr gut; jagt meist unter Wasser. Muß nur alle 30 Minuten zum Atmen auftauchen. Kann dank der erhöhten Nasenlöcher (wie bei Krokodilen) fast mit dem ganzen Körper unter Wasser bleiben. Bewegt sich auch an Land schnell und gewandt. Liegt gern wie die Krokodile am Ufer und wärmt sich.
Nahrung: Fische, Frösche, Krabben, kleine Säuger, Insekten, andere Echsen, Aas.
Entwicklung: Das Weibchen legt am Ufer ihre 10-14 Eier ab und vergräbt sie im Sand oder Laub. Die Jungen schlüpfen dann nach mehreren Monaten.
Artenschutz: Ja. Art nicht bedroht.
Name: Nach dem deutschen Echsenforscher Robert Mertens.
Vergleiche: Ebenfalls im Norden mit ähnlichem Aussehen: *Mitchells' Water Dragon*, Mitchells Wasserwaran, *Varanus mitchelli*, nur 60 cm lang.
Info: Echsen, S. 115/116
Allgemeines: Kriechtiere und Lurche, S. 108

Rainbow Skinks
Regenbogen-Skinke
Gattung Carlia

Common Blue-tongued Skink
Common Blue-tongued Lizard
Eastern Blue-tongued Lizard
Gewöhnlicher Blauzungenskink
Tiliqua scincoides

Familie: Skinke, Glattechsen, *Scincidae*
Aussehen: Alle 22 heimischen Arten mit der typischen Eidechsengestalt und in Regenbogenfarben; das Männchen ist zur Brutzeit sehr farbenprächtig. Auf der Oberseite oft mehrere längliche Grate, sogenannte »Kiele«. Je nach Art Gesamtlänge 6-18 cm.
Lebensraum: Lichte Wälder und Felslandschaften in wärmeren Regionen.
Lebensweise: Tagaktiv. Sehr scheu, flieht schnell unter das schützende Bodenlaub oder unter Felsen, um möglichen Feinden (vor allem Vögeln) zu entkommen.
Nahrung: Insekten, Spinnen, junge Skinke.
Entwicklung: Die Weibchen aller Arten legen je zwei weichschalige Eier ab unter umgestürzte Baumstämme, in Felsspalten oder in dichtes Bodenlaub. Eiablage oft auch in Gemeinschaft.
Artenschutz: Ja. Art nicht bedroht.
Besonderes: Wedelt mit dem gekrümmten Schwanz. Der Grund ist noch unklar, doch da es häufig zur Paarungszeit geschieht, signalisiert es vielleicht eine gewisse Bereitschaft.
Vergleiche: Die Karte zeigt die Verbreitung aller heimischen Regenbogen-Skinke.
Abbildung: *Carlia longipes*.
Info: Echsen, S. 115/116
Allgemeines: Kriechtiere und Lurche, S. 108

Familie: Skinke, Glattechsen, *Scincidae*
Aussehen: Nicht typisch für Skinke mit großem, dreieckigem Kopf, kurzen Beinen und kurzem Schwanz. Oberseite mit hellgrauen bis braunen Schuppen und etwa 12 dunklen Querbändern. Die Zunge ist blau (Name). Ist der weltgrößte Skink mit einer Kopfrumpflänge bis 37 cm und einer Gesamtlänge mit Schwanz bis 93 cm.
Lebensraum: Ost- und Nordaustralien. Verschiedene Räume; Kulturfolger in Parks und Gärten.
Lebensweise: Meist tagaktiv. Bodenbewohner. Lebt im Bodenlaub, unter umgefallenen Baumstämmen oder in Felsspalten.
Nahrung: Tierisch (Insekten, Schnecken, Aas) und pflanzlich.
Entwicklung: Weibchen gebärt 5-25 lebende Junge: Eier reifen im Mutterleib, die Jungen durchbrechen dann die Eischale vor, während oder kurz nach der Geburt (ovovivipar). Lebensalter 20 Jahre.
Artenschutz: Ja. Art nicht bedroht.
Besonderes: Schüchtert die Feinde durch das Herausstrecken der blauen Zunge ein, ist aber ansonsten sehr friedfertig. – Als pflegeleichtes Haustier bei australischen Kindern sehr beliebt.
Vergleiche: Die Karte zeigt die Verbreitung aller fünf heimischen *Tiliqua*-Arten.
Info: Echsen, S. 115/116
Allgemeines: Kriechtiere und Lurche, S. 108

Shingleback

Stutzechse
Tannenzapfenskink

Trachydosaurus rugosus

Familie: Skinke, Glattechsen, *Scincidae*
Aussehen: Nicht typisch für Skinke: deutlich vom Rumpf abgesetzter großer Kopf, walzenförmiger Körper und kurzer, dicker, abgerundeter Schwanz. Das braune, gelbgefleckte oder gelbgebänderte Schuppenkleid erinnert an Schindeln *(Shingle)* oder Tannenzapfen (dt. Name). Wirkt zweiköpfig, da der Kopf und Schwanz ähnlich aussehen. Gesamtlänge bis 39 cm.
Lebensraum: Lichte Wälder, Busch-, Heide- und Graslandschaften.
Lebensweise: Bewegt sich langsam. Öffnet beim Drohen den Rachen, so dass sich die blaue Zunge von der roten Mundhöhle abhebt. Der Schwanz dient als Fettspeicher.
Nahrung: Tierisch (wirbellose Tiere, Vogeleier, Aas) und pflanzlich (Triebe, Beeren).
Entwicklung: Das Weibchen gebärt 1-4 lebende Junge nicht ovovivipar wie beim →Blauzungen-skink, sondern vivipar, d. h., die Embryonen werden teilweise mit Nährstoffen vom mütterlichen Stoffwechsel versorgt, wie auch bei Haifisch-arten und Säugetieren.
Artenschutz: Ja. Art nicht bedroht.
Sonstiges: Wird wegen der blauen Zunge oft auch der *Tiliqua*-Gattung zugeordnet.
Info: Echsen, S. 115/116
Allgemeines: Kriechtiere und Lurche, S. 108

INFO

Snakes • **Schlangen** • *Serpentes*

Vorfahren der heutigen Schlangen gingen vor rund 80 Mio Jahren aus waranähnlichen Echsen hervor, mit denen sie nur noch wenig gemeinsam haben. Schlangen haben sich sehr unterschiedlichen Lebensräumen angepasst: vom Meer bis in große Höhen an Land. Ein grund-loses Töten hat mit dazu beigetragen, dass manche Arten vom Aussterben bedroht sind. Einige Fakten über Schlangen:

➤ Länglicher Körper (180-435 Wirbel), doch es gibt Echsen (Flossenfüßer und Skinke), die wie Schlangen, und auch Schlangen (Blindschlangen), die wie Würmer aussehen.

➤ Häuten sich (inklusive der durchsichtigen Hornschuppen der Augen) mehrmals pro Jahr (»Natternhemd«).

➤ Sehr gute Geruchswahrnehmung: Kaum mit der Nase, sondern sie fächeln sich mit der gespaltenen Zunge die Duftpartikel in die Mundhöhle und riechen dort mit Hilfe des »Jacobson-Geruchsorganes«.

➤ Sehen schlecht: Nehmen Bewegungen oft nur im Nahbereich wahr. (Jagen daher Beute meist nicht direkt, sondern folgen ihrer Duftspur.) Manche Arten haben auch ein Wärmesinnesorgan.

➤ Sind taub, aber sie spüren die feinsten Bodenerschütterungen, die von unzähligen Nervenenden am ganzen Körper weiter-geleitet werden (wie beim Seismograph).

➤ Alle Schlangen können schwimmen.

➤ Können das Maul unglaublich weit öffnen: Die Kiefer sind nicht durch ein Gelenk, sondern ein elastisches Band verbunden. Sie verschlingen die ganze Beute, können nicht kauen oder zerbeißen.

➤ Männchen haben zwei Penisse, aber bei der Paarung wird nur einer benutzt.

➤ Fast alle Arten legen Eier, nur manche sind lebend gebärend. Die Jungen sind gleich nach der Geburt selbständig.

➤ Alter je nach Art 10 bis über 30 Jahre.

➤ Giftschlangen haben ihre Giftzähne (hohl, mit Giftdrüsen) meist vorn.

Von weltweit etwa 2800 Schlangenarten leben zwar nur 172 in Australien, doch dazu zählen die giftigsten Vertreter. Von insgesamt 10 Familien gibt es 6 heimische Familien:

1. Blindschlangen *(Blind or Worm Snakes)* mit etwa 30 heimischen (von weltweit 250) Arten:
➤ Ungefährlich, je nach Art 17-60 cm.
➤ Wurmähnlich in Aussehen und Lebensweise (graben sich häufig ein).
➤ Ein penetrant stinkendes Exkret wird zur Verteidigung ausgestoßen.

2. Riesenschlangen: Pythons *(Pythons)* mit ca. 12 heimischen Arten:
➤ Je nach Art und Alter (wachsen zeitlebens) 55 cm bis 8 m lang.
➤ Ungiftig. Aber können auch beißen, falls sie gereizt werden. Durch die damit übertragenen Bakterien heilen die Wunden schwer.
➤ Erdrosseln ihre Beute durch Umschlingen.
➤ Legen Eier und bewachen sie, indem sie sich darüber aufrollen.

3. Nattern *(Colubrids)* vertreten mit nur 8 (von weltweit rund 2 000) Arten:
➤ Heimische Arten meist ungiftig (Arten mit Hinterzähnen leicht giftig); sie leben auf Bäumen, im Süß- und Brackwasser.
➤ Je nach Art 20 cm bis 4 m lang.
➤ Eierlegend und lebend gebärend.

4. Giftnattern *(Elapids)* **bzw. Giftschlangen** *(Venomous Snakes)* mit etwa 85 heimischen (von weltweit 300) Arten:
➤ Je nach Art 20 cm bis 4 m lang.
➤ Giftig, 20 Arten für Menschen tödlich.
➤ Eierlegend und lebend gebärend.

5. Warzen-Wasserschlangen *(File Snakes)* mit 2 heimischen (von weltweit 3) Arten:
➤ Ungiftig, 1 bis 1,6 m lang.
➤ Lebensraum sind Brack- und Süßgewässer.
➤ Lebend gebärend.

6. Ruderschwanz- und Plattschwanz-Seeschlangen *(Sea Snakes and Sea Kraits)* mit 32 heimischen (von weltweit rund 50) Arten:
➤ Je nach Art 20 cm bis über 2 m lang.
➤ Sehr giftig, aber für Menschen in der Regel ungefährlich, da sie nicht aggressiv sind.
➤ Lebensraum ist meist in Küstennähe, vor allem an Korallenriffen.
➤ Häutung etwa alle 14 Tage.
➤ Ruderschwanz-Seeschlangen gebären lebende Junge im Wasser.
➤ Plattschwanz-Seeschlangen legen ihre Eier an Land ab.
➤ Seeschlangen gibt es nur im Stillen und im Indischen Ozean, aber nicht im Atlantik.

Erste Hilfe bei Schlangenbissen

In Australien werden jährlich etwa 3 000 Menschen von Schlangen gebissen. Durch gute Aufklärung, erprobte Erste-Hilfe-Methoden und wirksame Gegengifte gibt es nur noch 1 bis 2 Todesfälle pro Jahr (zum Vergleich: z.B. in Indien 30 000!). Verhütungsmaßnahmen:
➤ Aus gebührender Distanz beobachten.
➤ Schlangen greifen Menschen nicht freiwillig an. Die meisten Angriffe auf Erwachsene geschehen durch Belästigungen, bei Kindern schon eher durch ein zufälliges Darauftreten oder Berühren.
➤ Nachts immer Taschenlampe benutzen.
➤ Schlafsäcke, Schuhe, etc. untersuchen.
➤ Zelt und Auto nie offen lassen.
➤ Gamaschen schützen gut bis zur Kniehöhe.
➤ Der Beißreflex toter Schlangen funktioniert noch 50 Minuten nach dem Tod.

Im Ernstfall europäische Rezepte bitte vergessen, sie schaden mehr als sie nützen. Für alle australischen(!) Schlangen gilt die hier entwickelte Druck- und Immobilisations-Methode, die den Giftfluss durch die hautnahen Blut- und Lymphgefäße behindert:
➤ Opfer beruhigen, nicht mehr bewegen.
➤ Biss-Stelle nicht behandeln.
➤ Druckverband anlegen: Bei der Biss-Stelle beginnen und eine flexible Binde (notfalls auch in Streifen geschnittene Kleider) um das verletzte Körperteil wickeln (nicht abbinden!!!). Erst nach unten wickeln und dann nach oben, möglichst das gesamte Körperteil.
➤ Körperteil schienen: Das Bein ganz; beim Arm nur bis zum Ellbogen (falls Biss an Hand oder Unterarm) und dann in eine Schlinge geben.
➤ Opfer hinlegen und ärztliche Hilfe holen. Den Druckverband nie selbst lockern.
➤ Es gibt ein Breitband- oder ein schlangenspezifisches Serum. Durch die Giftspuren am Biss (oder in der Binde) kann der Arzt die Schlangenart bestimmen, deshalb den Biss nicht waschen oder aussaugen!
(Schlangenseren werden übrigens mit Hilfe von Pferdeblut gewonnen.)

Erste Hilfe gilt auch für →Kegelschnecken, →Trichternetzspinnen und →Blauringkraken, nach Vorbehandlung auch für →Würfelquallen *(Box Jellyfish)* und →Paralysis-Zecken.

Blackish Blind Snake
»Dunkle Blindschlange«
Rhamphotyphlops nigrescens

»Tarpot«
Black-headed Python
Schwarzkopfpython
Aspidites melanocephalus

Familie: Blind- oder Wurmschlangen, *Typhlopidae*
Aussehen: Wurmähnlich, stumpfer Kopf. Augen sind 2 unter Schuppen liegende schwarze Punkte (sie können nur hell und dunkel unterscheiden). Die lilaschwärzlichen Schuppen sind am ganzen Körper gleich groß (bei anderen Landschlangen am Bauch verbreitert). Ist mit einer Länge bis zu 75 cm die größte heimische Art.
Lebensraum: Wälder bis Trockengebiete.
Lebensweise: Gräbt sich ein. Lebt oft in Gemeinschaft in der oberen Erdschicht, im Bodenlaub, unter Steinen und Felsplatten oder in verlassenen Termitenbauen. Kommt nur in warmen Nächten, oft nach Regen, an die Erdoberfläche.
Nahrung: Ameisen und Termiten, auch Würmer und Blutegel.
Entwicklung: Das Weibchen legt im Sommer 5-20 Eier. Die Jungen schlüpfen selbständig.
Artenschutz: Ja. Art nicht bedroht.
Besonderes: Kopf und Nacken sondern zum besseren Gleiten eine ölige Substanz ab.
Vergleiche: Verbreitungskarte mit allen 30, sehr ähnlichen, australischen Arten.
Sonstiges: Ungiftig, ungefährlich, sondert bei Gefahr nur einen penetranten Geruch ab.
Info: Schlangen, S. 122/123
Allgemeines: Kriechtiere und Lurche, S. 108

Familie: Riesenschlangen, *Boidae*
Unterfamilie: Pythons, *Pythoninae*
Aussehen: An der Oberseite hellbraun und dunkel quergestreift. Kopf und Nacken sind schwarz. Augen mit waagerechten Pupillen. Gesamtlänge bis zu 3 m; Gewicht bis 16 kg.
Lebensraum: Ebenen und Bergland.
Lebensweise: Meist Bodenbewohner. Versteckt sich tagsüber. Jagt nachts. Erstickt die Beute durch Umschlingen, indem nach jedem Ausatmen der Beute der Würgegriff verfestigt wird. Keine Giftdrüsen.
Nahrung: Meist Giftschlangen (ist gegen das Gift immun), auch Echsen. Selten Säugetiere und Vögel wie bei anderen Python-Arten.
Entwicklung: Das Weibchen rollt sich über ihren 5-9 Eiern um und erhöht dabei ihre Körpertemperatur um 3 bis 7°C über die Umgebungstemperatur. Die Jungen sind sofort selbständig.
Artenschutz: Ja. Art nicht bedroht.
Vergleiche: In Zentralaustralien: *Woma Python or Sand Python, Aspidites ramsayi*, bis 2 m lang, ähnlich, kein schwarzer Kopf. Die Karte zeigt die Verbreitung beider Arten.
Achtung: Ungiftig. Gelegentlich Pythonbisse, die schwer heilen. Arzt aufsuchen.
Info: Schlangen, S. 122/123
Allgemeines: Kriechtiere und Lurche, S. 108

Carpet Python
Diamond Python
Rautenpython
Teppichschlange
Morelia spilota

Green Tree Snake
Common Tree Snake
Grüne Baumschlange
Dendrelaphis punctulata

Familie: Riesenschlangen, *Boidae*
Unterfamilie: Pythons, *Pythoninae*
Aussehen: Hell gefärbter Körper mit schwarz umrundeten, dunklen, großen Flecken und Bändern. Bis zu 4 m lang. Ist die häufigste australische Würgeschlange.
Lebensraum: Regenwälder bis Savannen, auch Farm- und Siedlungsgebiete. Der alpine Bereich ist zu kalt.
Lebensweise: Meist Baumbewohner, lebt aber auch am Boden. Jagt die Beute mit Hilfe von empfindlichen Wärmesensoren auf den Lippen. Erwürgt ihre Beute (→Schwarzkopfpython), keine Giftdrüsen.
Nahrung: Vögel, Säugetiere. Ratten und Mäuse sind Lieblingsspeise; ist deswegen bei Farmern und in Siedlungen sehr beliebt.
Entwicklung: Das Weibchen rollt sich über den bis zu 50 Eiern ein und erhöht dabei die Körpertemperatur. Junge sofort selbständig.
Artenschutz: Ja. Art nicht bedroht.
Vergleiche: Nordosten: *Scrub Python*, Amethystpython, *Morelia amethistina*, Zickzackmuster, mit bis 8 m Länge die größte heimische Python.
Achtung: Ungiftig. Gelegentlich Pythonbisse, die schwer heilen. Arzt aufsuchen.
Info: Schlangen, S. 122/123
Allgemeines: Kriechtiere und Lurche, S. 108

Familie: Nattern, *Colubridae*
Aussehen: Oberseite nicht nur grün wie der Name, sondern je nach Region auch gold, grau, blau, gelb oder schwarz; Unterseite gelb, weißlich oder grün. Mit schlankem Körper und langem Greifschwanz. 1-2 m lang.
Lebensraum: Dichte und lichte Wälder, auch Heide- und Buschlandschaften.
Lebensweise: Jagt am Tag und am Abend, sowohl in Bäumen als auch am Boden. Schläft nachts in Baumhöhlen, Felsspalten, Höhlen, manchmal auch in Gebäuden.
Nahrung: Frösche, Echsen und Vögel.
Entwicklung: Das Weibchen legt 5-14 Eier in das Bodenlaub oder in hohle Baumstämme. Die Jungen sind sofort selbständig.
Artenschutz: Ja. Art nicht bedroht.
Besonderes: Bläst bei Erregung ihren Vorderkörper auf, zeigt dabei die blau schillernde Haut zwischen den Schuppen und sondert einen penetranten Geruch ab.
Sonstiges: Ungiftig und ungefährlich für den Menschen.
Vergleiche: Viele Schlangenarten an und in Süß- und Mangrovengewässern gehören zur Nattern-Familie.
Info: Schlangen, S. 122/123
Allgemeines: Kriechtiere und Lurche, S. 108

Eastern Brown Snake
Common Brown Snake
Gewöhnliche Schwarzotter
Pseudonaja textilis

Familie: Giftnattern, *Elapidae*
Aussehen: Oberseite graugelb, rostbraun, grünbraun oder schwarz (die engl. und dt. Namen sind irreführend); Unterseite gelb, weißlich oder braun gefleckt. Der Kopf ist schlank. Die Jungtiere sind quergestreift. 1,5–2,5 m lang.
Lebensraum: Offenes Gras- und Buschland; Farm- und Siedlungsgebiete (mit vielen Mäusen).
Lebensweise: Meist tagaktiv.
Nahrung: Echsen, Frösche, Säugetiere, kleine Schlangen, Vögel. Beißt mit den Giftzähnen und würgt die Beute, bis das Gift wirkt.
Entwicklung: Das Weibchen legt ihre 10–35 Eier meist in Erdlöcher. Junge sofort selbständig.
Artenschutz: Ja. Art nicht bedroht.
Vergleiche: Karte mit Verbreitung aller 7 Arten.
Englischer Name: »Braunschlangen« sind im Deutschen die Whipsnakes, Gattung *Demansia*.
Achtung: Ist die zweitgiftigste Landschlange weltweit. Zweithäufigste Bisse in Australien, da tagaktiv, nicht scheu und weitverbreitet in Siedlungsräumen. Stellt sich bei einem Angriff S-förmig auf (wie eine Kobra), zischt, beißt hoch und schnell. Das Gift verursacht Lähmung der Nerven. Ein Gegengift ist verfügbar.
→Erste Hilfe bei Schlangenbissen, S. 123
Info: Schlangen, S. 122/123
Allgemeines: Kriechtiere und Lurche, S. 108

Coastal Taipan
Common Taipan
Taipan
Oxyuranus scutellatus

Familie: Giftnattern, *Elapidae*
Aussehen: Oberseite hell- bis dunkelbraun. Kopf lang und schlank. Hat die längsten Giftzähne (bis 13 mm) und die größte Länge (bis 3,4 m) aller australischen Giftschlangen.
Lebensraum: Lichte und dichte Wälder.
Lebensweise: Tagaktiv, bei Hitze nachtaktiv.
Nahrung: Nur Warmblüter: Säuger, Vögel.
Entwicklung: Das Weibchen legt 3–25 Eier. Die nach 10–14 Wochen schlüpfenden Jungen sind etwa 50 cm lang und gehen mit voll wirksamen Giftzähnen sofort auf Beutefang.
Artenschutz: Ja. Art nicht bedroht.
Besonderes: Giftmenge einer Schlange tötet 80 Menschen oder 12.000 Meerschweinchen.
Achtung: Ist die drittgiftigste heimische Landschlange. Ist scheu, versucht zu flüchten, aber bei Belästigung sehr aggressiv. Stellt sich bei einem Angriff spiralenartig auf, beißt mehrmals und hoch. Das Gift greift die Nerven an. Der Biss ist ohne Gegengift (seit 1955) zu 100% tödlich.
→Erste Hilfe bei Schlangenbissen, S. 123
Vergleiche: Nur im Dreistaateneck von SA, NT und Qld: *Inland Taipan, Small-scaled Snake or Fierce Snake*, Wutschlange, *Oxyuranus microlepidotus*, ist die giftigste Landschlange der Welt.
Info: Schlangen, S. 122/123
Allgemeines: Kriechtiere und Lurche, S. 108

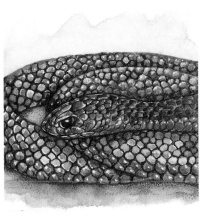

Common Black Snake
Red-bellied Black Snake
Rotbauch-Schwarzotter
Pseudechis porphyyriacus

»Doat Addor«
Common Death Adder
Todesotter
Acanthophis antarcticus

Familie: Giftnattern, *Elapidae*
Aussehen: Die Oberseite ist schwarz glänzend; Unterseite rot, orange oder rosa. Schnauze meist hellbraun. 1,5-2,5 m lang.
Lebensraum: In der Nähe von Bächen, Flüssen, Teichen oder Sümpfen.
Lebensweise: Tagaktiv. Jagt auch im Wasser. Versteckt sich gern in hohlen Baumstämmen, im Dickicht oder unter Felsen.
Nahrung: Frösche, Mäuse, Echsen und kleinere Schlangen, auch Aale und Fische.
Entwicklung: Das Weibchen gebärt 5-40 Junge, sind zuerst von einer Membran umhüllt, aber innerhalb von einer Stunde schon selbständig.
Artenschutz: Ja. Art nicht bedroht. Wurde von den frühen Siedlern zu Unrecht oft getötet.
Besonderes: Frisst auch Artgenossen und ist deshalb selten in Zoos zu finden.
Vergleiche: Karte mit Verbreitung der 5 *Pseudechis*-Arten, u.a. *King Brown Snake or Mulga Snake*, Braunkönigsschlange, *Pseudechis australis*.
Achtung: Giftig, besonders für Kinder gefährlich. Flüchtet, wenn sie gestört wird. Bei Bedrängnis erst Drohgebärden. Das Gift greift meist die Muskeln an. Gegengift ist verfügbar.
→Erste Hilfe bei Schlangenbissen, S. 123
Info: Schlangen, S. 122/123
Allgemeines: Kriechtiere und Lurche, S. 108

Familie: Giftnattern, *Elapidae*
Aussehen: Markanter breiter und herzförmiger Kopf, dünner Hals, dicker Körper, dünner Schwanz mit spitzem Ende. Tarnfarben von grau über braun bis schwarz. Oft quergestreift. 40 bis 105 cm.
Lebensraum: Regenwald bis Trockengebiete.
Lebensweise: Tag- und nachtaktiv.
Nahrung: Echsen, Kleinsäuger, Vögel.
Entwicklung: Nur alle 2-3 Jahre gebärt das Weibchen 2-30 sofort selbständige Junge.
Besonderes: Gräbt sich gern teilweise ein und bewegt nur die Schwanzspitze, die die Beutetiere für einen Wurm halten (siehe Bild); tötet die Beute dann umgehend mit ihrem Giftbiss. Ähnliches Verhalten wie →Spitzkopf-Flossenfuß.
Artenschutz: Ja. Art nicht bedroht.
Vergleiche: Karte mit Verbreitung aller 3 Arten.
Name: Haben zwar Ähnlichkeit mit den Ottern, gehören aber zu den Giftnattern.
Achtung: Fünftgiftigste australische Schlange. Flüchtet nicht, bleibt wegen der Beutefangmethode (auch am Tag) regungslos liegen; man kann daher zufällig darauftreten (»Taube Otter«). Beißt meist tief (Knöchel, Hand). Nervengift. Biss ohne Gegengift zu 60% tödlich.
→Erste Hilfe bei Schlangenbissen, S. 123
Info: Schlangen, S. 122/123
Allgemeines: Kriechtiere und Lurche, S. 108

Tiger Snake
Tigerotter
Notechis scutatus

Copperhead
Yellow-bellied Black Snake
Kupferkopfschlange
Austrelaps superbus

Familie: Giftnattern, *Elapidae*
Aussehen: Körper sehr dick; die Oberseite ist braun, braungrün oder schwärzlich; meist helle, unregelmäßige Querstreifen (tigerartig). Kurzer, breiter Kopf. 1,2 bis 2 m lang.
Lebensraum: Feucht- und Sumpfgebiete, auch Farm- und Siedlungsräume (wegen der Mäuse).
Lebensweise: Aktiv am Tage und an warmen Abenden. Meist Bodenbewohner, schläft u.a. in verlassenen Tierbauen und Häusern. Jagt auch auf Bäumen und im Wasser.
Nahrung: Frösche, Mäuse, Echsen, Fische.
Entwicklung: Das Weibchen gebärt 14–80 Junge mit sofort einsatzbereiten Giftzähnen.
Artenschutz: Ja. Art nicht bedroht.
Vergleiche: Karte zeigt die Verbreitung aller *Notechis*-Arten mit Unterarten.
Achtung: Weltweit viertgiftigste Landschlange mit den häufigsten Bissen in Australien. Allgemein friedlich, aber zischt bei Belästigung und beißt dann tief (in Füße oder Knöchel). Nerven- und Muskelgift. Die Giftmenge einer Schlange tötet 40 000 Mäuse. Der Biss ist ohne Gegengift (gibt es seit 1931) meist tödlich.
→Erste Hilfe bei Schlangenbissen, S. 123
Info: Schlangen, S. 122/123
Allgemeines: Kriechtiere und Lurche, S. 108

Familie: Giftnattern, *Elapidae*
Aussehen: Kopf kupferfarben (Name). Oberseite kupferbraun, braun oder schwarz; meist kupferfarbenes Band um den Nacken; Unterseite meist gelb, auch rötlich oder grau. 1 bis 1,7 m lang.
Lebensraum: Kühle Regionen, meist Bergland, auch oberhalb der Schneegrenze.
Lebensweise: Aktiv am Tage und auch in warmen Nächten. Hält kaum Winterschlaf wie die anderen Schlangen. Verbirgt sich gern unter Felsen, umgestürzten Bäumen und in verlassenen Tierbauen; oft auch zu mehreren, um sich gegenseitig zu wärmen.
Nahrung: Frösche, Skinke, kleine Schlangen (auch die eigenen Jungen), Kleinsäuger.
Entwicklung: Das Weibchen gebärt 3-32 sofort selbständige Junge.
Artenschutz: Ja. Art nicht bedroht.
Vergleiche: Karte mit Verbreitung aller 3 Arten.
Achtung: Sehr giftig. Lebt in menschenarmen Gegenden, daher wenig Unfälle. Greift nur im äußersten Notfall an, ist dann auch nicht sehr treffsicher. Nerven- und Muskelgift. Gleiches Gegengift wie bei den Bissen der →Tigerotter.
→Erste Hilfe bei Schlangenbissen, S. 123
Info: Schlangen, S. 122/123
Allgemeines: Kriechtiere und Lurche, S. 108

Aratura File Snake
Elephant's Trunk Snake
Arafura-Warzenschlange
Acrochordus arafurae

Pelagic Sea Snake
Yellow-bellied Sea Snake
Plättchenschlange
Zweifarbige Seeschlange
Pelamis platurus

Familie: Warzenschlangen, *Acrochordidae* (Zuordnung oft auch zur Python-Familie)
Aussehen: Oberseite grau bis dunkelbraun mit hellen Flecken. Die raspelartige Haut *(File)* sitzt sehr locker (als ob sie einige Nummern zu groß wäre). 1,5 bis 2,5 m lang.
Lebensraum: Tropische Süßgewässer, aber auch Brackwasser, selten das offene Meer.
Lebensweise: Fast nur im Wasser. Jagt in der Nacht: Verankert den Schwanz z.B. an eine Wurzel und lauert auf Beute, die zuerst gebissen und dann erwürgt wird.
Nahrung: Ausschließlich Fische.
Entwicklung: Mehrere Männchen begatten ein Weibchen, das nur alle 1-3 Jahre 11-27 Junge im Wasser gebärt.
Artenschutz: Ja. Art nicht bedroht. Darf aber von den Aborigines als traditionelle Nahrung gejagt werden: Sie nehmen zum Töten den Kopf zwischen die Zähne und brechen mit einem schnellen Ruck das Genick.
Vergleiche: Gleiche Verbreitung: *Little File Snake,* Kleine Warzenschlange, *Acrochordus granulatus,* mit Ringen. - Weitere acht »Wasserschlangen« sind Pythons und Nattern.
Sonstiges: Nicht giftig, ungefährlich.
Info: Schlangen, S. 122/123
Allgemeines: Kriechtiere und Lurche, S. 108

Familie: Seeschlangen, *Hydrophiidae*
Unterfamilie: Ruderschwanz-Seeschlangen, *Sea Snakes,* Hydrophiinae
Aussehen: Unterseits gelb, oberseits dunkel, mit einem zweifarbigen, abgeflachten »Ruderschwanz« (Familienname). 60 bis 80 cm lang.
Lebensraum: Ausschließlich im Meer.
Lebensweise: Lässt sich mit Strömungen an der Oberfläche treiben; lebt daher auch im offenen Meer und nicht nur in Küstengewässern, wie die anderen Seeschlangen.
Nahrung: Fische nahe der Wasseroberfläche.
Entwicklung: Das Weibchen gebärt im Meer ihre 2-6 Jungen, die sofort selbständig sind.
Artenschutz: Ja. Art nicht bedroht.
Besonderes: Seeschlangen atmen etwa zu 20% durch die Haut. Deshalb häuten sie sich häufig und befreien sich dadurch von auf der Schuppenhaut festgewachsenen Algen etc.
Achtung: Starkes Nervengift. Kaum Unfälle im Wasser. Vorsicht mit an den Strand gespülten Tieren! Ein Gegengift ist verfügbar.
→Erste Hilfe bei Schlangenbissen, S. 123
Vergleiche: *Beaked Sea Snake, Enhydrina schistosa,* ist die giftigste Seeschlange mit dem sechsgiftigsten Schlangengift der Erde.
Info: Schlangen, S. 122/123
Allgemeines: Kriechtiere und Lurche, S. 108

White-lipped Sea Krait
Nattern-Plattschwanz
Laticauda colubrina

Corroboree Frog
Corroboree-Scheinkröte
Pseudophryne corroboree

Familie: Seeschlangen, *Hydrophiidae*
Unterfamilie: Plattschwanz-Seeschlangen, *Laticaudinae*.
Aussehen: Der Körper ist blau bis blaugrau mit schwarzen Ringen in regelmäßigen Abständen. Der Kopf ist schwarz. 1 bis 1,4 m lang.
Lebensraum: Meist im Meer, zum Ausruhen und zur Fortpflanzung auch oft an Land.
Lebensweise: Jagt in der Regel nachts im Meer, verdaut dann tagsüber an Land, wo sie sich dank ihrer Bauchschuppen flink bewegen kann. Daher *Krait*, eigentlich eine asiatische Landschlange.
Nahrung: Aale und kleine Fische.
Entwicklung: Das Weibchen vergräbt 4-20 Eier am Strand. Nach etwa 50 Tagen schlüpfen die Jungen und kriechen sofort zum Wasser.
Artenschutz: Ja. Art nicht bedroht. Wird oft in Fischernetzen mitgefangen.
Hotspots: z.B. Ashmore Reef (WA), einem Tauchereldorado für Seeschlangen.
Achtung: Ist sehr giftig (Nervengift), aber nicht angriffslustig, daher kaum Unfälle im Wasser. Aber Vorsicht an Land! Gegengift ist verfügbar.
→Erste Hilfe bei Schlangenbissen, S. 123
Sonstiges: »Wasser«schlangen gehören zu den Landschlangen (→Arafura-Warzenschlange).
Info: Schlangen, S. 122/123
Allgemeines: Kriechtiere und Lurche, S. 108

Familie: Südfrösche, *Myobatrachidae*
Aussehen: Mit der markanten schwarzgelben Rückenstreifung der wohl auffälligste Frosch Australiens. Nur bis zu 3 cm groß!
Lebensraum: Feuchtgebiete in den kältesten und schneereichsten Gebieten Australiens im Bereich der Snowy Mountains in Höhen von über 1000 m.
Lebensweise: Ist dämmerungs- und nachtaktiv. Hält Winterschlaf. Langsame Fortbewegung aufgrund der kurzen Schenkel.
Stimme: Leise Quaktöne »irk« oder »squilch« vor allem des Männchens während der Paarungszeit (November bis Januar).
Nahrung: Hauptsächlich Ameisen, aber auch andere wirbellose Tiere.
Entwicklung: Wandert zur Fortpflanzungszeit in die Hochmoore. Hier bereitet das Männchen eine Art von Nest in Torfmooshöhlen vor, in die das Weibchen etwa 12 Eier ablegt. Die Kaulquappen schlüpfen erst nach Regen und entwickeln sich in den dann gebildeten Tümpeln.
Artenschutz: Ja. Art sehr bedroht.
Name: Bei »Corroborees« (rituelle Tanzfeste) bemalen Aborigines ihre Körper gern mit gelbem Ocker und Holzkohle.
Allgemeines: Kriechtiere und Lurche, S. 108

Turtle Frog
Schildkrötenfrosch
Myobatrachus gouldii

Southorn
Gastric-brooding Frog
Magenbrüterfrosch
Rheobatrachus silus

Familie: Südfrösche, *Myobatrachidae*
Aussehen: Einzigartig, ähnelt eher einer Baby-Schildkröte ohne Panzer mit extrem kurzen, aber kräftigen Vorderbeinen. Die Oberseite ist überwiegend rosagrau. Bis 6 cm lang.
Lebensraum: Meist Sandböden.
Lebensweise: Meist unterirdisch. Gräbt sich mit den Vorderbeinen durch den weichen Boden und schiebt den Sand mit den Hinterbeinen hinter sich. Öffnet auf diese Weise auch Termiten-baue von unten. Kommt nur nach ergiebigen Regenfällen für kurze Zeit an die Erdoberfläche, auch um ausfliegende Termiten zu fangen.
Stimme: Ein seltenes »quorp-quorp« von den paarungsbereiten Männchen.
Nahrung: Meist Termiten.
Entwicklung: Das Weibchen legt am Ende der Sommersaison mehrere Dutzend recht große Eier mit einem riesigen Dotter etwa 1,2 m tief in die feuchte Erde. Ohne Wasser entwickeln sich dann die Kaulquappen im Ei sehr schnell an einer von Gallerte umgebenen Stelle und verwandeln sich schon nach etwa 3 Monaten in selbständige Frösche.
Artenschutz: Ja. Art nicht bedroht.
Allgemeines: Kriechtiere und Lurche, S. 108

Familie: Südfrösche, *Myobatrachidae*
Aussehen: Oberseite braun bis grün mit dunklen Flecken, Unterseite hellgelb. Große und starke Hinterbeine. 3-6 cm lang.
Lebensraum: Bäche in den Regenwäldern der Conondale Range und Blackall Range (Qld).
Lebensweise: Nur im Wasser, wie Fische. Meist aktiv in der Nacht.
Stimme: Ansteigendes »iiihm-iiiihm-iihm«.
Nahrung: Wasserinsekten.
Entwicklung: Das Weibchen verschluckt etwa 25 befruchtete Eier, verwandelt den Magen in einen Brutsack und stellt auch die Nahrungs-aufnahme und Magensäureproduktion ein. Es atmet dann nur noch durch die Haut, da der Lungenraum für den vergrößerten Magen gebraucht wird. Nach etwa 6 Wochen hüpfen die Fröschchen selbständig aus dem Maul ins Freie und das Weibchen kann wieder fressen.
Artenschutz: Ja. Erst 1973 entdeckt. Dann folgten mehrere regenarme Sommer, in denen die Bäche austrockneten. Seit 1981 wurde die Art nicht mehr gesehen und man befürchtet, dass sie ausgestorben ist.
Vergleiche: In dem Eungella NP (Qld): *Northern Gastric-brooding Frog, Rheobatrachus vitellinus,* wurde aber seit 1985 nicht mehr gesichtet.
Allgemeines: Kriechtiere und Lurche, S. 108

Giant Frog
Round Frog
Northern Snapping Frog
Nördlicher Ochsenfrosch
Cyclorana australis

Water-holding Frog
Wasserreservoirfrosch
Cyclorana platycephala

Familie: Laub(Baum)frösche, *Hylidae*
Aussehen: Oberseite hellbraun, grau oder grün mit dunklen oder grünen Flecken. Die Pupillen sind waagerecht. Männchen 7-8 cm und Weibchen 7-11 cm lang. Zählt zu den größten australischen Fröschen.
Lebensraum: In der Nähe von ständigen und von zeitweisen Süßgewässern.
Lebensweise: Entgegen seinem Familiennamen meist am und im Boden. Vergräbt sich in der Trockenzeit (Mai bis November) in etwa 1 m Tiefe. Sonnt sich in der Regenzeit gern am Ufer (und ist dann gut zu beobachten).
Stimme: Wiederholtes »junk-junk«.
Nahrung: Andere Frösche; Fluginsekten.
Entwicklung: Das Weibchen legt in der Regenzeit bis zu 7000 Eier im Wasser ab. Die Kaulquappen verwandeln sich dann innerhalb von 30 Tagen in Fröschchen, die sich gleich von kleineren Fröschen ernähren.
Artenschutz: Ja. Art nicht bedroht.
Besonderes: Kann das Maul sehr weit öffnen. Frisst auch Artgenossen (kannibalisch). Im Vivarium der Universität Adelaide verschluckte ein 10 cm großes Weibchen sogar seinen etwa 7 cm großen Partner vollständig.
Allgemeines: Kriechtiere und Lurche, S. 108

Familie: Laub(Baum)frösche, *Hylidae*
Aussehen: Runder Körper. Oberseite hellgrau, braun oder grün gemustert. Relativ kleine Augen. 4-7 cm lang.
Lebensraum: Im trockenen Landesinneren in der Nähe von zeitweisen Süßgewässern (die sich bei Regen füllen und dann wieder austrocknen).
Lebensweise: Normal im Wasser. Aber bei der Austrocknung des Gewässers saugt er sich mit Wasser voll und vergräbt sich im Grundschlamm. Häutet sich dann mehrmals und umgibt sich dadurch mit einer Art Plastiksack, der vor Flüssigkeitsverlust schützt. Wartet dann in Trockenstarre auf den nächsten Regen (das kann Monate oder Jahre dauern), der ihn wieder zur Paarung nach oben treibt.
Stimme: Wiederholtes, langes »mow-w-w«.
Nahrung: Kerbtiere, Termiten, Ameisen.
Entwicklung: Paarung nach Regenfällen. Ablage der Eier im Wasser. Rasche Entwicklung zu Kaulquappen und Fröschen, bis die Wasserstelle wieder austrocknet.
Artenschutz: Ja. Art nicht bedroht.
Sonstiges: Bei großer Wassernot gruben die Aborigines in Zentralaustralien den Frosch aus und tranken die in der Blase gespeicherte Flüssigkeit (fast reines Wasser).
Allgemeines: Kriechtiere und Lurche, S. 108

Green Tree-Frog
White's Tree Frog

Korallenfinger

Litoria caeruela
(Hyla caeruela)

Cane Toad*

Aga-Kröte*
Riesenkröte*
»Zuckerrohr-Kröte*«

Bufo marinus*

Familie: Laub(Baum)frösche, *Hylidae*
Aussehen: Der bekannteste, häufigste und am weitesten verbreitete australische Frosch ist an der Oberseite meist hellgrün bis grünbraun und an der Unterseite gelblich bis weißlich. Sein sehr breites Maul ist wie zum ewigen Lächeln verzogen. Gehört mit bis 12 cm Länge zu den größten Fröschen der Erde.
Lebensraum: Sehr unterschiedliche Naturräume. Kulturfolger in Parks und Gärten, aber auch in Toiletten, Abflussrohren, Zisternen, Briefkästen und Schuhen.
Lebensweise: Verbirgt sich am Tage im Blattwerk oder in Zivilisationsobjekten und sucht in der Nacht nach Nahrung. Springt bis zu 1 m weit. Kann sich auch dank der verbreiterten Haftfinger auf glatten Flächen halten.
Stimme: Nur Männchen quakt »krowk-krowk«.
Nahrung: Vielseitig: Insekten bis Mäuse.
Entwicklung: Sucht zur Laichzeit Gewässer auf. Das Weibchen legt ihre 200 bis 2.000 Eier nach und nach in walnussgroßen Klumpen auf der Wasseroberfläche ab. Nach 2 Wochen schlüpfen die Kaulquappen, die sich dann nach weiteren 6 Wochen in Frösche verwandeln. Mit 1-2 Jahren geschlechtsreif. Alter bis 23 Jahre.
Artenschutz: Ja. Art nicht bedroht.
Allgemeines: Kriechtiere und Lurche, S. 108

Familie: Kröten, *Bufonidae*
Aussehen: Haut warzenartig, graubraun bis grünlich, schwarzgefleckt. Beulenartige, giftige Ohrdrüsen. Zählt mit bis 22 cm Länge und 1 kg Gewicht zu den Riesenkröten der Erde.
Lebensraum: Äußerst anpassungsfähig, auch Parks und Hausgärten.
Lebensweise: Nachtaktiv. Tags kaum zu sehen.
Stimme: Das Männchen trillert »pop-pop-pop«, klingt im Chor wie schnarrendes Bellen.
Nahrung: Ursprünglich Insekten; auch Echsen, kleine Säugetiere, die ganz verschluckt werden.
Entwicklung: Das Weibchen legt im Wasser zweimal pro Jahr bis 35 000 Eier ab. Die Larven (Kaulquappen) schlüpfen nach 3 Tagen und verwandeln sich in 6-7 Wochen zu Kröten. Alter 10-15 Jahre.
Heimat: Nördliches Südamerika, Mittelamerika.
Artenschutz: Nein! Eingeführt 1935, um die eingeschleppten schädlichen Zuckerrohrkäfer, *Cane Beetles*, zu vertilgen. Frißt lieber australische Echsen, Schlangen, Frösche und Vögel. Heimische Tiere fressen die in allen Lebensstadien giftige Kröte nicht bzw. die es tun, sterben daran (wenige Ausnahmen, z.B. →Schwarzmilan). Vermehrt sich grenzenlos, bisher keine geeigneten Gegenmaßnahmen. Zur Zeit im Test eine Genmanipulation, die nur männliche Nachfahren hervorbringt.
Allgemeines: Kriechtiere und Lurche, S. 108

Fishes
Fische
Pisces

In der Regel sind die Fische - wie Kriechtiere und Lurche - wechselwarme Wirbeltiere, d.h., ihre Körperwärme hängt von der sie umgebenden Wassertemperatur ab.

Einige Gemeinsamkeiten der Fische:

➤ Atmen nicht mit Lungen, sondern entnehmen dem ständig mit dem Mund aufgenommenen Wasser den Sauerstoff durch die Kiemen und stoßen mit Kohlendioxyd angereichertes Wasser wieder aus (Ausnahme: →Lungenfisch in sauerstoffarmem Wasser).

➤ Der meist langgestreckte Körper ist im Allgemeinen mit Schuppen bedeckt.

➤ Die Gliedmaßen sind als Flossen ausgebildet: paarige Brust- und Bauchflossen. Dazu unpaarige Rücken- und Afterflossen und eine senkrecht stehende Schwanzflosse (vor allem zum Antrieb).

➤ Sie besitzen außer einem guten Seh-, Geschmacks-, Gehör- und Geruchssinn noch den »Strömungs- und Erschütterungssinn« an der Seite.

➤ Meist Eiablage, das Männchen besamt die Eier mit darüber gegebenen Spermien.

➤ Über 350 Arten von Fischen können das Geschlecht umwandeln, überwiegend von männlich zu weiblich.

Die heutigen Fische entwickelten sich vor etwa 400 Mio Jahren aus kieferlosen Panzerfischen. Von heute weltweit etwa 23 000 Arten leben rund 3 500 in australischen Süß- und Meeresgewässern:

1. Knorpelfische *(Cartilaginous Fishes)* mit 300 (von weltweit 800) Arten (u.a. Haie, Rochen, Chimären): Fast nur meerbewohnende, bis 15 m lange Fische mit knorpeligem Skelett ohne Schwimmblase und stets mit innerer Besamung.

2. Knochenfische *(Bony Fishes)* mit 3 200 (von weltweit etwa 21 000) Arten: Verknöchertes Skelett, eine gasgefüllte und damit regulierbare Schwimmblase (zum Schweben in verschiedenen Tiefen) und äußere Besamung der Eier.

Der »trockene« Fünfte Kontinent beherbergt nur etwa 230 Arten von Süßwasserfischen, von denen 100 im Lebenszyklus zwischen Süß- und Meerwasser wechseln.

INFO

Sharks • **Haie** • *Selachii*

Haie haben sich seit über 350 Mio Jahren hervorragend an die Wasserwelt angepasst und gelten als die besten Jäger der Meere. Von heute weltweit etwa 250 Arten leben 170 in den australischen Gewässern.

Einige Fakten zu den Haien:

➤ Je nach Art 20 cm bis 15 m lang.

➤ Sie haben keine Schuppen wie Knochenfische, dafür eine schmirgelpapierartige Haut, die durch hakige Zähnchen gebildet wird.

➤ Die scharfen Zähne stehen in mehreren Reihen hintereinander; brechen die vorderen Zähne aus, rücken die hinteren nach.

➤ Sie müssen ständig schwimmen, da eine Schwimmblase fehlt. Sie schwimmen normal mit 5 km/h, kurzfristig bis 30 km/h.

➤ Die meisten Arten gebären lebende Junge, die übrigen legen Eier mit einer hornartigen Hülle ab.

➤ Alter je nach Art bis über 50 Jahre.

Einige Arten (besonders Blau-, Tiger-, Weiß- und Hammerhai) sind für Menschen gefährlich. Haie sind aber generell nicht angriffslustig, sondern eher scheu und vorsichtig. Pro Jahr werden in Australien durch Haie durchschnittlich weniger als eine Person getötet und drei Personen verletzt, während im gleichen Zeitraum über 100 Opfer beim Baden durch Meeresströmungen ums Leben kommen. Einige Vorsichtsmaßregeln, um das Hai-Risiko zu vermindern:

➤ Baden möglichst »zwischen den Fahnen« an bewachten Stränden, die oft auch mit Haischutznetzen gesichert sind.

➤ Nicht zu weit hinausschwimmen.

➤ Nicht bei Dämmerung oder bei Dunkelheit baden: Haie sind dann am aktivsten.

➤ Nicht mit Tieren (z.B. Hunden) baden, die als mögliche Beute Haie anlocken.

➤ Bei Sichtung Ruhe bewahren und keinen zappelnden Beutefisch imitieren.

Haie sind sehr wichtig für das ökologische Gleichgewicht der Meere: Sie fressen meist nur schwache und kranke Fische (Gesundheitspolizisten) und sorgen damit für genetisch starke Fischbestände.

Whale Shark
Walhai
Rhincodon typus

Blue Shark
Blue Whaler
Blauhai
Prionace glauca

Familie: Rauhaie, *Orectolobidae*
Aussehen: Körper blaugrau bis braun mit hellen Flecken und Streifen. Großer Kopf mit großer runder Schnauze. 5 Paar weite Kiemenspalten. Ist mit über 15 m Länge und 15 t Gewicht der größte Fisch weltweit.
Lebensraum: Warme Meere.
Lebensweise: Meist einzeln, Nahrungsaufnahme in großen Rudeln. Filtert mit weit aufgerissenem Maul Kleinlebewesen aus dem Wasser (ähnlich wie die →Bartenwale).
Nahrung: Plankton, Krustentiere, Fische.
Entwicklung: Wenig erforscht. Man vermutet: Lebendgeburt der etwa 65 cm großen Jungen, Geschlechtsreife der Männchen mit 30 Jahren, Alter bis 100 Jahre. 1995 fand man in der Doppel-Gebärmutter eines Weibchens 300 Embryonen.
Artenschutz: Nur im Ningaloo Reef Marine Park. Ansonsten sind die Bestände bedroht.
Hotspots: Jedes Jahr von März bis Mai sind Hunderte von Walhaien am Ningaloo Riff (WA). Ursache ist der Plankton-Boom, welcher der Korallen-Laichzeit im März folgt. Das Riff ist dann ein Eldorado für Taucher aus aller Welt.
Sonstiges: Für Menschen ungefährlich.
Info: Haie, S. 134
Allgemeines: Fische, S. 134

Familie: Blau- oder Grauhaie, *Carcharhinidae*
Aussehen: Die Oberseite und die Flossen sind blaugrau bis dunkelblau, Flanken und Bauch sind heller. Große und segelartige erste Rückenflosse. Unterständiges Maul. 2,5 bis 4 m lang.
Lebensraum: Warme und gemäßigte Meere, nur selten direkt an der Küste.
Lebensweise: Meist nachtaktiver Hochseebewohner, der in Schwärmen seinen Nahrungstieren folgt und dabei große Wanderungen (bis zu 7000 km) unternimmt.
Nahrung: Schwarmfische, aber auch andere Haie und Tintenfische.
Entwicklung: Geschlechtsreife des Weibchen ab einer Körperlänge von ca. 2 m. (Ihre scheinbaren Verletzungen sind die Liebesbisse!) Pro Geburt 4 bis 60 Junghaie mit 50 cm Länge.
Artenschutz: Nein. Häufige Bestände.
Achtung: Greift auch Menschen an, die sich zu weit ins Meer hinauswagen.
Name: *Whaler*, weil er an harpunierten Walen biss.
Vergleiche: *Tiger Shark*, Tigerhai, *Galeocerdo cuvier*, bis 6 m lang, für den Menschen besonders gefährlich, da er in flachen Küstengewässern lebt.
Sonstiges: Beide Arten zählen aufgrund ihrer Gefährlichkeit zu den »Menschenhaien«.
Info: Haie, S. 134
Allgemeines: Fische, S. 134

White Pointer
Great White Shark
Weißhai
Carcharodon carcharias

Smooth
Hammerhead Shark
Glatt-Hammerhai
Sphyrna zygaena

Familie: Makrelenhaie, *Lamnidae*
Aussehen: Der sehr strömungsgünstige Körper ist 5-6 m lang, oberseits blei- bis bläulichgrau und unterseits weißlich (Name), mit großen Brustflossen und messerscharfem Gebiss.
Lebensraum: Meist gemäßigte Meere.
Lebensweise: Schwimmt ständig und erzeugt so viel Wärme, dass seine Körpertemperatur stets über der des umgebenden Wassers liegt. (Ist deswegen aber kein Warmblüter!) Ist dadurch besonders beweglich und schnell, aber auch hungrig.
Nahrung: Jungtiere fressen nur Fische, später auch Meeressäuger wie Robben, Delphine.
Entwicklung: Das Weibchen gebärt bis zu 10 lebende Junge, die bei der Geburt bis zu 30 kg wiegen und 1,2 bis 1,4 m lang sind. Geschlechtsreif mit etwa 10 Jahren (Länge dann 3,5 bis 4 m).
Artenschutz: Nur in den australischen, südafrikanischen und kalifornischen Gewässern.
Achtung: Zählt auch zu den »Menschenhaien«. Verursacht die häufigsten Unfälle in Australien; verwechselt wohl die Menschen mit Robben (er greift immer nur einmal an).
Vergleiche: Nur in der Hochsee: *Shortfin Mako,* Mako, *Isurus oxyrinchus*, ist der schnellste Hai.
Info: Haie, S. 134
Allgemeines: Fische, S. 134

Familie: Hammerhaie, *Sphyrnidae*
Aussehen: Markant ist der namensgebende, T-förmig (hammerartig) verbreitere Kopf, an dem seitlich Augen und Nasenöffnungen sitzen. Das Maul befindet sich an der Kopfunterseite. Bis 4 m lang. Ist die weltweit häufigste Art.
Lebensraum: Küstennähe warmer Meere: von Strandwellen bis zu 275 m Tiefe.
Lebensweise: Meist einzeln. Der »Hammer« am Kopf erfüllt mehrere Funktionen: verbesserte Geruchsortung, durch das Aussenden von elektrischen Impulsen radarartige Ortung der Beute, räumliches Sehen und bessere Beweglichkeit (wie Flugzeugflügel).
Nahrung: Fische, Krebstiere, Tintenfische, auch Rochen und andere Haie.
Entwicklung: Das Weibchen gebärt 10-35 Junge, bei Geburt 40-60 cm lang. Sie sind mit einer Körperlänge von etwa 2 m geschlechtsreif.
Artenschutz: Nein. Art nicht bedroht.
Vergleiche: Die Karte zeigt die Verbreitung aller 4 Arten in den australischen Gewässern, u.a. *Great Hammerhead Shark,* Großer Hammerhai, *Sphyrna mokarran*, bis zu 6 m, der als einziger Familienvertreter dem Menschen gefährlich werden kann.
Info: Haie, S. 134
Allgemeines: Fische, S. 134

Stingrays
Stachelrochen
Dasyatididae

Australian Lungfish
Australischer Lungenfisch
Neoceratodus forsteri

Familie: Stachelrochen, *Dasyatididae* (mit etwa 20 Arten in australischen Gewässern)
Aussehen: Körper rochenartig; Schwanz mit 2-3 Giftstacheln (Abbildung); Augen oberseits, Maul, Nasenöffnungen und Kiemen unterseits. Spannweite 0,2 bis 2,1 m. Länge bis 4,5 m. Sie zählen zu den größten Giftfischen weltweit.
Lebensraum: In flachen Küstengewässern über Sand- und Schlammgrund, auch am Riff.
Lebensweise: Meist nachtaktiver Beutegreifer. Vergräbt sich tagsüber im weichen Grund.
Nahrung: Muscheln, Schnecken, Krabben.
Entwicklung: Lebende Junge, die sich im Mutterleib aus Eiern entwickeln (ovovivipar).
Artenschutz: Nein. Art nicht bedroht.
Achtung: Unfälle beim Darauftreten auf im Sand eingegrabene Rochen: Sie stellen den Schwanz senkrecht und katapultieren den Stachel in den Angreifer. Die Wunde (Tetanus-Gefahr!) ist oft schlimmer als das Gift (schmerzhaft, aber für gesunde Erwachsene in der Regel nicht tödlich). Bisher 2 (weltweit 17) Todesfälle, u.a. »Krokodiljäger« Steve Irwin in 2006 mit Stich ins Herz.
Abbildung: *Longtail Stingray, Himantura uarnak.*
Vergleiche: Karte mit allen Rochenarten in australischen Gewässern (insgesamt 120 Familien, u.a. Adler-, Zitter- und Teufelsrochen).
Allgemeines: Fische, S. 134

Familie: Australische Lungenfische, *Neoceratodontidae*
Aussehen: Walzenförmiger Körper; am Rücken bräunlich, zum Bauch hin heller. Brust- und Bauchflossen paddelförmig. Bis 1,2 m lang und 40 kg schwer.
Lebensraum: Nur fließende Süßgewässer im südöstlichen Queensland.
Lebensweise: Nachtaktiv, ruht tagsüber am Gewässerboden. Sauerstoffaufnahme sowohl über Kiemen als auch über eine Lunge bei kurzfristiger Austrocknung des Gewässers. Die bis heute fast unveränderte Art entstand vor ca. 350 Mio Jahren und gilt als lebendes Fossil.
Nahrung: Kaulquappen, Frösche, Fische, Krebse, Schnecken und Wasserpflanzen.
Entwicklung: Laichzeit zu Beginn des Sommers (Regenzeit). Das Weibchen legt bis zu 100 Eier, die gleichzeitig vom Männchen besamt werden, einzeln an Wasserpflanzen ab. Die Jungen schlüpfen nach 1-2 Monaten, Alter über 50 Jahre.
Artenschutz: Ja. Art stark bedroht.
Vergleiche: Weitere 5 Arten in Südamerika und Afrika (Familie *Lepidosirenidae*); sie graben sich beim Austrocknen des Gewässers ein und halten dann einen »Trockenschlaf«. Die australische Art verfügt nicht über diese Fähigkeit.
Allgemeines: Fische, S. 134

Freshwater Eel
Long-finned Eel
»Langflossen-Flussaal«
Anguilla reinhardtii

Green Moray Eel
»Grüne Muräne«
Gymnothorax prasinus

Familie: Flussaale, *Anguillidae*
Aussehen: Schlangenartiger Körper, oberseits olivgrün mit dunklen Punkten bzw. Flecken und unterseits weiß. Die Haut ist schleimig. Das Männchen bis zu 1 m, Weibchen bis zu 2 m lang.
Lebensraum: Süßgewässer jeder Art.
Lebensweise: Nächtlicher Beutegreifer, verbirgt sich tagsüber am Gewässergrund. Wanderfisch.
Nahrung: Die Larven leben von Plankton, die Aale selbst von Fischen und Krustentieren.
Entwicklung: Mit Geschlechtsreife (etwa mit 10 Jahren) wandert der sogenannte »Blankaal« vom Süßgewässer bis zu dem rund 2000 km entfernt liegenden Laichgebiet im Pazifischen Ozean (zwischen den Samoa- und Fidschi-Inseln), laicht hier ab und stirbt danach. Die frisch geschlüpften, blattähnlichen Larven treiben dann mit der Meeresströmung an die ostaustralische Küste und wandeln sich hier zu den durchscheinenden »Glasaalen«, die die Flüsse aufwärts wandern und dann dort bis zur Geschlechtsreife leben.
Besonderes: Kann bei seinen Wanderungen in feuchten Nächten sogar über Land ziehen.
Artenschutz: Nein. Art nicht bedroht.
Vergleiche: Insgesamt vier (von weltweit 20) Flussaal-Arten in Australien.
Allgemeines: Fische, S. 134

Familie: Muränen, *Muraenidae*
Aussehen: Der kräftige, aalförmige Körper ist braun bis grünlich, keine Brustflossen; die Haut ist schuppenlos und lederartig dick; der Kopf ist klein; die Nackenregion ist stark verdickt. Die Zähne sind spitz und hakenförmig gebogen. Bis zu 1,5 m lang und 8 kg schwer.
Lebensraum: Warme und gemäßigte Meeresgewässer. Bevorzugt an Korallenriffen und über felsigem Grund.
Lebensweise: Versteckt sich tagsüber in den Korallenstöcken oder Felslöchern und lauert dort bei Dämmerung und in der Nacht auf Beute.
Nahrung: Fische, Krustentiere.
Artenschutz: Nein. Art nicht bedroht.
Vergleiche: Die Karte zeigt die Verbreitung aller Muränenarten in den australischen Gewässern. Insgesamt wurden 50 Arten gesichtet, doch nur 4 davon sind häufig anzutreffen.
Achtung: Der Biss einer Muräne kann gefährlich werden, denn in die Wunde kann das von der Gaumenschleimhaut und den Giftdrüsen an der Zahnbasis abgesonderte Gift eindringen. Allgemeine Schwäche und ein verlangsamter Puls sind oft die Folge. Allerdings sind Todesfälle sehr selten.
Allgemeines: Fische, S. 134

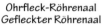

Hass's Garden Eel
Spotted Garden Eel
Ohrfleck-Röhrenaal
Gefleckter Röhrenaal
Heteroconger hassi

Striped Catfish
»Gestreifter Wels«
Plotosus anguillaris

Familie: Meeraale, *Congridae*
Aussehen: Ähnlich wie →Flussaal; Haut ohne Schuppen, gesprenkelter Körper, markanter Fleck am Ohr (Name). Im Gegensatz zu anderen Aalen nach vorn gerichtete Augen und kleines Maul. Länge 2 m, Gewicht bis zu 20 kg.
Lebensraum: Sandböden tropischer Meere an oder auf Korallenriffen in geringen Tiefen.
Lebensweise: In Kolonien. Graben sich mit dem Schwanz im Meeresboden ein. Die senkrechten Körper gleichen dann spindelartigen Pflanzen im Garten (engl. Name), die wie im Wind (durch die Strömung) hin und her schwanken.
Nahrung: Planktonkrebse. Kein Raubfisch wie andere Seeaale.
Entwicklung: Von dem Weibchen werden mehrere Millionen Eier abgestoßen. Es stirbt kurz nach dem Ablaichen. Die Jungfische leben dann zuerst meist in brackigen Flussmündungen.
Artenschutz: Nein. Art nicht bedroht.
Vergleiche: Einzige Art in den australischen Gewässern von weltweit 35 Arten.
Achtung: Seeaale niemals anfassen. Sie können heftig zubeißen, um kräftig um sich schlagen und Knochenbrüche verursachen.
Artname: Zu Ehren des österreichischen Tauchpioniers und Fischforschers Hans Hass.
Allgemeines: Fische, S. 134

Ordnung: Welse, *Siluriformes*
Familie: Korallenwelse, *Plotosidae*
Aussehen: Die um das Maul stehenden Barteln gleichen Schnurrhaaren der Katzen (engl. Name), die typisch für die gesamte Ordnung sind. Der schwarzglänzende und lange Körper hat helle Längsstreifen, die Haut ist schuppenlos und schleimig. 50-90 cm lang, Gewicht bis zu 5 kg.
Lebensraum: Trübe küstennahe Gewässer und Flussmündungen (Brackwasser).
Lebensweise: Träger, nachtaktiver Bodenfisch. Die Antennen (Barteln) dienen als Geschmacks- und Tastorgan. Die Jungfische schwimmen in großen Schwärmen.
Nahrung: Am Boden lebende Würmer, Insektenlarven, Krustentiere, Fische, auch Algen.
Entwicklung: Das Männchen legt am Gewässerboden eine Grube mit Steinen an, in der es die abgelaichten Eier besamt. Jeweils ein Elternteil passt auf, bis nach 2-7 Tagen die Jungfische schlüpfen.
Artenschutz: Nein. Art nicht bedroht.
Vergleiche: Die Familie ist mit 20 heimischen (von weltweit 32) Arten vertreten, davon sind 10 Süß- und 10 Meerwasserarten.
Achtung: Die Stacheln der Brust- und Rückenflossen sind giftig. Wunden ausbluten lassen.
Allgemeines: Fische, S. 134

John Dory
Saint Peter's Fish

Petersfisch
Heringskönig

Zeus faber

Big-belly Seahorse

»Dickbauch-
Seepferdchen«

Hippocampus abdominalis

Familie: Petersfische, *Zeidae*
Aussehen: Der graue bis gelbliche Körper ist im Umriss oval und seitlich abgeflacht; an den Flanken beiderseits ein schwarzer und hell gesäumter Fleck. Weites und schräg nach oben gerichtetes Maul, große Augen. 30-60 cm lang, Gewicht bis über 8 kg.
Lebensraum: Gemäßigte und warme Meere.
Lebensweise: Einzeln oder in kleinen Gruppen. Schwimmt schnell und ausdauernd. Schlürft seine Beute mit dem weiten, trichterförmigen Maul ein.
Nahrung: Kleine Schwarmfische, Tintenfische und Krustentiere.
Entwicklung: Die Eier besitzen in ihrem Inneren eine Ölkugel, dadurch können sie im Wasser frei schweben.
Artenschutz: Nein. Beliebter Speisefisch.
Name: Der Flankenfleck auf den beiden Seiten soll der Fingerabdruck des Apostels Petrus sein, der angeblich einem Heringskönig eine Goldmünze aus dem Maul gezogen haben soll.
Andere Namen: Zeusfisch, Martinsfisch oder Christusfisch.
Vergleiche: Karte zeigt die Verbreitung aller neun heimischen Familienvertreter.
Allgemeines: Fische, S. 134

Familie: Seenadeln, *Syngnathidae*
Unterfamilie: Seepferdchen, *Hippocampinae*
Aussehen: Nach vorn abgewinkelt wie ein Pferde-kopf (Name). Der lange, dünne und eingebogene Schwanz ist am Ende zum Greiforgan aus-gebildet. Die Farben reichen von lila bis braun, orange oder gelb. Länge bis 30 cm.
Lebensraum: Flache Küstengewässer mit See-gras in Wassertiefen von 5 bis 30 m.
Lebensweise: Gesellig. Schwimmt meist auf-recht, angetrieben durch die Rückenflosse und die Brustflossen. Steht auch unbeweglich im Flachwasser, hält sich dann mit dem Schwanz-ende an Pflanzen fest und lauert auf Beute, die mit dem röhrenartigen, zahnlosen Maul eingesaugt und vollständig verschluckt wird.
Nahrung: Planktonkrebse und Fischlarven.
Entwicklung: Laichzeit ist im Sommer. Mehrere Weibchen legen ihre Eier in die Bauchbruttasche eines Männchen, die dort auch besamt werden. Ein Männchen brütet in 25 Tagen bis zu 500 Jungtiere aus. Die jungen Seepferdchen werden dann in das freie Wasser entlassen.
Artenschutz: Nein. Art nicht bedroht.
Besonderes: Seepferdchen können ihre Körper-farbe erstaunlich gut der jeweiligen Umgebung anpassen.
Allgemeines: Fische, S. 134

Leafy Seadragon
Großer Fetzenfisch
Phycodurus eques
(Phyllopteryx eques)

Reef Stonefish
**Steinfisch
Lebender Stein**
Gattung Synanceia

Familie: Seenadeln, *Syngnathidae*
Unterfamilie: Nadelpferdchen und Fetzenfische, *Solegnathinae*
Aussehen: Die wunderliche Gestalt mit den stachelförmigen Fortsätzen und fetzenartigen Anhängseln ist ganz an seine Schlupfwinkel angepasst; Färbung grünlich-lederbraun. Kopf ähnlich wie das →Seepferdchen, aber nach vorn gestreckt. Länge 20-22 cm.
Lebensraum: Warme Küstengewässer mit Algenbewuchs.
Lebensweise: Ist im Aussehen voll an seine Umgebung angepasst. Entgeht dadurch der Aufmerksamkeit von Raubfischen, aber auch von Beutetieren. Hält sich mit seinem Greifschwanz an den Wasserpflanzen fest. Schwimmt nach Art der Seepferdchen in senkrechter Lage und stoßweise springend.
Nahrung: Krebstiere und Fischlarven, die mit dem röhrenartigen Maul aufgesaugt werden.
Entwicklung: Die Laichzeit ist im Frühsommer. Das Weibchen legt dann bis zu 250 Eier beim Männchen in eine Hautfalte an der Unterseite des Schwanzes ab. Nach 6 Wochen schlüpfen die Jungen, die sofort an die Wasseroberfläche schwimmen, um nach Luft zu schnappen.
Artenschutz: Nein. Art nicht bedroht.
Allgemeines: Fische, S. 134

Familie: Steinfische, *Synanceiidae*
Aussehen: Der plumpe Körper ist mit Warzen, Hautfetzen und meist mit Algen bedeckt. Ähnelt sehr einem bewachsenen Stein (Name). Bis 35 cm lang.
Lebensraum: Flache Küstengewässer warmer Meere über Sand-, Fels- und Korallengrund; in Wassertiefen bis zu 2 m.
Lebensweise: Grundfisch. Gräbt sich halb in Boden ein und lauert dort perfekt getarnt auf Beute; schnappt das Opfer dann blitzschnell mit dem großen, nach oben geöffneten Maul.
Nahrung: Krustentiere und Fische.
Artenschutz: Nein. Art nicht bedroht.
Abbildung: *Synanceia trachynis*.
Achtung: Gilt als der giftigste Fisch weltweit! Greift nicht an. Verteidigen mit den 13 giftigen Rückenstacheln, sobald sich Feinde nähern bzw. Menschen darauftreten. Das Gift verursacht qualvolle Schmerzen, Nervenlähmung und evt. Tod in zwei Stunden. Im Notfall sofort zum Arzt! Gegengift ist verfügbar. Die vollständige Genesung kann bis zu einem Jahr dauern.
Vergleiche: Insgesamt 2 Steinfisch-Arten in australischen Gewässern. Auch gefährlich, lebt überwiegend im Süßwasser: *Bullrout or Rockcod*, *Notesthes robusta*, Familie Stirnflosser, *Tetrarogidae*.
Allgemeines: Fische, S. 134

Lion Fish
Red Firefish
Butterfly Cod

Pazifischer Rotfeuerfisch

Pterois volitans

Barramundi
Giant Perch

Australien-Barramundi

Lates calcarifer

Familie: Skorpionfische, *Scorpaenidae*
Unterfamilie: Feuerfische, *Pteroinae*
Aussehen: Prächtig gefärbter Fisch. Körper und Flossen sind leuchtend rot bis rotbraun mit hellen Querstreifen. Schmetterlingsflügelartige Brustflossen und 13 stachelige Rückenflossen. Weitgeschlitztes Schlappmaul und große Augen. Länge bis 43 cm, Gewicht bis 1 kg.
Lebensraum: Vorwiegend flache Küstengewässer mit Korallenriffen und Felsen.
Lebensweise: Gleicht beim Schwimmen einem Segelschiff mit dem Kopf einer abschreckenden Gallionsfigur. Angriffslustiger Fisch: Treibt seine Beute mit gespreizten Brustflossen in die Enge und saugt sie dann mit dem Wasser ein.
Nahrung: Fische, Tintenfische, Garnelen.
Artenschutz: Nein. Art nicht bedroht.
Sonstiges: Zunehmend beliebter Aquarienfisch, doch →Achtung!
Achtung: Stacheln der Rückenflossen sind giftig; besonders Taucher werden verletzt. Das Gift verursacht stundenlang, manchmal sogar tagelang heftige Schmerzen und Erschöpfung. Ist selten tödlich. Stich in warmheißem Wasser baden. Arzt aufsuchen.
Allgemeines: Fische, S. 134

Familie: Glasbarsche, *Centropomidae*
Aussehen: Gestreckter, ovaler Körper, dunkelgrün bis silbrig metallisch glänzend. Länge bis zu 2 m und Gewicht bis 60 kg.
Lebensraum: Nur tropische Süß- und Küstengewässer bis nach Indien.
Lebensweise: Das Leben beginnt in der Regel als Männchen und endet als Weibchen. (Nicht bei den Arten in thailändischen Gewässern.)
Nahrung: Frösche, Garnelen und Heringe.
Entwicklung: Das Weibchen legt Millionen von Eiern in das Brackwasser von Flussmündungen und Mangroven. Innerhalb von 24 Stunden schlüpfen dann meist Männchen; sie ziehen mit einem Jahr flussaufwärts und mit 3-4 Jahren (Geschlechtsreife) wieder zurück zum Laichen an die Küste. Hier besamen sie 2 Jahre lang Eier, werden dann mit 6 Jahren meist zu Weibchen.
Artenschutz: Nein, aber Fischfang kontrolliert.
Besonderes: Der Lebenszyklus dieser Fischart zeigt, dass das Überleben von unterschiedlichen Lebensräumen abhängt und wie wichtig deshalb deren Erhaltung ist.
Kulinarisches: Gilt als beliebtester australischer Speisefisch, oft nur »Barra« genannt. Ähnlich im Geschmack wie Wolfsbarsch oder afrikanischer Nilbarsch.
Allgemeines: Fische, S. 134

Tailor
Blue fish
Blaubarsch
Pomatomus saltatrix

Slender Suckerfish
Kopfsauger
Gestreifter Schiffshalter
Echeneis naucrates

Familie: Blaubarsche, *Pomatomidae*
Aussehen: Blaugrüner Rücken, der ausgezeichnet vor den fischfressenden Seevögeln tarnt; Bauch und Seiten silbrig bis weißlich. Bis 1,2 m lang und 14 kg schwer.
Lebensraum: Küstengewässer von warmen und gemäßigten Meeren.
Lebensweise: Der Schwarmfisch ist aggressiv und schnell. Jagt an der Wasseroberfläche wie ein Wolfsrudel andere Schwarmfische: Trennt einen Teil des Schwarmes ab, treibt diese Fische dann in seichte Gewässer und schneidet ihnen den Rückzug ab. Hinterlässt oft ein wahres Schlachtfeld.
Nahrung: Schwarmfische.
Entwicklung: Laichplätze im offenen Meer, an der Ostküste z.B. vor Fraser Island.
Artenschutz: Nein. Ist ein beliebter Speisefisch, und es besteht die Gefahr der Überfischung.
Besonderes: Gehört zu den blutrünstigsten Raubfischen: Tötet selbst dann noch, wenn er schon satt ist.
Vergleiche: Einziger Familienvertreter, weltweit verbreitet und fast so blutgierig wie Piranhas.
Name: Kann mit seinem messerscharfen Gebiss die Beutefische regelrecht zerschneiden, daher *Tailor* (Schneider).
Allgemeines: Fische, S. 134

Familie: Schiffshalter, *Echeneididae*
Aussehen: Körper langgestreckt, an der Rücken- und Bauchseite bräunlich. Auf dem Kopf und am Vorderkörper eine Saugscheibe mit Querlamellen (umgewandelte vordere Rückenflosse). Mit bis zu 1 m Länge die weltweit größte Art.
Lebensraum: Warme Meere.
Lebensweise: Mäßiger Schwimmer. Saugt sich zum Fressen oder aber nur zum Transport an den Körper anderer Tiere (z.B. Haie, Rochen, Meeresschildkröten, Delphine, Wale) oder an Schiffe an (Name). Schiebt sich zum Ansaugen am Transportobjekt vorwärts, so dass sich die Lamellen der Saugscheibe aufrichten und einen Unterdruck erzeugen; bewegt sich zum Ablösen wieder rückwärts.
Nahrung: Die Abfälle vom Transporttier sowie dessen Hautparasiten.
Artenschutz: Nein. Art nicht bedroht.
Besonderes: Besitzt aufgrund der passiven Lebensweise keine Schwimmblase.
Weitere Namen: *Remora, Diskfish or Lousefish.*
Vergleiche: 7 (von weltweit 8) Schiffshalter-Arten leben in australischen Gewässern.
Allgemeines: Fische, S. 134

Riflefish
Archerfish
Shootingfish
Schützenfisch

Gattung *Toxotes*

Emperor Angelfish
Kaiserfisch
Imperatorfisch

Pomacanthus imperator

Ordnung: Barschartige, *Perciformes*
Familie: Schützenfische, *Toxotidae*
Aussehen: Körper seitlich zusammengedrückt mit schwarzen Querbinden auf dem Rücken. Flacher Kopf mit großen, beweglichen Augen und spitzer Schnauze, der Unterkiefer ist länger als der Oberkiefer. Bis 30 cm lang.
Lebensraum: Im Brackwasser von Mangroven und Flussmündungen sowie in Süßgewässern. Außer in Australien auch im südostasiatischen Raum bis Indien und Melanesien verbreitet.
Lebensweise: Überwiegend kleine Schwärme. Scheu und unverträglich. Ausgedehntes Revier im oberflächennahen Wasser.
Nahrung: Vor allem fliegende Insekten.
Entwicklung: Jungfische haben einen Leuchtfleck auf der Mauloberseite, der das Licht reflektiert und anscheinend die Insekten anlocken soll.
Artenschutz: Nein. Art nicht bedroht.
Besonderes: Schießt aus 2-3 m Entfernung wie mit einer Wasserpistole die Insekten ab, die vor allem auf Pflanzen über dem Wasserspiegel sitzen, und schluckt sie dann bequem von der Wasseroberfläche weg.
Abbildung: *Seven-spot Archerfish, Toxotes chatareus.* 4 der 6 *Toxotes*-Arten sind in den australischen Gewässern beheimatet.
Allgemeines: Fische, S. 134

Familie: Kaiser- oder Engelfische, *Pomacanthidae* (früher Zuordnung der Kaiserfische zur Familie der Schmetterlingsfische oder Borstenzähner, *Chaetodontidae*)
Aussehen: Flacher, leicht rechteckiger Körper mit vorwiegend blaugelben Streifen. Kräftiger Dorn am unteren Kiemenrand. Kleines Maul mit kammartigen Zähnen. Runde Schwanzflosse, meist orangegelb. Bis 38 cm lang. Die Jungfische sind dunkelblau mit weißen Streifen.
Lebensraum: An Korallen- und Felsriffen in den warmen Meeren.
Lebensweise: Einzeln oder paarweise. Jagt am Tage am Meeresboden und versteckt sich in der Nacht in Riffspalten. Sehr reviertreu.
Nahrung: Krebstiere, Polypen, Algen.
Entwicklung: Das Männchen vollführt eine Art Unterwasser-Balztanz und besamt die Eier unmittelbar nach dem Ablaichen. Aus den nur 1 mm großen Eiern schlüpfen die Larven schon nach 15-20 Stunden.
Artenschutz: Nein. Art nicht bedroht.
Sonstiges: Gehört zu den farbenprächtigsten Meeresfischen. Beliebt in Aquarien, in denen er sich aber nicht vermehrt.
Allgemeines: Fische, S. 134

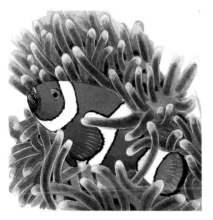

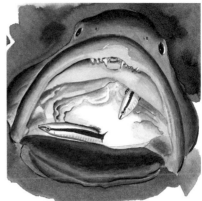

Clown Anemonefish
Echter Clownfisch
Orange-Anemonenfisch
Weißbinden-Korallenfisch
Amphiprion percula

Cleaner Wrasse
Meerschwalbe
Gemeiner Putzerfisch
Labroides dimidiatus

Familie: Riffbarsche, *Damselfishes, Pomacentridae*
Unterfamilie: Anemonenfische, *Amphiprioninae*
Aussehen: Schuppenkleid orangerot mit weißen, schwarz abgesetzten Querbinden; die Flossen sind schwarz gesäumt. 12 cm lang.
Lebensraum: Korallenriffe, in Australien fast nur am Großen Barriereriff.
Lebensweise: Kleine Gruppen (etwa 5 Fische) leben meist in enger Gemeinschaft (Symbiose) mit einer →Seeanemone (Seerose): Sie bietet ihnen in ihren Fangarmen (Tentakel) Schutz und oft auch Nahrung, behelligt sie aber nicht mit dem für andere Fische tödlichen Nesselgift. Dagegen werden kranke Clownfische von der Seeanemone gefressen.
Nahrung: Meist tierisches Plankton.
Entwicklung: Das Weibchen laicht 100-400 Eier unter der Seeanemone ab. Die Larven schlüpfen nach ca. 10 Tagen.
Besonderes: Wechsel des Geschlechts: Alle Jungfische sind Männchen. Stirbt dann das dominante Weibchen der Kleingruppe, wird das dominante Männchen zum Weibchen.
Artenschutz: Nein. Art nicht bedroht.
Vergleiche: Etwa 100 (von weltweit 330) Arten leben in australischen Gewässern; u.a. in WA: *False Clown Anemonefish, Amphiprion ocellaris*.
Allgemeines: Fische, S. 134

Familie: Lippfische, *Wrasses, Labridae*
Aussehen: Körper lang und schmal; schwarzer Längsstreifen, wulstige Lippen (Familienname). Bis 9 cm lang.
Lebensraum: In Korallenriffen.
Lebensweise: Sammeln sich an »Putzerstationen« im Korallenriff, die von großen Fischen aufgesucht werden. Putzen (meist als Pärchen) nicht nur die Haut, sondern holen auch Schmarotzer aus Kiemen und Mund der oft räuberischen Fische. Die »Kunden« warten sogar, bis sie an der Reihe sind.
Nahrung: Meist Parasiten größerer Fische.
Entwicklung: Die Jungfische ohne Geschlecht, werden mit der Geschlechtsreife meist zu Weibchen, am Lebensende immer zu Männchen.
Artenschutz: Nein. Art nicht bedroht.
Vergleiche: Etwa 200 (von weltweit 600) Lippfischarten leben in australischen Gewässern.
Name: Weitere kleine Meeresfisch-Arten putzen größere Fische. Auch sie werden volkstümlich als Putzerfische bezeichnet.
Sonstiges: *False Cleanerfish,* Putzernachahmer, *Aspidontus taeniatus,* gehört zu den räuberischen Schleimfischen, Familie *Blenniidae;* verhält sich wie der echte Putzerfisch, beißt dem Raubfisch aber dann Fleischstückchen heraus.
Allgemeines: Fische, S. 134

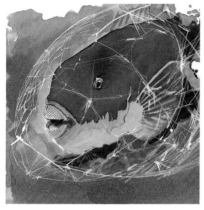

Parrotfishes
Papageifische
Familie *Scaridae*

Blue Tang
Blue Surgeonfish
Paletten-Doktorfisch
Paracanthurus hepatus

Familie: Lippfische, *Labridae*
Unterfamilie: Papageifische, *Scaridae*
Aussehen: Der hochrückige Körper ist bunt gefärbt und mit großen Rundschuppen bedeckt. Sehr markant sind die Kieferzähne, die zu einem papageienschnabelähnlichen Maul verwachsen sind (Name). 60-90 cm lang, bis 5 kg schwer.
Lebensraum: Korallenriffe.
Lebensweise: Sehr gesellig, meist sehr ortstreu. Knabbern tagsüber an den Korallen. Verstecken sich nachts im Riff und umgeben sich mit einem Schleimzelt (siehe Bild) zum Schutz vor den nach Geruch jagenden Raubfischen. Auf- und Abbau des Zeltes dauert jeweils 30 Minuten.
Nahrung: Korallen, Algenbewuchs.
Entwicklung: Eier und Spermien werden beim Laichen gleichzeitig abgegeben. Geschlecht in drei Lebensphasen wie →Meerschwalbe.
Artenschutz: Nein. Art nicht bedroht.
Bild: *Steep-head Parrotfish, Scarus microrhinus,* mit Schleimzelt.
Sonstiges: Papageifische tragen zum Abbau der Korallenriffe bei: Mit ihren schnabelartigen Zähnen zerknabbern sie die Korallen, um an die Polypen zu gelangen. Den Korallenkalk scheiden sie als Feinsand aus, der erheblich zur Bildung von Korallensandbänken *(Cays)* beiträgt.
Allgemeines: Fische, S. 134

Familie: Doktorfische, Chirurgenfische oder Seebader, *Acanthuridae*
Unterfamilie: Skalpelldoktorfische, *Acanthurinae*
Aussehen: Der hochrückige Körper ist schmal, überwiegend blau, mit schwarzen Markierungen. Der Schwanz ist gelb. Die Farbintensität ändert sich je nach Stimmung und Tageszeit. An beiden Seiten der Schwanzwurzel befindet sich ein langer, einklappbarer, skalpellähnlicher Stachel, das sogenannte »Doktormesser« (Name). Bis zu 30 cm lang.
Lebensraum: Vor allem Korallenriffe.
Lebensweise: Friedfertiger Schwarmfisch. Ist ständig in Bewegung. Verteidigt sich durch das Aufstellen des Doktormessers, kann damit Angreifern die Flanken aufschlitzen; gebraucht seine Waffe aber auch bei Nebenbuhlerkämpfen.
Nahrung: Algen von Korallen und Felsen oder vom Meeresgrund.
Entwicklung: Laicht in großen Schwärmen: An der Wasseroberfläche werden Eier und Spermien gleichzeitig ausgestoßen. Die Jungfische und die geschlechtsreifen Tiere unterscheiden sich farblich voneinander.
Artenschutz: Nein. Art nicht bedroht.
Achtung: Das »Skalpell« einiger Arten ist giftig und verursacht schmerzhafte Wunden.
Allgemeines: Fische, S. 134

Broadbill Swordfish

Schwertfisch

Xiphias gladius

Orange-lined Triggerfish

Orangestreifen-Drückerfisch

Balistapus undulatus

Familie: Schwertfische, *Xiphiidae*

Aussehen: Langgestreckter und torpedoförmiger Körper; Rücken dunkelgrau, Bauch weißlich; raue, schuppenlose Haut. Hohe vordere Rückenflosse. Der schwertartig verlängerte Oberkiefer macht etwa ein Drittel der Körperlänge aus. Länge 2 bis 3,5 m, Gewicht über 500 kg.

Lebensraum: Warme und gemäßigte Meere bis in Wassertiefen von 800 m.

Lebensweise: Einzelgängerischer Raubfisch, jagt meist nahe der Oberfläche. Unternimmt oft lange Nahrungswanderungen. Langstreckenschwimmer, bis zu 100 km/h, zählt damit zu den schnellsten Fischen.

Nahrung: Schwarmfische, Tintenfische.

Entwicklung: Eier und Larven freischwimmend. Die Jungfische haben eine beschuppte Haut und gleich lange Unter- und Oberkiefer.

Artenschutz: Nein. Beliebter Speisefisch.

Besonderes: Schlägt mit seinem »Schwert« in einem Fischschwarm um sich und frisst dann die verletzten und getöteten Fische.

Sonstiges: Wird wegen der herausragenden Rückenflosse auch oft mit Haien verwechselt.

Vergleiche: Bei den Sportfischern besonders begehrt: *Black Marlin, Makaira indica*, aus der Familie *Istiophoridae*.

Allgemeines: Fische, S. 134

Familie: Drückerfische, *Balistidae*

Aussehen: Der hochrückige Körper ist seitlich zusammengedrückt; blaulila mit orangefarbenen Streifen. Sehr großer Kopf (nimmt etwa ein Drittel des gesamten Körpers ein) mit einem sehr kleinen Maul. Etwa 30 cm lang.

Lebensraum: Warme Meere, hauptsächlich an Korallenriffen.

Lebensweise: Kämpferischer Einzelgänger, der sich bei Gefahr blitzschnell in Korallenstöcken oder Felsspalten versteckt; verankert sich dann mit seinen Rückenflossenstacheln, so dass kein Fressfeind ihn aus seinem Versteck ziehen kann.

Nahrung: Beißt mit Vorliebe die Korallenpolypen aus ihrem kalkigen Skelett heraus; frisst auch Seeigel und Krustentiere.

Artenschutz: Nein. Art nicht bedroht.

Vergleiche: 20 (von weltweit 30) Arten leben in australischen Gewässern.

Name: Der Mechanismus des Aufrichtens der Rückenstachlen erinnert an den Abzug eines Gewehres, daher der Name »Drückerfisch«.

Achtung: Manche Arten sind als Speisefisch giftig! Vergiftungserscheinungen treten schon wenige Stunden nach dem Genuss ein.

Allgemeines: Fische, S. 134

Long-horned Cowfish
Kuhfisch
Langhorn-Kofferfisch
Lactoria cornuta

Prickle Fish
Porcupine Fish
Igelfische
Familie *Diodontidae*

Familie: Kofferfische, *Ostraciidae*
Aussehen: Der Körper ist kastenförmig (daher Kofferfisch) und ist von einem Knochenpanzer umgeben, nur Flossen, Kiefer und Schwanzstiel sind frei beweglich. Die Männchen und Weibchen sind unterschiedlich gefärbt. Mit »Hörnern« über den Augen, daher der (etwas abwegige) Name »Kuhfisch«. Bis 50 cm lang.
Lebensraum: Seichte Gewässer warmer Meere; vorwiegend an Korallenriffen.
Lebensweise: Gesellig. Sehr wendig, kann auf der Stelle drehen. Schwimmt aber schlecht; wird deshalb oft nach Stürmen tot an den Strand gespült.
Nahrung: Kleine Krebse, Würmer.
Artenschutz: Nein. Art nicht bedroht.
Vergleiche: Etwa 19 Arten leben in heimischen Gewässern: 10 Arten in warmen und 9 Arten in gemäßigten Meeren.
Achtung: Vermutlich sind alle erwachsenen Kofferfische giftig. Sie verteidigen sich durch Giftausscheidungen: entweder vom Mund aus ins Wasser (töten damit Angreifer und sind deshalb als Aquarienfische nicht geeignet) oder über die schleimige Haut. Nicht anfassen! Auch nicht essen, obwohl Todesfälle bisher noch nicht bekannt geworden sind.
Allgemeines: Fische, S. 134

Familie: Igelfische, *Diodontidae*
Aussehen: Körper rundlich, dicht mit (in Ruhe angelegten) bis zu 5 cm langen, igelartigen Stacheln besetzt. 35-70 cm.
Lebensraum: Küstenzone warmer Meere, meist an Korallenriffen.
Lebensweise: Bodenfisch. Sucht einzeln oder in Kleingruppen von der Abend- bis zur Morgendämmerung nach Nahrung. Versteckt sich am Tage unter Überhängen. Schwimmt langsam mit den Brust- und Rückenflossen sowie der Afterflosse.
Nahrung: Krebse, Schnecken, Muscheln.
Artenschutz: Nein. Art nicht bedroht.
Besonderes: Füllt bei Bedrohung den Magen mit Luft oder Wasser: der aufgeblasene Körper mit den aufgerichteten Stacheln (wie im Bild) soll die Raubfische abschrecken.
Vergleiche: In den heimischen Gewässern leben 10 (von weltweit 22) Igelfischarten. Bei den eng verwandten Kugelfischen, *Toad-* or *Pufferfishes*, (Familie *Tetraodontidae*) sind es 35 (von weltweit 150) Arten.
Achtung: Die Innereien beider Familienvertreter sind meist giftig. Nicht essen! - Allerdings in Japan werden Igelfische (ohne Innereien) als »Fugu« serviert, ein kulinarischer Nervenkitzel!
Allgemeines: Fische, S. 134

Marine Invertebrates
Wirbellose Meerestiere

Wirbellose Tiere, auch »Niedere Tiere« oder kurz nur »Wirbellose« genannt, umfassen etwa 95% aller Tierarten. Statt der Wirbelsäule entwickelten sie andere Stützelemente, die entweder außen (z.B. Muscheln, Gliederfüßer) oder innen (z.B. Seeigelarten) liegen können, oder sie besitzen ein stützendes Bindegewebe (z.B. Quallen). In der Regel sind sie kleiner als die Wirbeltiere, da sie meist ein Außenskelett ausbilden, das mit zunehmender Körpergröße auch wachsen müsste. Dies jedoch wäre mit einer starken Gewichtszunahme verbunden, die die Beweglichkeit stark einschränken oder gar unterbinden würde.

Nur die im Wasser lebenden Wirbellosen können beträchtliche Größen erreichen, da bei ihnen der Auftrieb das Gewicht ausgleicht, wie z.B. die →Riesenmuschel mit 1,5 m Durchmesser und mehr als 200 kg Gewicht und der →Riesentintenfisch mit bis 18 m Länge und 1000 kg Gewicht. Auch in der Ernährung unterscheiden sie sich stark: Manche sind Fleischfresser, andere sind reine Pflanzenfresser, oder sie leben als Schmarotzer.

In diesem Kapitel sind die im Meer lebenden wirbellosen Tiere zusammengefasst im Hinblick auf die touristische Bedeutung der Korallenriffe in den australischen Gewässern, insbesondere des →Großen Barriere-Riffs (Info S. 150), aber auch des Ningaloo-Riffs an der Nordwestküste.

Besonders an den Korallenriffen finden wir eine äußerst vielfältige Lebensgemeinschaft der wirbellosen Tiere:

➤ Hohltiere bzw. Nesseltiere: Korallenpolypen, Seeanemonen und Quallen (Medusen);
➤ Schwämme;
➤ Gliedertiere: Würmer und Krebstiere;
➤ Weichtiere: Muscheln, Meeresschnecken und Tintenfische;
➤ Stachelhäuter: Seeigel, Seewalzen, Seesterne, Haarsterne und Schlangensterne;
➤ Manteltiere: Seescheiden.

INFO

Plankton
Das Plankton

Meeresorganismen, vor allem das Plankton, bilden häufig die Ernährungsgrundlage der wirbellosen Meerestiere und oft sogar der großen Meeressäugetiere (Wale). Das Plankton umfasst alle Lebewesen, die sich meist nur in geringem Umfang eigenständig fortbewegen können und sich deshalb weitgehend passiv von den Strömungen treiben lassen.

Man unterscheidet hauptsächlich:

1. Pfanzliches Plankton (Phytoplankton)

Phytoplankton besteht aus winzigen Algen und ist der wichtigste Produzent innerhalb der Nahrungsketten im Wasser, aber auch eine wichtige Sauerstoffquelle für unseren Planeten. Es benötigt Licht (aber auch nicht zuviel) zur Photosynthese und lebt deshalb überwiegend in Tiefen zwischen 10 bis 100 m.

2. Tierisches Plankton (Zooplankton)

Das Zooplankton ist dagegen vielfältiger. Bestimmte Arten gehören in allen Stadien des Lebens zum Zooplankton, wie Quallen-, Wurm- und Krustentierarten, andere zählen als Ei oder im Larvenstadium nur vorübergehend dazu, wie Fische, Weichtiere und Krustentiere, die auch als →Krill bezeichnet werden.

Die überwiegenden Arten des Zooplanktons sind nur millimeter- oder zentimetergroß (Ausnahme sind z.B. große Quallen). Viele weisen Körperteile auf, mit denen sie sich im Wasser leicht fortbewegen können: Beispielsweise haben →Segelquallen einen mit Gas gefüllten Schwimmkörper oder Ruderfußkrebse fedrige Körperanhänge, um den Reibungswiderstand im Wasser zu erhöhen und somit die Sinkgeschwindigkeit zu verringern.

Die überwiegenden Arten des Zooplanktons ernähren sich von aus dem Wasser gefiltertem Phytoplankton. Andere sind Beutegreifer, die das Zooplankton entweder aus dem Wasser filtern oder mit speziellen Waffen jagen, wie z.B. die Quallen, die ihrer Beute ein lähmendes Gift einspritzen.

INFO

The Great Barrier Reef
Das Große Barriere-Riff

Das Große Barriere-Riff gilt als Weltwunder unter Wasser. Mit über 2300 km ist es nicht nur das längste Riff, sondern auch das größte von Lebewesen errichtete Bauwerk der Erde. Es ist jedoch kein durchgehendes Gebilde, sondern eine Ansammlung von etwa 2900 Einzelriffen, 600 Inseln und 300 Koralleninseln (Cays). Es erstreckt sich vor der Nordostküste von Queensland vom 24. bis zum 10. Grad südlicher Breite, sogar noch über die Nordostecke von Australien hinaus bis nach Neuguinea. Das äußere Riff (Outer Reef) sitzt auf dem östlichen Rand des australischen Kontinentalsockels; es ist im Süden bei Gladstone etwa 250 km und im Norden bei Cairns nur etwa 30 km vom Festland entfernt. Es ist zwischen 20 und 250 km breit.

Seine Entstehung begann zum Teil schon vor etwa 18 Mio Jahren, als der nördliche Teil von Australien in die das Wachstum der Korallen erfordernlichen tropischen Breitengrade driftete. Durch die Kaltzeiten (volkstümlich »Eiszeiten«) und das damit verbundene Sinken des Meeresspiegels wurde das Riff viele Male trockengelegt. Nach neuerlichen Überflutungen setzte sich das Wachstum der »Kalkberge« fort. Deswegen entstanden die heute sichtbaren Teile erst vor rund 10000 Jahren.

Die Baumeister des Riffes sind vor allem die kalkerzeugenden Korallenpolypen (z.B. →Hart- oder Steinkorallen, →Feuerkorallen), dagegen produzieren Weichkorallen (z.B. →Seeanemonen, →Zylinderrosen oder →Seefedern) kein Kalkskelett und tragen damit auch nicht zur Bildung des Riffes bei.

Das gesamte Riff in dem australischen Teil (345500 km²) ist heute geschützt (Marine Park) und als »Naturerbe der Menschheit« (UNESCO) ausgewiesen. Man bittet die Besucher darum, sich auf das Betrachten der Unterwasserwelt zu beschränken, nichts abzubrechen oder einzusammeln (hohe Strafen!) und auch auf Riffwanderungen zu verzichten.

True Corals
Hartkorallen
Steinkorallen
Ordnung Madreporaria

Stamm: Nesseltiere, Cnidaria
Klasse: Korallen- oder Blumentiere, Anthozoa
Unterklasse: Sechsstrahlige Korallen, Hexacorallia
Aussehen: Der zylinderförmige Polyp sitzt in einem Kalkbecher, den er selbst ausscheidet. Um die Mundöffnung gruppieren sich sechs Fangarme (Tentakeln), die mit Nesselzellen besetzt sind. Der Polyp selbst ist meist nur wenige Millimeter groß.
Lebensraum: Boden tropischer und gemäßigter Meere. Riffbildende Arten brauchen Wassertemperaturen über 17,5°C und viel Licht, leben deshalb nur in Wassertiefen bis zu 50 m.
Lebensweise: Überwiegend in großen Kolonien (1 cm bis 5 m große »Korallenstöcke«). Ruhen in der Regel tagsüber im schützenden Kalkskelett, kommen nachts heraus und erbeuten ihre Nahrung mit den Fangarmen.
Nahrung: Kleinlebewesen des →Planktons.
Entwicklung: Vermehrung meist ungeschlechtlich: Durch Knospung oder Teilung wachsen die »Wohnhäuser« (Korallenstöcke). Vermehrung auch geschlechtlich: Stoßen gleichzeitig einmal im Jahr Eizellen und Spermien aus (Spawning) mit Vereinigung an der Wasseroberfläche. Die Korallenstöcke wachsen im Schnitt etwa 1 cm, Geweihkorallen-Arten sogar bis 26 cm pro Jahr.
Besonderes: Die klaren tropischen Meere sind nähr- und sauerstoffarm (»nasse Wüsten«). Riffbildende Polypen haben deshalb in ihrem Gewebe Algen, die das ausgeatmete Kohlendioxid mit dem im Meerwasser gelösten Bikarbonat zu unlöslichem Kalk für die Skelettbildung verbinden. Die Algen nutzen des weiteren Kohlendioxid und Sonnenlicht zur Photosynthese und liefern den Polypen Sauerstoff und Kohlenhydrate.
Info: Großes Barriere-Riff, S. 150
Allgemeines: Wirbellose Meerestiere, S. 149
Abbildungen: Die individuelle Wuchsform der Korallenstöcke bestimmt die (unsystematische) Zuordnung. Fünf Beispiele der etwa 360 Arten am Barriere-Riff:

Geweihkoralle, *Staghorn Coral*, Gattung *Acropora*

Pilzkoralle, *Mushroom Coral*, Gattung *Fungia*

Gehirnkoralle, *Brain Coral*, Gattung *Goniastrea*

Tafelkoralle, *Plate Coral*, Gattung *Acropora*

Fingerkoralle, *Finger Coral*, Gattung *Acropora*

Sea Anemones
**Aktinien
Seerosen
Seeanemonen**
Ordnung *Actiniaria*

Stamm: Nesseltiere, *Cnidaria*
Klasse: Korallen- oder Blumentiere, *Anthozoa*
Unterklasse: Sechsstrahlige Korallen, *Hexacorallia*
Aussehen: Pflanzenartiger und walzenförmiger Einzelpolyp ohne Kalkskelett. Der sechsstrahlige Tentakelkranz um die Mundöffnung gleicht einer Blüte (»Blumentier«). Ihr Körper ist muskulös. Haftet mit der Fußscheibe am Untergrund. Im Durchmesser wenige mm bis 150 cm groß.
Lebensraum: Überwiegend Küstengewässer von gemäßigten und tropischen Meeren.
Lebensweise: Einzeln und gesellig. Je nach Art werden die Tentakeln bei Gefahr oder Trockenheit eingezogen. Fortbewegung durch langsames Kriechen auf ihrer Fußscheibe, mit der sie sich normalerweise auf hartem Grund festkrallen oder in Sand und Geröll eingraben. Symbiose mit →Einsiedlerkrebsen oder →Anemonenfischen.
Nahrung: Die Tentakeln führen Krebse, Fische und Weichtiere dem Mund zu.
Entwicklung: Lebend gebärend. Die Eier werden durch die im Inneren der Seerose freigelassenen Spermien besamt. Alter bis zu 100 Jahre.
Abbildung: *Waratah Anemone*, Telopea-Aktinie, *Actinia tenebrosa*, eine sehr bekannte Art.
Artenschutz: Ja, in Marine Parks.
Info: Großes Barriere-Riff, S. 150
Allgemeines: Wirbellose Meerestiere, S. 149

Tube Anemones
Zylinderrosen
Ordnung *Ceriantharia*

Sea Fans and Sea Whips
Gorgonien
Seefächer
Hornkorallen
Ordnung *Gorgonaria*

Stamm: Nesseltiere, *Cnidaria*
Klasse: Korallen- oder Blumentiere, *Anthozoa*
Unterklasse: Sechsstrahlige Korallen, *Hexacorallia*
Ordnung: Zylinderrosen, *Ceriantharia*
Aussehen: Ähnlich wie →Seerosen. Einzelpolyp mit zylinderförmigem Körper. Hat keine echte Fußscheibe zum Anheften, sondern gräbt in den Untergrund eine bis zu 1 m lange Wohnröhre (Zylinder) und nur ein kleiner Teil davon ragt aus dem Meeresboden heraus. Um die Mundöffnung mit einem doppelten Tentakelkranz, der einer Blüte (Rose?) gleicht. Färbung und Musterung sehr verschieden. Bis 70 cm lang.
Lebensraum: Weltweit flache Küstengewässer von tropischen und gemäßigten Meeren.
Lebensweise: Sitzt in der Röhre und lauert mit den ausgebreiteten Fangarmen auf die Beute. Steht meist in Gruppen zusammen. Zieht sich bei Gefahr blitzschnell in die Röhre zurück.
Nahrung: Kleine Krebse, Fische, Quallen aber auch Würmer.
Entwicklung: Lebend gebärend, wie →Seerosen.
Abbildung: Gattung *Cerianthus*.
Besonderes: Eine nur 2 cm dicke Zylinderrose kann mit ihren Fangarmen einen Umkreis von etwa 60 cm Durchmesser abdecken.
Info: Großes Barriere-Riff, S. 150
Allgemeines: Wirbellose Meerestiere, S. 149

Stamm: Nesseltiere, *Cnidaria*
Klasse: Korallen- oder Blumentiere, *Anthozoa*
Unterklasse: Achtstrahlige Korallen, *Octocorallia*
Ordnung: Gorgonien, *Gorgonaria*
Aussehen: Ähnelt einer Pflanze. Die Polypen haben acht gefiederte Fangarme (Tentakeln). Sie leben in einem bis 3 m großen, verästelten, peitschenförmigen oder fächerartigen Skelett (Stock) aus der hornähnlichen Substanz Gorgonin (Name). Der Stock mit vielen Wuchsformen sitzt oft auf Fels oder Hartkorallen. Die Farben sind meist rot, orange oder gelb.
Lebensraum: Überwiegend in tropischen Meeren bis zu einer Tiefe von 10 m. In kühleren Gewässern aber auch in größeren Meerestiefen bis 4000 m.
Lebensweise: Koloniebildend. Die fächerartigen Stöcke stehen im rechten Winkel zur Meeresströmung, um das Plankton herauszufiltern.
Nahrung: Schwebstoffe, Plankton (Info S. 149).
Artenschutz: Ja, in Marine Parks.
Besonderes: Die Hornkorallen sind oft dicht besiedelt mit Algen, Schwämmen, Moostierchen sowie Röhrenwürmern und sind dann kaum noch zu erkennen.
Abbildung: *Red and White Sea Fan*, Rotweißer Seefächer, aus der Gattung *Melithaea*.
Info: Großes Barriere-Riff, S. 150
Allgemeines: Wirbellose Meerestiere, S. 149

Sea Pens
Seefedern
Ordnung Pennatulacea

Fire Corals
Feuerkorallen
Familie Milleporidae

Stamm: Nesseltiere, *Cnidaria*
Klasse: Korallen- oder Blumentiere, *Anthozoa*
Unterklasse: Achtstrahlige Korallen, *Octocorallia*
Ordnung: Seefedern, *Pennatulacea*
Aussehen: Erinnern an plustrige Vogelfedern. Die Polypen sitzen in Kolonien an den »Federstrahlen« der Seefeder, die purpurrot, orange gelb oder braun gefärbt ist. Der fleischige Stiel steckt nur lose im Untergrund und ist auch frei von Polypen. 30-100 cm hoch.
Lebensraum: In den tropischen Meeren meist im Flachwasser (Sand- und Schlickböden). In den kühleren Meeren auch in größeren Tiefen.
Lebensweise: In Kolonien, doch sind die Polypen der Seefeder durch ein einfaches Nervengeflecht verbunden, so dass sie wie ein Tier reagieren. Zieht sich tagsüber in Sand oder Schlick zurück. Entfaltet sich nachts im Wasser, um Plankton zu fangen.
Nahrung: Schwebstoffe, Plankton (Info S. 149).
Entwicklung: Getrenntgeschlechtlich.
Artenschutz: Ja, in Marine Parks.
Besonderes: Bei Reizung sondern viele Seefedern einen leuchtenden Schleim (Biolumineszens) aus, der die Feinde erschrecken soll.
Abbildung: Gattung *Sarcoptylum*.
Info: *Großes Barriere-Riff, S. 150*
Allgemeines: *Wirbellose Meerestiere, S. 149*

Stamm: Nesseltiere, *Cnidaria*
Klasse: Hydrozoen, *Hydrozoa*
Ordnung: Hydrokorallen, *Hydroidea*
Familie: Feuerkorallen, *Milleporidae*
Aussehen: Ähnlichkeit mit den →Steinkorallen. Gelbliche oder weißliche Gebilde mit einem harten Kalkskelett. Tragen (wie die Steinkorallen) zum Aufbau tropischer Riffe bei. 30-60 cm hoch.
Lebensraum: Alle tropischen Meere. Von flachen Stellen bis zu 30 m Tiefe.
Lebensweise: Entwickeln ein Röhrengeflecht: Es überzieht die besiedelte Unterlage erst flach und wächst mit der Zeit zu einem aufrechten Gebilde. In den Röhrenenden sitzen die Polypen, sie ziehen mit dem zunehmenden Wachstum immer neue Böden in ihre Wohnröhren ein und die darunter liegenden Röhrenteile verkalken dann.
Nahrung: Vor allem Plankton (Info S. 149).
Entwicklung: Im Gegensatz zu den Korallentieren: Es erfolgt ein Generationswechsel von der geschlechtlichen Quallen(Medusen)generation zu der ungeschlechtlichen Polypengeneration.
Artenschutz: Ja, in Marine Parks.
Achtung: Nesseln stark und verursachen bei Berührung Verbrennungen (Name).
Bild: Platten-Feuerkoralle, *Millepora platyphylla*.
Info: *Großes Barriere-Riff, S. 150*
Allgemeines: *Wirbellose Meerestiere, S. 149*

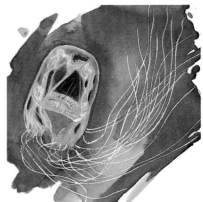

Blue-Bottle
Colonial Jellyfish
Portuguese Man-of-war

Seeblase
Segelqualle
Portugiesische Galeere

Physalia physalis

Stamm: Nesseltiere, *Cnidaria*
Klasse: Hydrozoen, *Hydrozoa*
Ordnung: Staatsquallen, *Siphonophora*
Familie: Seeblasen, *Physaliidae*
Aussehen: Ähnlich wie eine echte Qualle. An der Oberseite die gasgefüllte, blau bis purpurfarbene Schwimmblase mit einem hohen Kamm (Segel), bis 30 cm lang; an der Unterseite die Fangfäden (Tentakeln) mit einer Vielzahl von Polypen.
Lebensraum: Bevorzugt warme Meere.
Lebensweise: Bildet eine Polypenkolonie bzw. einen »Staat« (Staatsquallen) aus Einzeltieren mit strikter Arbeitsteilung wie fangen, fressen, verteidigen oder fortpflanzen. Einzeln sind sie nicht lebensfähig. Der Wind treibt die »Galeere« über die Meeresoberfläche. Sehr gesellig, oft in großen Schwärmen.
Nahrung: Meist Plankton (Info S. 149).
Entwicklung: Aus dem befruchteten Ei schlüpft eine frei schwimmende Larve, die sich zu einer Schwimmglocke mit Fangfäden entwickelt.
Artenschutz: Ja, in Marine Parks.
Achtung: Die bis zu 50 m langen, giftigen Fangfäden können Verbrennungen verursachen. Der Schmerz hält etwa 2 Stunden an. Erste Hilfe mit Essig, wie bei →Seewespe.
Info: Großes Barriere-Riff, S. 150
Allgemeines: Wirbellose Meerestiere, S. 149

»Boxy«
Sea Wasp
Marine Stinger
(Deadly) Box Jellyfish

Seewespe
»Würfelqualle«

Chironex fleckeri

Stamm: Nesseltiere, *Cnidaria*
Klasse: Würfelquallen, *Cubozoa*
Familie: Seewespen, *Chirodropidae*
Aussehen: Farblose, würfelförmige Glocke, bis 30 cm Seitenlänge. Ränder mit 64 durchsichtigen Fangarmen (Tentakel, die bis 3 m teleskopartig ausgefahren werden) mit tausenden von giftigen Nesselfäden, werden mit 40000facher Erdbeschleunigung abgeschossen. Gewicht bis 2 kg.
Lebensraum: Tropische Küstengewässer.
Lebensweise: Laicht in Flussmündungen, kommt in der Regenzeit (Dezember-April) an die Küsten. Fortbewegung bis 9 km/h.
Nahrung: Fische, Garnelen, Plankton (S. 149).
Name: *Box Jellyfish* gilt für alle 28 Würfelquallen-Arten, in Australien aber nur für die Seewespe.
Achtung: Eines der gefährlichsten Meerestiere: Eine Qualle könnte mit ihrer Giftmenge etwa 250 Menschen töten. Deshalb von Oktober bis Juni an den tropischen Küsten nicht baden! Bei Berührung mit den hochgiftigen Fangarmen können schwere Krämpfe und Hautentzündungen folgen. Früher gab es viele Todesfälle. Erste Hilfe durch Überträufeln mit Essig, dann unbedingt ärztliche Hilfe mit Gegengift.
Vergleiche: Gleich verbreitet und gefährlich: Winzige Würfelqualle *Irukandji Jellyfish*, *Carukia barnesi*.
Allgemeines: Wirbellose Meerestiere, S. 149

Sponges
Schwämme
Stamm Spongia oder Porifera

Planaria (Triclads)
Meeresplanarien
Familie *Planariidae*

Stamm: Schwämme, *Spongia oder Porifera*
Klassen: Kalkschwämme, Korallenschwämme, Glasschwämme und Gemeinschwämme.
Aussehen: Am Grund verankerte pilz-, sack-, strauch-, becher- oder krustenförmige Tiere mit einem Stützgerüst aus Einlagerungen von Kalk- oder Kieselsäure. Färbung variabel (gelb, rot, violett bis blau, braun bis grau). Wenige mm bis etwa 2 m groß.
Lebensraum: Die Küstengewässer vor allem tropischer, aber auch gemäßigter Meere.
Lebensweise: Sie filtern das Wasser durch die unzähligen Poren (daher *Porifera*), wobei Sauerstoff und Nahrung zugeführt werden.
Nahrung: Schwebstoffe, Plankton (Info S. 149).
Entwicklung: Sowohl geschlechtlich als auch ungeschlechtlich.
Artenschutz: Ja, in Marine Parks.
Besonderes: Ein 10 cm großer Schwamm filtert an einem Tag 100 Liter Wasser. Deshalb gelten die Schwämme auch als die »Filter der Ozeane«.
Bild: *Vase sponge*, Vasenschwamm, Gattung *Sycon*. Die fingerartigen Gebilde (2-3 cm hoch, 1 cm breit) sind selbständige Tiere mit den Poren an der Seite und der Wasserauslassöffnung in der Mitte.
Info: *Großes Barriere-Riff*, S. 150
Allgemeines: Wirbellose Meerestiere, S. 149

Stamm: Plattwürmer, *Platyhelminthes*
(Insgesamt 6 Stämme von Meereswürmern)
Klasse: Strudelwürmer, *Turbellaria*
Familie: Meeresplanarien, *Planariidae*
Aussehen: Blattförmiger, dünner und weicher Körper, der von einem Wimpernkleid bedeckt und an den Rändern gekräuselt ist. An dem leicht abgesetzten Kopf befinden sich kurze Fangarme, hinter denen zwei oder mehr Augen sitzen. Bis zu 10 cm lang.
Lebensraum: Küstengewässer gemäßigter und tropischer Meere.
Lebensweise: Fortbewegung im Wasser mit Hilfe von Flimmerhaaren an der Körperoberfläche (Flimmerkleid). Die Haare bewirken strudelförmige Bewegungen (daher Strudelwürmer), teilweise ergänzt durch Wellenbewegungen des ganzen Körpers. Fangen ihre Beute mit dem auf der Bauchseite liegenden, ausfahrbaren Rüssel.
Nahrung: Kleine wirbellose Tiere.
Entwicklung: Sie haben weibliche und männliche Geschlechtsorgane (Zwitter).
Artenschutz: Ja, in Marine Parks.
Besonderes: Selbst kleine, abgetrennte Teile regenerieren sich zu einem neuen Wurm.
Abbildung: *Pseudoceros bedfordi*.
Info: *Großes Barriere-Riff*, S. 150
Allgemeines: Wirbellose Meerestiere, S. 149

Christmas-Tree Worm
Weihnachtsbaumwurm
Bunter Spiralröhrenwurm
Spirobranchus giganteus

Stamm: Ringel- und Gliederwürmer, *Annelida*
Klasse: Vielborster, *Polychaeta*
Ordnung: Festsitzende Vielborster, *Sedentaria*
Familie: Fächerwürmer oder Kalkröhrenwürmer, *Serpiculidae*
Aussehen: Auf dem Wurmkopf entspringt eine spiralförmig angeordnete, gefiederte Tentakelkrone, die an das Geäst einer Tanne erinnert (Name). Farben von braun, rot, gelb, orange, lila und blau bis schwarz. Körper bis 10 cm lang und 1 cm Durchmesser mit 200 Segmenten.
Lebensraum: Tropische Korallenriffe weltweit.
Lebensweise: Wohnt (im Gegensatz zu den freilebenden Vielborstern) in einer selbst gebauten Kalkröhre. Zieht sich darin am Tage oder auch bei Gefahr zurück und verschließt sie mit einem Deckel. Lebt überwiegend gesellig (in Kolonien).
Nahrung: Pflanzlicher Abfall, Plankton (S. 149).
Entwicklung: Getrenntgeschlechtlich. Sie geben die Eier und Spermien ins Wasser ab. Aus den befruchteten Eiern entwickeln sich dann die frei schwimmenden Larven, die sich niederlassen, eine Röhre bauen und sesshaft werden.
Besonderes: Larven mit großer Regenerationsfähigkeit wie die →Meeresplanarien.
Achtung: Sondern bei Berührung Nesselgift ab.
Info: *Großes Barriere-Riff, S. 150*
Allgemeines: *Wirbellose Meerestiere, S. 149*

Krill
Krill
Leuchtkrebse
Leuchtgarnelen
Unterordnung *Euphausiacea*

Klasse: Marine Krebse, *Malacostraca*
Ordnung: Garnelenähnliche Krebstiere, *Eucarida*
Unterordnung: Leuchtkrebse, *Euphausiacea*
Aussehen: Garnelen- und glasartiger Körper mit langen Fühlern und beborsteten Brustbeinen. Leuchtorgane an mehreren Körperteilen (Name). Australische Arten bis 3 cm, antarktische bis zu 6 cm lang. Nur bis 2 g schwer. Alter bis 6 Jahre.
Lebensraum: Offenes Meer aller Ozeane.
Lebensweise: Schwimmt frei. Riesige Schwärme mit bis 100 Mio Einzeltieren. Tägliche, nahrungsbedingte Auf- und Abbewegungen: Nachts oberflächennah, tags mehrere hundert Meter tief.
Nahrung: Plankton (Info S. 149).
Entwicklung: Getrenntgeschlechtlich. Bei dem Weibchen entwickeln sich bis zu 500 Eier in einer Bruttasche, in der vorher Spermien abgelagert wurden. Die schlüpfenden Larven durchlaufen dann mehrere Larvenstadien.
Besonderes: Zusammenhalt der Schwärme durch ausgesandte Leuchtsignale.
Sonstiges: Die Leuchtkrebse bilden den Hauptbestandteil von »Krill« (z.B. das Futter großer Meerestiere wie →Bartenwale), das wiederum zum Tierischen Plankton (Info S. 149) gehört.
Name: Krill (norwegisch) heißt »Walnahrung«.
Info: *Großes Barriere-Riff, S. 150*
Allgemeines: *Wirbellose Meerestiere, S. 149*

Prawns
Garnelen
Familie *Penaeidae*

Crays
Crayfish
Rock Lobsters
Langusten
Familie *Palinuridae*

Klasse: Marine Krebse, *Malacostraca*
Unterordnung: Zehnfußkrebse (fünf Paare von Laufbeinen, also zehn Füße), *Decapoda*
Familie: Geißel- und Leuchtgarnelen, *Penaeidae*
Aussehen: Den schlanken Körper bedeckt ein dünner, leichter Panzer; die Antennen und Beine sind oft lang. Die Augen sind gestielt. Die vorderen Laufbeinpaare besitzen Scheren. Die hinteren Laufbeinpaare dienen zum Schwimmen. 1 bis 30 cm lang.
Lebensraum: Bodennähe meist warmer Meere.
Lebensweise: Frei schwimmend in Schwärmen, die täglich bis zu 30 m auf- und absteigen.
Nahrung: Würmer, Weichtiere, Fischlaich, kleine Krebstiere.
Entwicklung: Zweigeschlechtlich, wie →Krill.
Arten: Oft auf der Speisekarte: Als größere Arten (24-33 cm) *King Prawns, Jumbo Tiger Prawns or Banana Prawns*, Riesengarnelen; die kleineren Arten heißen umgangssprachlich *Shrimps* (wie die bekannte Mittelmeer-Art).
Abbildung: *Tiger Prawn, Penaeus monodon*, wiegt durchschnittlich 85 g.
Vergleiche: Nord- und Ostseegarnelen, die oft fälschlich als »Krabben« bezeichnet werden.
Internationale Namen: Gamberi (ital.), Gambas (span.) und Gamberetti (franz.).
Allgemeines: Wirbellose Meerestiere, S. 149

Klasse: Marine Krebse, *Malacostraca*
Unterordnung: Zehnfußkrebse (fünf Paare von Laufbeinen, also zehn Füße), *Decapoda*
Familie: Langusten, *Palinuridae*
Aussehen: Dicker, schwerer, stachliger Panzer. Im Gegensatz zu Hummern keine Scheren, dafür körperlange Antennen. Teils farbenprächtig. Bis 60 cm lang und 8 kg schwer.
Lebensraum: Felsige Küstenzonen warmer und gemäßigter Meere (mit den Hauptfanggründen).
Lebensweise: Nachtaktive Bodentiere, die sich tagsüber oft in Felsnischen verbergen.
Nahrung: Schnecken, Muscheln, etc.
Entwicklung: Geschlechtsreif mit 6-7 Jahren. Ein Weibchen legt bis 100 000 Eier, Brutdauer 9-10 Wochen. Die Larven in den verschiedenen Stadien schwimmen 6-9 Monate frei (gehören dann zum →Zooplankton) und werden dann erst zu Bodentieren. Höchstalter 15 Jahre.
Abbildung: *Southern Rock Lobster, Jasus edwardsii*.
Name: *Cray* bzw. *Crayfish* gilt eigentlich für den →*Freshwater Crayfish*, Flusskrebs.
Vergleiche: Als Speisekrebse auch *Bugs*, Bärenkrebse, Familie *Scyllaridae*, z.B. *Moreton Bay Bug*, mit einem flachen Panzer, bis 20 cm lang.
Sonstiges: Echte Hummer (Familie *Nephropidae*) überwiegen in den atlantischen Gewässern!
Allgemeines: Wirbellose Meerestiere, S. 149

Hermit Crabs

**Einsiedlerkrebse
und Steinkrebse**

Überfamilie *Paguroidea*

Fiddler Crabs

**Geigerkrabben
Winkerkrabben**

Gattung *Uca*

Unterklasse: Marine Krebse, *Malacostraca*
Unterordnung: Zehnfußkrebse (fünf Paare von Laufbeinen, also zehn Füße), *Decapoda*
Überfamilie: Einsiedler-, Steinkrebse, *Paguroidea*
Familien: Meereseinsiedlerkrebse, *Paguridae* (rechtshändig) und *Diogenidae* (linkshändig)
Aussehen: Stielaugen. Entweder ist die rechte oder linke Schere größer. Größe bis 30 cm.
Lebensraum: Flache Küstengewässer vor allem tropischer, aber auch gemäßigter Meere.
Lebensweise: Einzelgänger (Name) und Besetzer von Häusern (*Squatter*): Lebt in einem leeren (fremden) Schneckenhaus, zieht sich bei Gefahr vollständig darin zurück und verschließt dann die Öffnung mit der größeren Schere. Wächst er, dann zieht er in ein größeres Haus um.
Nahrung: Abfälle, Aas und die Beläge auf den Muschelschalen und Steinen.
Entwicklung: Zweigeschlechtlich wie →Krill.
Besonderes: Verpflanzt oft Hohltiere, z.B. die →Seeanemonen, auf sein Haus: Diese schützen ihn mit ihren giftigen Nesselzellen und leben von seinen Nahrungsabfällen (Symbiose), er sorgt als »Meereskutsche« für den Ortswechsel zu neuen Nahrungsgründen.
Abbildung: *Red Hermit Crab, Perugus sinuatus,* Familie *Diogenidae.*
Allgemeines: Wirbellose Meerestiere, S. 149

Unterklasse: Marine Krebse, *Malacostraca*
Unterordnung: Zehnfußkrebse (fünf Paare von Laufbeinen, also zehn Füße), *Decapoda*
Familie: Winker- oder Rennkrabben, *Ocypodidae*
Aussehen: Körper rechteckig und Stielaugen. Eine der beiden Scheren beim Männchen stark vergrößert (Winkerschere) und buntgefärbt. Das Weibchen mit zwei gleichen und kleineren Nahrungsscheren. 4 cm.
Lebensraum: Weltweit an tropischen Meeren: Sandstrände und Mangrovenwälder.
Lebensweise: Sehr gesellig. Graben in Sand oder Schlick ihre Wohnhöhlen und verschließen die Eingänge dann bei Flut. Filtern die Nahrung aus dem Sand und formen aus dem verdauten Rest Sandkügelchen, die oft auf dem Ebbestrand wie ein Kunstwerk um den Höhleneingang verteilt werden. Bei Wanderungen am Strand kann man das gut beobachten.
Nahrung: Organisches aus dem Sandboden.
Entwicklung: Zweigeschlechtlich wie →Krill.
Besonderes: Bewegung des Männchens mit der großen Schere ähnelt einer winkenden Geste (Name). Die Winkerschere ist wichtig bei der Revierverteidigung, aber auch bei der Balz, die Männchen der Kolonie winken dann im Gleichtakt.
Abbildung: Geigerkrabbe, *Fiddler Crab, Uca vocans.*
Allgemeines: Wirbellose Meerestiere, S. 149

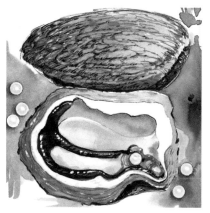

Blue Mussel
Edible Mussel
Pfahlmuschel
Essbare Miesmuschel
Mytilus edulis

Golden-lip Pearl Oyster
Große Seeperlmuschel
Pinctada maxima

Stamm: Weichtiere (Mollusken), *Mollusca*
Klasse: Muscheln, *Bivalvia*
Familie: Mies- oder Pfahlmuscheln, *Mytilidae*
Aussehen: Außen blauschwarz bis gelblichbraun, innen perlmuttartig. Fadenförmige Kiemen. Bis zu 11 cm lang.
Lebensraum: Gezeitenzonen gemäßigter Meere, bevorzugt Brackwasser der Flussmündungen.
Lebensweise: In großen Kolonien auf Felsen, Pfählen, Hafenbauten, aber auch in Sandböden.
Nahrung: Plankton (Info S. 149).
Entwicklung: Dreimal jährlich 5-12 Mio Eier. Es schlüpfen frei schwimmende Larven (gehören dann zum →Zooplankton), dann sinken sie zu Boden und entwickeln sich zu Jungmuscheln.
Besonderes: Wohnen nicht zeitlebens an der gleichen Stelle. Sie können klettern. Dazu durchtrennen sie die Haftfäden mit ihrem kräftigen Fuß und setzen sich irgendwo wieder neu fest.
Sonstiges: Die beliebte Speisemuschel wird auch in sogenannten Muschelbänken kultiviert: Hier heften sich die Muscheln an gespannte Seile und auch an eingerammte Pfähle.
Name: Von mittelhochdeutsch Mies für Moos.
Vergleiche: *Greenlipped Mussel*, Grünschalmuschel, »Neuseeland-Miesmuschel«, *Perna canaliculus*, ist Neuseelands beliebteste Speisemuschel.
Allgemeines: Wirbellose Meerestiere, S. 149

Stamm: Weichtiere (Mollusken), *Mollusca*
Klasse: Muscheln, *Bivalvia*
Familie: Perl- oder Flügelmuscheln, *Pteriidae*
Aussehen: Die Schalenaußenseite ist schuppig und die Innenseite ist mit Perlmutt überzogen. Kiemen fadenförmig. Ist die größte Perlmuschel weltweit, bis 30 cm groß und 5 kg schwer.
Lebensraum: Küstengewässer von tropischen Meeren in Tiefen von 6 bis 50 m.
Lebensweise: Bodenbewohner. Heftet sich mit den Byssusfäden an Felsen, Korallen und Seegras. Um einen Fremdkörper im Mantelbindegewebe lagern sich konzentrische Schichten von Perlmutt ab, und es wächst eine bis 20 mm große Perle.
Nahrung: Plankton (Info S. 149), das aus dem Wasser gefiltert wird.
Entwicklung: Getrenntgeschlechtlich. Werden 12-15 Jahre alt.
Sonstiges: Lieferte bis 1956 hauptsächlich das für Schmuck etc. begehrte Perlmutt. Seitdem gibt es zahlreiche Perlfarmen: Hier pflanzt man den Fremdkörper künstlich in die Muschel ein und erntet die hellen Zuchtperlen nach ca. 2 Jahren. Die Muschel wird dafür mehrmals verwendet.
Vergleiche: *Blacklip Pearl Oyster*, Echte Perlmuschel, *Pinctada margaritifera*, mit wertvollen, dunkelgrauen (»schwarzen«) Perlen.
Allgemeines: Wirbellose Meerestiere, S. 149

Oysters
Austern
Familie *Ostreidae*

Scallops
Kamm-Muscheln
Familie *Pectinidae*

Stamm: Weichtiere (Mollusken), *Mollusca*
Klasse: Muscheln, *Bivalvia*
Familie: Austern, *Ostreidae*
Aussehen: Die Schale ist rundlich bis oval und mit blättrigen Lamellen bedeckt, schmutzigweiß bis grau. 5-10 cm.
Lebensraum: An allen australischen Küsten auf Hartböden und Felsen der Brandungszone.
Lebensweise: Festsitzend in teilweise großen Ansiedlungen (Austernbänke). Überstehen auch Ebbezeiten, denn sie dichten ihre Schalen ab und können in einer besonderen Kammer auch Wasser speichern.
Nahrung: Vor allem die im Wasser treibenden, mikroskopisch kleinen Algen.
Entwicklung: Häufig Wechsel des Geschlechts (Zwitter). Geschlechtsreif mit 2 Jahren. Abgabe von bis zu 1 Mio Eier. Die Larven schwimmen 1-2 Wochen frei und entwickeln sich zu zeitlebens festsitzenden Muscheln. Alter 10-15 Jahre.
Abbildung: *Native Oyster, Ostrea angasi.*
Sonstiges: Das Fleisch gilt als Delikatesse (viel Vitamin C). Heute auch Austernzucht: Die an Stöcken und Steinen angehefteten Larven werden in sichere Nahrungsgründe gebracht und mit Drahtnetzen vor muschelfressenden Feinden, wie Fischen und Seesternen, geschützt.
Allgemeines: Wirbellose Meerestiere, S. 149

Stamm: Weichtiere (Mollusken), *Mollusca*
Klasse: Muscheln, *Bivalvia*
Familie: Kamm-Muscheln, *Pectinidae*
Aussehen: Schale mit fächerförmigen (kammartigen) Rippen; die linke Klappe ist flach und die rechte ist hochgewölbt. Mantelränder mit fleischigen Fangarmen (Tentakeln), zwischen denen 30-40 hellglänzende Augen sitzen. Bis 12 cm.
Lebensraum: Meist Küstengewässer tropischer und gemäßigter Meere.
Lebensweise: Meist frei schwimmend durch das Auf- und Zuklappen der Schalen, sie können bei Gefahr sogar rückwärts schwimmen. Heften sich zeitweise an Felsen oder Korallen an.
Nahrung: Plankton (Info S. 149), das aus dem Wasser gefiltert wird.
Entwicklung: Zwitter wie →Austern.
Besonderes: Entdecken dank der Rundumsicht mit den vielen Augen ihre Feinde frühzeitig.
Abbildung: *Commercial Scallop, Pecten fumatus,* die in den südlichen Küstengewässern gefischt wird und Australiens beliebteste *Scallop* ist.
Vergleiche: Namhafter europäischer Verwandter ist Pilgermuschel, *Pecten jacobaeus,* volkstümlich auch »Jakobsmuschel« genannt.
Sonstiges: Beliebt als Servierschale. - Auch Firmenlogo des Konzerns Shell.
Allgemeines: Wirbellose Meerestiere, S. 149

Cockles
Herzmuscheln
Familie *Cardiidae*

Giant Clam
»Mördermuschel«
Große Riesenmuschel
Tridacna gigas

Stamm: Weichtiere (Mollusken), *Mollusca*
Klasse: Muscheln, *Bivalvia*
Familie: Herzmuscheln, *Cardiidae*
Aussehen: Die beiden gleichen Klappen haben gleichmäßige Rippen und sehen von der Seite herzförmig aus (Name). Der lange Fuß ist muskulös und geknickt. Mit zwei röhrenförmigen Öffnungen (Siphonen). Bis 6 cm.
Lebensraum: Küstengewässer gemäßigter und tropischer Meere, von der Gezeitenzone bis zu 10 m Tiefe. Lebt dicht unter der Oberfläche von Schlick- und Sandböden.
Lebensweise: Gesellig (pro Quadratmeter einige Hundert), eingegraben in Sand- oder Schlickböden, dann ragen nur die beiden Atemröhren (Siphonen) heraus und filtern die Nahrung aus dem Wasser.
Nahrung: Mikroorganismen, Plankton (S. 149).
Entwicklung: Getrenntgeschlechtlich.
Besonderes: Können mit ihrem muskulösen Fuß bis zu 50 cm weit springen.
Abbildung: *Fulvia tenuicostata.*
Vergleiche: Von wirtschaftlicher Bedeutung ist in Europa: Gemeine Herzmuschel oder Essbare Herzmuschel, *Cardium edule.*
Sonstiges: 85% aller Muschelarten sind Herzmuscheln. Vor allem Herzmuscheln lagerten vor Jahrmillionen den »Muschelkalk« ab.
Allgemeines: Wirbellose Meerestiere, S. 149

Stamm: Weichtiere (Mollusken), *Mollusca*
Klasse: Muscheln, *Bivalvia*
Ordnung: Venusmuscheln, *Veneroidea*
Familie: Riesen- oder Zackenmuscheln, *Tridacnidae* 6 (weltweit 8) Arten in australischen Gewässern.
Aussehen: Dicke Schalenklappen mit welligen Rippen. Mit bis 1,5 m Länge und 500 kg Gewicht ist es die größte Muschelart der Erde.
Lebensraum: Tropische Meere.
Lebensweise: Heftet sich mit ihren Byssusfäden an Korallenriffe oder lebt halb eingegraben in Korallensandböden dazwischen. Atmet durch die nach oben zeigenden Atemröhren (Siphonen). Mit dem Atemwasserstrom wird auch Nahrung eingestrudelt. Die Kiemen wirken als Filter.
Nahrung: Plankton (S. 149), symbiotische Algen.
Entwicklung: Hermaphrodit: Zeitlich versetzte Abgabe von Samenzellen und Eiern.
Artenschutz: Ja, die Art ist bedroht, da das Fleisch und die Schalen (als Ziergefäß) früher sehr beliebt waren.
Name: Zu Unrecht Mördermuschel, da angeblich ein bei Ebbe in die Muschel geratener Fuß so festgehalten wird, dass das Opfer bei Flut ertrinkt. Der Schließmuskel arbeitet jedoch sehr langsam. Bisher keine belegten Todesfälle.
Info: Großes Barriere-Riff, S. 150
Allgemeines: Wirbellose Meerestiere, S. 149

Naval Shipworm

»Schiffsbohrwurm«
Schiffsbohrmuschel

Familie *Teredinidae*

Abalones
Ear Shells

Seeohren
Meerohren

Gattung *Haliotis*

Stamm: Weichtiere (Mollusken), *Mollusca*
Klasse: Muscheln, *Bivalvia*
Familie: Schiffsbohrmuscheln, *Teredinidae*
Aussehen: Erinnert kaum an eine Muschel: Nur am Kopfende befinden sich Schalenklappen mit winzigen Bohrplatten, der Körper ist ansonsten nackt und wurmartig (daher fälschlich »Schiffsbohrwurm«). Zwei Körperöffnungen (Siphonen) ragen heraus. Bis zu 45 cm lang.
Lebensraum: Küsten aller Meere im Holzwerk von Schiffen und Kaianlagen.
Lebensweise: Große Kolonien. Raspelt mit den winzigen Bohrplatten in dem untergetauchten Holz lange Gänge (in einem Monat bis 30 cm) und kleidet sie mit einem ausgeschiedenen, kalkartigen Material aus. Die Gänge von den einzelnen Tieren treffen sich nicht.
Nahrung: Zellulose vom angebohrten Holz.
Entwicklung: Zwitter wie →Austern. Ungeheure Vermehrung, drei- bis viermal pro Jahr ca. 5 Mio Eier. Brutdauer 14 Tage.
Besonderes: Sie können durch die schnelle Bohrtätigkeit und die große Vermehrungsrate die nicht resistenten Hölzer von Kaianlagen und Schiffsrümpfen in relativ kurzer Zeit zerstören (resistent sind z.B. →Terpentinbäume).
Allgemeines: Wirbellose Meerestiere, S. 149

Stamm: Weichtiere (Mollusken), *Mollusca*
Klasse: Schnecken, *Gastropoda*
Familie: Meerohren, *Haliotidae*
Aussehen: Weicht erheblich von dem bekannten Schneckenhaus ab: Das Gehäuse ist flach und ohrmuschelartig (Name), mit Löchern, Riefen und knotigen Erhebungen, außen bräunlich bis grau und innen perlmuttglänzend. Bis 25 cm.
Lebensraum: Südliche, felsige Küstengewässer, von der Brandungszone bis zu 25 m Tiefe.
Lebensweise: Gesellig. Ortstreu. Nachtaktiver Weidegang. Scheidet das Atemwasser über mehrere Löcher am Gehäuserand aus.
Nahrung: Pflanzliche Abfallstoffe und Algenbewuchs.
Entwicklung: Getrenntgeschlechtlich. Die von den Männchen abgegebenen Spermien stimulieren die Weibchen zur Eiablage. Aus den befruchteten Eiern entwickeln sich die Larven, die erst frei schwimmen und sich dann festsetzen.
Artenschutz: Ja, begrenzte Fangquoten.
Besonderes: Sie heften sich so stark an ihre Unterlage, dass man über 100 kg Zugkraft zum Ablösen braucht.
Name: Im Deutschen auch Abalonen, Avalonen oder Avelonen.
Vergleiche: →Paua Shell (Neuseeland).
Allgemeines: Wirbellose Meerestiere, S. 149

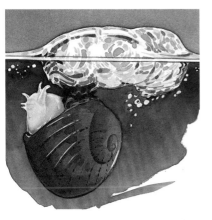

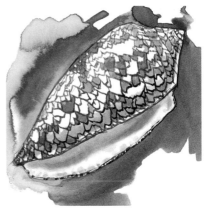

Violet Snail
Bubble-Raft Snail
Veilchenschnecke
Gemeine Floßschnecke
Janthina janthina

Cone Shells
Kegelschnecken
Gattung Conus

Stamm: Weichtiere (Mollusken), *Mollusca*
Klasse: Schnecken, *Gastropoda*
Familie: Veilchenschnecken, *Janthinidae*
Aussehen: Das Gehäuse ist kugelig, dünn, fein quergestreift und blass veilchenblau (Name) mit tiefen Nähten. Bis 5 cm groß.
Lebensraum: Strömungen warmer Meere.
Lebensweise: Kann selbst nicht schwimmen. Baut deshalb eine Art Floß aus Luftblasen, die in ihrem verhärteten Speichel eingeschlossen sind, und haftet daran mit dem Fuß in Rückenlage. Scheidet Purpursaft aus.
Nahrung: Tierisches Plankton, auch Tentakeln der →Seeblase (für Veilchenschnecken nicht giftig).
Entwicklung: Getrenntgeschlechtlich. Das Floß dient auch zur Eiablage: Das Weibchen legt etwa 500 Kokons hinein, sie enthalten bis zu 2,5 Mio Eier.
Besonderes: Wird sie von ihrem Floß getrennt, sinkt sie und stirbt. Im Spätsommer sieht man oft am Strand viele der angespülten leichten und looron Gohäuoc.
Vergleiche: Aus den Familien *Cypraeidae:* Cowries, Porzellanschnecken; *Strombidae:* Strombs, Flügelschnecken; *Ranellidae:* Triton Shells, Tritonshörner oder Trompetenschnecken (→Dornenkrone).
Allgemeines: Wirbellose Meerestiere, S. 149

Stamm: Weichtiere (Mollusken), *Mollusca*
Klasse: Schnecken, *Gastropoda*
Familie: Kegelschnecken, *Conidae*
Aussehen: Kegelförmige Gehäuse mit vielen Mustern (Streifen, Punkte, Flecken). Bis 12 cm lang und 5 cm im Durchmesser.
Lebensraum: In den Küstengewässern warmer Meere, oft an Korallenriffen.
Lebensweise: Verstecken sich tagsüber meist im Sand und jagen nachts. Schießen dabei mit ihrem Rüssel bis zu 1 cm lange Giftpfeile mit Widerhaken ab und ziehen das betäubte Opfer harpunenartig in den Mund.
Nahrung: Fische, Weich- und Krustentiere sowie Stachelhäuter.
Entwicklung: Getrenntgeschlechtlich. Aus den befruchteten Eiern entwickeln sich die Larven.
Artenschutz: Ja, in Marine Parks.
Abbildung: *Textile Cone,* Textilienkonus, *Conus textile.*
Achtung: 6 Arten sind für Menschen gefährlich. Das Gift kann innerhalb einer Stunde zum Tode führen. Es gibt bis heute kein Gegengift! Deshalb nie anfassen, da alle Gehäuseteile mit den Giftpfeilen erreichbar sind!
Info: Großes Barriere-Riff, S. 150
Allgemeines: Wirbellose Meerestiere, S. 149

Sea Slugs
Nudibranchs

Meeres-Nacktschnecken
Unterordnung *Nudibranchia*

Pearly Nautilus
Perlboot
Gemeines Schiffsboot

Nautilus pompilius

Stamm: Weichtiere (Mollusken), *Mollusca*
Klasse: Schnecken, *Gastropoda*
Ordnung: Hinterkiemerschnecken, *Opisthobranchia*
Unterordnung: Nacktkiemer, *Nudibranchia*
Aussehen: Oft zierlich gebaut und prächtig gefärbt, meist pflanzenhafte Erscheinung. Durchweg ohne Schale und Kiemenblätter, dafür vielgestaltige Kiemenanhänge. Ein Tentakelpaar in Mundnähe. 4 mm bis 60 cm lang.
Lebensraum: Überwiegend tropische Meere, von der Brandungszone bis zur Tiefsee, bevorzugt an Fels- und Korallenriffen sowie in Algenmatten.
Lebensweise: Frei schwimmende Bodenbewohner. Sie sind immun gegen das Tentakelgift von den →Seeanemonen und →Quallen. Sie fressen deren Nesselzellen sogar und verwerten sie für die eigene Abwehr von Feinden. Atmung durch die Haut oder durch die Kiemenanhänge.
Nahrung: Hohl-, Moos-, Mantel- und Nesseltiere, die sie auf dem Meeresgrund suchen.
Entwicklung: Getrenntgeschlechtlich. Häufig haben die Larven ein zartes Gehäuse.
Bild: *Spanish Dancer, Hexabranchus sanguineus,* Familie *Hexabranchidae,* 60 cm lang.
Vergleiche: Zu den bekanntesten Familien zählen: *Sea Butterflies,* Seeschmetterlinge; *Sea Hares,* Seehasen; *Sap-sucking Slugs,* Zweischalenschnecken.
Allgemeines: Wirbellose Meerestiere, S. 149

Stamm: Weichtiere (Mollusken), *Mollusca*
Klasse: Kopffüßer, *Cephalopoda*
Unterklasse: Vierkiemer, *Tetrabranchiata*
Familie: Perlboote, *Nautilidae*
Aussehen: Hat im Gegensatz zu den anderen Kopffüßern eine ausgebildete Schale, sie ist spiralartig und in Kammern unterteilt. Der Kopffuß hat 82-90 Arme ohne Saugnäpfe. Stielaugen. Raspelzunge. Kein Tintenbeutel. Im Durchmesser 15-20 cm.
Lebensraum: Am Meeresgrund der tropischen Meere in 50-60 m Wassertiefe.
Lebensweise: Kriecht mit den Kopfarmen am Meeresboden, kann auch langsam schwimmen.
Nahrung: Meist Aas und Krebse, die mit Hilfe des Geruchs- und Tastsinnes gefunden werden.
Entwicklung: Getrenntgeschlechtlich.
Artenschutz: Ja, in Marine Parks.
Besonderes: Wohnt in der vordersten Kammer. Bildet bei zunehmender Größe hinter sich immer neue Trennwände, durch die eine Atemröhre läuft; diese gleicht in den leeren Kammern den Gas- und Wasserdruck aus und reguliert den Auftrieb. - Diese Lebensform überdauerte etwa 550 Mio Jahre fast unverändert.
Vergleiche: Zwei (von den weltweit sechs) Arten leben in den heimischen Gewässern.
Allgemeines: Wirbellose Meerestiere, S. 149

Squids
Kalmare
Unterordnung *Teuthoidea*

Cuttlefishes
Sepien
»Tintenfische«
Unterordnung *Sepioidea*

Stamm: Weichtiere (Mollusken), *Mollusca*
Klasse: Kopffüßer, *Cephalopoda*
Ordnung: Zehnfüßer, *Decabrachia*
Unterordnung: Kalmare, *Teuthoidea*
Aussehen: Markanter Kopffuß mit großen Augen ohne Lider. Langer, schlanker Körper mit zwei kräftigen, flügelartigen Flossen am Körperende (dagen haben →Tintenfische einen seitlichen Flossensaum). Zehn Fangarme (Tentakel), teils mit Saugnäpfen. Die innere Schale ist stark zurückgebildet. Australische Arten 3-50 cm.
Lebensraum: Küsten- und Hochseegewässer in allen Tiefen.
Lebensweise: Sie treten oft in Schwärmen auf. Schwimmen schnell, ausdauernd und elegant (Rückstoß- oder Flossenantrieb); werden daher die »lebenden Torpedos der Meere« genannt.
Nahrung: Fische, Krebse, Weichtiere, die sie mit den Fangarmen wie mit einem Lasso einfangen.
Entwicklung: Getrenntgeschlechtlich.
Besonderes: Feindabwehr entweder durch das Ausstoßen eines tintenartigen Sekrets oder durch rasche Änderung von Körperfarbe und -form.
Bild: *Northern Calamari, Sepioteuthis lessoniana.*
Vergleiche: In großen Meerestiefen: *Giant Squids,* Riesenkalmare, Gesamtlänge 18-20 m, Gewicht bis 1000 kg.
Allgemeines: Wirbellose Meerestiere, S. 149

Stamm: Weichtiere (Mollusken), *Mollusca*
Klasse: Kopffüßer, *Cephalopoda*
Ordnung: Zehnfüßer, *Decabrachia*
Unterordnung: Sepien, *Sepioidea*, volkstümlich auch »Tintenfische«.
Aussehen: Kopffuß mit großen Augen. Flacher Körper mit Flossensaum (→Kalmare dagegen haben ihre Flossen nur am Ende). Größere Arten haben eine innenliegende Schale (Schulp), die aus zahlreichen Kalkplättchen besteht. Mit 8 kurzen und 2 längeren Fangarmen, die im Bild eingezogen sind. Körper bis zu 50 cm.
Lebensraum: Bevorzugen Küstengewässer aller Meere, von 5 bis 120 m Wassertiefe.
Lebensweise: Graben sich tagsüber in den Sand ein und passen sich dem Untergrund farblich an. Jagen nachts frei schwimmend und fangen die Beute mit den (nicht giftigen) Fangarmen.
Nahrung: Fische, Krebse, Muscheln.
Entwicklung: Getrenntgeschlechtlich. Eiablage traubenartig. Brutdauer 50 Tage.
Besonderes: Feindabwehr wie →Kalmare.
Abbildung: Häufigste heimische Art: *Australian Giant Cuttlefish, Sepia apama,* 50 cm.
Sonstiges: Die abgeflachten, weißen Sepiaschalen bzw. Schulpe (*Cuttlebones*) findet man häufig am Strand; sind auch Kalkspender für Käfigvögel.
Allgemeines: Wirbellose Meerestiere, S. 149

Banded Octopuses
Blue-ringed Octopuses
Blaugeringelte Kraken
Gattung Hapalochlaena

Stamm: Weichtiere (Mollusken), *Mollusca*
Klasse: Kopffüßer, *Cephalopoda*
Ordnung: Achtfüßer, *Octabrachia*
Unterordnung: Kraken, *Octopoda*
Aussehen: Normal gelbbraun mit dunkelblauen, aber bei Bedrohung mit leuchtend-blauen Ringen (Name). Haben im Gegensatz zu den →Kalmaren und →Tintenfischen keine innere Schale und nur acht Fangarme. Die Armspanne beträgt je nach Art 15 bis 30 cm. Gewicht bis 100 g.
Lebensraum: Alle flachen Küstengewässer.
Lebensweise: Sie verstecken sich tagsüber in unterschiedlichen Schlupfwinkeln (Felsspalten, leere Muscheln und Büchsen). Sie jagen nachts und betäuben ihre Beute mit Gift, das sie durch den Biss oder ins Wasser abgeben.
Nahrung: Weichtiere, Krebschen, Krabben.
Entwicklung: Getrenntgeschlechtlich.
Besonderes: Feindabwehr wie →Kalmare.
Bild: Kleiner Blaugeringelter Krake, *Hapalochlaena maculosa*, eine von vier *Hapalochlaena*-Arten.
Achtung: Das extrem starke Gift kann auch Menschen in 5-10 Minuten total lähmen (bisher 10 bekannte Todesfälle), aber nur bei direktem Hautkontakt mit dem Kraken. Der Biss ist giftig, die Fangarme nicht. Daher niemals anfassen! Es gibt bis heute kein Gegengift!
Allgemeines: Wirbellose Meerestiere, S. 149

Featherstars
Haarsterne
oder Federsterne
Ordnung Comatulida

Stamm: Stachelhäuter, *Echinodermata*
Klasse: Haarsterne und Seelilien, *Crinoidea*
Ordnung: Haar- oder Federsterne, *Comatulida*
Aussehen: Sie erinnern an Blütenkelche mit vogelfederartigen Armen (Name). Im hohlen Teil des Kelches befindet sich die Mundöffnung. Das Innenskelett besteht aus Kalkplatten. Oft bunt gefärbt. Durchmesser 10-25 cm.
Lebensraum: Bevorzugen die flachen Gewässer der gemäßigten und tropischen Meere, häufig an Korallenriffen, meiden das direkte Sonnenlicht.
Lebensweise: Bodenbewohner. Sie verankern sich gern mit ihren Fußranken (Cirren), können aber auch mit ihren Armen mäßig schwimmen. Sie sind nachtaktiv. Zwischen ihren Armen leben gern kleine Fische und Krustentiere.
Nahrung: Sie filtern fressbare Partikel mit ihren Armen aus dem vorbeiströmenden Wasser.
Entwicklung: Getrenntgeschlechtlich. Der Zyklus vom befruchteten Ei über das Larvenstadium bis zum erwachsenen Tier dauert etwa 2 Monate.
Besonderes: Sie können ihre verletzten oder verlorenen Arme wieder erneuern (Regenerationsfähigkeit).
Abbildung: *Bennett's Feather Star, Oxycomanthus bennetti*, eine von etwa 500 Arten weltweit.
Info: Großes Barriere-Riff, S. 150
Allgemeines: Wirbellose Meerestiere, S. 149

Starfish
Sea Stars
Seesterne
Klasse Asteroidea

Crown-of-Thorns Seastar
Dornenkronenseestern
Acanthaster planci

Stamm: Stachelhäuter, *Echinodermata*
Klasse: Seesterne, *Asteroidea*
Aussehen: Sternförmig. Die Mittelscheibe ist umgeben von meist 5 Armen mit Saugfüßchen an der Unterseite. Der Mund ist nach unten geöffnet. Durchmesser 8-50 cm.
Lebensraum: Gemäßigte und tropische Küstengewässer bis 200 m Tiefe. Oft an Fels- und Korallenriffen, aber auch auf Weichböden.
Lebensweise: Gesellige Bodenbewohner. Meist nächtliche Beutegreifer. Viele Arten stülpen den Magen durch die Mundöffnung nach außen und verdauen die Nahrung außerhalb des Körpers.
Nahrung: Plankton (S. 149), Muscheln, Schwämme, Korallenpolypen (wie →Dornenkronenseestern).
Entwicklung: In der Regel geschlechtlich. Von den umherschwimmenden Spermien stimuliert, geben die Weibchen ihre Eier in das Wasser ab.
Artenschutz: Ja, in Marine Parks.
Besonderes: Regenerationsfähigkeit wie bei den →Haarsternen. Auch aus den abgeworfenen Armen können sich neue Tiere (ungeschlechtliche Vermehrung) bilden.
Abbildung: Blue Sea Star, Blauer Seestern, *Linckia laevigata*, bis 30 cm Durchmesser.
Vergleiche: →Dornenkronenseestern.
Info: Großes Barriere-Riff, S. 150
Allgemeines: Wirbellose Meerestiere, S. 149

Stamm: Stachelhäuter, *Echinodermata*
Klasse: Seesterne, *Asteroidea*
Familie: Dornenkronenseesterne, *Acanthasteridae*
Aussehen: Die Oberseite hat giftige, scharfe Stacheln wie Dornen (Name), 9-23 Arme. Kann sich bei Bedrohung wie ein Igel zusammenrollen. Durchmesser bis 70 cm.
Lebensraum: Lebende Korallenstöcke.
Lebensweise: Stülpen ihren Magen meist über Hartkorallen und verdauen die Polypen. Treten in Zeitabständen massenhaft auf. Großflächiges Abweiden der Korallenstöcke bis auf das weiße, tote Kalkskelett. Regenierung 10-20 Jahre.
Nahrung: Fast nur Korallenpolypen.
Entwicklung: Getrenntgeschlechtlich. Ein Weibchen legt pro Sommer bis zu 60 Mio Eier, daher eine explosionsartige Vermehrung.
Artenschutz: Nein. Unklar sind die Ursachen der Epidemien und auch das plötzliche Verschwinden. Als Hauptfeind gilt Triton Shell, Tritonshorn oder Trompetenschnecke, *Tritonium nodiferum*, deren Bestände wurden aber durch den Menschen stark dezimiert (das Gehäuse war begehrt als Souvenir und Jagdhorn).
Achtung: Der einzige, giftige Seestern weltweit. Bei Berührung (Giftstacheln) enorme Schmerzen!
Info: Großes Barriere-Riff, S. 150
Allgemeines: Wirbellose Meerestiere, S. 149

Brittle and Basket Stars
Schlangensterne
Klasse Ophiuroidea

*Sea Eggs
Sea Urchins*
Seeigel
Klasse Echinoidea

Stamm: Stachelhäuter, *Echinodermata*
Klasse: Schlangensterne, *Ophiuroidea*
Aussehen: Im Gegensatz zu den →Seesternen mit langen, dünnen Armen, die sich schlangenartig bewegen (Name). Arme oft mit seitlichen Stacheln. Meist bunt gefärbt, die Mittelscheibe ist mit hübschen Farbmustern verziert. Der Durchmesser beträgt 10-75 cm.
Lebensraum: Gemäßigte und tropische Meere, von der Strandzone bis zu 6000 m Tiefe.
Lebensweise: Teils gesellige Bodenbewohner, mit bis zu 2000 Tieren pro Quadratmeter. Die sehr beweglichen Arme dienen zur Fortbewegung und zum Beutefang. Die Arme brechen leicht ab und bilden einen guten Schutz vor Fressfeinden: Während die sich mit der vermeintlichen Beute beschäftigen, vergräbt sich der Schlangenstern im Boden. In der Regel regenieren sich die Arme.
Nahrung: Kleine Krebstiere, Algen, Abfall.
Entwicklung: Getrenntgeschlechtlich.
Artenschutz: Ja, in Marine Parks.
Besonderes: Einige Arten leben auch paarweise: Dann trägt das größere Weibchen das kleinere Männchen mit sich auf der Scheibe herum.
Abbildung: *Schayer's Brittle Star, Ophionereis schayeri,* Arme bis 12 cm.
Info: Großes Barriere-Riff, S. 150
Allgemeines: Wirbellose Meerestiere, S. 149

Stamm: Stachelhäuter, *Echinodermata*
Klasse: Seeigel, *Echinoidea*
Aussehen: Kugel- bis scheibenartiger Körper mit Stacheln, ohne Arme. Die fest verbundenen Platten bilden das innere Kalkgehäuse. Mund auf der Unterseite mit 5 Zähnen zum Abkratzen des Untergrundes. Durchmesser 5-25 cm.
Lebensraum: Meist Küstenzonen gemäßigter und tropischer Meere, aber auch in Wassertiefen bis über 5000 m.
Lebensweise: Gesellige und nachtaktive Bodenbewohner. Fortbewegung durch die unteren Stacheln oder durch die langen Saugfüßchen. Die oberen Stacheln haben teilweise Giftdrüsen, die u.a. der Verteidigung dienen.
Nahrung: Kleinlebewesen und Pflanzen.
Entwicklung: Getrenntgeschlechtlich. Abgabe der Ei- und Samenzellen ins Wasser.
Sonstiges: Sie besitzen als einzige wirbellose Tiere einen Kauapparat mit einem komplizierten Kaugerüst (»Laterne des Aristoteles«).
Abbildung: *Slate-pencil Sea Urchin,* Griffelseeigel, *Phyllacanthus parvispinus.*
Vergleiche: Häufig an den nördlichen Stränden: *Sand Dollar,* Sanddollar; *Heart Urchin,* Herzigel, relativ flach, kurze Stacheln, bis 10 cm.
Info: Großes Barriere-Riff, S. 150
Allgemeines: Wirbellose Meerestiere, S. 149

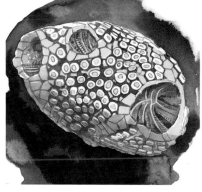

Sea Cucumbers
Seewalzen
»Seegurken«
Klasse Holothuroidea

Ascidians
Sea Squirts
Seescheiden
Klasse Ascidiae

Name: Im Deutschen auch »Seethaler« genannt, im Englischen oft fälschlich →*Sea Slugs.*
Stamm: Stachelhäuter, *Echinodermata*
Klasse: Seewalzen, *Holothuroidea*
Aussehen: Körper wurst- oder gurkenförmig, ohne festes Skelett. Mund- und Afteröffnung an den Körperenden. Bunt gefärbt. 5-70 cm lang und bis 5 cm dick.
Lebensraum: Alle Meere und Tiefen. Bevorzugen tropische Küstengewässer.
Lebensweise: Sehr langsame Bodenbewohner. Sie graben sich bei Gefahr ein. Sie bewegen sich schwimmend, kriechend oder schwebend.
Nahrung: Sie fressen den Sand zur Entnahme der Nahrungspartikel und gelten deshalb als »Staubsauger der Meere«.
Entwicklung: Getrenntgeschlechtlich.
Besonderes: Kann zur Abwehr der Feinde alle Eingeweide ausstoßen, die wieder nachwachsen (Regenerationsfähigkeit wie →*Seesterne*).
Abbildung: *Variegated Sea Cucumber, Stichopus variegatus.*
Sonstiges: Seewalzen werden in Südostasien und Polynesien gekocht und getrocknet. Dann kommen sie als »Trepang« (Nahrungsmittel, aber auch Aphrodisiakum) in den Handel.
Info: Großes Barriere-Riff, S. 150
Allgemeines: Wirbellose Meerestiere, S. 149

Stamm: Chordatiere, *Chordata*
Unterstamm: Manteltiere, *Urochordata*
Klasse: Seescheiden, *Ascidiae* oder *Ascidiacea*
Aussehen: Der sack- bis tonnenförmige Körper ist umgeben von einer glasig-gallertigen bis lederartigen Hülle (Mantel oder Tunica) mit je einer Ein- und Ausströmöffnung (Siphone). 3 bis 20 cm lang.
Lebensraum: Gemäßigte und tropische Meere, bevorzugt in flachen Küstengewässern.
Lebensweise: Sesshaft. Einzeln oder in Kolonien, dann oft in einem gemeinsamen Mantel.
Nahrung: Das Plankton (S. 149) wird mit Hilfe der Siphonen (siehe oben) aus dem Wasser gefiltert. Die größeren Arten filtern auf diese Art und Weise täglich 60 bis 80 Liter.
Entwicklung: Zwitter, manche selbstbefruchtend.
Besonderes: Manche Arten fallen außerhalb des Wassers zu gallertigen Klumpen zusammen.
Abbildung: *Sea Sqirt, Botrylloides magnicoecum.*
Sonstiges: Nur die Larven der Manteltiere haben im Schwanz schon ein knorpeliges Gebilde als Vorstufe der Wirbelsäule (Chorda). U.a. deshalb Zuordnung der Manteltiere zum Tierstamm der Chordatiere, zu denen auch die Wirbeltiere - wie auch die Menschen - gehören.
Info: Großes Barriere-Riff, S. 150
Allgemeines: Wirbellose Meerestiere, S. 149

Land Invertebrates
Wirbellose Landtiere

Die auf dem Festland und im Süßwasser lebenden wirbellosen Tiere gehören vor allem zu den **Gliederfüßern**. Diese umfassen mit über einer Million benannten Arten etwa drei Viertel aller Tierarten. Zu den Gliederfüßern zählen:

➤ **Insekten** mit Schmetterlingen, Käfern, Wespen, Bienen, Fliegen und Mücken, Libellen, Schaben, Heuschrecken, Gottesanbeterinnen, Ameisen, Termiten, Zikaden und weiteren ca. 20 Ordnungen;

➤ **Spinnentiere** mit Spinnen, Skorpionen, Milben und Zecken;

➤ **Tausendfüßer** mit Hundertfüßern und

➤ **Krebstiere** mit den im Süßwasser und an Land lebenden Arten (Meeresarten →Wirbellose Meerestiere).

Alle Gliederfüßer haben einen Körper mit bestimmter Anzahl von Ringen (Segmenten), die mit beweglichen Gliedmaßen (z.B. Beinen, Flügeln, Fühlern) versehen sind. Die Gliederfüßer besitzen ein hartes Außenskelett (Panzer) aus einem hornartigen Stoff (Chitin), das nicht mitwächst und daher von Zeit zu Zeit erneuert werden muss (Häutung). Vergrößerung des Panzers bedeutet aber Gewichtszunahme und Einschränkung der Beweglichkeit. Die an Land lebenden Gliederfüßer sind deshalb meist klein, von 0,1 mm bis 60 cm. Nur die im Wasser lebenden Tiere werden größer, da bei ihnen der Auftrieb das Gewicht ausgleicht (→Wirbellose Meerestiere).

Die Gliederfüßer konnten dank ihres hochentwickelten Körperbaues und der beachtlichen Sinnesleistungen jeden Lebensraum der Erde besiedeln. Sie sind neben den Wirbeltieren die erfolgreichste Tiergruppe.

Zu weiteren an Land und in Süßgewässern lebenden wirbellosen Tiergruppen gehören:

➤ **Ringelwürmer** mit den Regenwürmern und Blutegeln,

➤ **Plattwürmer** mit Strudel-, Saug- und Bandwürmern (Meeresarten →S. 155/156) und

➤ **Schnecken** (Meeresarten →S. 162-164).

INFO

Insects • **Insekten** • *Insecta*

Dem Stamm der →Gliederfüßer zugeordnet ist die Klasse der Insekten, die bei weitem artenreichste Gruppe im Tierreich. Von weltweit etwa einer Million bekannten Arten (es werden weitere 20-30 Mio vermutet) sind ca. 110 000 in Australien beheimatet. Eine seit 350 Mio Jahren andauernde Entwicklung und mit der Besetzung nahezu aller Lebensräume führten zu einer enormen Arten- und Formenvielfalt.

Trotz der äußerlichen Verschiedenheiten weist der Körperbau aller Insekten die gleiche Dreiteilung auf:

➤ Der **Kopf** als kleinster Körperabschnitt trägt die Mundwerkzeuge, ein Paar Fühler und die Augen.

➤ Die **Brust** teilt sich in drei Abschnitte mit je einem Beinpaar, also mit insgesamt sechs Beinen. Bei den geflügelten Insekten (sie können als einzige wirbellose Tiere fliegen!) sitzen meist am hinteren und mittleren Brustabschnitt je ein Paar Flügel.

➤ Der **Hinterleib** trägt keine Gliedmaßen, sondern enthält Geschlechtsorgane sowie das Verdauungs- und Blutsystem.

Die Insekten sind getrenntgeschlechtlich. Die meisten Arten verwandeln sich im Laufe ihres Lebens auf sehr deutliche Art und Weise (Metamorphose):

➤ Aus dem Ei schlüpft

➤ die Larve, die sich mehrere Male häutet

➤ und sich dann zu einer Puppe entwickelt,

➤ aus der das Vollinsekt schlüpft.

Der Verlauf der Verwandlung ist entweder unvollkommen (die Larven werden über mehrere Stadien dem Vollinsekt immer ähnlicher, z.B. bei Heuschrecken) oder sie ist vollkommen (mit Ruhestadium in einer Puppe, z.B. bei Schmetterlingen): Larve (Raupe), Puppe und Vollinsekt ähneln sich dabei nicht.

Übrigens sähe die Pflanzenwelt ohne die Insekten anders aus. Insekten besuchen Blüten, um sich und ihre Brut mit Pollen und Nektar zu ernähren und bestäuben dabei unabsichtlich die Blüten. So sind Pflanze und Insekt aufeinander angewiesen.

Dragonflies and Damselflies
Libellen
Odonata

»Roaches«
Cockroaches
Schaben
Blattodea

Ordnung: Groß- und Kleinlibellen, *Odonata*, mit 302 heimischen (von weltweit 5000) Arten.

Aussehen: Schlanker Körper mit großem Kopf, Facettenaugen, kurzen Fühlern und vier häutigen Flügeln, die in Ruhestellung seitlich vom Körper weggestreckt (bei Großlibellen) oder über dem Rücken zusammengeklappt (bei Kleinlibellen) werden. 2-16 cm.

Lebensraum: Stillgewässer aller Art.

Lebensweise: Sie fliegen bis zu 100 km/h. Sind sehr gewandt dank der unabhängig voneinander bewegbaren Vorder- und Hinterflügel. Jagen ihre Beute im Flug. Die starke Wölbung der riesigen Augen verschafft ihnen ein weites Gesichtsfeld.

Nahrung: Fluginsekten, Libellenlarven, Wassertiere.

Entwicklung: Bei der Paarung bilden Männchen und Weibchen ein »Rad«: Mit dem Hinterleib hält das Männchen das Weibchen am Hinterkopf und sie nimmt das Sperma aus dem Begattungsorgan in ihre Geschlechtsöffnung auf. Die Ablage der Eier erfolgt im Wasser oder an Wasserpflanzen. Die Larven entwickeln sich im Wasser.

Bild: Die größte heimische Art: Giant Dragonfly, Australische Riesenlibelle, *Petalura gigantea*, mit einer Flügelspannweite von 16 cm.

Info: Insekten, S. 170

Allgemeines: Wirbellose Landtiere, S. 170

Ordnung: Schaben, *Blattodea*, mit 428 (von weltweit 3500) Arten, davon 20 eingeführt.

Aussehen: Körper flach, bräunlich; Antennen borstenförmig; Vorder- und Hinterflügel ungleich; von →Käfern u.a. durch die Schwanzanhänge leicht zu unterscheiden. 3-70 mm, große Arten sind meist tropisch.

Lebensraum: Die heimischen Arten leben unter Rinde, Steinen, umgefallenen Bäumen oder im Laub. Die eingeführten Arten (u.a. Hausschaben) in Gebäuden und Abwasseranlagen.

Lebensweise und Nahrung: Die heimischen Arten sind tagaktiv und fressen Pflanzenabfälle. Die eingeführten Arten sind nachtaktiv, Allesfresser.

Entwicklung: Das Weibchen bewahrt 12-40 Eier in einer Eitasche auf. Einige heimische Arten sind lebendgebärend. Unvollständige Verwandlung (9-13 Larvenstadien).

Abbildung: Die weltweit größte Schabe: Giant Rhinoceros Cockroach, Australische Großschabe, *Macropanesthia rhinoceros*, 12 cm lang und 50 g schwer.

Sonstiges: Die heimischen Arten bilden einen wichtigen Bestandteil der Nahrungskette. Die eingeführten Arten werden dagegen bekämpft: Sie verunreinigen Lebensmittel und übertragen auch Krankheiten.

Info: Insekten, S. 170

Allgemeines: Wirbellose Landtiere, S. 170

Termites
White Ants
Termiten
Isoptera

Mantids
Praying Mantids
Gottesanbeterinnen
Familie Mantidae

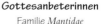

Ordnung: Termiten, *Isoptera*
mit 348 heimischen (von weltweit 2000) Arten.
Aussehen: Wie Maden mit Beinen. 3-10 mm.
Lebensraum: Meist Tropen und Subtropen.
Lebensweise: Lichtscheu, daher kaum zu sehen. Nester mit Kammern und Gängen meist unter, teils über der Erde (Bäume, Termitenbauten). Im Termitenstaat leben 1 Königspaar (Fortpflanzung), blinde Arbeiter (Fütterung und Brutpflege) und Soldaten (Verteidigung); einmal im Jahr bilden sich auch geflügelte Geschlechtstiere, um neue Staaten zu gründen.
Nahrung: Meist Holz, Humus, Pilze, Gras.
Entwicklung: Nur die Königin legt täglich bis zu 2000 Eier. Unvollständige Verwandlung.
Bild: Nur 5 mm (!) große Arbeiter der *Spinifex or Cathedral Termite*, Spinifextermite, *Nasutitermes triodidae (Termitidae)*; ihre Bauten (»Kathedralen«) sind bis 7 m hoch (Nordaustralien).
Name: *White Ants* ist irreführend. Die Ameisen gehören zur →Wespen-Ordnung!
Besonderes: Die *Magnetic Termites*, Kompasstermiten, *Amitermes meridionalis*, entgehen mit nordsüdlichen Scheiben-Bauten (Nordaustralien) der Mittagshitze, wenn der unterirdische Teil in der Regenzeit überflutet ist.
Info: Insekten, S. 170
Allgemeines: Wirbellose Landtiere, S. 170

Ordnung: Fang(heu)schrecken, *Mantodea*
mit 162 heimischen (von weltweit 1800) Arten.
Familie: Gottesanbeterinnen, *Mantidae*
Aussehen: Der meist grüne oder braune Körper ist oft stabförmig oder blattähnlich. An dem beweglichen, herzförmigen Kopf sitzen zwei große und drei Nebenaugen. Der Hals ist auffallend verlängert. Die Vorderbeine sind zu mit Dornen besetzten Fangbeinen umgebildet. 1-15 cm lang.
Lebensraum: Buschland und Hausgärten, an Blattwerk, Baumstämmen oder Gras.
Lebensweise: Einzelgänger. Lauern gut getarnt und regungslos auf ihre Beute. Halten dabei ihre Vorderbeine (Fangbeine) wie zum Gebet gefaltet vor der Brust (Name).
Nahrung: Insekten. Große Gottesanbeterinnen-Arten auch junge Mäuse, Vögel und Eidechsen.
Entwicklung: 100-400 Eier werden in hornigen Paketen an Pflanzen und Steinen festgeklebt. Verwandlung unvollständig.
Besonderes: Manchmal wird das meist kleinere Männchen von dem Weibchen nach der Paarung gepackt und aufgefressen oder schon während der Begattung angeknabbert.
Abbildung: Ein Mitglied der Familie *Mantidae*.
Info: Insekten, S. 170
Allgemeines: Wirbellose Landtiere, S. 170

Crickets and Katydids
Grillen und Laubheuschrecken
Ensifera

Grasshoppers and Locusts
Feldheuschrecken und Wanderheuschrecken
Caelifera

Ordnung: Spring(heu)schrecken, *Saltatoria*, mit ca. 2800 heimischen (von weltweit 20 000) Arten.
Unterordnung: Langfühlerschrecken, *Ensifera*, mit ca. 1800 heimischen Arten.
Aussehen: Der Körper ist meist walzenförmig, unscheinbar gelblich oder bräunlich gefärbt. Die Hinterbeine sind sehr auffällig zu großen und kräftigen Sprungbeinen ausgebildet. Die schmalen Vorderflügel bedecken in Ruhestellung die fächerförmigen Hinterflügel. Die Fühler (Antennen) überspannen oft die Körperlänge. (Langfühlerschrecken). 5 mm bis 10 cm lang.
Lebensraum: Vorwiegend Bäume und Sträucher, bevorzugt in den Tropen und Subtropen.
Lebensweise: Dämmerungs- und nachtaktiv. Bis zu 2 m weite Sprünge. Die Männchen tragen die Lautorgane auf den Vorderflügeln und erzeugen damit unterschiedliche Zirplaute.
Nahrung: Teils pflanzlich, teils tierisch.
Entwicklung: Die Weibchen legen 10–200 Eier mit einem säbelförmigen Legebohrer (Legeröhre) ab. Verwandlung unvollkommen.
Besonderes: Die Mole Crickets, Maulwurfsgrillen, leben in selbst gegrabenen Erdhöhlen.
Abbildung: *Australian King Cricket, Australostoma opacum*, Familie *Stenopelmatidae*, 58 mm lang.
Info: Insekten, S. 170
Allgemeines: Wirbellose Landtiere, S. 170

Ordnung: Spring(heu)schrecken, *Saltatoria*, mit ca. 2800 heimischen (von weltweit 20 000) Arten.
Unterordnung: Kurzfühlerschrecken, *Caelifera*, mit ca. 1000 heimischen Arten.
Aussehen: Ähnlich wie die →Laubheuschrecken und Grillen, doch kurze, fadenförmige Fühler (Kurzfühlerschrecken). Flügel gut ausgebildet, Hinterflügel oft lebhaft gefärbt. 0,5–10 cm lang.
Lebensraum: Auf Pflanzen in Bodennähe.
Lebensweise: Meist tagaktiv. Springen bis zu 2 m weit. Beim Zirpen streicht der Hinterschenkel über eine Kante am Vorderflügel.
Nahrung: Gräser und andere Pflanzen.
Entwicklung: Die Weibchen drücken 10–200 Eier mit dem Legestachel am Hinterleib in den Boden. Verwandlung unvollkommen.
Bild: Die schönste australische Heuschrecke: *Leichhardt's Grashopper*, Spitzkopfschrecke, *Petasida ephippigera*, aus Familie *Pyrgomorphidae*; nur 4,5 cm lang, lebt nur im Arnhem Land (NT), 1845 von dem deutschen Australienforscher Ludwig Leichhardt entdeckt.
Vergleiche: *Australian Plague Locust*, Australische Wanderheuschrecke, *Chortoicetes terminifera*, tritt alle 3–4 Jahre massenhaft auf und verursacht große Ernteschäden.
Info: Insekten, S. 170
Allgemeines: Wirbellose Landtiere, S. 170

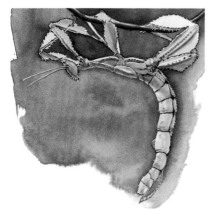

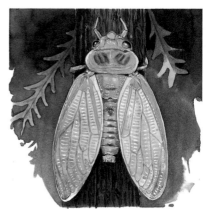

Stick and Leaf Insects
Stab(heu)schrecken und Wandelnde Blätter
Phasmatodea

Cicadas
Zirpen Zikaden
Auchenorrhyncha

Ordnung: Gespenst(heu)schrecken, *Phasmatodea*, mit 150 heimischen (von weltweit 2500) Arten.
Aussehen: Die Stab(heu)schrecken haben einen langgestreckten, stabförmigen, meist flügellosen, grünen oder braunen Körper. 3-30 cm.
Die Wandelnden Blätter haben einen seitlich stark abgeflachten Körper, der einem grünen oder gelben Blatt ähnelt (Name). 3-30 cm.
Lebensraum: Sträucher, Bäume, Grasflächen, bevorzugt in den Tropen und Subtropen.
Lebensweise: Sie ahmen mit ihrem Aussehen Pflanzenteile nach und täuschen dadurch ihre Feinde. Sitzen tagsüber meist regungslos und bewegen sich nachts nur langsam fort.
Nahrung: Alle Arten sind Pflanzenfresser.
Entwicklung: Die Paarungspartner sind meist tagelang verbunden. Bei einigen Arten auch keine Begattung. Die Weibchen legen 100 bis 1000 Eier auf den Boden. Verwandlung unvollkommen.
Besonderes: Einige Stabschrecken können ihre Farbe wechseln und sich dadurch zusätzlich schützen (auch im Tag-Nacht-Wechsel).
Bild: *Spiny Stick (Leaf) Insect,* Australische Gespenstschrecke, Australisches Wandelndes Blatt, *Extatosoma tiaratum,* Familie Phasmatidae, Weibchen bis 16 cm lang.
Info: Insekten, S. 170
Allgemeines: Wirbellose Landtiere, S. 170

Ordnung: Schnabelkerfe, *Hemiptera*
Unterordnung: Gleichflügler, *Homoptera*
Überfamilie: Zikaden, *Auchenorrhyncha*, mit 250 heimischen (von weltweit 40 000) Arten.
Aussehen: Kurze Fühler und dünnhäutige, oft bunte Flügel (im Gegensatz zu →Grillen). 1-8 cm.
Lebensraum: Sträucher, Bäume, Grasflächen, bevorzugt in den Tropen und Subtropen.
Lebensweise: Männchen vieler Arten (besonders der Singzikaden) erzeugen typische Schrill- und Zirplaute mit dem aus Membranen bestehenden Trommelorgan am Hinterleib, eine Resonanzkammer verstärkt noch den Schall. Sie können synchron in der Gruppe über 100 dB erzeugen, in etwa die Lautstärke einer Rockband!
Nahrung: Pflanzensäfte.
Entwicklung: Paarung dauert oft stundenlang. Die Eiablage erfolgt mit dem Legestachel in ein Pflanzengewebe. Die Larve im Boden lebt bis zu 5 Jahre, aber das Vollinsekt nur einige Wochen.
Abbildung: Ist die bekannteste heimische Art: *Green Grocer, Cyclochila australasiae,* Familie der Singzikaden, *Cicadidae;* etwa 50 mm lang.
Vergleiche: Die verwandten *Psyllidae*-Pflanzenlauslarven geben auf Blätter das weiße, süßliche *Lerp* ab, eine beliebte Aborigines-Buschnahrung.
Info: Insekten, S. 170
Allgemeines: Wirbellose Landtiere, S. 170

Beetles
Käfer
Coleoptera

Flies
Fliegen
Brachycera

Ordnung: Käfer, *Coleoptera*, mit etwa 28 200 heimischen (von weltweit 350 000) Arten.

Aussehen: Körper mit hartem Hautpanzer und stark verhärteten Vorderflügeln, die in der Ruhestellung die häutigen Hinterflügel und meist auch den ganzen Hinterleib bedecken. Kopf mit Fühlern, Augen und beißenden Mundwerkzeugen. 0,4 bis 80 mm.

Lebensraum: Alle Lebensräume (Biotope).

Lebensweise: Fliegen nur mit den Hinterflügeln. Je nach Art sind die Beine zu Lauf-, Grab- oder Schwimmbeinen umgebildet.

Nahrung: Meist Pflanzenfresser (darunter viele Pflanzenschädlinge). Manche Arten leben auch räuberisch, einige vertilgen auch Schadinsekten und sind dadurch nützlich.

Entwicklung: Die Verwandlung ist vollkommen. Die Larven (z.B. Engerlinge) leben meist mehrere Jahre, das Käferleben ist nur kurz.

Abbildung: Ist häufig Ende Dezember zu sehen: *Boisduval's Christmas Beetle*, Weihnachtskäfer, *Anoplognathus boisduvalii*, Familie *Scarabaeidae*.

Sonstiges: Heimische Mistkäfer fressen nur den Beuteltierkot. Für den Abbau des Rinderdung führte man deshalb (mit Teilerfolg) afrikanische Arten ein, um die →Buschfliegen zu dezimieren.

Info: Insekten, S. 170

Allgemeines: Wirbellose Landtiere, S. 170

Ordnung: Zweiflügler, *True Flies*, Diptera, ca. 7800 heimische (von weltweit 150 000) Arten.

Unterordnung: Fliegen, *Brachycera*, mit 2600 heimischen (von weltweit 50 000) Arten.

Aussehen: Nur Vorderflügel, die Hinterflügel sind zu Schwingkölbchen reduziert. Im Gegensatz zu den →Mücken ein gedrungener Körper mit kurzen Fühlern und Beinen. Meist Leckrüssel. 2 bis 50 mm.

Lebensraum: Fast alle Lebensräume.

Lebensweise: Meist tagaktiv.

Nahrung: Nur flüssig, entweder pflanzlich (also Pflanzensäfte) oder tierisch (als Schmarotzer).

Entwicklung: Vollkommene Verwandlung.

Vergleiche: *March or Horse Flies*, (Rinder)Bremsen, Familie *Tabanidae*, Weibchen mit Stechrüssel.

Abbildung: *Bushfly*, Buschfliege, *Musca vetustissima* (Familie *Muscidae*, wie die Stubenfliege). Ist im Outback oft lästig, aber harmlos.

Sonstiges: Fliegen sind in den Trockengebieten schon immer stark verbreitet. Auch die ersten Erforscher klagten über »Myriaden von Fliegen«. Die Buschfliegen vermehrten sich später noch durch Rinderdung, den die heimischen Mistkäfer (→Käfer) nicht mögen, und der einen idealen Nährboden für die Fliegenlarven bietet.

Info: Insekten, S. 170

Allgemeines: Wirbellose Landtiere, S. 170

Midges, Sandflies and Mosquitoes (»Mossies«)

Mücken

Nematocera

Ordnung: *Zweiflügler, True Flies, Diptera,* ca. 7800 heimische (von weltweit 150 000) Arten.

Unterordnung: Mücken, *Nematocera,* mit 5200 heimischen (von weltweit 100 000) Arten.

Aussehen: Im Vergleich zu →Fliegen meist mit schlankem Körper, langen Fühlern und Beinen. Die Weibchen oft mit Stechrüssel. 1 bis 50 mm.

Lebensraum: Meist in Wassernähe.

Lebensweise: Dämmerungs- und nachtaktiv.

Nahrung: Teils Pflanzensäfte, teils räuberisch, besonders aber blutsaugend.

Entwicklung: Weibchen fliegen in die Paarungsschwärme der Männchen, Begattung im Fluge. Verwandlung vollkommen. Alter bei Stechmücken: Männchen 7-10 Tage, Weibchen bis zu 30 Tage.

Abbildung: *Giant Mosquito,* Gattung *Toxorhynchites,* Familie *Culicidae,* 20 mm lang.

Sonstiges: Man unterscheidet:

1) Stechmücken, *Mosquitoes:* Die blutsaugenden Weibchen übertragen Krankheiten, wie das Ross-River-Fieber (keine Malaria in Australien). Vorbeugung gegen Stiche durch körperbedeckende Kleidung und Einreiben mit Mückenmittel!

2) Nicht stechende Mücken: z.B. *Crane Flies,* Schnaken, Familie *Tipulidae.*

Vergleiche: →*Sandflies,* Kriebelmücken (Neuseeld.)

Info: Insekten, S. 170

Allgemeines: Wirbellose Landtiere, S. 170

INFO

Butterflies and Moths

Schmetterlinge

Lepidoptera

Alle Schmetterlinge (auch Schuppenflügler oder Falter genannt) gehören zu der Ordnung *Lepidoptera* mit etwa 22 400 (von weltweit über 160 000) Arten in Australien. Sie sind vor allem gekennzeichnet durch zwei große, mit bunten Schuppen besetzte Flügelpaare, zwei Facettenaugen mit Rundumsicht und meist einem Saugrüssel (statt Mund) zum Aufsaugen von Nektar, Honig und Obstsäften. Die Larven, Raupen (*Caterpillars*) genannt, sind meist Pflanzenfresser. Die Verwandlung ist vollkommen, also Ei, Raupe, Puppe und Schmetterling (Info S. 170).

Volkstümlich unterteilt man immer noch:

1. Tagfalter (Schmetterlinge, *Butterflies*) mit etwa 400 Arten in Australien:

➤ fast alle Arten fliegen bei Tag,

➤ falten ihre unverbundenen Flügel in der Ruhestellung gegeneinander nach oben,

➤ Fühlerspitzen keulenförmig verdickt,

➤ Körper zart und dünn im Verhältnis zu den großflächigen Flügeln,

➤ in der Regel bunter als Nachtfalter.

2. Nachtfalter (Motten, *Moths*) mit weit über 22 000 Arten auf dem Fünften Kontinent:

➤ Fast alle Arten fliegen bei Nacht,

➤ falten die verbundenen Flügel in der Ruhestellung am Körper entlang nach hinten,

➤ feine Fühler wie Haare oder wie Federn gefiedert (geruchsempfindlich!),

➤ Körper relativ groß und plump,

➤ in der Regel weniger bunt als Tagfalter.

Wissenschaftlich spricht man heute nicht mehr von Schmetterlingen und Motten, sondern nur noch von Schmetterlingen (mit etwa 100 Familien), zumal es einige nachtaktive Tagfalter und tagaktive Nachtfalter gibt.

Schmetterlinge leben als Vollinsekten meist mehrere Wochen, einige Arten bis zu einem Jahr. Die Zeit als Raupe (mit vielen Häutungen) kann mehrere Jahre dauern, die Puppenruhe währt bei den tropischen Arten meist nur wenige Tage.

Giant Birdwing
Cairns Birdwing
Cairns-Vogelfalter
Smaragd-Vogelfalter
Troides (Ornithoptera) priamus

Ulysses Swallowtail
Blue Mountain Swallowtail
Ulyssesfalter
Ullyssesschwalbenschwanz
Papilio ulysses

Ordnung: Schmetterlinge, *Lepidoptera*
Familie: Ritter- oder Edelfalter, *Papilionidae*
Aussehen: Typisch Tagfalter. Die Geschlechter unterscheiden sich deutlich: Das Männchen samtschwarz mit leuchtend grüner und gelber Zeichnung; die wesentlich größeren Weibchen sind schwarz, gelb und weiß. Größter heimischer Tagfalter mit Flügelspannweite bis zu 18 cm.
Lebensraum: Meist tropische Regenwälder.
Lebensweise: Tagaktiv. Besucht die Blüten im langsamen Flatter- oder Segelflug.
Nahrung: Überwiegend Blütennektar.
Entwicklung: Beim Paarungstanz umkreist das Männchen das Weibchen. Die Eier werden einzeln an die jeweilige Raupenfutterpflanze geheftet. Die Verwandlung ist vollkommen.
Raupen: Schwarz mit roten Punkten, fingerdick, ca. 8 cm lang, wachsen 6 Wochen. Sie fressen an den Blättern der Osterluzei (*Aristolochia*-Arten). Sie sind giftig, z.B. für Vögel.
Name: Vogelfalter oder –flügler, da ihre Spannweite sogar größer als bei kleinen Vögeln ist.
Hotspots: z.B. Australian Butterfly Sanctuary in Kuranda bei Cairns.
Info: Schmetterlinge, S. 176
Info: Insekten, S. 170
Allgemeines: Wirbellose Landtiere, S. 170

Ordnung: Schmetterlinge, *Lepidoptera*
Familie: Ritter- oder Edelfalter, *Papilionidae*
Aussehen: Typisch Tagfalter. Die Flügel glänzen metallisch kobaltblau, die Enden sind schwarz. Die Hinterflügel haben zarte, schwarze Anhänge, daher auch der Name »Schwalbenschwanz«. Gilt als einer der schönsten und bekanntesten australischen Schmetterlinge. Spannweite der Flügel bis zu 12 cm.
Lebensraum: Bevorzugt sonnige Lichtungen im tropischen Regenwald.
Lebensweise: Tag- und abendaktiv. Fliegt weit umher und besucht eifrig Blüten.
Nahrung: Nur Blütennektar, überwiegend von der heimischen *Pink Euodia, Melicope elleryana*.
Entwicklung: Verwandlung vollkommen. Legt die Eier einzeln an Stängeln, Blättern und Blütenstielen der Raupenfutterpflanzen (Blätter der *Euodia*-Rautengewächse) ab.
Raupen: Überwiegend grün, bleistiftdick, etwa 4 cm lang, wachsen 4 Wochen.
Hotspots: z.B. Australian Butterfly Sanctuary in Kuranda bei Cairns.
Vergleiche: *Orchard Swallowtail, Papilio aegeus*, die Geschlechter sind verschieden gefärbt.
Info: Schmetterlinge, S. 176
Info: Insekten, S. 170
Allgemeines: Wirbellose Landtiere, S. 170

Monarch Butterfly
Wanderer Butterfly

Monarchfalter

Danaus plexippus

Atlas Moth
Hercules Moth

Herkulesfalter
Herkulesspinner

Coscinocera hercules

Ordnung: Schmetterlinge, *Lepidoptera*
Familie: Fleckenfalter, *Nymphalidae*
Aussehen: Typisch Tagfalter. Gelborange gefärbt. Flügelspannweite 10 cm.
Lebensraum: In tropischen und subtropischen Gebieten, ursprünglich in Nordamerika, wo er jährlich ca. 4000 km hin- und herzieht.
Lebensweise: Wanderfalter. Ist wahrscheinlich in den letzten 100 Jahren auf natürliche Art nach Australien eingewandert, nachdem auch seine Futterpflanzen eingeführt worden waren.
Nahrung: Der Falter saugt den Blütennektar. Die Raupe frisst u.a. die giftigen Schwalbenwurzgewächse.
Entwicklung: Bei der Balz locken die Männchen die Weibchen mit Sexualduftstoffen an. Die Eier werden während der Wanderungen abgelegt.
Raupe: Glatt und bunt, wächst schnell. Puppe metallisch glänzend.
Besonderes: Der Falter wird durch die bereits als Raupe aufgenommenen Giftstoffe von den Feinden (vor allem Vögel) gemieden, die leuchtende Färbung dient als Warnung.
Vergleiche: z.B. Katherine Gorge (NT): *Common Crow, Euploea core*, braun mit weißen Punkten.
Info: Schmetterlinge, S. 176
Info: Insekten, S. 170
Allgemeines: Wirbellose Landtiere, S. 170

Ordnung: Schmetterlinge, *Lepidoptera*
Familie: Augenspinner, *Saturniidae*
Aussehen: Typischer Nachtfalter. Sehr großer Körper. Die rotbraunen und großflächigen Flügel haben dreieckige Augenflecken (Familienname). Ohne Saugrüssel (da keine Nahrung aufgenommen wird). Mit einer Flügelspannweite bis zu 25 cm ist es die größte Schmetterlingsart der Welt.
Lebensraum: Tropische Regenwälder.
Lebensweise: Dämmerungs- und nachtaktiv. Fliegt zum Licht, z.B. auch zur Taschenlampe.
Nahrung: Raupe: Blätter, Falter: keine!
Entwicklung: Direkt nach dem Schlüpfen der Falter beginnt der Hochzeitsflug. Das Weibchen lockt das Männchen mit Duftstoffen zur Begattung an. Der Falter lebt nur etwa 4 Tage. Vollkommene Verwandlung.
Raupe: Bis zu 10 cm lang! Sie verspinnt sich zwischen den Blättern ihrer Futterpflanze in einem spindelförmigen Kokon, den sie mit ihren starken Fäden an Zweigen befestigt.
Besonderes: Das Weibchen sendet zusätzlich Ultraschallsignale aus, um die Männchen aus einem möglichst weiten Umkreis (mehr als 3 km) anzulocken.
Info: Schmetterlinge, S. 176
Info: Insekten, S. 170
Allgemeines: Wirbellose Landtiere, S. 170

Hawk Moth
Witchetty Moth
Habichtsfalter
Witchettybohrer
Gattung Xyleutes

Bagshelter Moth
Sackspinner
Ochrogaster lunifer
(Ochrogaster contraria)

Andere Namen: *Rain Moth*, Regenbohrer
Ordnung: Schmetterlinge, *Lepidoptera*
Familie: Holzbohrer, *Cossidae*
Aussehen: Typischer Nachtfalter. Überwiegend dunkelgrau. Der Saugrüssel des Vollinsekts ist zurückgebildet. Spannweite 7-8 cm.
Lebensraum: In Trockengebieten. Verschiedene Arten von Akazien (z.B. →Witchetty-Busch) und von Eukalypten (z.B. →Blutholz-Eukalyptus).
Nahrung: Raupe: Baumsäfte, Falter: keine!
Entwicklung: Der Falter schlüpft nach Regen und lebt nur ca. 2 Tage. Paarung und Ablage von über 1000 Eiern meist unter Akazien. Die Raupen graben sich dann ein und leben 1-3 Jahre in den Wurzeln. Sie verpuppen sich auch unter der Erdoberfläche, warten auf den nächsten Regen (oft Jahre) und der Kreislauf beginnt erneut.
Buschnahrung: Die ausgewachsenen Raupen *(Witchetty Grubs)* haben eine Ähnlichkeit mit Engerlingen (siehe Bild) und sind auch heute noch bei den Aborigines beliebte Buschnahrung (sehr nahrhaft, ein Erwachsener kann von zehn Raupen pro Tag überleben); schmecken roh wie Litschis, gegrillt wie Rühreier; sind neuerdings sogar in Feinschmeckerlokalen erhältlich.
Info: Schmetterlinge, S. 176
Info: Insekten, S. 170
Allgemeines: Wirbellose Landtiere, S. 170

Ordnung: Schmetterlinge, *Lepidoptera*
Familie: Prozessionsspinner, *Thaumetopoeidae*
Aussehen: Typisch Nachtfalter. Hellbraune Flügel. Der kräftige Körper ist wollig behaart und hat gelbe Ringe am Hinterleib. Kein Saugrüssel. Die Flügelspannweite beträgt 6,5 cm.
Lebensraum: Nahe Akazien und Eukalypten.
Nahrung: Raupe: Blätter, Falter: keine!
Entwicklung: Der Falter lebt nur 1-2 Tage einschließlich der Paarung und Eiablage. Die Raupen schlüpfen nach 1 Tag und bauen dann das Nest.
Raupen: Leben gesellig in Gespinstnestern an Bäumen und Sträuchern (Bild oben rechts). Beim Verlassen des Nestes ketten sie jeweils Kopf und Schwanz (prozessionsartig) aneinander, daher *Processionary Caterpillars*, Prozessionsraupen (Bild unten links).
Achtung: Die Raupen haben giftige Härchen, die bei Berührung empfindliche Hautentzündungen auslösen, daher auch *Itchy Grubs* genannt. Deshalb die Raupen niemals anfassen!
Sonstiges: Mit den Härchen vollstreckten die Aborigines auch Todesurteile: Man hielt sie dem schlafenden Opfer unter die Nase, das dann an einer Halsschwellung erstickte.
Info: Schmetterlinge, S. 176
Info: Insekten, S. 170
Allgemeines: Wirbellose Landtiere, S. 170

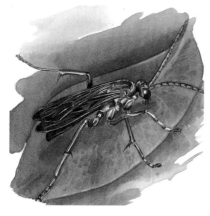

Wasps
Wespen
Vespoidea

Bees
Bienen
Apoidea

Ordnung: Hautflügler, *Hymenoptera*, ca. 15 000 heimische (von weltweit >100 000) Arten.
Unterordnung: Taillenwespen, *Apocrita*
Teilordnung: Stechwespen, *Aculeata*
Überfamilie: Wespen, *Vespoidea*
(mit etwa 5000 heimischen Arten)
Aussehen: Mit typischer »Wespentaille« zwischen Brust und Hinterleib. Stachel ohne Widerhaken (im Gegensatz zu den →Honigbienen). Länge 0,15 mm bis 3,5 cm.
Lebensraum: Fast alle Lebensräume.
Lebensweise: Zum Teil einzeln, zum Teil gesellig in »Staaten« mit Aufgabenteilung.
Nahrung: Teilweise andere Insekten, teilweise Pflanzensäfte, u.a. Blütennektar; sie sind damit wichtige Pflanzenbestäuber wie →Bienen.
Entwicklung: Die Verwandlung ist vollkommen. Die Männchen sterben oft nach der Begattung.
Bild: *Spider Wasp*, Spinnenwespe, *Hemipepsis*-Art, Familie *Pompilidae*, frisst Spinnen.
Achtung: Unangenehme Stiche verursachen nur die eingeführten Arten, wie z.B. *European Wasp**, Deutsche Wespe*, *Vespula germanica**. - Gilt auch für Neuseeland.
Sonstiges: Hornissen fehlen in Australien.
Info: Insekten, S. 170
Allgemeines: Wirbellose Landtiere, S. 170

Ordnung und Unterordnung: Wie →Wespen.
Teilordnung: Stechwespen, *Aculeata*
Überfamilie: Bienen, *Apoidea*
(mit etwa 2000 heimischen Arten)
Aussehen: Als Blütenbesucher haben sie eine reiche Körperbehaarung zum Pollensammeln und die leckend-saugenden Mundwerkzeuge zum Nektarsammeln. Die Weibchen haben meist einen ausgebildeten Giftstachel, bei Honigbienen mit Widerhaken (sterben deshalb nach einem Stich). Länge 2-40 mm.
Lebensraum: Fast alle Lebensräume.
Lebensweise: Meist solitär, nur die eingeführten Honigbienen bilden »Staaten« und leben in einem Bienenstock mit Aufgabenteilung.
Nahrung: Blütennektar und Pollen für die Bienen und Larven.
Entwicklung: Die Verwandlung ist vollkommen. Die Männchen (Drohnen) werden oft nach der Begattung umgebracht (Drohnenschlacht).
Abbildung: *Carpenter Bee*, *Xylocopa aruana*, aus der Familie der Pelzbienen, *Anthophoridae*, 22 mm.
Vergleiche: Die heimischen Honigbienen, *Native Honeybees*, Familie *Meliponinae*, stechen nicht. Aber die eingeführte Europäische Honigbiene*, *Apis mellifera**, sticht! - Gilt auch für Neuseeland.
Info: Insekten, S. 170
Allgemeines: Wirbellose Landtiere, S. 170

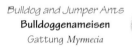

Bulldog and Jumper Ants
Bulldoggenameisen
Gattung Myrmecia

Green Tree Ant
Weberameise
Grüne Smaragdameise
Oecophylla smaragdina

Ordnung und Unterordnung: Wie →Wespen.
Teilordnung: Stechwespen, *Aculeata*.
Überfamilie: Ameisen, *Formicoidea*
(mit etwa 1200 heimischen, benannten Arten)
Aussehen: Je nach Art gelb, rot, schwarz oder braun. Kräftige, gezähnte Kiefer. Zwei Knoten am Hinterleibsstiel. Ein giftiger Stachel am Hinterleib. Länge bis 3 cm, sie zählen mit zu den größten Ameisen weltweit.
Lebensraum: Bevorzugt Südregionen.
Lebensweise: Nicht ganz typisch für Ameisen, da sie entwicklungsgeschichtlich eine uralte Art sind: Bilden zwar Staatswesen bezüglich der Larvenpflege und Verteidigung, aber die Nahrung wird individuell gesucht. Vor ihren Waffen (Kiefer und Giftstachel) haben selbst Vögel und Echsen Respekt. - *Jumper Ants* springen bis 20 cm weit!
Nahrung: Blütennektar und Honigtau (von den Blattläusen) für die Ameisen. Unbefruchtete Eier, Insekten und Spinnen für die Larven.
Entwicklung: Vollkommene Verwandlung.
Abbildung: *Bulldog Ant, Myrmecia gulosa.*
Achtung: Der Biss schmerzt und schwillt an wie ein Wespenstich. Wer gegen Ameisengift allergisch ist, sollte stets ein Gegenmittel dabei haben - sonst droht Lebensgefahr.
Info: Insekten, S. 170
Allgemeines: Wirbellose Landtiere, S. 170

Ordnung und Unterordnung: Wie →Wespen.
Teilordnung: Stechwespen, *Aculeata*
Überfamilie: Ameisen, *Formicoidea*
(mit etwa 1200 heimischen, benannten Arten)
Aussehen: Grüner Hinterleib. Kein Giftstachel, stattdessen wird zur Verteidigung aus einer Öffnung am Ende des Hinterleibs Ameisensäure verspritzt. 10-12 mm.
Lebensraum: Meist tropische Regionen.
Lebensweise: Kleine Staaten in Blattnestern an Bäumen und Sträuchern. Beim Bau des Nestes ziehen die kettenartig miteinander verbundenen Ameisen die grünen Blätter aneinander (Bild). Zum Zusammenheften werden ihre spinnfähigen Larven benutzt.
Nahrung: Insekten, andere Kleintiere.
Entwicklung: Vollkommene Verwandlung.
Besonderes: Sie vertilgen sogar Jungvögel, die sie in einer Gemeinschaftsaktion einspinnen und dann aus dem Nest werfen.
Buschnahrung: Larven und Hinterleib.
Vergleiche: Mit einem metallisch-grünen Körper: *Greenhead Ant, Rhytidoponera metallica*, 6 mm, weitverbreitet, legen ihre Nester bevorzugt in Vorgärten an. Ähnlich gefährliche Stiche wie die →Bulldoggenameisen!
Info: Insekten, S. 170
Allgemeines: Wirbellose Landtiere, S. 170

Honeypot Ants
Honigtopfameisen
Camponotus inflatus
Melophorus bagoti

Ordnung und Unterordnung: Wie →Wespen.
Teilordnung: Stechwespen, *Aculeata*
Überfamilie: Ameisen, *Formicoidea*
(mit etwa 1200 heimischen, benannten Arten)
Aussehen: Schwarzer Körper. Kein Giftstachel, stattdessen wird zur Verteidigung aus einer Öffnung am Ende des Hinterleibs Ameisensäure verspritzt. 10-12 mm.
Lebensraum: Nähe von →Mulga-Akazien.
Lebensweise: Nester sind unterirdisch. Einige Arbeiterinnen werden mit Blütennektar gefüttert, der den ganzen Hinterleib prall anfüllt (lebendige Honigtöpfe, wie im Bild), und in Dürrezeiten von den Nestgenossen angezapft wird.
Nahrung: Akazien-Blütennektar, Honigtau (von Blattläusen) und eigener Honig.
Entwicklung: Vollkommene Verwandlung.
Abbildung: *Camponotus inflatus*.
Buschnahrung: Aborigines graben die »lebenden Honigtöpfe« aus, zerdrücken sie und süßen damit z.B. Getränke.
Sonstiges: Andere Ameisenarten, sogenannte »Viehzüchter«, halten sich in ihren Kammern Blattläuse, Schildläuse, Blattflöhe und Zikaden als Spender von Honigtau und »melken« sie regelmäßig.
Info: Insekten, S. 170
Allgemeines: Wirbellose Landtiere, S. 170

INFO

Spiders • **Echte Spinnen** • *Araneae*

Dem Stamm der →Gliederfüßer ist die Klasse der Spinnentiere *(Arachnida)* zugeordnet und umfasst u.a. Skorpione, Milben, Zecken, Weberknechte und vor allem die Echten Spinnen, auch Webspinnen genannt.

Australien hat über 2000 (von weltweit 40 000) bekannte Arten von Spinnen. Durch ihre räuberische Ernährungsweise spielen sie eine wichtige ökologische Rolle, auch bei der Kontrolle schädlicher Insekten.

Spinnen haben acht (Insekten nur sechs!) Beine, die mit den 6-8 Augen und den Mundwerkzeugen am Kopfbruststück sitzen. Der Hinterleib enthält Atmungs-, Verdauungs- und Geschlechtsorgane und trägt auch zwei Paar Spinndrüsen zur Erzeugung der Seidenfäden.

Spinnen sind getrenntgeschlechtlich. Die größeren Weibchen einiger Arten fressen oft die Männchen nach der Paarung. Behutsame Freier bringen der Braut z.B. eine tote Fliege als Hochzeitsgeschenk mit, um ihren Appetit zu zügeln.

Spinnen ernähren sich von anderen Tieren, die sie entweder in dem eigens angefertigten Netz fangen oder erjagen. Die Beute wird durch das Einspritzen von Gift und Verdauungssaft gelähmt und verflüssigt (äußere Verdauung) und dann eingesogen.

Die Giftwirkung des Bisses kann bei wenigen Arten auch für Menschen gefährlich werden. Man spricht dann von Giftspinnen *(Poisenous Spiders)*, die in Australien mit sieben Arten vertreten sind, u.a. →Rotrückenspinne, →Sydney-Trichternetzspinne.

Verhütungsmaßnahmen und Erste Hilfe:
➤ Nie mit bloßen Händen in mögliche Spinnenverstecke greifen: z.B. in Löcher und Spalten oder unter Holz, Steine und sonstige lose Gegenstände. Australier tragen deshalb bei Gartenarbeiten immer Handschuhe.
➤ Schlafsäcke, Schuhe, etc. untersuchen.
➤ Zelt und Auto nie offenlassen.
➤ Beim Entdecken von Spinnen nicht paniken, Fluchtwege öffnen.
➤ Nach einem Spinnenbiss Arzt aufsuchen.
➤ Bei Trichternetzspinnen Erste Hilfe wie bei Schlangenbissen, siehe S. 123

Sydney Funnelweb Spider
Sydney-Trichternetzspinne
Atrax robustus

Redback Spider
Rotrücken-Spinne
Latrodectus hasselti

Familie: Trichternetzspinnen, *Hexathelidae*
Aussehen: Schwarz. Haarig. Der relativ große Körper misst 3 cm, die Beinspannweite 7 cm.
Lebensraum: Nicht nur im Raum Sydney (wie der Name); bevorzugt kühle, feuchte Orte.
Lebensweise: Meist nachtaktiv. Das Weibchen lauert am Boden des trichterförmigen Netzes auf Beute. Das Männchen wandert herum und kommt oft in Häuser und Zelte.
Nahrung: Insekten, Schnecken, Spinnen.
Entwicklung: Eiablage in Brutkammern.
Achtung: Das Männchen gilt als die gefährlichste Spinne weltweit. Flüchtet kaum, richtet sich auf (springt bis 50 cm hoch) und beißt zu (sogar durch Kinder-Fingernägel!). Das Gift bewirkt Muskelzuckungen, Krämpfe, sogar Koma; Kinder können innerhalb 90 Minuten sterben. Notfalls Druck- und Immobilisationsmethode anwenden (siehe S. 123) und das Opfer ins Hospital bringen. Seit 1980 gibt es ein Gegengift und seitdem auch keine Todesfälle mehr.
Besonderes: Das Gift ist nur für Menschen und Affen gefährlich, nicht für andere Säugetiere.
Vergleiche: Die Karte zeigt die Verbreitung aller Trichternetzspinnenarten, die teilweise größer, andersfarbig und meist nicht so gefährlich sind.
Info: Echte Spinnen, S. 182
Allgemeines: Wirbellose Landtiere, S. 170

Familie: Haubennetzspinnen, *Theridiidae*
Aussehen: Schwarz bis dunkelbraun. Der Hinterleib ist kugelförmig, meist mit roten oder orangen Flecken. Körperlänge des Weibchens 1,4 cm, des Männchens nur 3 mm.
Lebensraum: Dunkle, trockene Stellen in der Wildnis, aber auch in Wohngebieten an Schuppen, in Buschtoiletten, etc.
Lebensweise: Nicht angriffslustig. Nachtaktiv. Versteckt sich tagsüber in einem Nest im oberen Teil ihres Haubennetzes.
Nahrung: Insekten, andere Spinnen.
Entwicklung: Das Männchen lebt im Netz des Weibchens und wird manchmal nach der Paarung vom Weibchen gefressen (deshalb »Schwarze Witwe«, siehe unten). Alter etwa ein Jahr.
Achtung: Biss meist beim unbeabsichtigten Berühren, erinnert anfangs an Insektenstich, dann folgen Schmerzen, mit Eis lindern. Das Gift wirkt langsam, ohne Panik zum Arzt. Gegengift seit 1956, seitdem auch keine Todesfälle mehr.
Besonderes: Nur das Weibchen ist gefährlich, das Männchen hat meist zu kurze Giftklauen.
Vergleiche: *Latrodectus*-Arten weltweit verbreitet, u.a. *Kapito, L. kapito,* (Neuseeland) und *Black Widow,* Schwarze Witwe, *L. mactans,* (Nordamerika).
Info: Echte Spinnen, S. 182
Allgemeines: Wirbellose Landtiere, S. 170

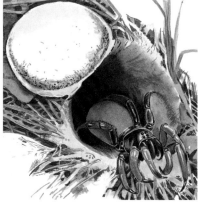

Trapdoor Spiders
Tunnelspinnen
Falltürspinnen
Idiopidae und Ctenizidae

Stick Spiders
Net-casting Spiders
Netzwerfer-Spinnen
Deinopidae

Familien: Falltürspinnen, *Idiopidae* und *Ctenizidae*
Aussehen: Körper meist schwarz bis braun, kräftig, haarig. Körperlänge der Männchen bis 25 mm und der Weibchen bis 40 mm.
Lebensraum: Regenwald bis Halbwüste.
Lebensweise: Bodenbewohner. Bauen Erdröhren. Die meisten Arten versehen den Eingang mit einem Deckel (Falltür), der nachts geöffnet wird. Vorbeikommende Insekten werden dann blitzschnell erbeutet.
Nahrung: Insekten.
Entwicklung: *Getrenntgeschlechtlich.*
Besonderes: Der Sprung aus der Röhre auf die Beute dauert 0,3 Sekunden!
Abbildung: Familienmitglied *Idiopidae.*
Sonstiges: Läuft bei Gefahr weg oder stellt sich tot. Ungefährlich für Menschen.
Vergleiche: *Barking Spiders or Whistling Spiders (Brush-footed Trapdoor Spiders),* aus der Familie *Theraphosidae,* haben ihren ungewöhnlichen Namen, da die Partner in der Paarungszeit durch bellende oder pfeifende Geräusche Eindruck aufeinander machen. Die Geräusche erzeugen sie durch das Aneinanderreiben der Beine.
Info: Echte Spinnen, S. 182
Allgemeines: Wirbellose Landtiere, S. 170

Familie: Netzwerferspinnen, *Deinopidae*
Aussehen: Der längliche Körper ist braun bis grau, mit langen Beinen. Die Augen stehen in drei Reihen: vier vorn, zwei in der Mitte und zwei hinten. Körperlänge der Weibchen bis 25 mm und der Männchen bis 12 mm.
Lebensraum: Bevorzugt Eukalyptuswälder.
Lebensweise: Sie hängen tagsüber stockähnlich *(Stick Spiders)* an dem Seidenfaden nach unten. Weben nachts ein briefmarkengroßes Wurfnetz, das sie mit den Vorderbeinen halten und dann über vorbeikommende Bodentiere werfen. Die Beute wird dann mit dem Netz eingewickelt, getötet und verspeist. Für jeden Fang muss ein neues Netz gewebt werden.
Nahrung: Insekten.
Entwicklung: *Getrenntgeschlechtlich.* Ablage der Eikokons an Felsen und Pflanzen und anschließend Bewachung durch das Weibchen.
Abbildung: Eine *Deinopis*-Art wartet auf Beute.
Vergleiche: Mit einer anderen raffinierten Fangweise: *Bolas Spiders,* Bola- oder Lassospinnen, Familie *Araneidae.* Sie fangen die vorbeifliegenden Nachtfalter lassoartig mit einem Spinnfaden ein, an dessen Ende sich eine klebrige Kugel befindet.
Sonstiges: Ungefährlich für Menschen.
Info: Echte Spinnen, S. 182
Allgemeines: Wirbellose Landtiere, S. 170

Scorpions
Skorpione
Scorpiones

Sc ralia Tick
Australian Paralysis Tick
»Paralysis-Zecke«
Ixodes holocyclus

Klasse: Spinnentiere, *Arachnida*
Ordnung: Skorpione, *Scorpiones*, vertreten mit 35 heimischen (von weltweit 1400) Arten.
Aussehen: Die kräftigen Greifscheren vorn und das schwanzartige Ende mit dem Giftstachel (Giftschwanz) sind typisch. Bräunlich bis rötlich gefärbt. Je nach Art 3-15 cm lang.
Lebensraum: Überwiegend Wälder und Buschland (selten Halbwüsten) am Boden, in Erdhöhlen, unter Steinen und Baumrinde.
Lebensweise: Nachtaktive Einzelgänger. Die Beute wird mit den Greifscheren zerquetscht, falls zu wehrhaft, wird sie mit einem Giftstich getötet.
Nahrung: Insekten und andere Gliederfüßer. Sie können längere Zeit ohne Nahrung überleben.
Entwicklung: Paarungstanz bis zu einer Stunde! Das Männchen setzt dann am Boden ein Samenpaket ab, das vom Weibchen aufgenommen wird. Teils lebend gebärend.
Besonderes: Weibchen werden 5 Jahre alt. Die Männchen leben kürzer, da sie oft von den Weibchen nach der Begattung aufgefressen werden.
Bild: *Large Brown Scorpion, Liocheles waigiensis,* Familie *Hemiscorpiidae,* 7 cm lang.
Achtung: Das Gift der australischen Arten ist nicht lebensgefährlich, evt. starke Schmerzen und Schwellungen. Notfalls zum Arzt.
Allgemeines: Wirbellose Landtiere, S. 170

Klasse: Spinnentiere, *Arachnida*
Ordnung: Milben, *Mites, Acarii*
Überfamilie: Zecken, *Ixodida,* 70 heimische Arten.
Aussehen: Braun, wie ein Apfelkern mit Beinen. Keine Augen und Fühler. Normalgröße 3 mm.
Lebensraum: Bevorzugt feuchte Wälder.
Lebensweise: Sitzt bis 1,5 m hoch auf Büschen und Gräsern. Lässt sich von Warmblütern und Reptilien abstreifen. (Fällt aber nie von Bäumen!) Saugt am Wirt Blut (3-4 Tage) und fällt zu Boden.
Nahrung: Wirtsblut in allen drei Entwicklungsstadien (Larve, Nymphe und Zecke).
Entwicklung: Zyklus dauert 2-3 Jahre.
Besonderes: Eine Zecke zapft dem Opfer bis zu 5 Milliliter Blut ab, das ist das 400fache ihres Eigengewichts!
Achtung: Der Stich kann lähmen und gefährliche Krankheiten (u.a. Gehirnhautentzündung) übertragen, besonders gefährdet sind Kleinkinder. Nach Buschaufenthalten den Körper absuchen! Entfernen am besten mit einer Pinzette: am Zeckenkopf ansetzen und dann herausdrehen! Notfalls die Druck- und Immobilisationsmethode anwenden (S. 121), sowie Gegengift.
Vergleiche: *Bush Tick,* kaum gefährlich.
Sonstiges: Die ca. 2500 Milbenarten sind für Menschen ungefährlich, teils Juckreiz.
Allgemeines: Wirbellose Landtiere, S. 170

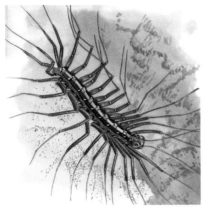

Centipedes
Hundertfüßer
Chilopoda

»Scampi«
»Yabbies«
Freshwater Crayfish
Flusskrebse
Parastacidae

Überklasse: Tausendfüßer, *Myriapoda*
Klasse: Hundertfüßer, *Chilopoda*
Aussehen: Körper braunschwarz, mit Ringen (segmentiert) mit je einem Beinpaar. Je nach Art mit 15 bis 177 Beinpaaren und 1-15 cm lang.
Lebensraum: Feuchte Böden.
Lebensweise: Gesellig. Nachtaktive Jäger.
Nahrung: Kleine wirbellose Tiere.
Entwicklung: Besamung indirekt: Das Männchen legt ein Spermapaket ab, das vom Weibchen aufgenommen wird. Das Weibchen legt die befruchteten Eier auf einmal ab und legt sich um sie herum, bis die Jungen schlüpfen.
Besonderes: Das erste Beinpaar ist zu zangenartigen Giftklauen umgestaltet: Damit fangen sie ihre Beute und spritzen lähmendes Gift ein.
Abbildung: *House Centipede or »Johnny Hairylegs«, Scutigera morpha.*
Achtung: Der Biss größerer Arten kann für mehrere Tage Schmerzen verursachen, evt. verbunden mit Übelkeit und Lymphknotenschwellung. Biss-Stelle desinfizieren. Keine ernsthafte Gefahr. Bei anhaltenden Schmerzen evt. zum Arzt.
Vergleiche: Eigentliche *Millipedes*, Tausendfüßer, *Diplopoda*, mit je zwei Beinpaaren pro Körperring; sie sind Vegetarier und ungiftig.
Allgemeines: Wirbellose Landtiere, S. 170

Unterklasse: Höhere Krebse, *Malacostraca*
Ordnung: Zehnfußkrebse (mit fünf Paaren von Laufbeinen, also zehn Füßen), *Decapoda*
Familie: Flusskrebse, *Parastacidae*
Aussehen: Das erste Laufbeinpaar ist zu großen Scheren umgewandelt. Fühler körperlang. Augen gestielt. Je nach Art verschieden gefärbt und 3 bis 40 cm lang (ohne Fühler).
Lebensraum: Saubere Binnengewässer.
Lebensweise: Die Nahrung wird am Boden des Gewässers gesucht. Kräftige Scheren zum Greifen der Nahrung, zum Graben und zur Verteidigung.
Nahrung: Tierische und pflanzliche Kost.
Entwicklung: Die Weibchen tragen die befruchteten Eier für ca. 6 Monate außen am Hinterleib.
Besonderes: Im ersten Jahr erneuern sie ihr Außenskelett (Schalen) bis zu 25mal.
Bild: *Blue Lamington Spiny Crayfish*, Lamington-Flusskrebs, Gattung *Euastacus*, im Lamington NP (Qld) zu beobachten.
Vergleiche: Der größte Flusskrebs weltweit ist: *Tasmanian Giant Crayfish, Asatacopsis gouldii*, ca. 40 cm lang und 3,5 kg schwer.
Sonstiges: Flusskrebse werden auch auf *Crayfish Farms* gezüchtet und in Restaurants angeboten.
Name: Die Meeresarten (→Langusten) werden oft ebenfalls als *Crayfish* bezeichnet.
Allgemeines: Wirbellose Landtiere, S. 170

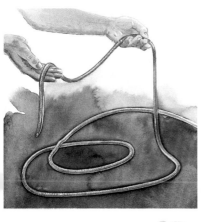

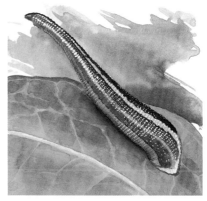

Giant Gippsland Earthworm

Australischer Riesenregenwurm

Megascolides australis

Stamm: Ringel- oder Gliederwürmer, *Annelida*
Klasse: Gürtelwürmer, *Clitellata*
Ordnung: Wenigborster, *Oligocheata*
Familie: Riesenregenwürmer, *Megascolecidae*
Aussehen: Rosabraun, das Vorderteil ist dunkel, 3 cm im Durchmesser und bis zu 4 m lang. Gilt als der längste Regenwurm der Welt.
Lebensraum: Weiche Humusböden von lichten Wäldern. Begrenzt auf die Korumburra-Region in Gippsland (südlich von Melbourne).
Lebensweise: Bewohnt Bodengänge. Türmt die nicht verdaubare Erde an der Gangmündung zu kraterähnlichen Haufen auf. Kommt gern nach Regenfällen an die Oberfläche.
Nahrung: Nur totes pflanzliches (organisches) Material im Boden.
Entwicklung: Zwitter. Wechselseitige und lange Begattung. Jeder Partner legt einen Eikokon ab. Die Jungen schlüpfen in 2-3 Wochen.
Artenschutz: Ja. Bedrohte Art.
Hotspots: Wildlife Wonderland (früher Giant Earthworm Museum) in Bass (Vic).
Vergleiche: Etwa 300 heimische Regenwurm-arten. Für Kulturflächen sind jedoch eingeführte Arten wirkungsvoller. - Für die Meeresarten von Würmern →Weihnachtsbaum-Wurm.
Allgemeines: Wirbellose Landtiere, S. 170

Looches

Blutegel Landegel

Hirudinea

Stamm: Ringel- oder Gliederwürmer, *Annelida*
Klasse: Gürtelwürmer, *Clitellata*
Ordnung: Egel, *Hirudinea*
Aussehen: Meist dunkel mit gelborangen Längs streifen. An beiden Körperenden mit je einem Saugnapf. Je nach Art 2-8 cm.
Lebensraum: Regen- und Monsunwälder.
Lebensweise: Die meisten Arten saugen das Blut von Wirbeltieren, auch von Menschen. Sie hinterlassen nach der unfreiwilligen, etwa zehnminütigen Blutspende die dreistrahlige Wunde (Mercedes-Stern), die noch ziemlich lange nachblutet. Spannerraupenartige Fortbewegung mit Hilfe der Saugnäpfe an beiden Enden.
Nahrung: Meiste Arten: Säugerblut.
Entwicklung: Zwitter →Riesenregenwurm.
Besonderes: Zapft pro Aderlass das bis zu Fünffache des Eigengewichts ab, das reicht zur Ernährung bis zu einem Jahr.
Achtung: Der Biss ist unästhetisch, aber nicht gefährlich. Saugende Egel niemals abnehmen (Infektionsgefahr!). Mückenmittel oder Salz draufgeben, sie fallen dann sofort ab. Ansonsten in Ruhe zu Ende saugen lassen (Geduldsprobe). Den Lieblingsplatz unter den Socken vorbeugend mit einem Mückenmittel (!) einreiben.
Allgemeines: Wirbellose Landtiere, S. 170

Raum für Notizen

AUSTRALIENS PFLANZENWELT

Auch die Geschichte der australischen Pflanzenwelt ist - wie jene der Tierwelt - eng verbunden mit der einstigen Zugehörigkeit zum Gondwanaland (S. 5). Auch im Pflanzenreich finden sich noch heute verwandtschaftliche Gemeinsamkeiten, so gibt es beispielsweise

➤ Proteengewächse *(Proteaceae)* auch in Afrika und Südamerika,

➤ Palmfarne *(Cycadaceae)* auch in Südamerika,

➤ Araukarien *(Araukariaceae)* auch in Südamerika und auch auf einst zu Gondwana gehörenden pazifischen Inseln,

➤ Südbuchen (Familie *Nothofagaceae)* auch in Neuseeland, Südamerika und als Fossilien in der Antarktis,

➤ Antarktische Baumfarne *(Dicksonia antartica)* auch als Fossilien in der Antarktis.

Vor 50 Mio Jahren driftete der australische Inselkontinent einschließlich Neuguinea nach Norden in immer wärmere Klimazonen. Diese Isolierung wurde dann durch die Annäherung an den südostasiatischen Inselarchipel etwas abgemildert. In den Kaltzeiten (»Eiszeiten«) gab es aufgrund des niedrigeren Meeresspiegels zwar Landverbindungen zu den angrenzenden Inseln und Neuguinea, aber nie nach Asien.

Die australische Pflanzenwelt ist daher im Vergleich zu den anderen Kontinenten in ganz besonderer Weise eigenständig: Über 80% der ca. 20 000 heimischen Arten der Gefäßpflanzen (also ohne Algen und Moose) und über 30% der Pflanzengattungen wachsen ausschließlich in Australien und oft auf räumlich eng begrenzten Gebieten (endemisch).

In einer erstaunlichen Vielfalt haben sich die australischen Pflanzen (sie werden von den Australiern als *Natives* bezeichnet) in die so unterschiedlichen Naturbedingungen und Klimazonen des Kontinents eingepasst:

➤ So finden wir einerseits an der niederschlagsreichen Ostküste, in den Regenwäldern von Nordqueensland, bis zu 100 verschiedene Pflanzenfamilien pro km², das ist der weltweit größte Artenreichtum von Pflanzen.

➤ Andererseits haben auch die regenarmen Gebiete im Zentrum eine fast geschlossene Vegetationsdecke mit einer enormen Vielfalt an Pflanzenarten. Selbst Landschaften mit einem durchschnittlichen Jahresniederschlag von nur 100 mm - in anderen Teilen der Welt Vollwüsten - verwandeln sich nach Regenfällen in Blütenteppiche. Dagegen gibt es hier kaum Kakteengewächse.

So gingen denn auch die australischen Pflanzen – so wie die Tiere – andere Wege als in der übrigen Welt.

Man unterscheidet stark vereinfacht die folgenden Vegetationszonen auf dem Kontinent:

➤ Tropische, subtropische und gemäßigte Regenwälder: flickenteppichartig an der gesamten Ostküste bis Tasmanien.

➤ Hartlaubwälder und Savannen mit den dominanten Eukalyptusarten: Küste und Hinterland im Norden, Osten, Südosten und Südwesten sowie Osttasmanien.

➤ Trockenbuschsteppe (meist Akazien, Mallee-Eukalypten und Salzbüsche) und Grasland: Trockengebiete mit weniger als 300 mm durchschnittlichem Jahresniederschlag in Zentral- und Westaustralien.

➤ Berg- und Küstenheiden: sehr eng begrenzte Gebiete im südlichen West- und Ostaustralien sowie in Nordtasmanien.

Australiens heimische Sträucher und Bäume sind fast alle immergrün, das Klima erlaubt meist ein ganzjähriges Wachstum. (Jahresringe bei den Bäumen, die ja meist in Ruheperioden entstehen, sind deshalb ungewöhnlich.) Jedoch sehnten sich die ersten europäischen Siedler nach der Heimat und pflanzten im südlichen Teil des Kontinents laubabwerfende Arten an, die den Winter über kahl sind.

Doch das waren harmlose Eingriffe. In den letzten 200 Jahren wurden 70% der heimischen Vegetation zerstört bzw. stark verändert: Es verschwanden etwa drei Viertel der Regenwälder, fast alle lichten Gehölzformationen und 60% der Feuchtgebiete an der ost- und südaustralischen Küste.

Andererseits findet man immer noch neue Pflanzenarten: So entdeckte man 1972 die erste von später mehreren sehr primitiven Blütenpflanzen →*Ribbonwood* im Daintree-Regenwald und erst 1994 - nur 150 km vom Stadtzentrum Sydney entfernt - die Araukarie → Wollemie.

INFO

Eukalyptus und Verwandte

Dazu zählt man heute (noch umstritten) drei Gattungen, im weiteren »Eukalypten« genannt:
- *Eucalyptus* mit etwa 700 Arten,
- *Corymbia* mit 113 Arten (1995 wurden vor allem die vorher zur Gattung *Eucalyptus* gehörenden *Bloodwoods* ausgegliedert und in diese Gattung hereingenommen) und
- *Angophora* mit 7 Arten in Ostaustralien.

Der Botaniker Banks und auch die ersten Siedler nannten die Eukalypten fälschlicherweise **Gum Trees**, da bei einigen Arten ein gummiartiges Harz *(Kino)* austritt. Das hat sich bis heute in der Umgangssprache erhalten, auch wenn dieser Name im engeren Sinne nur für die glattstämmigen Eukalypten (siehe unten) zutrifft. Auch in deutschen Übersetzungen häufig »Gummibaum«.

Eukalypten wachsen in ganz Australien und sind in erstaunlicher Vielfalt in unterschiedliche Naturgegebenheiten eingepasst, ob es sich um Gebiete mit Sümpfen, Felsen, Schnee, viel oder wenig Regen handelt. Nur im Regenwald kommen sie kaum vor. Auch die Wuchsformen variieren stark. Sie können hochstämmig, knorrig oder strauchartig sein.

Der Name *Eucalyptus* ist dem Altgriechischen entnommen und bedeutet »gut verhüllt«, was sich auf den haubenartig geschlossenen Blütenkelch bezieht. Zur Blütezeit wird ein »Hütchen« abgestoßen und gibt die Blüte frei. Nach der Befruchtung formen sich becherartige Kapseln, die die kleinen Samen umschließen.

Die Blätter sind unterschiedlich geformt. Um der Wasserverdunstung durch die Sonneneinstrahlung vorzubeugen, sind sie schmal und lederartig (Hartlaub), hängen oft senkrecht von den Zweigen und drehen ihre Kanten zur Sonne. Daher spricht man auch von den schattenarmen Eukalyptuswäldern. Im Gegensatz zu Altbäumen tragen Jungbäume oft weichere, breitere Blätter, die sie zudem waagerecht aufstellen, um so viel Sonnenenergie wie möglich einzufangen. Denn dann muss der Schössling so schnell wie möglich wachsen, um nicht von den pflanzenfressenden Tieren zerstört zu werden.

Eukalypten sind immergrün, bis auf wenige Arten im Norden. Sie werfen ihre Blätter jedoch dauernd ab, weshalb sie bei Gartenfreunden nicht beliebt sind. Mit dem abgeworfenen Laub erhöhen sie übrigens ihre eigenen Überlebenschancen: Das in den Blättern enthaltene Phenol hemmt das Wachstum anderer Pflanzen am Boden! - Aber im Wechsel der Jahreszeiten blättert bei Eukalypten die Rinde ab.

Von den verschieden strukturierten Rinden wird eine (nicht wissenschaftliche) Einteilung der **einstämmigen Eukalypten** abgeleitet:
- **Gums,** mit einem glatten Stamm,
- **Boxes**, mit einem rauen und gemusterten Stamm, das Holz hat Ähnlichkeit mit dem europäischen Buchsbaum (*Box*),
- **Stringybarks,** Rinde schält sich in Streifen,
- **Ironbarks,** deren Borke ist dunkelgrau, tief gefurcht und »eisenhart«,
- **Bloodwoods**, deren Rinde ist mosaikartig, das Holz und auch das Harz ist »blutrot«.

Bei den **mehrstämmigen Eukalypten**, den sogenannten *Mallees*, entsprießen mehrere dünne Stämme einer Wurzelknolle *(Lignotuber)*, aus der die neuen Sprosse nach zerstörenden Feuern ausschlagen. Bei allen anderen Eukalypten sorgen winzige Brutknospen unter der Rinde für neue Triebe nach Feuern (Angsttriebe).

Eukalypten bilden etwa 70% des australischen Baumbestandes. Ihr meist hartes Holz hat große Bedeutung für die Forstwirtschaft, heute auch in anderen Teilen der Welt. Die Eukalypten wachsen schnell, sind anspruchslos und können in Monokultur angebaut werden. Allerdings sind sie große Wasserverbraucher und haben in einigen Ländern den Grundwasserspiegel erheblich gesenkt. Eukalypten werden aber auch kultiviert wegen der hauptsächlich in den Blättern enthaltenen ätherischen Öle, die dampfdestilliert werden und in der Pharmazie und Kosmetikindustrie sowie als Reinigungsmittel Verwendung finden.

Eukalypten bilden wichtige Gattungen in der Myrten-Familie *(Myrtaceae)*, die 4620 Arten und 131 Gattungen umfaßt. Andere für Australien bekannte Gattungen sind Zylinderputzer bzw. Schönfaden *(Callistemon)* sowie Papierrinden- und Teebäume *(Melaleuca, Leptospermum)*, die zum Teil ebenfalls ätherische Öle enthalten. - Die europäische Myrte gehört zur Gattung *Myrtus*.

Coolibah Tree

Coolabah-Eukalyptus
*Eucalyptus microtheca
(Eucalyptus coolabah)*

River Red Gum

**Fluss-Eukalyptus
Roter Eukalyptusbaum**
Eucalyptus camaldulensis

Ordnung: Myrtenartige, *Myrtales*
Familie: Myrtengewächse, *Myrtaceae*
Aussehen: Immergrüner Baum, 4-15 m hoch, oft mit verzweigtem Stamm.
Standort: In der Nähe von Flüssen und zeitweise ausgetrockneten Gewässern.
Rinde: Je nach Region, von grau und glatt bis zu schwarz und rau.
Blätter: Schmal und an beiden Enden spitz, dunkelgrün bis bläulich, 6-20 cm lang.
Blüten: Weiß, 1 cm breit.
Blütezeit: November bis Dezember.
Früchte: Eiförmig, zündholzkopfgroß.
Nutzen: Die Aborigines werfen die betäubend wirkenden Blätter ins Wasser von Teichen, um leichter fischen zu können. Die Samen verwenden sie zur Broterzeugung. Aus den jungen Bäumen fertigt man Speere. In Notzeiten kann man aus den Wurzeln Wasser gewinnen. Die innere Rinde wird gemahlen und z.B. als Breiumschlag bei Schlangenbissen angewendet. – Es ist das härteste Holz aller Eukalypten und gilt auch als termitensicher.
Sonstiges: Der weit verbreitete Baum nimmt in der Volksdichtung den gleichen Rang ein wie etwa die Eiche in Mitteleuropa, so z.B. bei dem Lied »Waltzing Mathilda«.
Info: Eukalyptus und Verwandte, S. 190

Ordnung: Myrtenartige, *Myrtales*
Familie: Myrtengewächse, *Myrtaceae*
Aussehen: Ausladender Baum, 15-50 m hoch, mit meist mächtigem Stamm.
Standort: Bevorzugt an ständigen oder nur zeitweisen Flussläufen. Ist die in Australien am weitesten verbreitete Eukalyptusart.
Rinde: Vorwiegend glatt, grau oder weißlichblau, gelegentlich rötlich getönt oder gestreift.
Blätter: Länglich, graugrün, bis 30 cm lang.
Blüten: Beigegelb, bis 2 cm, in Büscheln.
Blütezeit: Ganzjährig, meist August-Dezember.
Früchte: Halbkugelförmige Samenkapseln.
Nutzen: Das tiefrote Holz (Name) wurde früher z.B. als Bauholz genutzt. Die Aborigines kochen aus den jungen Trieben der Blätter eine Art Hustensyrup. Austretendes Harz *(Kino)* dient als Antiseptikum bei der Wundbehandlung oder als ein Trunk gegen Durchfall.
Achtung: Wirft häufig – übrigens wie auch andere Eukalyptusarten – ohne jegliche Vorwarnung die abgestorbenen Äste ab. Also Camper, bitte nicht darunter zelten!
Sonstiges: Typisches Objekt in der australischen Landschaftsmalerei.
Heimat: Australien
Dt. Name: Irreführend auch Rotgummibaum.
Info: Eukalyptus und Verwandte, S. 190

Inland Scribbly Gum
Runen-Eukalyptus
Kritzel-Eukalyptus
Eucalyptus rossii

Darwin Woollybutt
Northern Woollybutt
Woll-Eukalyptus
Eucalyptus miniata

Ordnung: Myrtenartige, *Myrtales*
Familie: Myrtengewächse, *Myrtaceae*
Aussehen: Meist gekrümmter, knorriger Baum, mit unregelmäßigen Zweigen und einer offenen, bis 5 m ausladenden Krone. Je nach Bodengüte 15-25 m hoch.
Standort: Bevorzugt Sandböden und auch die trockenen Hanglagen bis 1000 m Meereshöhe.
Rinde: Sehr markant, als ob jemand mit dem Bleistift darauf herumgekritzelt hätte (Name). Unter der Rinde lebt die Kritzel-Schmetterlingslarve und ernährt sich von den Baumsäften. Beim jährlichen Abblättern der Rinde werden ihre Wege sichtbar.
Blätter: Länglich, starke Mittelrippe.
Blüten: Beigeweiß, in Büscheln.
Blütezeit: Dezember bis Februar.
Nutzen: Das Harz des Stammes *(Kino)* hilft gegen Durchfall bei Menschen und Kälbern.
Vergleiche: Weitere Kritzeleukalypten vor allem an der Küste und im Hinterland von NSW wie *Eucalyptus haemastoma, E. racemosa, E. sclerophylla.* Eine Art wächst auch im südlichen Queensland: *Eucalyptus signata,* besonders augenfällig an der Ostküste von Fraser Island. Die Karte zeigt die Verbreitung aller Arten.
Heimat: Ostaustralien.
Info: Eukalyptus und Verwandte, S. 190

Ordnung: Myrtenartige, *Myrtales*
Familie: Myrtengewächse, *Myrtaceae*
Aussehen: Aufrechter Baum, 10-20 m hoch, mit ausladender Krone.
Standort: Feuchtsavannen, meist auf Quarzit- oder Sandstein-Böden. Gern in Gesellschaft mit →Darwin Stringy Bark.
Rinde: Unten dunkelbraun und »wollig« *(woolly),* oben sowie Äste weiß und glatt.
Blätter: Schmal, eiförmig, 9-16 cm lang.
Blüten: Orange bis rot, bis zu 35 mm breit, in Büscheln zusammenstehend.
Blütezeit: Mai bis Juli.
Früchte: Rippige, bis 5 cm lange Kapseln.
Nutzen: Das Holz ist rot und hart, gut als Feuer- und Bauholz. Die Aborigines stellen aus den von Termiten ausgehöhlten Ästen ihre Didjeridoos her. Ein Aufguss aus der inneren Rinde hilft gegen Durchfall und Schwellungen. Gilt bei den Aborigines in Nordaustralien auch als sogenannte Kalenderpflanze: Mit der Blüte im Mai beginnt die »Yegge«-Jahreszeit.
Besonderes: Der Nektarreichtum der Blüten zieht Wildbienen und nektarfressende Vögel an, z.B. die →Loris.
Heimat: Nordaustralien.
Info: Eukalyptus und Verwandte, S. 190

Karri
Karribaum
Eucalyptus diversicolor

Ordnung: Myrtenartige, *Myrtales*
Familie: Myrtengewächse, *Myrtaceae*
Aussehen: Bis 85 m hoher und geradwüchsiger Baum. Ausgewachsen mit 100 Jahren.
Standort: Tiefgründige, lehmhaltige Böden und Jahresniederschläge von mindestens 1000 mm.
Rinde: Besonders farbig nach dem jährlichen Abblättern: rosa, orange, grau und weiß.
Blätter: Oberseits dunkelgrün und unterseits blasser, daher *diversicolor*.
Blüten: Weiß. Ein Karri trägt etwa 500 000 Blüten, das ergibt etwa 250 kg Honig!
Blütezeit: September bis Februar.
Nutzen: Das dunkelrote Holz ist besonders begehrt als termitensicheres Bauholz.
Besonderes: Die sehr hohen Karribäume tragen Aussichtsplattformen, sie dienten früher zur Buschbrandüberwachung und sind heute eine Touristenattraktion. Das Bild zeigt den 60 m hohen *Gloucester Tree* beim Ort Pemperton.
Heimat: Südwestaustralien.
Vergleiche: Auch im Südwesten, bis 40 m hoch: *Jarrah, Eucalyptus marginata*. - In Feuchtwäldern von Victoria und Tasmanien höchster Laubbaum weltweit: *Mountain Ash*, Königs- oder Riesen-Eukalyptus, *Eucalyptus regnans*, früher mit Bäumen über 100 m (gerodet!), heute im Schnitt 50-80 m hoch.
Info: Eukalyptus und Verwandte, S. 190

Manna Gum
Ribbon Gum
Zucker-Eukalyptus
Rutenförmiger Eukalyptus
Eucalyptus viminalis

Ordnung: Myrtenartige, *Myrtales*
Familie: Myrtengewächse, *Myrtaceae*
Aussehen: Größe und Wuchs variabel, meist hoher Baum bis 50 m hoch, gerader Stamm mit bis zu 1,5 m Durchmesser.
Standort: Bevorzugt feuchte Böden nahe von Wasserläufen, bis 1400 m Meereshöhe.
Rinde: Glatt und weißgrau, der obere Teil blättert im Sommer ab und bildet markante bräunliche Streifen *(Ribbons)*.
Blüten: Weiß, in Büscheln angeordnet.
Blütezeit: Meist Dezember bis Februar.
Nutzen: Ergiebigste Quelle für *Manna*, bis zu 9 kg pro Baum. *Manna* sind die weißen und süßen Ausscheidungen von Insekten, die vorwiegend auf Eukalyptusblättern gefunden werden. Die Aborigines sammeln die Blätter. Die zuckerige Substanz wird entweder roh verzehrt oder in einem Holzgefäß mit Akazienharz vermischt. Außerdem werden die Blätter, die Eukalyptol und Tannin enthalten, bei Augenentzündungen angewandt sowie bei Durchfall gegessen.
Vergleiche: Auch mit sehr markanten, herunterhängenden Streifen der abgeblätterten Rinde: *Flooded or Rose Gum, Eucalyptus grandis*, wächst in den Küstengebieten. Wichtiger Forstbaum.
Dt. Name: Irreführend auch Zuckergummibaum.
Info: Eukalyptus und Verwandte, S. 190

Narrow-leaved Iron Bark

Schmalblättriger Eisenholzeukalyptus

Eucalyptus crebra

Southern Blue Gum
Tasmanian Blue Gum

Fieberbaum Blauer Eukalyptus

Eucalyptus globulus

Ordnung: Myrtenartige, *Myrtales*
Familie: Myrtengewächse, *Myrtaceae*
Aussehen: Mittelgroßer Baum bis 35 m hoch, mit geradem Stamm bis 1,5 m Durchmesser und ziemlich offener Krone.
Standort: Größte Verbreitung aller etwa 20 Eisenrindeneukalypten, bevorzugt lichte Wälder und kommt auf unterschiedlichen Böden vor.
Rinde: Typisch für die *Ironbarks*: sehr dick und hart, tief gefurcht, schwärzlich, bis hinauf zu den kleinen Ästen.
Blätter: Länglich, 7-16 cm lang, 1-2 cm breit, auf beiden Seiten matt graugrün.
Blüten: Beige bis weiß, in Büscheln.
Blütezeit: Mai bis November.
Früchte: Kleine, schalenartige Kapseln.
Nutzen: Das harte, starke und dauerhafte Holz eignet sich für schwere Holzkonstruktionen und wurde früher auch für Eisenbahnschwellen verwendet. Die Aborigines, später auch die weißen Siedler, schätzten das Gummiharz *(Kino)*: In verschiedener Form verabreicht hilft es z.B. bei Durchfall, Erkältungen, Lungenbeschwerden und Zahnschmerzen.
Heimat: Ostaustralien.
Vergleiche: Mit markanten rosafarbenen Blüten: *Red Iron Bark*, Mugga, *Eucalyptus sideroxylon*.
Info: Eukalyptus und Verwandte, S. 190

Ordnung: Myrtenartige, *Myrtales*
Familie: Myrtengewächse, *Myrtaceae*
Aussehen: Ausladender, mäßig dichter Baum, 50-70 m hoch, mit geradem Stamm.
Standort: Bevorzugt die lichten Wälder, ist sehr anpassungsfähig an Böden und Klima.
Rinde: Glatt; hell, grau oder gelb. Blättert in Bändern ab, enthüllt darunter eine hellgrüne und hellbraune Rinde.
Blätter: Am Jungbaum eiförmig, bläulich (Name) und mit Wachs überzogen, stehen ohne Stiel direkt an den vierkantigen Zweigen. Am Altbaum länglich, grün, hängend wie bei den anderen Eukalypten.
Blüten: Weiß bis cremefarben, oft einzeln.
Blütezeit: Juni bis November.
Nutzen: Die Forstwirtschaft schätzt den gerade und schnell wachsenden Baum mit hartem Holz. Wird heute weltweit in über 80 Ländern als *Blue Gum* kultiviert, früher auch zur Trockenlegung von Sümpfen, daher der Name »Fieberbaum«. Die Aborigines inhalieren den Kopfschmerzen den Rauch der erhitzten Blätter oder trinken einen Blätter-Aufguss gegen Erkältungen.
Sonstiges: Nationalpflanze von Tasmanien.
Name: Wird im Deutschen irreführend auch als Blaugummibaum bezeichnet.
Info: Eukalyptus und Verwandte, S. 190

Darwin Stringybark
Faser-Eukalyptus
Eucalyptus tetrodonta

White Gum
Salmon Gum
Lachs-Eukalyptus
Eucalyptus alba

Ordnung: Myrtenartige, *Myrtales*
Familie: Myrtengewächse, *Myrtaceae*
Aussehen: Aufrechter Baum, 15-25 m hoch, mit aufsteigender, offener Krone.
Standort: Feuchtsavanne, konkurriert mit dem →Darwin Woollybutt.
Rinde: Grau, rau, dick und faserig (stringy), am Stamm und an denZweigen.
Blätter: Länglich und leicht gekrümmt.
Blüten: Beigeweiß, in Dreiergruppen.
Blütezeit: Juni bis September.
Nutzen: Verwendung des rötlichen Holzes z.B. für Zaunpfosten und Telegrafenmasten. Die Aborigines fertigen aus dem Holz vor allem Speere, Speerschleudern, Grabstöcke, Paddel und Axtschäfte. Die von Termiten ausgehöhlten Stämme und Zweige dienen für Didjeridoos, Trommeln und Särge, die Rinde für Kanus und Unterstände. Mit den Blättern, der inneren Rinde oder dem Gummiharz kuriert man Krankheiten, wie Erkältungen, Durchfall und Entzündungen, als auch Blutungen und Schmerzen nach der Geburt.
Sonstiges: Die Rinde dient auch als Malgrund für die bekannten Rindenmalereien (Bark Paintings) der Aborigines in Nordaustralien.
Heimat: Nordaustralien.
Info: Eukalyptus und Verwandte, S. 190

Ordnung: Myrtenartige, *Myrtales*
Familie: Myrtengewächse, *Myrtaceae*
Aussehen: Der schlanke und oft mehrstämmige Baum wird 5 bis 15 m hoch.
Standort: Feuchtsavanne, bevorzugt steinige Böden an Hängen und auf Bergen.
Rinde: Weiß und glatt, aber nach dem jährlichen Abblättern prächtig lachsfarben (Name).
Blätter: Oval, beiderseits grün, werden oft in der Trockenzeit abgeworfen.
Blüten: Cremefarben, in Büscheln.
Blütezeit: Juni bis September.
Früchte: Schalenartige, verholzte Kapseln.
Nutzen: Das Holz ist mittelhart, sehr stark und dauerhaft. Die Aborigines schätzen es zum Herstellen von Kampfbumerangs und als ein gutes Feuerholz. Die Blüten sind für Wildbienen eine ergiebige Nektarquelle.
Heimat: Nordaustralien, Südneuguinea, Java und Timor.
Vergleiche: Nur im äußersten Norden: *Northern Salmon Gum or Poplar Gum, Eucalyptus bigalerita*, 10-18 m hoch, mit größeren Fruchtkapseln und Blättern. – Wächst nur im äußersten Südwesten: *Western Salmon Gum, Eucalyptus salmonophloia*, wird bis zu 30 m hoch.
Info: Eukalyptus und Verwandte, S. 190

Blue Mallee
Ring-leaved Mallee
Yorrell
»Schaschlik-Eukalyptus«
Eucalyptus gracilis

Red Cap Gum
»Rotkappen-Eukalyptus«
Eucalyptus erythrocorys

Ordnung: Myrtenartige, *Myrtales*
Familie: Myrtengewächse, *Myrtaceae*
Aussehen: Meist aufrechter, mehrstämmiger 3-5 m hoher Strauch, gelegentlich auch bis zu 8 m hoher Baum.
Standort: Trockengebiete. Bevorzugt die roten Sanddünen und Sandebenen, seltener felsige Hanglagen.
Rinde: An der Basis rau und schuppig, darüber glatt, grau bis rötlich.
Blätter: Bläulich, wachsen »schaschlikartig« um die Zweige herum, so als ob die Zweige durch die Blätter wachsen würden.
Blüten: Beigeweiß, in Büscheln.
Blütezeit: Oktober bis März.
Früchte: Birnenförmige Fruchtkapseln, bis zu 13 mm lang.
Nutzen: Die Aborigines zermahlen die nussartig schmeckenden Samen zur Brotherstellung. Der Nektar wird direkt aus den Blüten aufgesogen. Die Asche der Blätter und Rinde wird mit den Blättern des »Wilden Tabak« (*Nikotiana*-Arten) vermischt und diese Mixtur kaut man als ein Genussmittel.
Besonderes: Gehört zu den Mallee-Eukalypten mit einer Wurzelknolle (siehe S. 190).
Heimat: Australien.
Info: Eukalyptus und Verwandte, S. 190

Ordnung: Myrtenartige, *Myrtales*
Familie: Myrtengewächse, *Myrtaceae*
Aussehen: Mehrstämmiger Strauch oder kleiner Baum, bis zu 7 m hoch. Gehört zu den *Mallees*, siehe S. 190.
Standort: Ursprünglich auf den Kalkböden an der westaustralischen Küste (Karte). Heute als Zierbaum überall in Australien, vor allem in Südaustralien.
Rinde: Glatt und weiß direkt nach dem jährlichen Schälen, später hellgrau, oft mit losen Schuppen der abgestorbenen Rinde.
Blätter: Länglich, dunkelgrün, glänzend, bis zu 18 cm lang.
Blüten: Der Blütenkelch ist rot und gibt dann die große, schwefelgelbe Blüte frei.
Blütezeit: Januar bis Mai.
Nutzen: Das Holz ist für eine Eukalyptusart ziemlich weich und spröde.
Sonstiges: Da die Pflanze im Spätsommer und Herbst blüht, im Gegensatz zu den meisten Frühlingsblühern, ist sie Anziehungspunkt für besonders viele nektarfressende Vögel. Die Pflanze produziert den reichlichen Nektar am Abend und hat deshalb bei Dämmerung auch die meisten Blütenbesucher.
Heimat: Südwestaustralien.
Info: Eucalyptus und Verwandte, S. 190

Mottlecah
Rose of the West
Rose des Westens
Eucalyptus macrocarpa

Snow Gum
White Sally
Schnee-Eukalyptus
Eucalyptus pauciflora
(Eucalyptus coriacea)

Ordnung: Myrtenartige, *Myrtales*
Familie: Myrtengewächse, *Myrtaceae*
Aussehen: Weit ausladender und offener Strauch, der zu den mehrstämmigen Eukalypten (*Mallees*, siehe S. 190) gehört, wird bis 5 m hoch und 12 m breit.
Standort: Sandböden in Südwestaustralien (siehe Karte), heute aber auch in anderen Teilen Australiens kultiviert.
Rinde: Grau und glatt, aber nach dem jährlichen Abblättern hellgrün bis rosarot.
Blätter: Silbriggrau, breit eiförmig bis elliptisch, bis 13 cm lang. Liegen eng an den Zweigen an.
Blüten: Meist leuchtend rot, auch gelblich oder rosa, mit gelben Staubbeuteln. Es ist die größte Blüte aller Eukalypten, mit einem Durchmesser von bis zu 12 cm!
Blütezeit: Größter Teil des Jahres, meist Juli bis Oktober.
Früchte: Diskusförmige, massig kegelförmige, stark verholzte Samenkapseln; auch sehr groß wie die Blüten, im Durchmesser 5-9 cm.
Nutzen: Zierstrauch in den australischen Gärten und Parkanlagen, aber heute auch in anderen Teilen der Welt kultiviert.
Heimat: Südwestaustralien.
Info: Eukalyptus und Verwandte, S. 190

Ordnung: Myrtenartige, *Myrtales*
Familie: Myrtengewächse, *Myrtaceae*
Aussehen: Meist mehrstämmiger Baum, (gehört aber nicht zu den *Mallees*, siehe S. 190), 8-20 m hoch und 6-15 m breit. Der Stamm ist in den höheren Lagen als Folge der dortigen harschen Lebensbedingungen meist knorrig und gedreht.
Standort: Bergland, meist Schneegebiete über 700 m bis zur Baumgrenze bei etwa 2000 m Höhe. Die Nische des Schnee-Eukalyptus in Australien kann man vergleichen mit der Nische der Latsche in den europäischen Alpen.
Rinde: Glatt, weißlichgrau oder blassbraun, die von September bis November abblättert. Darunter enthüllen sich gelbe, bronzefarbene oder grüne Flecken und Streifen; die Zweige sind häufig rot oder gelb.
Blätter: Länglich bis schmal eiförmig, bis 16 cm lang, hängend, mittel- bis blaugrau.
Blüten: Weiß bis cremig, in Büscheln.
Blütezeit: Dezember bis Februar.
Vergleiche: Die Karte zeigt die Verbreitung aller 3 Unterarten *niphophila*, *debeuzevillei*, *pauciflora*. Die Unterart *pauciflora* wächst in Südaustralien und auf Tasmanien teilweise auch in Küstennähe. Wächst nur auf Tasmanien: *Tasmanian Snow Gum*, *Eucalyptus coccifera*.
Info: Eukalyptus und Verwandte, S. 190

Ghost Gum
Geisterbaum
Corymbia aparrerinja
(Eucalyptus papuana)

Ordnung: Myrtenartige, *Myrtales*
Familie: Myrtengewächse, *Myrtaceae*
Aussehen: Ausladender Baum, je nach dem Untergrund mit geradem oder knorrigem Stamm, bis zu 25 m hoch.
Standort: Sandebenen und Felshänge, auch in der Nähe von Trockenflüssen, wo er häufig mit dem →Flusseukalyptus verwechselt wird.
Rinde: Die äußere Schicht blättert jährlich ab. Die innere Schicht zeigt dann den markanten, kalkweißen und glatten Stamm, der besonders bei Mondschein geisterhaft (Name) wirkt.
Blätter: Länglich, glänzend, grün.
Blüten: Cremefarben, in Büscheln.
Blütezeit: Dezember bis Februar.
Nutzen: Das Holz ist rötlich und hart. Der weiße Stammabrieb dient den Aborigines zur Körperbemalung. Mit dem aufgekochten Gummiharz werden Wunden und Schnitte behandelt.
Heimat: Zentralaustralien. - Bis 1995 wurden alle Geistereukalypten mit *Eucalyptus papuana* bezeichnet. Aber die Arten in Nordaustralien und in Neuguinea erhielten jetzt eigene Namen.
Sonstiges: In Zentralaustralien beliebtes Motiv der Maler, z.B. bei Albert Namatjira.
Vergleiche: In Nord- und Westaustralien, auch weißer Stamm: *Snappy Gum, Eucalyptus brevifolia.*
Info: Eukalyptus und Verwandte, S. 190

Inland Bloodwood
Blutholz-Eukalyptus
Blutharz-Eukalyptus
Corymbia opaca
(Eucalyptus opaca)

Ordnung: Myrtenartige, *Myrtales*
Familie: Myrtengewächse, *Myrtaceae*
Aussehen: Aufrechter Baum, manchmal auch mehrstämmig, 8-15 m hoch.
Standort: Sandböden in Trockengebieten.
Rinde: Mosaikartig, rotbraun oder grau.
Blätter: Länglich, beiderseits mattgrün.
Blüten: Gelblich bis cremig, in Büscheln.
Blütezeit: März bis August.
Früchte: Birnenförmige und verholzte Kapseln. Im Gegensatz dazu werden die häufig sichtbaren »Gallen« (Bild) durch Einstich und Eiablage einer Gallwespe gebildet, sind also keine Früchte.
Nutzen: Vielfältig bei Aborigines. Von den Gallen sind Eier, Made und Fruchtfleisch (wie bei der Kokosnuss) essbar und nahrhaft. Die Stöcke von wilden Bienen, oft an Blutholzeukalypten, sind eine sehr beliebte Honigquelle. Die Wurzeln beherbergen oft die schmackhaften Holzbohrer-Raupen (→Witchetty Grubs). Mit dem blutroten Harz (Kino) desinfiziert man Wunden.
Sonstiges: Alle *Bloodwoods* zählen seit 1995 zur Gattung *Corymbia* (bis heute umstritten). *Bloodwood* bezieht sich auf das tiefbraunrötliche Holz, beim deutschen Namen auf das blutrote Harz.
Vergleiche: *Desert Bloodwood, Corymbia desertticola (Eucalyptus terminalis).*
Info: Eukalyptus und Verwandte, S. 190

Spotted Gum
Gesprenkelter Eukalyptus
Corymbia maculata
(Eucalyptus maculata)

Red-flowering Gum
Purpur-Eukalyptus
Rotblühender Eukalyptus
Corymbia ficifolia
(Eucalyptus ficifolia)

Ordnung: Myrtenartige, *Myrtales*
Familie: Myrtengewächse, *Myrtaceae*
Aussehen: Geradwüchsiger Baum, bis zu 50 m hoch, mit dichter und hoher Krone.
Standort: Bevorzugt die Sandböden der lichten Wälder in Küstennähe und bis zu 400 km in das Landesinnere.
Rinde: Grau, rosa, auch cremefarben. Blättert fleckenartig ab und hinterlässt dann auf der Oberfläche rundliche Vertiefungen (Name).
Blätter: Länglich, graugrün, hängend.
Blüten: Beigeweiß, in Büscheln.
Blütezeit: März bis Mai, nicht jedes Jahr.
Früchte: Urnenförmige, verholzte Kapseln.
Nutzen: Starkes, fettiges, sehr haltbares Holz, wurde für Tanzdielen, Boote, Werkzeuggriffe und Angelruten verwendet. Blüten oder Blätter sind auch für viele Tiere wichtig, z.B. Loris, Flughunde, Bienen, Gleiter und Koalas.
Vergleiche: Mit einem sehr ähnlichen Aussehen: *Lemon-scented Gum*, Zitronenduft-Eukalyptus, *Corymbia citriodora (Eucalyptus citriodora)*, die Blätter duften beim Zerreiben nach Zitrone. - Nicht verwechseln mit →*Lemon-scented Myrtle*, *Darwinia citriodora*.
Heimat: *Ostaustralien.*
Info: Eukalyptus und Verwandte, S. 190

Ordnung: Myrtenartige, *Myrtales*
Familie: Myrtengewächse, *Myrtaceae*
Aussehen: Dichter und ausladender Baum, mit kurzem dicken Stamm, 6-15 m hoch und 5-20 m breit. Gehört zu den *Bloodwoods* (siehe S. 190).
Standort: Bevorzugt im gemäßigten Klima auf feuchten Sandböden.
Rinde: Schuppenartig, gräulichbraun.
Blätter: »Feigenblättrig« *(ficifolia)*, oberseits dunkelgrün glänzend, unterseits blasser.
Blüten: Scharlachrot bis orangefarben, in endständigen Büscheln mit 3-7 Blüten.
Blütezeit: November bis Februar.
Früchte: Hängende, urnenförmige, verholzte Samenkapseln, bis 3,5 cm lang.
Nutzen: Heute beliebter Zierbaum, nicht nur in Australien. Allerdings ist der Purpur-Eukalyptus anfällig gegen den Stammkrebs, eine Pilzkrankheit. Daher bevorzugt man heute die Hybridenzucht mit dem *Marri* (siehe unten). Die Hybriden blühen rosa.
Heimat: Südwestaustralien. Die Karte zeigt die ursprüngliche Verbreitung.
Vergleiche: Heimat auch in Südwestaustralien: *Marri*, Rotgummibaum, *Corymbia calophylla (E. calophylla)*, bis 35 m hoch; guter Honigproduzent (Imker) und ein begehrtes Möbelholz.
Info: Eukalyptus und Verwandte, S. 190

Sydney Red Gum
Smooth-barked Apple
»Sydney-Eukalyptus«
Angophora costata

Coastal Tea Tree
Küsten-Teebaum
Mückenabschrecker
Leptospermum laevigatum

Ordnung: Myrtenartige, *Myrtales*
Familie: Myrtengewächse, *Myrtaceae*
Aussehen: Großer, ausladender Baum, bis 30 m hoch, mit gewundenen Ästen.
Standort: Sandsteinhänge und Sandböden von lichten Wäldern, meist in Küstennähe.
Rinde: Glatt, cremegrau, nach dem Abblättern im Frühjahr rosarot. Am Stamm läuft oft das rote Gummiharz *(Kino)* herab.
Blätter: Länglich, hellgrün, bis 17 cm lang. Junge Blätter hellrot.
Blüten: Cremeweiß, in Büscheln.
Blütezeit: November bis Dezember.
Früchte: Rippige, leicht verholzte Kapseln.
Nutzen: Das bräunliche und gerade gemaserte Holz ist nicht sehr haltbar und wird deswegen hauptsächlich als Feuerholz genutzt. Der Baum ist eine wertvolle Pollenquelle und wird deswegen bei Imkern geschätzt. Blätter und Rinde wurden als Färbemittel benutzt. Mit dem Gummiharz behandelten die ersten Siedler Durchfall.
Sonstiges: Der Baum ist häufig in den Wäldern rings um Sydney, aber z.B. auch auf Fraser Island in Queensland zu finden.
Vergleiche: Ziemlich ähnlich: *Rough-barked Apple*, *Angophora floribunda*, mit rauer Rinde und sehr vielen Blüten *(floribunda)*.
Info: Eukalyptus und Verwandte, S. 190

Ordnung: Myrtenartige, *Myrtales*
Familie: Myrtengewächse, *Myrtaceae*
Aussehen: Ausladender Strauch oder kleiner Baum mit reich verzweigten Stämmen, 4-8 m hoch.
Standort: Küstendünen und Hinterland.
Rinde: Grau oder hellbraun, papierartig, besteht aus zahlreichen dünnen Lagen, die fortlaufend abblättern.
Blätter: Graugrün, dick, elliptisch oder länglich, oft mit aromatischem Duft.
Blüten: Weiß, sternförmig.
Blütezeit: Ende Juli bis Oktober.
Früchte: Verholzte Samenkapseln.
Nutzen: Dient zur Dünenbefestigung. Bei Imkern hochgeschätzte Bienenpflanze.
Vergleiche: Von den 82 Arten der Gattung finden sich 78 nur in Australien (endemisch). Eine Art ist in Ostaustralien, Tasmanien und Neuseeland verbreitet: →*Manuka or Red Tea Tree*, Manuka-Teebaum, *Leptospermum scoparium* (Neuseeland). Aus den Blättern gewinnt man auch Teebaumöl.
Name: Kapitän Cook und seine Mannschaft kochten Tee aus den Blättern von *L. scoparium*, daher »Teebaum« für viele *Leptospermum*-Arten. Fallen die tanninreichen Blätter in Seen und Sümpfe, dann färbt sich das Wasser »tee-braun«. - Auch einige →*Melaleuca*-Arten werden Teebäume genannt.

*White Paperbark
Weeping Tea Tree*
Kajeputbaum
Melaleuca leucadendra

Australian Tea Tree
Australischer Teebaum
Melaleuca alternifolia

Ordnung: Myrtenartige, *Myrtales*
Familie: Myrtengewächse, *Myrtaceae*
Aussehen: Bis 30 m hoher, aufrechter Baum mit hängenden Zweigen *(weeping)*.
Standort: Bevorzugt Gewässerufer und auch Sümpfe, sowohl Salz- wie Süßwasser, und steht gern zeitweise im Wasser (in der Regenzeit).
Rinde: Weißgrau bis hellbraun, papierartig, aus zahlreichen dünnen Lagen bestehend, die laufend abblättern.
Blätter: Länglich, dunkelgrün, bis 30 cm.
Blüten: Cremeweiß, flaschenbürstenartig, stark duftend.
Blütezeit: August bis November.
Früchte: Kapsel, tassenförmig, verholzt.
Nutzen: Aus dem leicht zu bearbeitenden und dauerhaften Holz stellen die Aborigines z.B. Kanus her. Vielfältige Nutzung der Rinde, z.B. zum Einwickeln und Kochen von Nahrungsmitteln, als zeitweilige Vorratsbehälter, für Matten und Unterstandsabdeckungen. Die Blätter und innere Rinde sind Heilmittel bei Kopfschmerzen, Erkältungen und Blutandrang. - Auch wichtige Nektarquelle für Bienen, Vögel und Flughunde.
Heimat: Australien, Neuguinea und Indonesien.
Dt: Name: Aus den Blättern dieser Art und aus *M. cajuputi* wird das in Medizin, Kosmetik und Mikroskopie angewendete Kajeputöl gewonnen.

Ordnung: Myrtenartige, *Myrtales*
Familie: Myrtengewächse, *Myrtaceae*
Aussehen: Großer Strauch oder kleiner Baum, 4-7 m hoch und 2-4 m breit.
Standort: Bevorzugt an Flussläufen.
Rinde: Weißlich, papierartig, blättert ab.
Blätter: Linear, 3 cm lang, nur 1 mm breit.
Blüten: Weiß, flaschenbürstenartig.
Blütezeit: September bis Dezember.
Nutzen: Die Aborigines verwenden die Blätter (nicht das reine Öl) für Aufgüsse und Umschläge: vor allem bei Halsentzündungen, Erkältungen und Insektenstichen. Die heutige Volksmedizin nutzt die bakterienhemmende, wundheilende und auch pilztötende Wirkung des Teebaumöls.
Sonstiges: Wichtigste Art zur Gewinnung von Teebaumöl, wird heute in großen Plantagen angepflanzt. Das Öl wird aus den Blättern dampfdestilliert. Australien produziert jährlich etwa 600 t Teebaumöl.
Allgemeines: 230 der insgesamt 236 *Melaleuca*-Arten wachsen nur in Australien; die größeren Arten nennt man meist »Papierrindenbäume«, auch »Silberrindenbäume«. - Auch →*Leptospermum*-Arten haben eine papierartige Rinde, aber immer sternförmige Blüten. Bei beiden Gattungen gibt es sowohl Tee- wie Papierrindenbäume. Auch aus *Leptospermum*-Arten gewinnt man Teebaumöl.

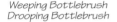

Weeping Bottlebrush
Drooping Bottlebrush
»Trauer-Zylinderputzer«
Callistemon viminalis

Common Netbush
One-sided Bottlebrush
»Einseitiger Zylinderputzer«
Calothamnus quadrifidus

Ordnung: Myrtenartige, *Myrtales*
Familie: Myrtengewächse, *Myrtaceae*
Aussehen: Buschiger Strauch oder kleiner Baum, bis 10 m hoch und 4 m breit. Erinnert mit den hängenden Zweigen an eine Trauerweide.
Standort: Ursprünglich in der Nähe von Flüssen, auf Sandstein- und Granitböden. Heute in der ganzen Welt kultiviert.
Rinde: Dunkelgrau und gefurcht.
Blätter: Fast nadelartig, mittel- bis dunkelgrün, bis 7 cm lang und 6 mm breit. Beim Zerreiben riecht man die aromatischen Öle.
Blüten: Walzenförmige Ähren rings um die Zweige (flaschenbürstenartig), leuchtend rot.
Blütezeit: September-Dezember, gelegentlich auch in anderen Monaten.
Früchte: Schalenartig, verholzte Kapseln.
Nutzen: Die Aborigines sammeln die Blüten. Der süße Nektar wird entweder ausgesaugt oder dient zum Süßen von Getränken. - Die nektarreichen Blüten locken vor allem Papageien an.
Heimat: Alle etwa 30 *Callistemon*-Arten sind in Australien beheimatet (endemisch).
Sonstiges: Die *Callistemon*-Arten werden zwar als *Bottlebrush* (Flaschenputzer, Zylinderputzer oder Schönfaden) bezeichnet, aber auch die Arten von →*Melaleuca* und →*Banksia* haben oft ähnliche, flaschenbürstenartige Blütenstände!

Ordnung: Myrtenartige, *Myrtales*
Familie: Myrtengewächse, *Myrtaceae*
Aussehen: Immergrüner, aufrechter, aber stark verzweigter Strauch mit einem kräftigen Stamm. Bis 4 m hoch und 5 m breit.
Standort: Trockenbuschformationen und lichte Wälder, bevorzugt mit Winterregen.
Rinde: Glatt, hellbraun bis gräulich.
Blätter: Nadelartig und ledrig, dunkelgrün bis grau, bis 3 cm lang; können sehr klebrig sein.
Blüten: Flaschenbürstenartig, aber nur auf einer Seite (meist Unterseite) des Zweiges (einseitswendige Ähren), bis 20 cm lang, sattrot. Die Blüten erscheinen unterhalb der beblätterten Zweigspitzen.
Blütezeit: August bis November.
Früchte: Rundliche, warzige Samenkapseln mit etwa 8 mm Durchmesser.
Nutzen: Wird heute weltweit kultiviert, die Art gilt als der beliebteste Zierstrauch der Gattung. Es werden aber auch Zwergwuchs-Hybriden gezüchtet, sie haben gelbe Blüten.
Heimat: Alle etwa 40 *Calothamnus*-Arten sind in Westaustralien beheimatet.
Vergleiche: *Cliff Netbush, Calothamnus rupestris,* und *Barrens Clawflower, Calothamnus validus,* mit mehr einzeln stehenden roten Blüten.

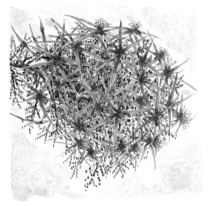

Common Mountain Bell

Gewöhnliches Bergglöckchen

Darwinia lejostyla

Turkey Bush
Kimberley Heath(er)

»Kimberley-Heide«

Calytrix exstipulata

Ordnung: Myrtenartige, *Myrtales*
Familie: Myrtengewächse, *Myrtaceae*
Aussehen: Immergrüner, dichter, heideartiger Strauch, bis 1,5 m hoch und 2 m breit.
Standort: Bergige Strauchlandschaften und Heidevegetation, beschränkt auf die Stirling und Barren Ranges in Südwestaustralien.
Blätter: Nadelartig, sehr dichtstehend, bis zu 1,5 cm lang; sie schimmern wegen der in ihnen enthaltenen Öldrüsen, die einen aromatischen Duft verbreiten.
Blüten: Sattrosa oder schwachrosa, hängen glockenartig.
Blütezeit: Juli bis November.
Früchte: Klein und unscheinbar.
Nutzen: Heute als Zierstrauch in Australien und anderen Ländern kultiviert.
Sonstiges: Wichtige Nektarquelle für Vögel.
Vergleiche: Ein beliebter Zierstrauch, dessen Blätter beim Zerreiben nach Zitrone duften, ist *Lemon-scented Myrtle, Darwinia citriodora*, mit überwiegend orangefarbenen Blüten. - Nicht zu verwechseln mit dem →*Lemon-scented Gum*, Zitronen-Eukalyptus, *Corymbia citriodora*.
Heimat: Alle etwa 60 *Darwinia*-Arten sind in Australien beheimatet (endemisch), vorwiegend in Südwestaustralien.

Ordnung: Myrtenartige, *Myrtales*
Familie: Myrtengewächse, *Myrtaceae*
Aussehen: Aufrechter, immergrüner Strauch, 1 bis 4 m hoch.
Standort: Feuchtsavanne, als Unterwuchs, auf unterschiedlichen Böden.
Rinde: Hellgrau, rau und teils schuppig.
Blätter: Nadelartig und zierlich mit Öldrüsen.
Blüten: Tiefrosa bis purpurrot, sternförmig, papierdünn, üppig zusammenstehend.
Blütezeit: Ganzjährig, aber überwiegend in der Trockenzeit von März bis September.
Früchte: Kleine Kapseln, die bei Reife abfallen.
Nutzen: Die Aborigines fertigen aus dem harten Holz z.B. Bumerangs, Speere und Grabstöcke. Das Öl aus den Blättern (zwischen den Handflächen zerreiben) dient z.B. zur Behandlung von Wunden.
Sonstiges: Das Öl verwendet man heute in der Aromatherapie: Es soll das Selbstvertrauen und die Kreativität steigern.
Name: *Turkey Bush* da →*Buschhühner (Turkeys)* gern darunter ihre Bruthügel bauen.
Heimat: Nordaustralien.
Allgemeines: Alle etwa 75 *Calytrix*-Arten sind in Australien beheimatet (endemisch), mehr als die Hälfte davon in Südwestaustralien.

Brush Box
Queensland Box
»Queensland-Buchsbaum«
Lophostemon confertus
(Tristania conferta)

Turpentine Tree
Terpentin-Baum
Syncarpia glomulifera

Ordnung: Myrtenartige, *Myrtales*
Familie: Myrtengewächse, *Myrtaceae*
Aussehen: Im natürlichen Lebensraum ein bis zu 54 m hoher, massiver Baum mit geradwüchsigem Stamm und rundlicher Krone.
Standort: Meist im subtropischen Klima auf schweren und feuchten Böden an der Küste und im bergigen Hinterland. Braucht Jahresniederschläge von 750 bis 1500 mm.
Rinde: Rau und schuppig unten, im oberen Teil blättert die Borke ab und enthüllt einen glatten und rosabraunen Stamm.
Blätter: Oval bis elliptisch, 7-15 cm lang.
Blüten: Weiß, sternförmig.
Blütezeit: September bis Januar.
Früchte: Kreiselförmige Samenkapseln.
Nutzen: Eine der härtesten Holzarten der Welt. Das rosabraune Holz schätzt man in der Bau- und Möbelindustrie, z.B. sind daraus auch die Fußböden und teils auch die Deckenverkleidungen in der Sydney Opera gefertigt.
Sonstiges: Kultiviert als schattiger Straßenbaum im südlichen, gemäßigten Teil Australiens und anderen Ländern. Erreicht dann nur Höhen von 10-15 m.
Heimat: Diese Art ist nur in Australien zu Hause (endemisch). Andere *Lophostemon*-Arten auch in Neuguinea.

Ordnung: Myrtenartige, *Myrtales*
Familie: Myrtengewächse, *Myrtaceae*
Aussehen: 30 bis 70 m hoher, geradwüchsiger Baum, mit einem Stammumfang von bis zu 20 m!
Standort: Feucht- und Regenwälder, wächst auf unterschiedlichen Böden.
Rinde: Dick, faserig und braun.
Blätter: Oval bis elliptisch, oberseits dunkelgrün, unterseits weißgrau, 5-9 cm lang.
Blüten: Cremeweiß, in Büscheln.
Blütezeit: September bis Dezember.
Früchte: Harte, verholzte Samenkapseln.
Nutzen: Die harte Rinde ist salzwasserfest und widersteht auch →Termiten und →Schiffsbohrmuscheln (fälschlich Schiffsbohrwurm genannt). Das Holz war deshalb früher begehrt zum Bau von Hafenanlagen und Molen.
Name: Das orangerote Harz ähnelt Terpentin und riecht auch so, daher Terpentinbaum. Das eigentliche Terpentin wird aber aus Kiefernarten gewonnen.
Vergleiche: Nur auf Fraser Island: *Fraser Island Turpentine or Satinay Tree, Syncarpia hillii*, Aussehen und Eigenschaften ähnlich, Blätter bis zu 12 cm lang, wächst auf Sandböden. Das Holz wurde im vorletzten Jahrhundert u.a. für die Konstruktion des Suez-Kanals verwendet.
Heimat: Beide Arten Ostaustralien.

White Apple
Bumpy Satinash

»Höcker-Seideneshe«

Syzygium cormiflorum
(Eugenia cormiflora)

Ordnung: Myrtenartige, *Myrtales*
Familie: Myrtengewächse, *Myrtaceae*
Aussehen: Im natürlichen Lebensraum bis 30 m hoher, geradwüchsiger Baum.
Standort: Tropischer Regenwald.
Rinde: Mit markanten *Bumps* (Höckern), die aber schlafende Knospen sind (siehe unten).
Blätter: Oval, 6-21 cm lang. Die Öldrüsen sieht man als durchscheinende Punkte mit bloßem Auge (gegen die Sonne halten).
Blüten: Cremeweiß, flockig, am Stamm.
Blütezeit: Juli bis September.
Früchte: Weiß und schwammig, bis zu 8 cm groß, apfelähnlich mit großem Kern. Die Früchte frisst auch der →Helmkasuar und verbreitet mit dem ausgeschiedenen Kern die Pflanze.
Nutzen: Die Aborigines essen die faden, nach Pfirsich duftenden »Buschäpfel«.
Besonderes: Mehrere der *Syzygium*-Arten sind stammblütig (kauliflor), d.h. aus den schlafenden Knospen am Stamm entwickeln sich zuerst die Blüten (Bild links) und später die Früchte (Bild rechts).
Heimat: Ostaustralien.
Sonstiges: Weltweit ca. 1000 *Syzygium*-Arten, meist Südostasien, Australien und Afrika. Die bekannteste Art ist der Gewürznelkenbaum, *Syzygium aromaticum* (Indonesien).

Blue Lilly Pilly
Scented Satinash

Pilly

Syzygium oleosum
(Syzygium coolminiabum)

Ordnung: Myrtenartige, *Myrtales*
Familie: Myrtengewächse, *Myrtaceae*
Aussehen: Ausladender kleiner Baum, bis 15 m hoch. Der Stamm ist zylindrisch und sehr oft gekrümmt.
Standort: Feuchte Küsten- und Regenwälder bis zu einer Höhe von 900 m.
Rinde: Rotbraun, faserig, blättert in schmalen, länglichen Stücken ab.
Blätter: Elliptisch spitz, oberseits dunkelgrün glänzend, unterseits mattgrün. Markant mit vielen Öldrüsen, die man gut gegen die Sonne sehen kann. Duften beim Zerreiben nach Zitrone und sind klebrig.
Blüten: Cremeweiß, flockig.
Blütezeit: September bis März.
Früchte: Purpurblaue Beeren mit Kern, bis zu 25 mm groß, reifen von Mai bis August.
Nutzen: Die Aborigines essen die schmackhaften Beeren. Auch die frühen Siedler verarbeiteten die Beeren zu Gelee und Marmelade.
Besonderes: Trägt Blüten und Früchte nicht jedes Jahr, dafür dann umso üppiger.
Vergleiche: Andere Lilly-Pilly-Arten gehören zur Gattung *Acmena*, z.B. *Common Lilly Pilly, Acmena smithii*, mit rosa Früchten.
Sonstiges: Siehe →Höcker-Seideneshe.

Geraldton Wax Flower
Australische Myrte
Chamelaucium uncinatum

Orange Morrison
Morrison Featherflower
»Morrison-Federblume«
Verticordia nitens

Ordnung: Myrtenartige, *Myrtales*
Familie: Myrtengewächse, *Myrtaceae*
Aussehen: Großer, ausladender Strauch, bis zu 6 m hoch und 4 m breit.
Standort: Heide- und Gebüschformationen mit Sand- und Kalkböden im Küstenbereich sowie mit saisonalen Niederschlägen, das bedeutet Winterregen im Südwesten Australiens.
Blätter: Nadelartig, dunkelgrün, 2-4 cm lang, mit Haken an den Spitzen. Enthalten ätherische Öle.
Blüten: Meist zartrosa, gelegentlich weiß, rot, purpur oder malvenfarben, wachsartig (daher *Wax Flower*), bis 2,5 cm breit, in üppigen Büscheln.
Blütezeit: August bis November.
Früchte: Kleine, harte Samenkapseln.
Nutzen: Ist wohl die bekannteste Schnittblume von Australien, sie hält sich lange und wird viel exportiert. Man kultiviert sie aber inzwischen auch in anderen Ländern und es gibt zahlreiche Hybridzüchtungen.
Heimat: Südwestaustralien.
Allgemeines: Bekannteste Art von insgesamt 24 *Chamelaucium*-Arten, die ausschließlich in Südwestaustralien wachsen.
Sonstiges: Sie vermehrt sich in Neuseeland unkontrolliert und gilt dort als »Unkraut«.

Ordnung: Myrtenartige, *Myrtales*
Familie: Myrtengewächse, *Myrtaceae*
Aussehen: Der bis 2 m hohe Strauch hat viele schlanke und aufrechte Zweige, an deren Enden die Blüten sitzen.
Standort: Heide- und Gebüschformationen auf Sand- und Kiesböden in Küstennähe, bevorzugt mit Winterregen und trockenen Sommern.
Blätter: Nadelartig, ledrig, bis 6 cm lang, sehr aromatisch, mit Öldrüsen.
Blüten: Leuchtend goldorange, endständig, in Büscheln.
Blütezeit: November bis Februar.
Nutzen: Früher wurden die Wildblumen im Raume Perth zur Weihnachtszeit gepflückt (was heute verboten ist) und dann als Weihnachtsdekoration verkauft. Heute als Schnitt- und Trockenblumen kultiviert und exportiert.
Besonderes: Diese Art wird nur von einer einzigen Wildbienenart *(Euryglossa morrisonii)* bestäubt, die wie die Blüten orangefarben ist.
Sonstiges: Sie wächst überwiegend unter dem →Westaustralischen Weihnachtsbaum.
Heimat: Südwestaustralien.
Allgemeines: Alle ca. 100 *Verticordia*-Arten, sind in Australien beheimatet (endemisch), meist in Südwestaustralien.

Black Penda
Golden Penda
»Goldene Penda«
Xanthostemon chrysanthus

Sea Almond
Indian Almond
Strandmandel
Katappenbaum
Terminalia catappa

Ordnung: Myrtenartige, *Myrtales*
Familie: Myrtengewächse, *Myrtaceae*
Aussehen: Im ursprünglichen Lebensraum ein geradwüchsiger oder knorriger, mittelgroßer Baum, bis zu 20 m hoch und bis zu 9 m breit.
Standort: Ursprünglich nur in der tropischen Klimazone, meist auf Lehmböden an Flüssen im Tiefland in Küstennähe.
Blätter: Eiförmig, dunkelgrün glänzend, ledrig, 10-15 cm lang und 3-5 cm breit; bei den jungen Trieben rötlich bis bräunlichrosa.
Blüten: Goldgelb, mit einem Durchmesser von ca. 10 cm, in Büscheln an der Spitze der Zweige, in rosettenartiger Anordnung.
Blütezeit: Meist Mai bis August, aber auch zu anderen Jahreszeiten.
Früchte: Kleine, verholzte Samenkapseln.
Nutzen: Heute beliebter Zierbaum in tropischen und subtropischen Breiten, häufig in Gärten und auch als Straßenbaum, z.B. in Brisbane. Erreicht aber dann nur Höhen von 3-6 m.
Heimat: Nordostaustralien
Allgemeines: Zu dieser Gattung gehören etwa 50 tropische Baumarten, sie sind verbreitet in Indonesien, Neuguinea und Neukaledonien sowie in Australien mit 13 Arten.

Ordnung: Myrtenartige, *Myrtales*
Familie: Flügelsamengewächse, *Combretaceae*
Aussehen: Dichter und laubabwerfender Baum, mit bis zu 20 m ausladender Krone, in Australien bis zu 25 m hoch.
Standort: Meist an tropischen Stränden.
Blätter: Eiförmig, glänzend, dunkelgrün.
Blüten: Klein, schalenartig, grünlichweiß.
Blütezeit: September bis Februar.
Früchte: Elliptisch, auf beiden Seiten gewölbt, 5-7 cm lang, mit essbaren Samen.
Nutzen: Die Aborigines knacken die sehr harten Kerne und essen die darin enthaltenen Samen meist roh. Sie schmecken mandelartig (Name) und enthalten bis zu 50% Öl. - Eher nussartig schmecken die Samen vom *Nut Tree, Terminalia grandiflora.*
Vergleiche: Von anderen *Terminalia*-Arten essen die Aborigines die Früchte, z.B. *Wild Peach,* Wilder Pfirsich, *Terminalia carpentariae;* auch *Billy Goat Plum,* Ziegenpflaume, *Terminalia ferdinandia,* die den höchsten Vitamin C Gehalt aller Früchte hat (das Fünfzigfache von Orangen!) und jetzt kommerziell produziert werden soll.
Heimat: Nordaustralien, aber auch Madagaskar, tropisches Asien und Polynesien; die Früchte sind schwimmfähig und sorgten für eine weite Verbreitung an den Küsten.

Glory Bush*
Purple Glory Tree*
Tibouchine*

Tibouchina urvilleana*
(Pleroma macranta*)

Cocky Apple
Kakaduapfel

Planchonia careya

Ordnung: Myrtenartige, *Myrtales*
Familie: Schwarzmundgewächse, *Melastomataceae*
Aussehen: Aufrechter, ausladender Strauch und kleiner Baum, bis 6 m hoch und 3 m breit, mit vierkantigen und rot behaarten Zweigen.
Blätter: Meist eiförmig, 5-7 cm lang, samtig behaart, mittel- bis dunkelgrün.
Blüten: Leuchtend purpur bis violett, bis 12 cm breit, sitzen an den Zweigenden.
Blütezeit: Dezember bis März. Die Einzelblüte ist zwar kurzlebig, aber die Blütezeit insgesamt dauert monatelang.
Früchte: Kleine Kapseln.
Nutzen: Wegen der auffallenden Blütenfarbe wird dieser Zierstrauch heute weltweit in den Tropen und Subtropen kultiviert. In Australien sehr beliebt in Gärten und als Straßenbaum, z.B. am Circular Quay in Sydney. Der *Glory Bush* ist zwar am beliebtesten, aber es werden auch andere *Tibouchina*-Arten angepflanzt.
Heimat: Tropische Regenwälder Brasiliens.
Allgemeines: Die Gattung *Tibouchina* umfasst etwa 350 immergrüne Arten, die in Mexiko, auf den Westindischen Inseln und überwiegend im tropischen Südamerika zu Hause sind.
Allgemeines: Ist mit rund 200 Gattungen und 4500 Arten die artenreichste Familie in der Ordnung der Myrtenartigen, *Myrtales*.

Ordnung: Myrtenartige, *Myrtales*
Familie: Krukenbaumgewächse, *Lecythidaceae*
Aussehen: Kleiner Baum, bis 15 m hoch, wie ein auf der Spitze stehender Kegel.
Standort: Überwiegend Unterwuchs in lichten Eukalyptuswäldern.
Rinde: Außen rau, korkig, braun bis hellgrau; innen faserig und rot.
Blätter: Groß, breit-oval, hellgrün bzw. rot vor dem Laubabwurf in der Trockenzeit.
Blüten: Weiß und rosa, büschelweise. Blühen nur eine Nacht und fallen dann ab.
Blütezeit: Juli bis November.
Früchte: Birnenförmig, bis 10 cm lang, essbar, schmecken wie Quitten.
Nutzen: Vielfältig bei den Aborigines. Man isst Früchte und Kerne. Aus der faserigen Baum- und Wurzelrinde fertigt man Schnüre und Taschen. Mit der inneren Rinde, der Wurzelrinde und den Blättern - in unterschiedlichen Zubereitungs- und Anwendungsformen - behandelt man z.B. Wunden, Verbrennungen, Hautausschläge und Kopfschmerzen.
Heimat: Australien und Neuguinea.
Besonderes: Diese Art zählt zu den wenigen laubabwerfenden Pflanzen in Australien.
Sonstiges: Kakadus lieben die Früchte, daher *Cocky Apple* bzw. Kakaduapfel.

INFO

Akazien

Die Australier nennen ihre Akazien gern **Wattles**. Die ersten europäischen Siedler verwendeten für ihre Hauswände ein Zweiggeflecht (Wattle), meistens von Akazien, das dann außen und innen mit Lehm verputzt wurde.

Mit heute fast 1000 australischen Arten übertrifft die Gattung *Acacia* noch den Artenreichtum der Eukalypten. Flächendeckend findet man die strauch- oder baumartigen Akazien in fast allen Klimazonen mit der Hauptausbreitung in den Trockengebieten, auch da noch, wo es selbst den Eukalypten zu trocken ist. Akazien verfallen in Notzeiten sogar in Trockenstarre und warten auf Regen, der dann über die Zweige wie bei einem umgekehrten Regenschirm zu dem Stamm und Wurzelwerk abgeleitet wird.

Charakteristisch sind die meist gelben, seltener weißen, wuschelartigen kolben- oder kugelförmigen Blüten, die angenehm duften. Die einzelnen Akazienarten blühen zu verschiedenen Jahreszeiten, die meisten jedoch von Juli bis Oktober. Ihre Fruchtstände bestehen aus sehr unterschiedlich geformten Hülsen.

Die meisten australischen Arten haben keine echten Blätter, sondern blattartig verbreiterte Blattstielblätter oder Phyllodien, die weniger Poren haben. Dadurch verdunsten sie weniger Wasser und überleben in Trockenzeiten länger. Im Gegensatz zu den afrikanischen Arten haben australische Arten kaum Dornen, werden also ihrem Gattungsnamen *Acacia* (griech. »Dorne«) nicht gerecht. Mit Hilfe von Wurzelbakterien nutzen Akazien auch den Stickstoff aus der Luft als Dünger.

Akazien nutzt man als Bau- und Möbelholz (Hartholz). Auch die in den mitteleuropäischen Blumengeschäften angebotenen »Mimosen« sind in Wirklichkeit australische Akazienblüten (→Silberakazie). Die Aborigines verwenden die Akazien besonders vielfältig, z.B. das Holz für Werkzeuge, die Samen als Nahrungsquelle, aber auch in der Buschmedizin.

Außerhalb Australiens finden wir noch etwa 190 Akazienarten in Amerika, etwa 150 Arten in Afrika und 90 in Asien.

Mulga
Mulga-Akazie
Acacia aneura

Ordnung: Hülsenfruchtartige, *Fabales*
Familie: Mimosengewächse, *Mimosaceae*
Aussehen: Strauch oder Baum, bis 15 m hoch, in verschiedenen Gestalten.
Standort: Trockengebiete mit meist weniger als 300 mm Jahresniederschlag.
Blätter: Blattstielblätter, von nadelartig bis flach.
Blüten: Leuchtend gelb, kolbenförmig.
Blütezeit: Meist April bis Juli, nach Regenfällen auch zu anderen Zeiten.
Früchte: Flache Hülsen, bis zu 8 cm lang, mit harten, dunklen Samen.
Nutzen: Für Aborigines Zentralaustraliens eine sehr nützliche Pflanze. Als Nahrung dienen u.a.: die gemahlenen Samen zum Brotbacken, das süße Stammharz, die schmackhaften Insekten-Gallen (Mulga Apple) und →Honigtopfameisen, die sich vom Blütennektar ernähren. Aus dem sehr harten Holz fertigt man z.B. Bumerangs, Speerschleudern und Kampfschilde. Das Holz erkennt man an dunklen und hellen Partien.
Besonderes: Die Wuchsform gleicht sehr oft einem umgedrehten Regenschirm, dadurch wird das Regenwasser zum Stamm und dann zu den Wurzeln abgeleitet.
Heimat: Australien.
Info: Akazien, S. 209

Witchetty Bush
Witchetty-Busch
Acacia kempeana

Golden Wattle
Goldene Akazie
Acacia pycnantha

Ordnung: Hülsenfruchtartige, *Fabales*
Familie: Mimosengewächse, *Mimosaceae*
Aussehen: Ausladender, mehrstämmiger Strauch, bis 4 m hoch und breit.
Standort: Trockengebiete mit meist weniger als 300 mm Jahresniederschlag.
Blätter: Blattstielblätter, graugrün, länglich, geschwungen.
Blüten: Goldgelb, kolbenartig, 2 cm lang.
Blütezeit: Meist Juni bis September, nach Regen auch zu anderen Jahreszeiten.
Früchte: Längliche und papierartige Hülsen mit weichen, dunkelbraunen Samen.
Nutzen: Vielfältiger Gebrauch für die Aborigines Zentralaustraliens. Vor allem die sehr nahrhaften Raupen des →Witchettybohrers *(Witchetty Grubs)*, die man in den Wurzeln findet, isst man roh oder gegrillt. Mit einer Paste aus den Raupen kuriert man Augenentzündungen. Mit den Blättern und der Rinde, gekaut oder eingeweicht, behandelt man andere Entzündungen. Die Samen werden geröstet und gemahlen. Aus dem Holz fertigt man vor allem Speere.
Sonstiges: Die *Witchetty Grubs* sind auch von großer Bedeutung in der Aborigines-Mythologie und werden häufig in Malereien abgebildet.
Heimat: Australien.
Info: Akazien, S. 209

Ordnung: Hülsenfruchtartige, *Fabales*
Familie: Mimosengewächse, *Mimosaceae*
Aussehen: Ausladender Strauch oder kleiner Baum, mit schlanken, abstehenden, oft hängenden Ästen, bis zu 8 m hoch.
Standort: Oft Unterwuchs in Eukalyptuswäldern; aber auch auf nährstoffarmen Böden, dann sogar mit besonders üppiger Blütenpracht.
Rinde: Glatt, dunkelbraun bis gräulich.
Blätter: Blattstielblätter mit einer markanten Mittelrippe, länglich, leicht geschwungen, bis zu 20 cm lang.
Blüten: Goldgelb, kugelförmig und flauschig sowie besonders wohlriechend.
Blütezeit: August bis Oktober.
Früchte: Ledrige Hülsen, bis 14 cm lang.
Besonderes: Nationalblume Australiens. Man wählte sie nach der Gründung des australischen Staatenbundes 1901. Dadurch änderte sich auch das Bewusstsein der Australier für die heimische Pflanzenwelt, da man vorher europäische Arten bevorzugte.
Sonstiges: Die Rinde verwendete man früher zum Ledergerben, deshalb wurde diese Art auch in anderen Ländern angepflanzt.
Heimat: Südostaustralien.
Info: Akazien, S. 209

Silver Wattle
Silberakazie
Acacia dealbata

Ironwood Wattle
Eisenholz-Akazie
Acacia estrophiolata

Ordnung: Hülsenfruchtartige, *Fabales*
Familie: Mimosengewächse, *Mimosaceae*
Aussehen: Offener, kleiner bis mittelgroßer Baum, schlanker Stamm, bis 30 m hoch und 10 m breit.
Standort: In lockeren Eukalyptuswäldern, an Flussläufen und Berghängen.
Rinde: Jungbäume glatt und graugrün, Altbäume tief gefurcht und fast schwarz.
Blätter: Farnartig (gefiedert) und silbrigweiß (Name), da mit kurzen, weißen Härchen bedeckt.
Blüten: Kugelig, gelb, stark duftend.
Blütezeit: August bis Oktober.
Früchte: Flache und gerade Hülsen, graugrün, 6-10 cm lang, etwa 1 cm breit.
Nutzen: Wird heute als Zierbaum, aber auch zur Produktion der Blütenzweige angepflanzt.
Heimat: Australien.
Vergleiche: In den Subtropen stark verbreitet: *Queensland Silver Wattle, Acacia podalyriifolia.*
Sonstiges: »Mimosenblüten«, die heute weltweit in Blumenläden angeboten werden, stammen entweder von der Silberakazie oder der *Black Wattle*, Schwarzakazie, *Acacia decurrens.* Aber Akazien gehören ja zur Mimosen-Familie. Die »echten« Mimosen (gleiche Familie) schließen ihre Blätter und Zweige bei Berührung, z.B. die Sinnpflanze, *Mimosa pudica*, aus Brasilien.
Info: Akazien, S. 209

Ordnung: Hülsenfruchtartige, *Fabales*
Familie: Mimosengewächse, *Mimosaceae*
Aussehen: Ähnlich einer Trauerweide. In der Regel einzelstehender, bis zu 15 m hoher Baum, mit aufrechten Zweigen, an denen das lockere Blattwerk hängt.
Standort: Meist Trockengebiete mit weniger als 300 mm Jahresniederschlag.
Rinde: Stamm und Hauptzweige sind rau und gefurcht, dunkelgrau bis braun.
Blätter: Blattstielblätter, länglich, schmal, leicht geschwungen, graugrün, bis 10 cm lang.
Blüten: Hellgelb, kugelig, unscheinbar.
Blütezeit: Meist Juni bis August, nach Regen auch zu anderen Jahreszeiten.
Früchte: Dunkelbraune, schmale Hülsen.
Nutzen: Besonders hartes Holz, zählt zu den sogenannten »Eisenhölzern« *(Ironwoods).* Die Aborigines rösten und mahlen die Samen. Mit der eingeweichten und erhitzten Wurzelrinde werden Wunden behandelt.
Heimat: Australien
Sonstiges: Auch die extrem hartholzigen Bäume anderer Familien werden als *Ironwood* bezeichnet, z.B. *Northern Ironwood, Erythrophleum chlorostachys* (Familie *Caesalpiniaceae*).
Info: Akazien, S. 209

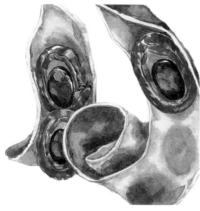

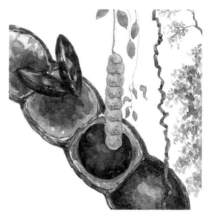

Red-eyed Wattle
Western Coastal Wattle
»Rotaugen-Akazie«
Acacia cyclops

Matchbox Bean
»Korkenzieher-Ranke«
Entada phaeseoloides

Ordnung: Hülsenfruchtartige, *Fabales*
Familie: Mimosengewächse, *Mimosaceae*
Aussehen: Gewölbter Strauch, bis zu 3 m hoch.
Standort: Sand- und Kalkböden an der Küste und im Hinterland.
Blätter: Blattstielblätter, dick, ledrig, bis zu 9 cm lang.
Blüten: Kugelig, gelb, in Gruppen von 2-3 Blüten.
Blütezeit: September bis März.
Früchte: Graubraune Hülsen, 4-12 cm lang. Die trockenen Hülsen drehen und öffnen sich und geben die markanten schwarzen Samen frei, die von den rot bis orangen Samenstielen umrahmt werden.
Nutzen: Die Samen werden von den Aborigines gesammelt, gemahlen und zu einer Art Brot verbacken. Sehr nahrhaft sind die im Stamm versteckten Insektenlarven, die sich durch ein sägespanartiges Harz verraten. Auch das Gummiharz am Stamm ist essbar.
Sonstiges: Ist salztolerant und wird gern zur Dünenbefestigung angepflanzt.
Botanischer Name: *Cyclops* bezieht sich auf die Zyklopen, einäugige Riesen in der griechischen Mythologie.
Heimat: Südwestaustralien.
Info: Akazien, S. 209

Ordnung: Hülsenfruchtartige, *Fabales*
Familie: Mimosengewächse, *Mimosaceae*
Aussehen: Überwiegend als Liane mit einem abgeflachten, spiralig gedrehten Stamm, bis zu 30 m lang. Der Wirtsbaum, um den sich einst die Kletterpflanze emporgewunden hat, ist in der Regel abgestorben.
Standort: Tropische Regenwälder in der Nähe der Küsten.
Blätter: Eiförmig, 4-10 cm lang.
Früchte: Bis zu 130 cm (!) lange Hülsen mit mehreren taschenuhrgroßen, scheibenförmigen und kastanienbraunen Bohnen.
Nutzen: Die frühen Siedler höhlten die große Bohne aus und verwendeten sie als Zündholzschachtel (Matchbox), um ihre Streichhölzer trocken aufzubewahren. Die Aborigines nutzen verschiedene Pflanzenteile als Medizin und die giftigen Bohnen zum Betäuben von Fischen.
Heimat: Australien, Südostasien, pazifische Inseln und Afrika. Für eine so weite Verbreitung an den tropischen Küsten sorgten die schwimmfähigen Samen, deswegen auch »Meeresbohnen« genannt.
Sonstiges: Ist eine der wenigen australischen Vertreter der *Mimosaceae*-Familie, die nicht zur Gattung *Acacia* gehören.

Rod Powdor Puff*
Red Tassel Flower*
Rote Puderquaste*
Calliandra haematocephala★

Cockroach Bush
»Schaben-Busch«
Senna notabilis
(Cassia notabilis)

Ordnung: Hülsenfruchtartige, *Fabales*
Familie: Mimosengewächse, *Mimosaceae*
Aussehen: Großer, vielästiger, aufsteigender Strauch oder kleiner Baum, bis 6 m hoch und 4 m breit.
Standort: Meist tropische und subtropische Küstenregionen weltweit, in Australien aber auch im warmgemäßigten Bereich, sofern nicht frostgefährdet.
Blätter: V-förmig angeordnet, elliptisch, dunkelgrün und glänzend.
Blüten: Überwiegend rot, rundlich, pinselförmig, seltener weiß oder rosa, bis 7 cm Durchmesser. Sie gleichen Akazienblüten in Großausgabe.
Blütezeit: Meist März bis Juni, aber auch zu anderen Jahreszeiten.
Früchte: Flache Hülsen, springen zur Reifezeit auf und rollen sich ein.
Nutzen: Heute weltweit beliebter Zierstrauch. Die Blüten ziehen nektarfressende Vögel an.
Heimat: Bolivien.
Allgemeines: Die Gattung *Calliandra* umfasst etwa 200 Arten immergrüner, meist zierlicher Sträucher, aber auch kleine Bäume und Kletterpflanzen, heimisch sowohl in den amerikanischen Tropen als auch in Westafrika, Madagaskar und Indien.

Ordnung: Hülsenfruchtartige, *Fabales*
Familie: Caesalpiniengewächse, *Caesalpiniaceae*
Aussehen: Aufrechter, dichter und kurzlebiger Strauch, bis zu 1,5 m hoch.
Standort: Bevorzugt Sand- und Kiesböden in Trocken- und Savannengebieten.
Blätter: Gefiedert, grün, aber durch die vielen Härchen oft grau erscheinend.
Blüten: Traubenförmig, leuchtend gelb, am Ende der Zweige.
Blütezeit: Mai bis September.
Früchte: Markante Hülsen, leicht rechteckig, papierartig, bis 4 cm lang und 1,5 cm breit.
Nutzen: Rinde und Blätter der *Senna*-Arten waren schon bei den Aborigines als Abführmittel bekannt. Die Samen werden gern von Vögeln gefressen.
Sonstiges: Alte Sträucher verbrennen bei Buschfeuern oft vollständig. Doch die Samen finden dadurch ein günstiges Keimbett, und es wachsen viele neue Sträucher.
Name: Bei den ausgereiften, hellbraunen Hülsen schimmern die schwarzen Samen durch: Das erinnert an Schaben (*Cockroaches*) und führte zu dem umgangssprachlichen Namen.
Heimat: Australien.

Golden Shower*
Röhrenkassie*
Indischer Goldregen*
Cassia fistula★

Candle Bush*
Golden Wonder*
Geflügelte Kassie*
Senna didymobotrya★
(Cassia didymobotrya★*)*

Ordnung: Hülsenfruchtartige, *Fabales*
Familie: Caesalpiniengewächse, *Caesalpiniaceae*
Aussehen: Breitkroniger, laubabwerfender bis immergrüner Baum, bis 18 m hoch.
Standort: Tropische Park- und Gartenanlagen.
Blätter: Gefiedert, leuchtend grün, bis zu 60 cm lang mit paarigen Blättchen (Fiederchen). Abwurf älterer Blätter im Winter oder in Trockenzeiten.
Blüten: Meist leuchtend goldgelb, duftend, bis 4 cm groß, in hängenden Trauben.
Blütezeit: Dezember bis Februar.
Früchte: Wurstartig, dunkelbraun, bis zu 50 cm lang, innen mit lakritzartigen, klebrigen und scheibchenförmigen Samen.
Nutzen: Blätter und Früchte (sind als Manna im Handel) haben eine abführende Wirkung.
Heimat: Sri Lanka und Indien. Heute weltweit Zierbaum in tropischen Gebieten. (Deshalb ist die Verbreitungskarte nicht markiert.)
Vergleiche: Mehrere australische *Cassia*-Arten, u.a. *Leichhardt Bean*, *Cassia brewsteri*, mit dunkelgelben, stehenden und traubenförmigen Blüten.
Allgemeines: Die Gattung *Cassia* umfasst heute nur noch etwa 100 Arten, die meisten Arten wurden in die Gattung *Senna* eingegliedert.
Name: Europäische Goldregen-Arten Gattung *Laburnum*, aber Familie *Fabaceae (Leguminosae)*, sind in allen Pflanzenteilen hochgradig giftig.

Ordnung: Hülsenfruchtartige, *Fabales*
Familie: Caesalpiniengewächse, *Caesalpiniaceae*
Aussehen: Immergrüner, aufrechter Strauch oder kleiner Baum mit fein behaarten Blättern und Schösslingen, bis zu 3 m hoch und 3 m breit.
Standort: Tropische und subtropische Garten- und Parkanlagen.
Blätter: V-förmig angeordnet, bis 35 cm lang, mit paarigen und tiefgrünen, bis 6 cm langen Fiederblättchen. Die Blätter riechen unangenehm, wenn sie zerrieben werden.
Blüten: Goldgelb, angeordnet in einer bis 30 cm langen »Kerze« (*Candle*), die über dem Laub steht. Die Blüten in der Kerze öffnen sich von unten nach oben.
Blütezeit: Januar bis Juni.
Früchte: Geflügelte Hülsen (Name), holzig und flach.
Nutzen: Andere Arten haben pharmazeutische Bedeutung, vor allem *Cassia senna* und *Cassia angustifolia*. Ihre Blätter und Früchte sind oft Bestandteil von Abführmitteln.
Heimat: Das tropische Afrika. Heute weltweit Zierstrauch in tropischen und subtropischen Parks und Gärten. (Deshalb in der Verbreitungskarte nicht markiert.)
Allgemeines: Viele *Senna*-Arten gehörten früher zur Gattung *Cassia*.

Orchid Tree*
Mountain Ebony*
Bauhinie*
Orchideenbaum*
*Bauhinia variegata**

Tamarind
Tamarindenbaum
Tamarindus indica

Ordnung: Hülsenfruchtartige, *Fabales*
Familie: Caesalpiniengewächse, *Caesalpiniaceae*
Aussehen: Ausladender Baum, bis 12 m hoch, 3-8 m breit, mit kurzem Stamm.
Standort: Tropische und subtropische Park- und Gartenanlagen, seltener warmgemäßigte Regionen.
Blätter: Herzförmig, sattgrün, mit zweilappigen Spitzen, 10-20 cm lang. Laubabwurf je nach Klimabedingungen ganz oder teilweise.
Blüten: Überwiegend rosa, seltener weiß, aber markant orchideenähnlich (Name), traubenartig am Ende der Zweige. Blühen bei laubabwerfenden Arten noch vor den neuen Blättern.
Blütezeit: August bis Dezember.
Früchte: Bis 25 cm lange, flache Hülsen, die bei Reife federnd aufspringen und dann die Samen herausschleudern.
Nutzen: In Australien nur als Zierbaum. Andere *Bauhinia*-Arten sind in der Volksmedizin von Bedeutung oder werden als Nahrungs-, Holz- oder Rindenfaserpflanzen verwendet.
Heimat: Indien (Himalaya), Ostasien. (Außer passendem Klima kein bestimmte Verbreitung in Australien, deshalb auf der Karte nicht markiert.)
Sonstiges: Die etwa 250 *Bauhinia*-Arten sind kosmopolitisch: Alle tropischen Erdteile, auch Australien, haben heimische Arten.

Ordnung: Hülsenfruchtartige, *Fabales*
Familie: Caesalpiniengewächse, *Caesalpiniaceae*
Aussehen: Immergrüner Baum, ausladend, mit starkem Stamm, bis 25 m hoch.
Standort: In Australien bevorzugt in tropischen Küstenregionen.
Blätter: Leuchtend grün, federartig, paarweise.
Blüten: Orangefarben bis gelblich, rot geädert, in kleinen Trauben am Zweigende.
Blütezeit: November bis Februar.
Früchte: Bis 9 cm lange, dicke, braune Hülsen, mit breiartigem Fruchtmark (Tamarindenmus).
Nutzen: Das aprikosenartige und vitaminreiche Tamarindenmus schmeckt süß-säuerlich, den Kern selbst isst man nicht. Für die Aborigines auch von medizinischer Bedeutung: Das noch unreife Fruchtmark hat abführende Wirkung, das eingeweichte Fruchtmark trinkt man gegen Husten und Erkältungen.
Heimat: Gilt heute in Australien als heimisch. Wurde wahrscheinlich schon vor den Europäern eingeführt von den Makassen (aus dem heutigen Indonesien), die an der Küste nach →Seewalzen (»Seegurken«) fischten.
Sonstiges: Als ursprüngliche Heimat gilt das tropische Afrika. Ist heute in allen tropischen Ländern als Schatten-, Zier- und Fruchtbaum verbreitet.

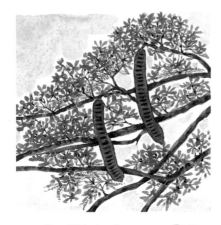

Royal Poinciana*

Flamboyant*
Afrikanischer Flammenbaum*

Delonix regia★
(Poinciana gilliesi★)

Ordnung: Hülsenfruchtartige, *Fabales*
Familie: Caesalpiniengewächse, *Caesalpiniaceae*
Aussehen: Einer der schönsten Blütenbäume der Tropen, bis 13 m hoch; die regenschirmartige Krone ist bis zu 30 m ausladend.
Standort: Park-, Straßen- und Schattenbaum in den Tropen und Subtropen.
Blätter: Farnähnlich, doppelt gefiedert und sattgrün. Laubabwurf teilweise, in Gebieten mit einer langen Trockenzeit sogar vollständig.
Blüten: Stehen noch vor den neuen Blättern in Büscheln am Ende der Zweige, orchideenartig, scharlachrot, bis 13 cm Durchmesser.
Blütezeit: September bis Dezember.
Früchte: Sehr markante, bis 60 cm lange, flache Hülsen, die häufig bis zur nächsten Blütezeit hängenbleiben.
Nutzen: In anderen Ländern nutzt man das Holz als Bauholz, die Rinde und Blüten als Farbstoff.
Heimat: Madagaskar. (Außer passendem Klima kein bestimmtes Verbreitungsgebiet in Australien, deshalb in der Karte nicht markiert.)
Name: Wird in anderen Ländern auch *Flame Tree*, Flammenbaum, benannt, ist aber nicht mit dem →Australischen Flammenbaum zu verwechseln.
Allgemeines: Weltweit 10 *Delonix*-Arten.
Vergleiche: Auch aus Madagaskar: *Colville's Glory**, *Colvillea racemosa★*, mit orangefarbenen Blüten.

Yellow Poinciana
Golden Flame Tree

Gelber Flamboyant
Gelber Flammenbaum

Peltophorum pterocarpum

Ordnung: Hülsenfruchtartige, *Fabales*
Familie: Caesalpiniengewächse, *Caesalpiniaceae*
Aussehen: Mittelgroßer, raschwachsender, bis 15 m hoher Baum, mit rostrot-filzig behaarten Zweigen und einer ausladenden, schirmförmigen Krone.
Standort: In den tropischen und subtropischen Regionen, keine Gebiete mit Frost.
Rinde: Glatt bis angeraut, hellgrau.
Blätter: Wechselständig, federartig, sattgrün. Meist Laubabwurf, bei ausreichender Bewässerung nur teilweise.
Blüten: Leuchtend gelb, in aufrechten Trauben am Ende der Zweige, angenehm duftend.
Blütezeit: August bis Februar.
Früchte: Hülsen, elliptisch bis länglich, purpurbraun, geflügelt, bis 10 cm lang.
Nutzen: In Australien meist Zier-, Straßen- und Schattenbaum. In Südostasien gewinnt man aus der Rinde ein gelbbraunes Färbemittel für die Batikarbeiten.
Heimat: Nord- und Ostaustralien, Neuguinea, Südostasien, Sri Lanka, Indien.
Allgemeines: Insgesamt 9 *Peltophorum*-Arten, weltweit in tropischen Regionen. Als schattenspendender Alleebaum weit verbreitet ist der Afrikanische Regenbaum, *Peltophorum africanum*, den »Regen« verursachen Schaumzikaden.

Sturt's Desert Pea

**Feuererbse
Ruhmesblume**

*Swainsona formosa
(Clianthus formosus)*

*Parrot Pea
Green Birdflower*

»Grüne Vogelblume«

Crotalaria cunninghamii

Ordnung: Hülsenfruchtartige, *Fabales*
Familie: Schmetterlingsblütler,
Fabaceae (Leguminosae)
Aussehen: Geflecht niederliegender Sprosse bis
Halbstrauch, einjährig oder zweijährig, bis zu
30 cm hoch und 3 m breit.
Standort: Sand- und Geröllböden, Gebiete bis
500 mm Jahresniederschlag.
Blätter: Gegenständig, oval, graugrün, da mit
feinen Härchen bedeckt.
Blüten: Meist feuerrot mit einem markanten,
lackartig glänzenden, schwarzen Fleck, bis 9 cm
lang, an aufrechten Trieben, in kreisförmiger
Anordnung.
Blütezeit: Vorwiegend August bis Oktober, nach
Regen auch zu anderen Jahreszeiten.
Früchte: Erbsenartige und härchenbedeckte
Hülsen, bis 9 cm lang.
Nutzen: Die Aborigines essen die recht bitteren
Samen, die Blüten dienen zur Dekoration.
Heimat: Australien.
Besonderes: Ist die Nationalblume des Bundes-
staates Süd-Australien.
Sonstiges: Der englische Name ehrt zwar den
Australienforscher Charles Sturt, doch es war
der Pirat William Dampier, der als erster die Art
an der westaustralischen Küste sammelte und
nach England mitbrachte.

Ordnung: Hülsenfruchtartige, *Fabales*
Familie: Schmetterlingsblütler,
Fabaceae (Leguminosae)
Aussehen: Aufrechter Strauch, bis 4 m hoch,
markiger, leicht behaarter Stamm.
Standort: Bevorzugt die Sandböden in den
Trockengebieten, am liebsten auf den Kämmen
von Sanddünen. Wird dort gern von Wildkamelen
gefressen.
Blätter: Wechselständig, oval, graugrün, da mit
feinen Härchen bedeckt.
Blüten: Grün bis gelbgrün, bis 5 cm lang, sehen
wie ein Vogelprofil aus (Name).
Blütezeit: Meist Februar bis November, nach
Regen aber auch zu anderen Jahreszeiten.
Früchte: Bis 5 cm lange, wurstartige Hülsen, die
ausgereift beim Schütteln rasseln, wird daher im
Englischen auch *Birdflower Rattlepod* genannt.
Nutzen: Die Aborigines fertigen aus der faserigen
Rinde Sandalen und Seile zum Tragen schwerer
Lasten. Der Blütennektar wird ausgesaugt. Mit
einem Aufguss aus den Blättern oder der Rinde
kuriert man Schwellungen, Augen- und Ohren-
entzündungen.
Heimat: Australien.
Sonstiges: Die insgesamt ca. 600 *Crotalaria*-
Arten sind überwiegend in Afrika beheimatet,
nur 30 Arten in Australien.

Black Bean Tree
Moreton Bay Chestnut
Schwarzbohnenbaum
Castanospermum australe

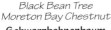

Tiger's Claw*
Indian Coral Tree*
Indischer Korallenbaum*
Erythrina sykesii★
(Erythrina indica★)

Ordnung: Hülsenfruchtartige, *Fabales*
Familie: Schmetterlingsblütler,
Fabaceae (Leguminosae)
Aussehen: Großer, offener, ausladender Baum, bis 40 m hoch und 12 m breit.
Standort: Ursprünglich an den Flussläufen von subtropischen und tropischen Regenwäldern. Heute oft Straßen- und Schattenbaum.
Rinde: Glatt bis rau, dunkelbraun bis grau, mit länglichen Linien brauner Flecken.
Blätter: Federartig, wechselständig.
Blüten: Gelb bis rot, wickenartig, 3-4 cm lang, in dichten Trauben.
Blütezeit: November bis Februar.
Früchte: 10 bis 25 cm lange Hülsen, die Samen sehen wie Kastanien *(Chestnuts)* aus.
Nutzen: Früher begehrtes Hartholz, meist zur Möbelfertigung. Die Aborigines essen die Samen, welche aber roh giftig sind (enthalten Alkaloide). Man schneidet deshalb die »Kastanien« in Scheiben, wässert sie tagelang in einem Fluss und kocht sie dann.
Sonstiges: Die pharmazeutische Eignung der Giftstoffe wird zur Zeit getestet, z.B. als Mittel gegen Krebs und Alterung.
Heimat: Australien sowie Neukaledonien und Vanuatu. Die Gattung *Castanospermum* besteht nur aus dieser einzigen Art.

Ordnung: Hülsenfruchtartige, *Fabales*
Familie: Schmetterlingsblütler,
Fabaceae (Leguminosae)
Aussehen: Bis 15 m hoher und ebenso breiter Baum mit einem kurzen, dicken Stamm und sehr starken Ästen, die mit Stacheln besetzt sind.
Standort: In Australien (und Neuseeland) meist warmgemäßigte Regionen.
Rinde: Korkig, furchig, hellgrau.
Blätter: Herzförmig, sattgrün, 15-20 cm lang, Laubabwurf.
Blüten: Verschiedene Rottöne, »korallenartig« (Name), 5-6 cm lang, am Ende der Triebe, sie erblühen vor den neuen Blättern.
Blütezeit: August bis Oktober.
Früchte: Flache Hülsen, Samen sind giftig.
Nutzen: Die in Australien beliebteste *Erythrina*-Art wird vorwiegend als Zier- und Straßenbaum angepflanzt, spendet guten Sommerschatten.
Heimat: Von Ostafrika bis Indien. (In Australien keine bestimmte Verbreitung, deshalb in der Karte nicht markiert.)
Sonstiges: Die über 100 *Erythrina*-Arten laubabwerfender bis immergrüner, meist bestachelter Bäume oder Sträucher finden sich in den Tropen und Subtropen der ganzen Welt. Zwei Arten sind auch in Australien heimisch: →Batswing Coral Tree, *Erythrina vespertilio*, →Coral Tree, *Erythrina variegata*.

Cork Tree
Bean Tree
Batswing Coral Tree
Fledermaus-Korallenbaum
Erythrina vespertilio

Red Bean
Dusky Coral Pea
Kennedie
Korallenbohne
Kennedia rubicunda

Ordnung: Hülsenfruchtartige, *Fabales*
Familie: Schmetterlingsblütler,
Fabaceae (Leguminosae)
Aussehen: Meist 6-10 m hoher, ausladender Baum, Dornen an Stamm und Ästen.
Standort: Äußerst anpassungsfähig, Gebiete mit wenig bis viel Regen.
Rinde: Braun, korkig und gefurcht.
Blätter: Wie im Bild: Entweder herzförmig oder wie ausgebreitete Fledermausflügel (Name), bis zu 12 cm breit. Meist Laubabwurf.
Blüten: Rosa bis leuchtend orangerot, am Ende des Triebes, vor den neuen Blättern.
Blütezeit: August bis Oktober.
Früchte: Bohnenartige Hülsen. Sie beinhalten rötliche Bohnen bzw. Samen, die giftig sind, wie auch die Rinde (enthalten Alkaloide).
Nutzen: Die Aborigines schnitzen aus dem sehr weichen, balsaartigen Holz z.B. Teller, Schilde und Wasserbehälter. Die rötlichen Samen werden zu Halsketten aufgereiht (heute als Souvenir). Mit der eingeweichten Rinde werden Augenentzündungen äußerlich behandelt.
Heimat: Australien.
Vergleiche: Heimisch in Nordaustralien (auch in Malaysia und Myanmar): *Coral Tree, Erythrina variegata var. orientalis.* Am meisten kultiviert ist der →Indische Korallenbaum, *Erythrina sykesii.*

Ordnung: Hülsenfruchtartige, *Fabales*
Familie: Schmetterlingsblütler,
Fabaceae (Leguminosae)
Aussehen: Bis 4 m hoher Kletterstrauch oder Kriechpflanze mit kletternden oder am Boden mattenbildenden Zweigen.
Standort: Unterschiedliche Lebensräume, aber bevorzugt auf Sandböden an der Küste oder im bergigen Hinterland.
Blätter: Eiförmig, dunkelgrün, bis 15 cm lang. Es stehen jeweils drei zusammen.
Blüten: Dunkelrot und schmetterlingsförmig, in Dolden herabhängend.
Blütezeit: August bis Oktober.
Früchte: Haarige, flache und längliche Hülsen, 5-10 cm lang.
Nutzen: Heute ein beliebter Zierstrauch in vielen tropischen, subtropischen und warmgemäßigten Garten- und Parkanlagen in Australien und auch in anderen Ländern.
Heimat: Ostaustralien, Nordosttasmanien.
Sonstiges: 15 von den 16 *Kennedia*-Arten sind in Australien beheimatet (eine Art in Neuguinea), überwiegend in Südwestaustralien. Sie gedeihen in verschiedenen Lebensräumen, wie Regenwald, Trockenwald, Strauch- und Heideformationen sowie Halbwüste.

Scarlet Bean

»Australische Feuerbohne«

Archidendron lucyi

Ordnung: Hülsenfruchtartige, *Fabales*
Familie: Schmetterlingsblütler,
Fabaceae (Leguminosae)
Aussehen: Großer Strauch bis kleiner Baum,
5-12 m hoch, 2-5 m ausladend, mit besonders
schönen Blüten und Früchten direkt am Stamm
und an den Ästen.
Standort: Tropische Regenwälder in niederen
Lagen, heute auch Zierbaum in Gärten.
Blätter: Eiförmig, gegenständig, dunkelgrün und
glänzend.
Blüten: Weiß, federartig und duftend, direkt am
Stamm oder an den Ästen. Die Einzelblüten
blühen nur einen Tag, die Gesamtblüte dauert
aber mehrere Monate.
Blütezeit: August bis Oktober.
Früchte: Direkt am Stamm oder an den Ästen,
orangerote oder rote, gekringelte, bis 10 cm
lange Hülsen; sie enthüllen beim Öffnen eine
leuchtend gelbe Innenschale mit dunklen Samen,
die nicht essbar sind.
Nutzen: Die Blüten sind für nektarsaugende
Vögel sehr attraktiv.
Besonderes: Mehrere *Archidendron*-Arten mit
Stammblütigkeit (Kauliflorie), vergleiche auch
→*Bumpy Satinash, Syzygium corniflorum.*
Heimat: Nordostaustralien, Ostmalaysia und
Salomon Inseln.

Coast Banksia
Küstenbanksie
Banksia integrifolia

Scarlet Banksia
Waratah Banksia
Scharlachrote Banksie
Banksia coccinea

Ordnung: Proteenartige, *Proteales*
Familie: Proteengewächse, *Proteaceae*
Aussehen: Meist knorriger, gekrümmter, großer Strauch oder kleiner Baum, bis zu 10 m hoch (selten bis 25 m), wenig oder mäßig verzweigt.
Standort: Meist arme Böden gemäßigter bis subtropischer Strauch- und Waldformationen an der Küste und im Hinterland.
Rinde: Hart, rau, mosaikartig, hellgrau.
Blätter: Elliptisch, hellbraun, oben mittelgrün und unten silbrig. Quirlartig angeordnet.
Blüten: Blassgelb. Blütenstand stehend, kolbenförmig, flaschenbürstenartig, bis 12 cm lang.
Blütezeit: Januar bis Juli.
Früchte: Zapfenartig, stark verholzt. Freigabe der außen liegenden Samen oft nur durch Feuer.
Nutzen: Das weiche, rosarote Holz eignet sich gut für Möbel- und Drechselarbeiten und zum Polieren. Auch die verholzten Früchte lassen sich drechseln (Souvenir). Die nektarreichen Blüten bieten den nektarfressenden Tieren Nahrung.
Heimat: Ostaustralien und Tasmanien.
Vergleiche: Verbreitung und Erscheinung ähnlich: *Silver Banksia*, Silberbanksie, *Banksia marginata*. Sägezahn-Blätter: *Saw Banksia*, Gesägte Banksie, *Banksia serrata*, und *Wallum Banksia*, *Banksia aemula*.
Allgemeines: →Scharlachrote Banksie.
Info: Proteen, S. 220

Ordnung: Proteenartige, *Proteales*
Familie: Proteengewächse, *Proteaceae*
Aussehen: Mehrstämmiger Strauch mit pelzigen Ästen, bis 5 m hoch.
Standort: Gemäßigte bis subtropische Heide-, Strauch- und Waldformationen, bevorzugt Sand- und Kiesböden
Blätter: Ledrig, oval, oben hellgrün und unten weißflaumig, Rand gezähnt und stachelig.
Blüten: Sehr attraktiv und scharlachrot. Der Blütenstand ist aufrecht, kolbenförmig und flaschenbürstenartig, bis 12 cm breit und hoch.
Blütezeit: Mai bis Januar.
Früchte: Zapfenartig, stark verholzt, die außen liegenden Samen werden oft nur durch Feuer freigegeben.
Nutzen: Heute weltweit die wohl bekannteste *Banksia*-Art, die als langhaltende Schnittblume geschätzt wird. Die sehr nektarreichen Blüten werden von Vögeln besucht und bestäubt.
Heimat: Südwestaustralien.
Allgemeines: 75 von den 76 *Banksia*-Arten sind in Australien beheimatet (eine Art in Neuguinea). Die Gattung ist benannt nach Sir Joseph Banks (1743-1820), dem Chefbotaniker auf dem Schiff »Endeavour« unter der Leitung von Captain Cook (1. Reise, 1768-1771), später berühmter Botaniker.
Info: Proteen, S. 220

Silky Oak
Seideneiche
Australische Silbereiche
Grevillea robusta

Flame Grevillea
Honey Grevillea
Honig-Grevillie
Flammengrevillie
Grevillea eriostachya

Ordnung: Proteenartige, *Proteales*
Familie: Proteengewächse, *Proteaceae*
Aussehen: Meist konischer und schnellwüchsiger Baum, im Ursprungsgebiet 30-40 m, aber als Zierbaum nur bis 16 m hoch. Größter Vertreter der Grevilleen. Mit Eichen nicht verwandt.
Standort: Ursprünglich subtropische Regen- und Hartlaubwälder. Heute Zier- und Forstbaum in Australien und weltweit; frostgefährdet.
Stamm: Dunkelgrau oder fast schwarz, stark gefurcht, an der Oberfläche leicht korkig.
Blätter: Farnartig, eiförmig, bis zu 35 cm lang, oberseits bronzefarben bis tiefgrün, unterseits silbriggrau; dadurch schimmert das gesamte Blattwerk silbrig (Name).
Blüten: Leuchtend orangegelb, zahnbürstenartig (einseitige Rispen), 12-15 cm lang.
Blütezeit: November bis Februar.
Früchte: Kleine Balgfrüchte, geflügelte Samen.
Nutzen: Das starke, wertvolle Holz hat einen silbrigen Seidenglanz (Name, zweite Erklärung) und eignet sich für Möbel, Furniere, Parkett, etc.
Sonstiges: Gilt den Aborigines als heilig.
Heimat: Ostaustralien.
Vergleiche: *Red Silky Oak*, Rotblühende Silbereiche, *Grevillea banksii*, nur 1-10 m hoch.
Allgemeines: →Stechgrevillie.
Info: Proteen, S. 220

Ordnung: Proteenartige, *Proteales*
Familie: Proteengewächse, *Proteaceae*
Aussehen: Aufrechter bis ausladender, meist einzeln stehender Strauch, bis 2 m hoch.
Standort: In Zentralaustralien (Sandböden) und im Südwesten (Heideformationen).
Blätter: Oft unterschiedlich, meist nadelartig, graugrün, bis zu 30 cm lang.
Blüten: Erst grün und dann gelborange. Der bis 20 cm lange Blütenstand ist leicht konisch und zahnbürstenartig.
Blütezeit: Mai bis November, nach Regen auch andere Zeiten und mehrmals pro Jahr.
Früchte: Kleine, rundliche Samenkapseln.
Nutzen: Die Aborigines saugen den Nektar aus den Blüten oder tauchen die Blüten in Wasser (»Limonade der Aborigines«). Auch Honigfresser besuchen die äußerst nektarreichen Blüten und bestäuben sie dabei.
Heimat: Australien.
Vergleiche: Ebenfalls mit dem Schwerpunkt in Zentralaustralien: Ein ähnlicher, aber bis zu 6 m hoher Strauch ist *Desert Grevillea*, Wüstengrevillie, *Grevillea juncifolia*, mit gelben Blüten. Ferner ein 8-15 m hoher Baum, *Beefwood*, *Grevillea striata*, lange, schmale Blätter, cremefarbene Blüten.
Allgemeines: →Stechgrevillie.
Info: Proteen, S. 220

Gulden Grevillea
Fern-leaved Grevillea
Farnblatt-Grevillie
Grevillea pteridifolia

Wickham's Grevillea
Holly-leafed Grevillea
»Stechgrevillie«
Grevillea namatophylla

Ordnung: Proteenartige, *Proteales*
Familie: Proteengewächse, *Proteaceae*
Aussehen: Großer Strauch, aber meist kleiner, aufrechter Baum, bis 10 m hoch.
Standort: Feuchtsavanne, mit Trockenzeit.
Rinde: In der Jugend glatt und silbrig, im Alter gefurcht und dunkelgrau.
Blätter: Farnblattförmig (Name), sehr schmal und fast nadelartig, oben graugrün, unten silbrig und seidig behaart. Die Seidenhaare geben dem Baum einen Silberschimmer, insbesondere an windigen Tagen.
Blüten: Goldorange, Blütenstand zahnbürstenartig, bis zu 20 cm lang.
Blütezeit: Meist Mai bis Oktober, manchmal bis Dezember.
Früchte: Kleine, flachovale Samenkapseln.
Nutzen: Die Aborigines schlagen den Blütennektar in ein Gefäß oder tauchen die Blüten in Wasser zur Herstellung eines süßen Getränkes. Besonders Kinder essen auch die Blüten. Auch Honigfresser und Wildbienen besuchen gern die »süßen« Blüten und bestäuben sie dabei.
Heimat: Nordaustralien.
Vergleiche: Eine beliebte Hybridenzüchtung heißt *Grevillea* 'Sandra Gordon'.
Allgemeines: →Stechgrevillie.
Info: Proteen, S. 220

Ordnung: Proteenartige, *Proteales*
Familie: Proteengewächse, *Proteaceae*
Aussehen: Dichter Strauch bis schlanker Baum, 2-8 m hoch.
Standort: Überwiegend auf sandigen, kiesigen oder felsigen Böden.
Blätter: Blass blaugrün, zart silbrig behaart, mit Stacheln an den Rändern, erinnern an Blätter der Stechpalme *(Holly)*.
Blüten: Tiefrot bis orangerot, traubenartig hängend, 2-8 cm lang.
Blütezeit: Mai bis August.
Früchte: Ledrige Samenkapseln, bis 2 cm.
Nutzen: Zunehmend beliebter Zierbaum.
Heimat: Australien.
Allgemeines: Die Gattung *Grevillea* ist benannt nach dem englischen Botaniker Charles Francis Greville (1749-1809), einem der Gründer der Royal Horticultural Society in London. Die meisten der etwa 350 *Grevillea*-Arten sind in Australien beheimatet, einige Arten jedoch auch in Indonesien (Sulawesi), Neuguinea, Neukaledonien und Vanuatu. Sie wachsen in unterschiedlichen Lebensräumen, von der Halbwüste bis zu den Regenwäldern. Sind heute weltweit verbreitet, besonders mit vielen Hybridzüchtungen.
Info: Proteen, S. 220

Corkbark Tree
Longleaf Corkwood
Korkrinden-Baum
Hakea lorea
(Hakea suberea)

Scallops
Hood-leaved Hakea
»Muschel-Hakea«
Hakea cucullata

Ordnung: Proteenartige, *Proteales*
Familie: Proteengewächse, *Proteaceae*
Aussehen: Knorriger, großer Strauch oder auch kleiner Baum, 3-8 m hoch.
Standort: Trockengebiete auf Sand- und Kalkböden, aber auch im Felsgelände.
Rinde: Tiefbraun, stark gefurcht, korkig.
Blätter: Nadelartig, behaart, 12-40 cm lang.
Blüten: Cremegelb, traubenartig hängend, nach Honig duftend, 4-15 cm lang.
Blütezeit: Juni bis Oktober oder nach Regen.
Früchte: Leicht gebogene und verholzte Samenkapseln, 3-4 cm lang und 2 cm breit.
Nutzen: Die Aborigines essen die Samen roh. Der Blütennektar wird entweder ausgesaugt oder zur Herstellung eines süßen, alkoholhaltigen Getränkes in Wasser aufgelöst. Daher können auch Emus, die nach dem Genuss vergorener Blüten quasi unter Alkoholeinfluss stehen, leichter gejagt werden!
Heimat: Australien.
Vergleiche: Sehr ähnlich aussehende Arten: *Forkleafed Corkwood, Hakea divaricata (Hakea eyreana); Northern Corkwood, Hakea chordophylla; Needle Bush or Needlewood, Hakea leucoptera; Corkwood Tree, Hakea macrocarpa.*
Allgemeines: →Muschel-Hakea.
Info: Proteen, S. 220

Ordnung: Proteenartige, *Proteales*
Familie: Proteengewächse, *Proteaceae*
Aussehen: Aufrechter, offener bis buschiger Strauch oder kleiner Baum, der bis zu 6 m hoch wächst.
Standort: Überwiegend Heide- und Strauchformationen mit Sand- oder Lehmböden.
Blätter: Sehr markant, ähneln Muschelschalen *(Scallops)*, auch *cucullata* (lateinisch) bedeutet kappen- oder kapuzenartig. Die »Muschelschalen« sind ledrig, und sie haben oben eine Breite von 4 bis 8 cm.
Blüten: Rosa, bis zu 2 cm breit, werden gestützt durch die umhüllenden Blätter.
Blütezeit: Juli bis November.
Früchte: Verholzte Samenkapseln, die bis zu 3 cm lang sind.
Nutzen: Beliebtes Ziergewächs.
Heimat: Südwestaustralien.
Vergleiche: *Royal Hakea, Hakea victoria,* mit bis 20 cm langen, rotgrünen Blättern.
Besonderes: Beide Arten sterben nach Feuer, aber regenerieren sich aus den Samen.
Allgemeines: Mit 150 Arten ist *Hakea* eine rein australische Gattung. Sie ist benannt nach dem hannoveranischen Minister und Botaniker Baron von Hake (1745-1818).
Info: Proteen, S. 220

Showy Dryandra
Prunk-Papageienbusch
Dryandra formosa

*Telopoa
Waratah*
Waratah
Telopea speciosissima

Ordnung: Proteenartige, *Proteales*
Familie: Proteengewächse, *Proteaceae*
Aussehen: Aufrechter, leicht buschiger Strauch oder kleiner Baum, 4-8 m hoch.
Standort: Wald-, Strauch- und Heideformationen auf unterschiedlichen Böden.
Blätter: Stark gesägt (ähnlich wie Löwenzahn), weich, oberseits grün, unterseits weiß behaart, bis 1 cm breit und 20 cm lang.
Blüten: Leuchtend orangegelb, kugelige und rosettenartige Blütenköpfe, bis 5 cm groß.
Blütezeit: Juli bis Dezember.
Früchte: Kleine, verholzte Samenkapseln.
Nutzen: Gilt als die schönste *Dryandra*-Art. Viele Gattungsvertreter werden heute wegen der stark gesägten Blätter und der lebhaft gefärbten Blütenköpfe weltweit kultiviert und besonders für Trockenblumengestecke genutzt. In ihrer Heimat werden die Blüten häufig von Honigfressern besucht und dabei bestäubt.
Heimat: Südwestaustralien.
Allgemeines: Alle etwa 95 *Dryandra*-Arten sind in Westaustralien beheimatet. Die Gattung ist benannt nach dem schwedischen Botaniker Jonas Dryander (1748-1810), Bibliothekar unter Sir Joseph Banks in London.
Info: Proteen, S. 220

Ordnung: Proteenartige, *Proteales*
Familie: Proteengewächse, *Proteaceae*
Aussehen: Bis zu 3 m hoher Strauch. Meist mit mehreren Stämmen, die bei Buschfeuern verbrennen. Aus ihrer Stammknolle *(Lignotuber)* schlagen dann die neuen Triebe wieder aus.
Standort: Lichte Wälder, sandige Böden.
Blätter: Eiförmig, unregelmäßig gesägt, ledrig, bis 18x5 cm.
Blüten: Kugelige, leuchtend rote Blütenstände, bis zu 15 cm Durchmesser. Eine der schönsten Blüten der australischen Pflanzenwelt.
Blütezeit: September bis Oktober.
Früchte: Bis 15 cm lange, verholzte, kanuförmige Kapseln mit geflügelten Samen.
Nutzen: Beliebte Schnittblume, heute auch in vielen Ländern kultiviert. Vögel besuchen und bestäuben die nektarreichen Blüten.
Heimat: Ostaustralien.
Sonstiges: Die Wappenblume von Neusüdwales. Der Blütenstand steckte auch in der Mitte des Blumenarrangements, das den Siegern bei der Olympiade 2000 in Sydney bei der Medaillenverleihung überreicht wurde.
Vergleiche: Auf Tasmanien: *Tasmanian Waratah*, Tasmanischer Waratah, *Telopea truncata*, diese Blüten sind dunkelrot und lockerer angeordnet.
Info: Proteen, S. 220

Wheel of Fire
Firewheel Tree

»Feuerrad-Baum«

Stenocarpus sinuatus

Ordnung: Proteenartige, *Proteales*
Familie: Proteengewächse, *Proteaceae*
Aussehen: Säulenartiger Baum mit aufrechten Ästen und Zweigen, wächst im Ursprungsgebiet bis zu 35 m hoch.
Standort: Der Naturraum sind tropische und subtropische Regenwälder.
Rinde: Runzelig, manchmal korkig, dunkelgrau oder braun.
Blätter: Vielgestaltig, ledrig, am Rand wellig, oben dunkelgrün glänzend, unten mattgrün, bis 30x5 cm.
Blüten: Scharlachrot, radförmige Blütenstände, bis zu 10 cm im Durchmesser, erinnern vor dem Öffnen an Radspeichen.
Blütezeit: Februar bis Juli.
Früchte: Bis zu 10 cm lange, bootsähnliche und verholzte Kapseln mit geflügelten Samen.
Nutzen: Heute ein beliebter Zierbaum in Gärten und Parks, auch im gemäßigten Klima, wie z.B. in Adelaide. Wächst dann langsamer und wird selten über 14 m hoch.
Heimat: Ostaustralien.
Sonstiges: Die Gattung *Stenocarpus* umfasst 25 Arten immergrüner Sträucher und Bäume, beheimatet in Südostasien, Neukaledonien und Australien (6 Arten).
Info: Proteen, S. 220

Common Smokebush

»Gewöhnlicher Rauchbusch«

Conospermum stoechadis

Ordnung: Proteenartige, *Proteales*
Familie: Proteengewächse, *Proteaceae*
Aussehen: Vielstämmiger, domförmiger Strauch, 1-2 m hoch.
Standort: Heide- und Strauchformationen mit Sandböden.
Blätter: Zylindrisch und spitz zulaufend, bis zu 10 cm lang.
Blüten: Weißgrau, flauschig, röhrig, nur bis 8 mm groß. An den Zweigenden sitzen die bis zu 20 cm langen Blütenstände, die aus der Entfernung wie Rauch *(Smoke)* aussehen.
Blütezeit: August bis November.
Nutzen: Zunehmend kultiviert als Schnittblume, die sich besonders lange hält.
Heimat: Südwestaustralien.
Vergleiche: Auch in Südwestaustralien: *Plume Smokebush*, Federbusch, *Conospermum incurvum, One-sided Smokebush, Conospermum unilaterale, Spider Smokebush, Conospermum teretifolium;* in Ost- und Südaustralien beheimatet: *Smoke Bush, Conospermum taxifolium.*
Sonstiges: Die Gattung *Conospermum* umfasst etwa 36 Arten immergrüner, zwergwüchsiger bis mittelgroßer Sträucher, die alle in Australien beheimatet sind, mit 29 Arten allein in Westaustralien.
Info: Proteen, S. 220

Ivory Curl Flower
Spotted Silky Oak
Buckinghamia
Buckinghamia celsissima

Wild Pear
Milky Plum
Geebung
Persoonia falcata

Ordnung: Proteenartige, *Proteales*
Familie: Proteengewächse, *Proteaceae*
Aussehen: Im Naturraum ein bis zu 30 m hoher Regenwaldbaum, als buschiger Zierbaum aber meist nur 5-8 m hoch.
Standort: Ursprünglich auf roten, vulkanischen Böden im tropischen Regenwald.
Rinde: Braun, rau und schuppig.
Blätter: Länglich, oben grün glänzend, unten oft silbrige Härchen, 5-20 cm lang.
Blüten: Die Blütenstände sind bis zu 27 cm lange, elfenbeinfarbige (*Ivory*) »Locken« (*Curls*), die sehr an Grevillien-Blüten erinnern, mit denen sie auch oft verwechselt werden.
Blütezeit: Januar bis Februar.
Früchte: Kleine, verholzte Samenkapseln.
Nutzen: Schnellwachsender Park-, Straßen- und Gartenbaum, auch in warmgemäßigten Regionen, wie Melbourne und Adelaide.
Allgemeines: Die meisten der Regenwaldbäume erreichen als einzelstehende und mehr der Sonne ausgesetzte Zierbäume nur ein Viertel bis ein Drittel ihrer ursprünglichen Höhe, dafür sind sie in der Regel wesentlich blütenreicher.
Heimat: Nordostaustralien.
Sonstiges: Die Gattung *Buckinghamia* umfasst nur 2 Arten, beide in Queensland beheimatet.
Info: Proteen, S. 220

Ordnung: Proteenartige, *Proteales*
Familie: Proteengewächse, *Proteaceae*
Aussehen: Der schlanke Strauch oder kleine Baum wird 3-8 m hoch.
Standort: Meist in Feuchtsavannen.
Blätter: Länglich, ledrig und sichelartig gebogen (*falcata*), bis 20x3 cm.
Blüten: Cremegelb, stehende Blütenstände.
Blütezeit: Juli bis Oktober.
Früchte: Murmelgroß, fallen grün zu Boden und reifen zu grüngelben Früchten.
Nutzen: Die Aborigines essen das Fruchtfleisch der reifen Früchte. Aus dem harten Holz fertigen sie z.B. Speerschleudern, Bumerangs und Axtschäfte. Mit Zubereitungen aus den Blättern oder der Rinde kuriert man Erkältungen und Augenentzündungen.
Heimat: Nordaustralien.
Name: Die Gattungsvertreter werden auch als *Geebungs* bezeichnet. Der Name stammt von dem Aborigines-Wort *Jibbong*, das sich auf die essbare Frucht gewisser Arten bezieht.
Sonstiges: Zu der Gattung *Persoonia* gehören etwa 100 Arten, alle in Australien beheimatet. Diese Gattung wurde benannt nach Christian Hendrick Persoon (1761-1836), ein südafrikanischer Botaniker holländischer Herkunft.
Info: Proteen, S. 220

Australian Pine
Beach (Coastal) She-Oak
Strandkasuarine
Strandkängurubaum

Casuarina equisetifolia

Desert Oak
»Wüsteneiche«
Wüstenkasuarine

Allocasuarina decaisneana

Ordnung: Kasuarinenartige, *Casuarinales*
Familie: Kasuarinen- oder Streitkolbengewächse, *Casuarinaceae*
Aussehen: Ausladender, meist 5-15 m hoher Baum. Erinnert mit seinen hängenden Zweigen an einen Nadelbaum, ist jedoch ein Laubgewächs.
Standort: Ursprünglich tropische Sandstrände. Heute in vielen subtropischen und tropischen Ländern gern als Windschutz und zur Dünenbefestigung angepflanzt. Wächst auch auf armen Böden, da ein in den Wurzelknöllchen lebender Strahlenpilz den Stickstoff aus der Luft zuführt.
Rinde: Dunkelgrau, rau, leicht rissig.
Blätter: Schachtelhalmartig, zu zahnähnlichen Schuppen reduziert, nur bis 1 mm lang!
Blüten: Weibliche (kleine Ähren) und männliche (unscheinbar) meist auf einem Baum.
Früchte: Kleine, kugelige, holzige Zapfen.
Nutzen: Hartholz (»Eisenholz«) mit eichenartiger Maserung, daher Oak. Eignet sich für Drechselarbeiten und Parkettböden. Polynesier fertigen daraus Streitkolben (Familienname). Die Aborigines lindern mit der eingeweichten Rinde ihre Zahnschmerzen.
Heimat: Australien, Südostasien und pazifische Inseln. Die schwimmfähigen Zapfen sorgten für diese weite Verbreitung.

Ordnung: Kasuarinenartige, *Casuarinales*
Familie: Kasuarinen- oder Streitkolbengewächse, *Casuarinaceae*
Aussehen: Der junge Baum wächst schnell, ist daher schlank, wenig belaubt, pappelartig. Wenn die Wurzeln das Grundwasser erreichen (oft 20 bis 30 m tief), entfaltet sich der bis 18 m hohe, ausladende Baum mit seinem dicken Stamm und den herabhängenden Zweigen.
Standort: Sandebenen, rote Sanddünen.
Rinde: Dunkelbraun, fast schwarz, tief gefurcht, widersteht Buschfeuern.
Blätter: Siehe →Strandkasuarine. Die winzigen Blättchen mit der geringen Oberfläche setzen die Verdunstung stark herab.
Blüten: Weibliche und männliche Blüten, sitzen auf verschiedenen Bäumen.
Früchte: Bis 5 cm lange Zapfen an den weiblichen Bäumen mit geflügelten Samen.
Nutzen: Die Aborigines essen die Samen. In den Notzeiten gewinnt man Wasser aus Astgabeln, Rinde und Wurzeln.
Besonderes: Wurzelpilze verwandeln den Luftstickstoff zu Dünger →Strandkasuarine.
Heimat: Zentralaustralien.
Engl. Name: Aufgrund des eichenartigen Holzes.
Sonstiges: Viele australische *Casuarina*-Arten gehören jetzt zur Gattung *Allocasuarina*.

Boab
Bottle Tree

Australischer Baobab

Adansonia gibbosa
(Adansonia gregorii)

Ordnung: Malvenartige, *Malvales*
Familie: Wollbaumgewächse, *Bombacaceae*
Aussehen: Bis zu 15 m hoher Baum, flaschenförmiger Stamm, mit bis 8 m Durchmesser und 20 m Umfang, sowie dicken, kurzen Ästen.
Standort: Feuchtsavanne.
Blätter: Länglich, 5-13 cm lang, Laubabwurf in der Trockenzeit (Mai bis Oktober).
Blüten: Cremeweiß, flauschig, bis 10 cm groß, öffnen sich vor den neuen Blättern.
Blütezeit: Meist September bis Oktober.
Früchte: Bis 25 cm lang, oval, mit verholzter Schale, vielen bohnenartigen Samen und mehligfaserigem Mark.
Nutzen: Sehr vielfältig bei den Aborigines. Die vitaminreichen Früchte waren Reiseproviant. Aus den Wurzelfasern flicht man z.B. Seile. Die Rinde wird medizinisch genutzt.
Besonderes: Das schwammartige Gewebe des Stammes speichert Wasser (sukkulent), nach der Regenzeit oft bis zu 300 Liter, das in Notzeiten »angezapft« wurde.
Heimat: Nordwestaustralien.
Sonstiges: Sieben weitere Arten wachsen in Madagaskar und Ostafrika (Baobab oder Affenbrotbaum). Samenverbreitung nach Australien wahrscheinlich durch Zugvögel.
Ähnlich: →Queensland-Flaschenbaum.

Kapok Tree
Red Silk Cotton Tree

Roter Seidenwollbaum
Asiatischer Kapokbaum

Bombax ceiba
(Bombax malabaricum)

Ordnung: Malvenartige, *Malvales*
Familie: Wollbaumgewächse, *Bombacaceae*
Aussehen: Aufrechter bis ausladender Baum, 10-20 m hoch, mit dornigem Stamm.
Standort: Lichte Feuchtwälder.
Blätter: Handförmig, werden in der Trockenzeit (Mai bis Oktober) abgeworfen.
Blüten: Meist leuchtend rot oder orange, öffnen sich vor den neuen Blättern.
Blütezeit: Juli bis September.
Früchte: Länglich-eiförmige Kapseln, 12 cm lang, entlassen beim Aufspringen seidig behaarte Samen. Diese baumwollartige Faser ist als Kapok bekannt (siehe unten).
Nutzen: Aus dem weichen Stammholz fertigen die Aborigines Kanus, daher auch der Name Canoe Tree. Aus den Rindenfasern stellen sie Schnüre her.
Heimat: Nordaustralien, Südasien.
Sonstiges: In anderen Ländern Verwertung des Kapok als Füllmaterial, z.B. für Polster oder Schwimmwesten. Hauptlieferant ist jedoch der aus Amerika stammende Echte Kapokbaum, *Ceiba pentandra*.
Ähnlich: *Hickory Ash or Cotton Tree, Flindersia ifflaiana*, Familie *Rutaceae*.
Vergleiche: →Kapokbaum, ähnliche Kapseln, aber gelbe Blüten (Familie *Cochlospermaceae!*).

Red-flowered Kurrajong

Roter Kurrajong
Faser-Ernte-Pflanze

Brachychiton megaphyllus
(Brachychiton paradoxus)

Queensland Bottle Tree

Queensland-Flaschenbaum

Brachychiton rupestris

Ordnung: Malvenartige, *Malvales*
Familie: Sterkuliengewächse, *Sterculiaceae*
Aussehen: Spindeldürrer Strauch oder Baum, meist 2-3 m, manchmal bis 6 m hoch.
Standort: Saisonal trockene bis feuchte Wälder in den Tropen.
Blätter: Groß, fast rund, haarig, bis 25 cm im Durchmesser, werden in der Trockenzeit (Mai bis Oktober) abgeworfen.
Blüten: Rot, tulpenähnlich, mit kurzen Stielen, wachsen scheinbar auf den Zweigen, öffnen sich vor den neuen Blättern.
Blütezeit: Juni bis Oktober.
Früchte: Bananenförmige und verholzte Kapseln, 8-12 cm lang, entlassen beim Aufspringen gelbe Samen mit Härchen.
Nutzen: Sehr vielfältig bei den Aborigines. Die nahrhaften Samen und die dicken Wurzeln von Jungbäumen werden geröstet und gegessen. Das süße Baumharz lutscht man wie ein Bonbon. Aus der faserigen Rinde fertigt man Seile und Angelleinen.
Heimat: Nordaustralien.
Vergleiche: Mit ähnlichem Verbreitungsgebiet: *Northern Kurrajong, Brachychiton diversifolius*, bis 15 m hoch, mit gelb-rostigen Blüten.
Sonstiges: Blumen-Symbol der Stadt Darwin.
Allgemeines: →Australischer Flammenbaum.

Ordnung: Malvenartige, *Malvales*
Familie: Sterkuliengewächse, *Sterculiaceae*
Aussehen: Aufrechter und ausladender Baum, 10 bis 20 m hoch. Je nach Fantasie gleicht der Stamm einer Flasche, einer Tonne oder einer umgekehrten Mohrrübe. Dagegen ist der Stamm der Jungbäume noch nicht markant.
Standort: Trockensavannen.
Rinde: Dunkelgrau und gefurcht.
Blätter: Zunächst wie ein Ahornblatt, später schmal und ganzrandig, ledrig, bis zu 25 cm lang.
Blüten: Cremegelb, glockenartig.
Blütezeit: September bis November.
Früchte: Kurze, verholzte und bootsförmige Samenkapseln.
Nutzen: In Notzeiten wurde das Vieh mit dem Schwammgewebe des Stammes gefüttert und Wasser aus den Wurzeln abgezapft.
Heimat: Australien.
Besonderes: Das Stammgewebe speichert viele Hundert Liter Wasser wie der nicht verwandte →Australische Baobab.
Sonstiges: Wird in Mitteleuropa gelegentlich unter dem Namen »Glücksbaum« als Topfpflanze angeboten.
Vergleiche: In Ostaustralien: *Black Kurrajong, Brachychiton populneus.*
Allgemeines: →Australischer Flammenbaum.

Illawara Flame Tree
Australian Flame Tree

Australischer Flammenbaum

Brachychiton acerifolius
(Sterculia acerifolia)

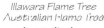

Ordnung: Malvenartige, *Malvales*
Familie: Sterkuliengewächse, *Sterculiaceae*
Aussehen: Aufrechter und pyramidenförmiger Baum, bis 35 m hoch und 12 m breit.
Standort: Ursprünglich in warmgemäßigten, subtropischen und tropischen Regenwäldern, heute beliebter Zierbaum in Australien und auch anderen Ländern, besonders im südlichen Afrika und Mittelmeerraum.
Rinde: Grau, ähnelt einer Elefantenhaut.
Blätter: Dunkelgrün glänzend und ledrig, von eiförmig bis ahornblattartig oft am gleichen Baum, 8-30 cm lang. Laubabwurf.
Blüten: Feuerrot, klein, glockenförmig, vereinigt in großen Blütentrauben. Der blühende Baum steht scheinbar in Flammen (Name), denn die Blätter treiben erst nach den Blüten aus.
Blütezeit: November bis Dezember.
Früchte: Bis 20 cm lange, bootsförmige Balgfrüchte, die an langen Stielen hängen.
Nutzen: Aus der faserigen Innenrinde fertigen die Aborigines Schnüre und Netze.
Heimat: Ostaustralien.
Allgemeines: 30 *Brachychiton*-Arten, die meisten sind in Australien, einige in Neuguinea zu Hause.
Vergleiche: Mit ähnlichem Verbreitungsgebiet: *Lacebark Tree, Brachychiton discolor,* mit großen rosa Blüten und strukturierter Rinde.

Peanut Tree
Native Peanut

Australische Erdnuss

Sterculia quadrifida

Ordnung: Malvenartige, *Malvales*
Familie: Sterkuliengewächse, *Sterculiaceae*
Aussehen: Aufrechter und ausladender Baum, meist 5-10 m, selten bis 15 m hoch.
Standort: Küstennähe, oft sandige Böden.
Blätter: Wechselständig, oval bis herzförmig, dunkelgrün, bis 20 cm lang, meist Laubabwurf.
Blüten: Grüngelb, klein, glockenförmig an den Zweigenden. Die Blüten stehen an den kahlen Ästen, da die Blätter erst später austreiben.
Blütezeit: Februar bis November.
Früchte: Bis 7 cm lange, orangerote Kapseln, die nach dem Aufspringen eine rote Innenschale mit schwarzen Kernen enthüllen.
Nutzen: Sehr vielfältig bei den Aborigines. Die essbaren, geschälten Kerne schmecken nach Erdnüssen (Name). Aus der faserigen Rinde fertigt man z.B. Schnüre, Seile, Netze, Gürtel und Angelleinen, manchmal auch Flechttaschen. Mit den Blättern würzt man beim Kochen Fleisch- und Fischgerichte, auch behandelt man damit Quallen-, Steinfisch- und andere Stiche. Aus der inneren Rinde stellt man Augentropfen her.
Heimat: Nord- und Ostaustralien, Neuguinea.
Sonstiges: Die echte Erdnuss, *Arachis hypogaea* (*Fabaceae*), wächst am Boden und wurde schon seit über 2000 Jahren in Brasilien angebaut.

Beach Hibiscus
Native Hibiscus
Strandeibisch
Lindenblättriger Eibisch
Hibiscus tiliaceus

Ordnung: Malvenartige, *Malvales*
Familie: Malvengewächse, *Malvaceae*
Aussehen: Immergrüner Strauch oder kleiner, ausladender Baum, 5-10 m hoch.
Standort: Küstennähe der warmgemäßigten bis tropischen Breiten, manchmal mit Mangroven.
Rinde: Graubraun, glatt.
Blätter: Herz- bis lindenblattförmig, 5-20 cm lang und 5-18 cm breit, an langen Stielen.
Blüten: Gelb, in der Blütenmitte durchgehend dunkel- bis braunrot, verfärben sich am Abend orange, nachts rot und fallen dann ab.
Blütezeit: Periodisch.
Früchte: Eiförmige, behaarte Kapseln.
Nutzen: Vielfältig bei den Aborigines. Die Blüten, jungen Blätter und Wurzeln sind essbar. Aus dem Holz fertigt man beispielsweise Speere, Speerschleudern und Feuerstöcke sowie aus der faserigen Rinde Schnüre, Seile, Angelleinen und Netze. Ein Sud aus der inneren Rinde desinfiziert Wunden und Geschwüre.
Heimat: Australien, pazifische Inseln, Südchina, Indien, Südostasien, Taiwan, Japan. Heute weltweit an tropischen und subtropischen Küsten.
Vergleiche: Ähnlich: *Portia Tree*, Pappelblättriger Eibisch, *Thespesia populnea*, mit fünf dunklen Punkten in der Blütenmitte. Ebenfalls mit gelben Blüten →Australischer Rosenapfel.

Cotton Rose Bush
Australian Cotton
Sturt's Desert Rose
Sturt's Wüstenrose
Gossypium sturtianum

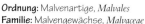

Ordnung: Malvenartige, *Malvales*
Familie: Malvengewächse, *Malvaceae*
Aussehen: Bis 2 m hoher, aufrechter, offener Strauch mit schwarzen Punkten am Stamm. Mehrjährig, bis zu 10 Jahre. Alle Pflanzenteile sind unbehaart (im Gegensatz zu den anderen *Gossypium*-Arten, siehe unten).
Blätter: Wechselständig, rund bis länglich oval, gepunktet mit kleinen Öldrüsen.
Blüten: Rosa oder lila, Blütenmitte dunkelrot, endständig an den Seitenzweigen.
Blütezeit: Meist Juli bis September oder nach Regen zu jeder Jahreszeit.
Früchte: Bis 25 mm lange, eiförmige Samenkapseln, die Samenhaare enthüllen.
Heimat: Zentralaustralien.
Besonderes: Wurde als Nationalblume für das Nordterritorium ausgewählt.
Name: Der Australienforscher Charles Sturt (1795-1869) sammelte diese Pflanzenart auf der Expedition 1844-45. (Nicht zu verwechseln mit John McDouall Stuart, er durchquerte 1862 den Kontinent von Süd nach Nord.)
Vergleiche: Ebenfalls in Zentralaustralien: *Desert Rose*, *Gossypium australe* und *Gossypium bickii*, mit behaarten Pflanzenteilen.
Sonstiges: In vielen Ländern werden *Gossypium*-Arten für Baumwolle kultiviert.

Red Beech
»Australischer Rosenapfel«
Dillenia alata

Moreton Bay Fly Tree
Moretonbay-Feigenbaum
Ficus macrophylla

Ordnung: Malvenartige, *Malvales*
Familie: Rosenapfelgewächse, *Dilleniaceae*
Aussehen: Im Regenwald ein aufrechter und ausladender und bis zu 20 m hoher Baum, als Zierbaum nur bis zu 8 m hoch.
Standort: Bevorzugt die Küstenbereiche von tropischen Regenwäldern und Monsunwäldern.
Rinde: Rötlich (Name) und schuppig. Wirtsbaum für aufsitzende Orchideen.
Blätter: Bis zu 25 cm lang, oval, dick, lederartig, stark glänzend dunkelgrün.
Blüten: Leuchtend gelb, fünfstrahlig, bis zu 8 cm breit, blühen nur einen Tag lang.
Blütezeit: Überwiegend Juni bis Juli.
Früchte: Kapselfrucht mit dicker Schale, die aufspringt und 6-8 blütenartige, rote Segmente mit weißen Samen enthüllt.
Nutzen: Die Aborigines essen die Samen und das Fruchtfleisch. Mit den erhitzten Blättern werden beispielsweise Speerwunden kuriert. Aus dem ausgehöhlten Stamm stellt man Kanus her.
Heimat: Ost- und Nordaustralien.
Besonderes: Man sieht recht häufig gleichzeitig die fünfstrahligen gelben Blüten und die meist siebenstrahligen rotweißen »Samenblüten«.
Vergleiche: Ähnliche gelbe Blüten: *Golden Guinea Flower*, *Hibbertia*-Arten; sowie →Strandeibisch.

Ordnung: Brennnesselartige, *Urticales*
Familie: Maulbeerbaumgewächse, *Moraceae*
Aussehen: Weit ausladender und immergrüner Baum. Im Regenwald bis zu 55 m, als Parkbaum bis zu 30 m hoch, mit mächtigen Brettwurzeln, oft auch Luftwurzeln, von denen sich einige zu Stelzwurzeln entwickeln.
Standort: Heimisch in Regenwäldern. Wird heute als Parkbaum und Topfpflanze kultiviert.
Blätter: Oberseits glänzend dunkelgrün, länglich bis eiförmig, bis 25 cm lang.
Blüten: Unscheinbar, eingeschlossen.
Früchte: Eiförmige Feigen, bis zu 2 cm lang, reifen von grün zu lila, stehen meist paarig.
Nutzen: Die Aborigines verzehren das süßliche Fruchtfleisch und fertigen aus der faserigen Rinde vor allem Schnüre.
Heimat: Ostaustralien.
Besonderes: Auch dieser Baum beginnt sein Leben oft als →Würgefeige.
Vergleiche: Im Raum Sydney: *Rusty Fig Tree or Port Jackson Fig Tree*, *Ficus rubiginosa*, jedoch mit kleineren Blättern und Früchten.
Allgemeines: Die ca. 800 *Ficus*-Arten stammen meist aus den subtropischen und tropischen Wäldern weltweit. Nur der Echte Feigenbaum, *Ficus carica*, wird wegen seiner schmackhaften Feigen kultiviert.

Strangler Fig
Würgefeige
Ficus watkinsiana

Sandpaper Fig
Sandpapier-Feige
Ficus coronata

Ordnung: Brennnesselartige, *Urticales*
Familie: Maulbeerbaumgewächse, *Moraceae*
Aussehen: Meist aufrechter und immergrüner Baum, bis 35 m hoch, oft mit geflochtenem oder pfeilerartigem Stamm und sehr ausladenden Oberflächenwurzeln.
Standort: Meist subtropische und tropische Regenwälder.
Entwicklung: Meist deponieren Flughunde oder Vögel den unverdauten Samen dieser Art in der Astgabel eines beliebigen Baumes. Daraus treibt eine Luftwurzel zum Boden, die Pflanze wächst nun von unten nach oben, um- und überwächst den Wirtsbaum und bringt ihn häufig um. Dabei »erwürgt« sie den Wirtsbaum nicht, sondern entzieht ihm Bodennährsalze und Sonnenlicht.
Blätter: Elliptisch, 10-25 cm lang.
Blüten: Unscheinbar, eingeschlossen.
Früchte: Bis 4 cm lange, eiförmige Feigen.
Heimat: Ostaustralien.
Hotspots: z.B. *Curtain Fig Tree* in dem Atherton Tableland bei Cairns.
Vergleiche: Nord-/Ostaustralien: *Banyan Fig Tree*, Banyanbaum, *Ficus benghalensis*. →Moretonbay-Feigenbaum, →Sandpapier-Feige, →Felsfeige.
Sonstiges: 12 der 35 australischen *Ficus*-Arten in den Regenwäldern können (müssen also nicht) ihr Leben als Würgefeige beginnen.

Ordnung: Brennnesselartige, *Urticales*
Familie: Maulbeerbaumgewächse, *Moraceae*
Arten: Als *Sandpaper Fig* werden verschiedene Arten bezeichnet, z.B. *Ficus coronata, Ficus fraseri, Ficus opposita, Ficus scobina*. Die Karte zeigt die Verbreitung aller Arten.
Blätter: Die sandpapierartige Unterseite ist das verbindende Merkmal dieser Arten. Meist oval bis eiförmig, dunkelgrün, bis zu 13 cm lang und 7 cm breit. Einige Arten laubabwerfend.
Aussehen: Ausladender Strauch oder Baum, bis zu 10 m hoch.
Standort: Meist Waldregionen im Küstenbereich.
Blüten: Unscheinbar, eingeschlossen, sie werden durch stecknadelkopfgroße Wespen bestäubt, die in den Blüten parasitieren.
Früchte: Rundliche, oft behaarte Feigen, bis zu 1,5 cm im Durchmesser.
Nutzen: Die Aborigines schmirgeln mit den sandpapierartigen Blättern ihre hölzernen Waffen und Werkzeuge. Die reifen Früchte sind essbar und sehr schmackhaft. Mit dem Blättersaft desinfiziert man offene Wunden.
Heimat: Australien, teilweise auch Neuguinea, Indonesien und pazifische Inseln.
Vergleiche: →Moretonbay-Feigenbaum, →Felsfeige, →Würgefeige.
Allgemeines: →Moretonbay-Feigenbaum.

Desert Fig
Native Rock Fig
Felsfeige
Ficus platypoda

Giant Stinging Tree
Riesenbrennnesselbaum
Dendrocnide excelsa
(Laportea gigantea)

Ordnung: Brennnesselartige, *Urticales*
Familie: Maulbeerbaumgewächse, *Moraceae*
Aussehen: Großer, buschiger Strauch oder auch kleiner, mehrstämmiger Baum, an der Küste bis zu 10 m, in Zentralaustralien nur 3 m hoch.
Standort: Weit verbreitet im felsigen Gelände, in Schluchten und an Teichen *(Waterholes)*, selten in der offenen Ebene.
Blätter: Oval, dunkelgrün glänzend, dick, ledrig, bis 10 cm lang. Die abgebrochenen Stiele sondern einen Milchsaft ab.
Blüten: Unscheinbar, eingeschlossen.
Früchte: Kirschgroße Feigen, wechseln von gelb zu dunkelrot, wenn sie ausgereift sind.
Nutzen: Die kalium- und kalziumreichen Feigen bedeuten für die Aborigines Zentralaustraliens eine wichtige Nahrungsquelle. Man isst sie roh oder kann sie als Trockenfrüchte für Notzeiten aufbewahren.
Besonderes: Die Felsfeige hat für verschiedene Stämme der Aborigines eine zeremonielle und mythologische Bedeutung.
Heimat: Australien.
Sonstiges: Eine der wenigen von 40 heimischen Feigenarten, die in Zentralaustralien als Überbleibsel der einstigen Regenwälder überlebten und sich an das trockene Klima anpassten.
Allgemeines: →Moretonbay-Feigenbaum.

Ordnung: Brennnesselartige, *Urticales*
Familie: Nesselgewächse, *Urticaceae*
Aussehen: Ausladender Baum, 10-40 m hoch, mit meist säulenartigem Stamm.
Rinde: Cremegrau, korkartige Flecken.
Blätter: Herzförmig bis breitoval, gezähnte Ränder, 10-30 cm lang, mit Brennhärchen an der Unter- und Oberseite sowie an Stielen, Zweigen, Ästen und am Stamm.
Blüten: Gelblichgrün, sehr klein, die traubenartig zusammenstehen.
Früchte: Sehr kleine, warzige, schwarze Samen, umgeben von Fruchtfleisch.
Standort: Die Regenwälder von Südqueensland und Nordneusüdwales, bevorzugt auf und an Lichtungen, entlang von Wegen und Bachläufen.
Heimat: Ostaustralien.
Vergleiche: Auch mit Brennhaaren, u.a. *Gympie Stinger*, *Dendrocnide moroides*; ist mit einer Höhe bis 4 m die gefährlichste Art, da man als Wanderer die Pflanze leicht berühren kann. - Insgesamt drei Arten, deren Verbreitung die Karte zeigt.
Achtung: Die Brennhaare sind eigentlich kleine Glasröhrchen. Beim Berühren brechen sie ab, bleiben in der Haut stecken und das enthaltene Gift bewirkt noch tagelange, oft wochenlange unerträgliche Schmerzen, gegen die es bis heute kein Gegenmittel gibt!

Sweetshade
Native Frangipani
Australian Frangipani

Hymenosporum

Hymenosporum flavum

Ordnung: Steinbrechartige, *Saxifragales*
Familie: Klebsamengewächse, *Pittosporaceae*
Aussehen: Immergrüner großer Strauch oder
mittelgroßer Baum, im Regenwald bis 25 m, als
Zierbaum meist nur bis 9 m hoch, mit schlankem
Stamm und weit entfernt stehenden, buschigen
Zweigen.
Standort: Feuchte Hartlaubwälder, in oder am
Rande von Regenwäldern.
Blätter: Wechselständig, oval bis eiförmig, spitz
zulaufend, dunkelgrün, bis 16 cm lang. Wirft
manchmal teilweise das Laub ab.
Blüten: Cremeweiß, beim Verblühen goldgelb,
5 cm breit, in Blütenständen. Duften stark nach
echtem Frangipani (Name).
Blütezeit: Oktober bis Januar.
Früchte: Bis 4 cm lang, birnenförmige Kapsel,
die beim Aufspringen flache Samen mit häutigen
Flügeln *(hymenosporum)* freigibt.
Nutzen: Beliebter Zierbaum wegen der schönen
und duftenden Blüten sowie des sattgrünen
Blätterdaches für tropische bis warmgemäßigte
Regionen.
Heimat: Ostaustralien und Neuguinea.
Sonstiges: Gattung mit nur dieser Art. Nahe
verwandt mit →*Pittosporum*.
Vergleiche: Die →echten *Frangipani*, *Plumeria*-
Arten, gehören zur Familie *Apocynaceae*.

Desert Willow
Weeping Pittosporum

»Wüsten-Trauerweide«

Pittosporum angustifolium
(Pittosporum phylliraeoides)

Ordnung: Steinbrechartige, *Saxifragales*
Familie: Klebsamengewächse, *Pittosporaceae*
Aussehen: Meist einzelstehender Strauch oder
kleiner Baum, bis zu 12 m hoch, mit hängenden
Zweigen wie bei einer Trauerweide.
Standort: Bevorzugt Trockengebiete.
Blätter: Wechselständig, länglich, schmal, ledrig,
4-12 cm lang, nur etwa 1 cm breit.
Blüten: Beige bis gelb, 2 cm breit, duftend, stehen
einzeln oder häufiger in Gruppen.
Blütezeit: August bis Oktober, in Trockengebieten
nach Regen auch zu anderen Zeiten.
Früchte: Kugelige, gelbe Kapseln, sie sehen wie
Aprikosen aus, daher auch *Apricot Tree*. Kapseln
mit klebrigen Samen (Familienname).
Nutzen: Vielfältig bei den Aborigines, aber oft
unterschiedlich bei den einzelnen Stämmen. Das
kohlenhydratreiche Baumharz wird gegessen.
Vielseitige Heilpflanze: Mit den Samen, Blättern
oder dem Mark des Stammes kuriert man z.B.
Erkältungen, Krämpfe und Ekzeme.
Heimat: Australien.
Botanischer Name: *Pittosporum phylliraeoides* gilt
heute nur für die separierte, westaustralische
Art, die früher aber auch zu der Art *Pittosporum
angustifolium* gehörte.
Ähnlich: Mit Trauerwuchs, in Zentralaustralien
→*Ironwood*, *Acacia estrophiolata*.

White Cedar
Paternosterbaum
Australischer Zedrachbaum
Melia azedarach
var. australasica

Winged Boronia
Korallenraute
Boronia alata

Ordnung: Rautenartige, *Rutales*
Familie: Zedrachgewächse, *Meliaceae*
Aussehen: Schnellwachsender, aufrechter bis ausladender Baum, im Naturraum bis 50 m, als Zierbaum nur bis 15 m hoch.
Standort: Ursprünglich beheimatet in dichten Wäldern. Heute Zierbaum weltweit in tropischen bis mediterranen Gebieten.
Rinde: Dunkelgrau bis dunkelbraun, rissig.
Blätter: Wechselständig, federartig, bis 45 cm lang, Laubabwurf.
Blüten: Fliederfarben, sternförmig, 2 cm breit, in Trauben hängend, üppig blühend, angenehm nach Flieder duftend.
Blütezeit: September bis November.
Früchte: Kugelige, perlenartige, zunächst grüne, dann gelbbraune, 1,5 cm dicke Steinfrüchte, die giftig sind und auch noch nach dem Laubabwurf hängen bleiben. Aus den Steinkernen stellt man in Asien Perlenketten her, daher auch der Name *Bead Tree*, Perlenbaum.
Nutzen: In Asien fertigt man aus dem rötlichen Holz u.a. Musikinstrumente. Samen, Wurzeln und Rinde dienen für Arzneien.
Heimat: Australien und Südasien.
Vergleiche: *Red Cedar*, *Toona ciliata (Toona australis)*, mit rotbraunem Möbelholz.

Ordnung: Rautenartige, *Rutales*
Familie: Rautengewächse, *Rutaceae*
Aussehen: Aufrechter, dichter Strauch, bis 2 m hoch und oft ebenso breit.
Standort: Strauch- und Heideformationen im Küstenbereich auf Sand- und Kalkböden.
Blätter: Eiförmig, sattgrün, bis 2 cm lang. Oft drei Blättchen an einem »flügelartigen« Stiel. Darauf bezieht sich auch der botanische Name dieser Art (*alata*, geflügelt) sowie der englische Trivialname (*winged*).
Blüten: Weiß bis rosa, vierzählig, sternförmig, 15-22 mm breit, stark duftend.
Blütezeit: Juli bis November.
Früchte: Kleine Kapseln, die aufspringen.
Nutzen: Verschiedene Arten von *Boronia* werden heute wegen ihrer duftenden Blüten kultiviert, teilweise auch zur Parfümherstellung. Zu diesen Arten zählen vor allem die Korallenraute und die *Brown Boronia*, *Boronia megastiama*. Andere Arten haben aromatische Blätter; sie werden von den Aborigines zerkrümelt, aufgekocht und inhaliort, um Schmerzen zu lindern.
Heimat: Westaustralien.
Sonstiges: Die Gattung *Boronia* ist mit etwa 100 Straucharten fast rein australisch, nur eine Art ist auch in Neukaledonien heimisch.

Common Fuchsia
»Gewöhnliche Fuchsie«
Correa reflexa
(Correa speciosa)

Pepperina*
Peppercorn*
Peruanischer Pfefferbaum*
Schinus molle*

Ordnung: Rautenartige, *Rutales*
Familie: Rautengewächse, *Rutaceae*
Aussehen: Strauch, aufrecht bis niederliegend, bis zu 2 m hoch und 3 m breit, mit lockeren bis dichten, behaarten Ästen.
Standort: Lichte Wälder, Strauch- und Heideformationen, bevorzugt Sandböden.
Blätter: Sattgrün, eiförmig-länglich, bis 4x2 cm, auf der Unterseite weißfilzig behaart.
Blüten: Meist rot, auch weiß, cremefarben oder grün, zuweilen mit grünen oder gelben Spitzen, hängend, 2-4 cm lang, zusammenstehend in kleinen Büscheln.
Blütezeit: Mai bis September.
Früchte: Trockene Kapseln, 6-9 mm lang.
Nutzen: Heute gerne in Gärten mit heimischen Pflanzen kultiviert, vor allem wegen der langen Blühperiode im Winter.
Heimat: Ostaustralien und Tasmanien.
Sonstiges: Diese rein australische Gattung *Correa* umfasst 11 immergrüne Strauch- und kleine Baumarten.
Namensvetter: Die echten Fuchsien gehören zur Gattung *Fuchsia* (*Onagraceae*). Wegen ähnlicher Blüten gibt es australische »Fuchsien« auch bei den zwei Gattungen →*Epacris* (*Ericaceae*) und →*Eremophila* (*Myoporaceae*).
→Baumfuchsie, *Fuchsia excorticata* (Neuseeland).

Ordnung: Rautenartige, *Rutales*
Familie: Sumachgewächse, *Anacardiaceae*
Aussehen: Schnellwachsender, immergrüner, graziler, bis 25 m hoher Baum, mit runder Krone und schlanken, überhängenden Zweigen, die an eine Trauerweide erinnern.
Rinde: Bei Altbäumen knorrig und rissig.
Blätter: Federartig, wechselständig, hängend, 10-30 cm lang, mit ätherischen Ölen.
Blüten: Gelblichweiß, winzig, in bis 20 cm langen, hängenden Trauben.
Blütezeit: August bis Dezember.
Früchte: Die in Trauben herabhängenden, roten, pfefferkorngroßen Steinbeeren haben bittere Samen. Pfeffergeruch beim Zerreiben.
Nutzen: In Australien heute als Schatten- und Straßenbaum. Die Früchte (roter Pfeffer) sollen den Pionieren als Pfefferersatz gedient haben. Andere Länder verarbeiten die ätherischen Öle der Früchte.
Standort: Trockene Landstriche.
Heimat: Südbrasilien, Paraguay, Bolivien. (Keine bestimmte Verbreitung in Australien, deswegen in der Karte nicht markiert.)
Sonstiges: Bezeichnung der Früchte auch als »falscher Pfeffer«. Den echten Pfeffer liefert die Pfeffer-Liane, *Piper nigrum*, Familie der Pfeffergewächse, *Piperaceae*, ursprünglich aus Indien.

Whitewood	*Candle-nut Tree*
»Weißholzbaum«	**Licht-Nussbaum**
Atalaya hemiglauca	*Aleurites moluccana*

Ordnung: Seifenbaumartige, *Sapindales*
Familie: Seifenbaumgewächse, *Sapindaceae*
Aussehen: Aufrechter, ausladender Strauch oder kleiner Baum, bis 10 m hoch.
Rinde: Beige bis hellgrau, rau und rissig.
Blätter: Gegenständig, länglich, bis 15 cm lang, 1,5 cm breit, oberseits hellgrün, unterseits grau, daher *hemiglauca*, also halb grau.
Blüten: Weiß, klein und glockenförmig, in bis zu 20 cm langen Trauben herabhängend.
Blütezeit: Überwiegend August bis Dezember, in Zentralaustralien auch nach Regenfällen.
Früchte: Bis zu 4 cm lange, paarige Flügelsamen, ausgereift fliegen sie hubschrauberartig davon, ähnlich wie bei Ahorn.
Nutzen: Dient auf Farmen als Schattenspender und in Notzeiten auch als Futterbaum für das Vieh. Die Aborigines schnitzen aus dem weichen, weißen Holz (Name) Zeremoniengegenstände. Das Stammharz ist essbar. In den Wurzeln (und im Stamm) dieser Pflanze findet man auch die nahrhaften Holzbohrer-Raupen (→Witchetty-Busch).
Standort: Sandige und leicht lehmige Böden in trockenen Inlandsgebieten.
Heimat: Australien.
Sonstiges: Alle vier *Atalaya*-Arten wachsen nur in Australien (endemisch).

Ordnung: Wolfsmilchartige, *Euphorbiales*
Familie: Wolfsmilchgewächse, *Euphorbiaceae*
Aussehen: Schnellwüchsiger, aufrechter und ausladender Baum, im Regenwald bis 20 m, aber kultiviert nur bis 10 m hoch.
Standort: Die tropischen und subtropischen Regen- und Feuchtwälder.
Rinde: Grüngrau bis braungrau, rau, rissig.
Blätter: Ahornblattartig, bis 30 cm lang, 15 cm breit, aromatisch beim Zerreiben.
Blüten: Weiß, klein, duftend, in bis 18 cm langen Trauben zusammenstehend.
Blütezeit: Januar bis April.
Früchte: Grüne, kugelige und bis zu 8 cm dicke Balgfrucht, mit bis zu 4 Nüssen mit einer dicken Schale und einem weißen Nusskern.
Nutzen: Die Aborigines rösten die komplette Nuss und essen dann den Nusskern. In anderen Ländern nutzt man das Tungöl (Lumbangöl) für wetterbeständige Anstriche.
Heimat: Ostaustralien, Indonesien, Südostasien, pazifische Inseln. Die polynesischen Seefahrer brachten die beliebte Verpflegung auch auf andere pazifische Inseln, daher heute sogar der Nationalbaum von Hawaii.
Name: Der Nusskern (50-60% reines Öl) wurde von den Aborigines und frühen Siedlern als Kerze (*Candle*) benutzt.

Scarlet Poinsettia*
Weihnachtsstern*
Euphorbia pulcherrima★

Croton
Wunderstrauch
Codiaeum variegatum

Ordnung: Wolfsmilchartige, *Euphorbiales*
Familie: Wolfsmilchgewächse, *Euphorbiaceae*
Aussehen: Buschiger Strauch, bis zu 4 m hoch. Die im Handel angebotenen Topfpflanzen sind mit »Zwergwuchshormonen« behandelt.
Blätter: Wechselständig, unterschiedlich, von länglich bis oval, bis 15 cm lang, an langen Stielen. Teilweise Laubabwurf.
Blüten: Die besondere Attraktion sind die roten oder cremefarbenen Schein- bzw. Hochblätter an der Spitze der Äste. Die eigentlichen Blüten sind unscheinbar, aber nektarreich; sie werden von Vögeln besucht und bestäubt.
Blütezeit: Mai bis August.
Früchte: Dreifächerige Kapsel.
Standort: Heute weltweit als Zierstrauch in tropischen, subtropischen und teilweise auch warmgemäßigten Regionen kultiviert. In kühleren Klimaten eine beliebte Topfpflanze.
Heimat: Mexiko. (In Australien keine bestimmte Verbreitung, daher in der Karte nicht markiert.)
Besonderes: Gehört zu den sogenannten Kurztagspflanzen. Die Blüten bilden sich erst bei einer Tageslänge von weniger als 12 Stunden, bei mehr als 12 Stunden wächst die Pflanze nur vegetativ. Deshalb blüht sie im Winter, in Europa also zur Weihnachtszeit, deshalb der Name »Weihnachtsstern«.

Ordnung: Wolfsmilchartige, *Euphorbiales*
Familie: Wolfsmilchgewächse, *Euphorbiaceae*
Aussehen: Immergrüner, aufrechter und in der Nähe des Bodens verholzter Strauch, bis 2 m hoch und 1,5 m breit.
Blätter: Sie sind die eigentliche Attraktion des Strauches! Bis 30 cm lang, dick, ledrig, eiförmig bis länglich. In vielen Farben, die jungen Blätter meist gelb und grün, später überwiegen dann die roten Töne, jeweils mehr oder weniger stark gefleckt.
Blüten: Weiß, nur 5 mm breit, insgesamt aber unscheinbar.
Blütezeit: Dezember bis Februar.
Früchte: Kapseln, sie zerfallen zur Reifezeit in drei Teilfrüchte.
Standort: Ist heute weltweit ein sehr beliebter Zierstrauch in tropischen Regionen. Meist sind es gärtnerische Züchtungen, denn die Wildform hat nur grüne Blätter. In kühleren Breiten auch eine begehrte Topfpflanze.
Heimat: Nordaustralien, tropisches Asien und westpazifische Inseln.
Besonderes: Die gleiche Pflanze kann ziemlich verschiedene Blattformen und -farben aufweisen.
Name: In der Gärtnersprache bezeichnet man die buntlaubigen Formen als Croton, daher auch der englische Name.

Myrtle Beech
Tasmanian Myrtle

Myrten-Südbuche
Tasmanische Südbuche

Nothofagus cunninghamii

Tanglefoot
Deciduous Beech

Berg-Südbuche

Nothofagus gunii

Ordnung: Buchenartige, *Fagales*
Familie: Scheinbuchengewächse, *Nothofagaceae* (früher: Buchengewächse, *Fagaceae*)
Aussehen: Immergrüner, konischer, ausladender Baum, am natürlichen Standort bis 40 m hoch, kultiviert nur bis 12 m.
Stamm: In der Bodennähe säulenartig, teils mit Brettwurzeln, Stammdurchmesser bis 3 m.
Rinde: Dunkelbraun, rau, dick, streifig.
Blätter: Wechselständig, klein, dunkelgrün, ledrig, eiförmig, gezähnt, bis zu 2 cm lang. Die jungen Blätter sind bronzerosa.
Blüten: Klein, kätzchenartig, unscheinbar.
Früchte: Kleine Nüsse, unscheinbar.
Nutzen: Das rötliche Weichholz war früher sehr begehrt in der Möbeltischlerei.
Standort: Gemäßigte Regen- und Feuchtwälder, vorwiegend Tasmanien, Restbestände in Victoria (dort irreführend als *Antartic Beech* bezeichnet).
Heimat: West-Tasmanien, Süd-Victoria.
Vergleiche: →Berg-Südbuche, nur 2 m hoch, mit größeren, hellgrünen Blättern.
→Süd- oder Scheinbuchen (Neuseeland).
Allgemeines: Mit 35 Arten gibt es die Schein- oder Südbuchen (Familie *Nothofagaceae*) nur auf der Südhalbkugel: Südamerika, Neukaledonien, Neuseeland, Neuguinea, Australien (4 Arten); sie zählen zu den »Gondwana-Pflanzen«.

Ordnung: Buchenartige, *Fagales*
Familie: Scheinbuchengewächse, *Nothofagaceae* (früher: Buchengewächse, *Fagaceae*)
Aussehen: Meist dichter, ausladender, struppiger *(Tanglefoot)* Strauch, bis 2 m, im gemäßigten Regenwald kleiner Baum, bis 8 m hoch.
Blätter: Wechselständig, hell- bis blaugrün, im Herbst golden gefärbt, bis 2,5 cm lang. Laubabwurf im Winter *(deciduous)*.
Blüten: Klein, kätzchenartig, unscheinbar.
Früchte: Kleine Nüsschen, unscheinbar.
Standort: Nur West- und Zentraltasmanien in 1000 bis 1400 m hohen Berglagen.
Heimat: Tasmanien. Ist näher verwandt mit den Arten in Neuseeland und Südamerika als mit den australischen Vettern.
Besonderes: Einzige laubabwerfende *Nothofagus*-Art Australiens, zählt damit auch zu den wenigen laubabwerfenden Pflanzen Australiens überhaupt.
Vergleiche: →Myrten-Südbuche: nur halb so große und dunkelgrüne Blätter. - Im subtropischen Regenwald von Noucüdwales und Queensland: *Antartic Beech*, Südbuche, *Nothofagus moorei*, bis 40 m hoch und 3000 Jahre alt; wird wegen der dichten, schwarzgrünen Blätter in der Laubkrone auch *Negrohead (Negerkopf) Beech* genannt.
→Süd- oder Scheinbuchen (Neuseeland).
Allgemeines: Siehe bei →Myrten-Südbuche.

Sungold
Golden Everlasting
»Goldene Strohblume«
Bracteantha bracteata
(Helichrysum bracteatum)

Ordnung: Asternartige, *Asterales*
Familie: Korbblütengewächse, *Asteraceae*
Aussehen: Aufrechte, einjährige oder mehrjährige Staude, meist einstämmig und bis 1 m hoch, oft bedeckt mit feinen Härchen.
Blätter: Haben keine Stiele, länglich bis eiförmig, graugrün, drüsig behaart, bis zu 10 cm lang und 2 cm breit.
Blüten: Goldgelb und glänzend, erinnern in der Form an Margeriten, etwa 5 cm breit, mit einem gelben Zentrum, umgeben von mehreren Reihen von papierartigen Hüllblättern.
Blütezeit: Meist September bis Dezember, aber nach Regen auch zu anderen Jahreszeiten.
Früchte: Winzige Schließfrucht.
Nutzen: Wird heute in der ganzen Welt mit vielen Hybrid-Arten kultiviert. Begehrt als Schnitt- und Trockenblume.
Standort: Trockenlandschaften, bevorzugt auf sandigen und felsigen Böden.
Heimat: Mit insgesamt sieben *Bracteantha*-Arten eine rein australische Gattung.
Vergleiche: Oft Zentralaustralien: *Tall Yellowtop*, Greiskraut, *Senecio magnificus*, mit langstieliger und gelber Blüte; *Poached Egg* (Spiegelei) *Daisy*, *Myriocephalus stuartii*, mit gelber Mitte und weißen Zungenblüten.

Snow Flake
Marshwort
False Water Lily
Seekannen
Gattung Nymphoides

Ordnung: Asternartige, *Asterales*
Familie: Fieberkleegewächse, *Menyanthaceae*
Aussehen: Krautige und schwimmende Wasserpflanzen, mit einem im Schlamm verankerten Wurzelstock (Rhizom).
Standort: Flache, stehende Süßgewässer, wie Teiche oder Überschwemmungsebenen.
Blätter: Rundlich, herz- oder nierenförmig, bis 20 cm im Durchmesser. Bilden einen dichten Teppich auf dem Wasser.
Blüten: Gelb oder weiß, ausgefranst, gleichen winzigen →Seerosen (Familie *Nymphaea*), stehen über der Wasseroberfläche.
Blütezeit: In den Tropen April bis August.
Früchte: Nur bis 8 mm lange, elliptische Kapseln, die viele Samen enthalten.
Nutzen: Im Gegensatz zu den →Seerosen oder →Lotosblumen sind alle Pflanzenteile von den Seekannen bitter und ungenießbar.
Heimat: Weltweit mit 40* Arten.
Bild: *Snowflake Water Lily*, Indische Seekanne, *Nymphoides indica*, mit weißer Blüte; sowie *Yellow Snowflake*, Schwimmblattpflanze, *Nymphoides geminata*, mit gelber Blüte.
Noch andere Schwimmblattpflanzen: →Indische Lotosblume, →Riesenseerose, →Wasserhyazinthe.

Royal Bluebell
»Königsglockenblume«
Wahlenbergia gloriosa

Grass Trigger Plant
Gras-Säulenblume
Stylidium graminifolium

Ordnung: Glockenblumenartige, *Campanulales*
Familie: Glockenblumengewächse, *Campanulaceae*
Aussehen: Aufrechte, schlanke und mehrjährige Staude, 6-40 cm hoch.
Blätter: Nur am unteren Sprossteil: eiförmig bis länglich, meist wechselständig, bis 3,5 cm lang und 1,5 cm breit, mit gewellten oder gezähnten Blatträndern.
Blüten: Tiefblau oder purpurn, nach oben geöffnet, breit glockenförmig, etwa 3 cm breit, einzeln an bis zu 25 cm langen Stängeln.
Blütezeit: Dezember bis Februar.
Früchte: Bis 1,5 cm lange Kapseln.
Standort: Alpine und subalpine Gras- und Waldlandschaften.
Heimat: Australien.
Besonderes: Die Nationalblume vom Australian Capital Territory (ACT).
Artenschutz: Geschützt in der Wildnis.
Sonstiges: Die Gattung *Wahlenbergia* umfasst etwa 150 Arten, die überwiegend auf der Südhalbkugel in den Gebirgen von Südamerika, Neuseeland und Australien vorkommen. Die übrigen Familienvertreter konzentrieren sich dagegen in den gemäßigten Breiten der Nordhalbkugel. Die Gattung ist benannt nach dem schwedischen Botaniker Göran Wahlenberg (1780-1851).

Ordnung: Glockenblumenartige, *Campanulales*
Familie: Säulenblumengewächse, *Stylidiaceae*
Aussehen: Mehrjährige, büschelartige Staude, bis 30 cm hoch (ohne Blüte).
Blätter: Grasartig (Name), in einer Rosette an der Pflanzenbasis, 5-30 cm lang.
Blüten: Rosa, in stehenden Trauben endständig an dem bis zu 70 cm langen Blütenstängel.
Blütezeit: September bis Dezember.
Früchte: Eiförmige Kapseln, 5-12 mm lang.
Nutzen: Wird wegen der grasartigen Blätter und der Blüten kultiviert.
Standort: Trockene Hartlaubwälder.
Heimat: Australien.
Besonderes: Die Blüte besitzt eine zentrale Säule (Säulenblume), die aus Staubblättern und Griffeln besteht. Die Säule ist gebogen und gespannt wie ein Gewehrabzug (Trigger). Er wird ausgelöst, wenn ein Insekt sich auf die Blütenblätter setzt, ein raffinierter Bestäubungsmechanismus, um Pollen abzugeben und aufzunehmen. Besonders an sonnigen Tagen kann man selbst mit Hilfe eines Zweiges den »Auslöser« betätigen, der dann bald in die Ausgangslage zurückgeht.
Sonstiges: Mit etwa 150 *Stylidium*-Arten eine überwiegend australische Gattung.

Red Leschenaultia
(Red Lechenaultia)
Rote Leschenaultia
Leschenaultia formosa
(Lechenaultia formosa)

Ordnung: Glockenblumenartige, *Campanulales*
Familie: Goodeniengewächse, *Goodeniaceae*
Aussehen: Immergrüner, vielverzweigter und ausladender Strauch, 30 bis 60 cm lang wie breit, bildet manchmal auch Matten.
Blätter: Nadelartig, fleischig, bis zu 1 cm lang, hellgrün bis graugrün.
Blüten: Leuchtende Schattierungen von rosa, rot, orange, orangegelb bis beige, fächerartig, endständig, etwa 2,5 cm breit.
Blütezeit: Juni bis September.
Früchte: Bis 3 cm lange Samenkapseln.
Nutzen: Wird wegen der Blüten kultiviert, wie auch andere *Leschenaultia*-Arten. Das vielfältige Farbspektrum der Blüten umfasst blau, violett, gelb, orange, rot und grün.
Standort: Heide- und Strauchformationen sowie lichte Wälder mit Sand- und Lehmböden.
Heimat: Westaustralien.
Vergleiche: Mit blauen Blüten *Blue Leschenaultia*, Blaue Leschenaultia, *Leschenaultia biloba*.
Allgemeines: Diese rein australische Gattung umfasst 26 Arten. Sie wurde benannt nach dem französischen Botaniker Leschenault (1773 bis 1826). Der Name der Gattung, einst irrtümlich ohne »s«, wurde jetzt korrigiert. Daher die beiden Schreibweisen (siehe oben).

Umbrella Tree
Strahlenaralie
Schefflera actinophylla
(Brassaia actinophylla)

Ordnung: Doldenblütler, *Apiales/Araliales*
Familie: Efeugewächse, *Araliaceae*
Aussehen: Im natürlichen Raum als aufrechter und einstämmiger Regenwaldbaum bis zu 30 m, kultiviert meist mehrstämmig, nur bis 8 m hoch, mit geschlossener, rundlicher Krone.
Blätter: Regenschirmartige Blattrosetten an den Zweigenden, die scheinbaren Einzelblätter (eigentlich Blattfiedern) sind sattgrün, ledrig, glänzend, 10-30 cm lang.
Blüten: Kleine und rote Köpfchen, sitzen an den bis zu 80 cm langen, aufrechten, krakenartigen, langgestreckten Blütenständen. Wird deswegen auch *Octopus Tree*, Krakenbaum, genannt.
Blütezeit: Februar bis Mai.
Früchte: Kleine Steinfrüchte mit 4-9 Kernen.
Sonstiges: Papageien fressen die nektarreichen Blüten und fleischigen Früchte.
Besonderes: Im Regenwald beginnt die Pflanze ihr Leben oft wie die →Würgefeige.
Standort: Ursprünglich Regenwald. Heute aber weltweit Zierbaum in den wärmeren Regionen. In Mitteleuropa Zimmerpflanze, die dort leider nie ihre schönen Blüten entfaltet.
Heimat: Australien und Neuguinea.
Vergleiche: Nur in Westaustralien beheimatet: *Iron Ore Tree or Iron Plant, Astrotricha hamptonii*, gilt bei Geologen als Eisenerzindikator.

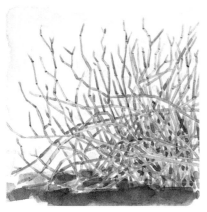

Milk Bush
Caustic Vine
Ätzrebe
Sarcostemma australe

Cheesewood
Leichhardt Tree
Morgenstern
Nauclea orientalis
(Sarcocephalus coadunata)

Ordnung: Enzianartige, *Gentianales*
Familie: Schwalbenwurzgewächse, *Asclepiadaceae*
Aussehen: Vorwiegend freistehender, buschiger Halbstrauch, bis 1,5 m hoch und breit, manchmal auch an Bäumen emporkletternd.
Stamm: Verdickte, blattlose, graugrüne Zweige mit Milchsaft, ähnlich wie Hundsgiftgewächse. Bricht man den Zweig ab, tritt die weiße Milch aus, die ätzend (Name) und giftig ist.
Blätter: Blattlos.
Blüten: Winzig, cremeweiß, sternförmig und wachsartig.
Blütezeit: Mai bis Juli.
Früchte: Bis 8 cm lange, zylindrische Kapseln mit vielen, seidenbehaarten Samen.
Nutzen: Für die Aborigines medizinisch sehr bedeutend. Mit dem Milchsaft heilt man z.B. blutende Wunden und Entzündungen. Auch reibt man den erwärmten Saft auf Frauenbrüste, um die Milchdrüsen anzuregen.
Besonderes: Gehört zu den Stammsukkulenten, die Flüssigkeit im Stamm bzw. in den Zweigen speichern.
Standort: Meist felsige Böden.
Heimat: Australien.
Achtung: Der Milchsaft ist ätzend, von Augen und Mund fernhalten.

Ordnung: Enzianartige, *Gentianales*
Familie: Röte- oder Krappgewächse, *Rubiaceae*
Aussehen: Aufrechter und ausladender Baum, 10-25 m hoch, mit waagerechten Zweigen
Rinde: Korkartig, fein rissig, cremegrau.
Blätter: Gegenständig, dunkelgrün und glänzend, eiförmig bis elliptisch, groß, breit, bis 30x17 cm, teils Laubabwurf.
Blüten: Gelbweiß, kugelig, nadelkissenartig und duftend, 3-4 cm im Durchmesser, stehen an den Enden der Zweige.
Blütezeit: September bis Dezember.
Früchte: Kugelig, hart, braun und rau, 3-5 cm im Durchmesser, mit vielen kleinen Samen.
Nutzen: Vielfältig bei den Aborigines. Die leicht bitteren Früchte sind essbar und schmecken wie Quitten. Zerriebene Rinde, Blätter oder Wurzeln gibt man in Gewässer, um Fische zu betäuben, die man dann leicht fangen kann. Die Stämme höhlt man aus, um Kanus zu bauen.
Standort: Feucht- und Regenwälder, bevorzugt an Flussufern.
Heimat: Australien, Südostasien, Indien.
Name: Nach dem deutschen Australienforscher Ludwig Leichhardt (1813-1848), er beschrieb diese Pflanze erstmals auf seiner Expedition 1844-1845.
Allgemeines: →Korallenstrauch.

Jungle Flame*
Flame of the Woods*
Korallenstrauch*
Scharlachrote Ixora*
Ixora coccinea★

Ordnung: Enzianartige, *Gentianales*
Familie: Röte- oder Krappgewächse, *Rubiaceae*
Aussehen: Immergrüner, rundlicher, buschiger Strauch, bis 2,5 m hoch und breit.
Blätter: Gegenständig, elliptisch bis eiförmig, leicht glänzend, mittel- bis tiefgrün, 6-8 cm lang.
Blüten: Rot, orange oder rosa, sternförmig, bis 3,5 cm breit, in endständigen, bis 10 cm breiten Doldentrauben.
Blütezeit: Dezember bis Februar.
Früchte: Spindelige, zweisamige Beeren.
Nutzen: Heute wegen der roten Blüten weltweit in den Tropen verbreiteter Zierstrauch. Auch als Schnittblume begehrt, da die Blüten sich lange halten. In Mitteleuropa auch als Topfpflanze.
Standort: Überwiegend tropische Breiten.
Heimat: Indien und Sri Lanka. (Außer passendem Klima keine bestimmte Verbreitung in Australien, deshalb in der Karte nicht markiert.)
Vergleiche: Einige der ca. 400 Arten der weltweit in den Tropen verbreiteten Gattung sind auch in Australien heimisch, u.a. : *Ixora queenslandica*, mit weißen Blüten.
Ähnlich: Aus Indien: *Sorrowless Tree**, Asokabaum*, *Saraca indica*★ (Familie *Fabaceae, Leguminosae*).
Allgemeines: Bekannte Vertreter der Familie *Rubiaceae* sind u.a. Chinarindenbaum, Gardenie und Kaffeepflanze.

Ant Plant
Anthouse Plant
Ameisenpflanze
Myrmecodia antoinii

Ordnung: Enzianartige, *Gentianales*
Familie: Röte- oder Krappgewächse, *Rubiaceae*
Aussehen: Bis 30 cm hohe Staude, die mit einer stacheligen Knolle auf einem Wirtsbaum sitzt (Epiphyt bzw. Aufsitzer).
Wurzeln: Silbergrau bis braun.
Blätter: Dunkelgrün, oval, bis 10 cm lang.
Blüten: Weiß, röhrenförmig, unscheinbar.
Früchte: Kleine, zylindrische Kapseln.
Standort: Mangrovenwälder und Papierrindenbäume entlang von Flüssen.
Heimat: Nordqueensland.
Besonderes: Bezieht keine Nährstoffe von dem Wirtsbaum oder aus den Wurzeln, sondern sie bildet eine Lebensgemeinschaft (Symbiose) mit den Ameisen (Gattung *Iridomyrmex*), die in den porösen Sprossknolle leben. Von den Ameisen werden organische Stoffe in einigen Kammern deponiert, aus denen dann die Ameisenpflanze Stickstoffverbindungen und auch Phosphate für ihr Wachstum bezieht. Die Ameisen halten sich zudem Schmetterlingsraupen für die Versorgung mit Zucker.
Gattungsname: *Myrmecodia* (griechisch *myrmex, myrmekos* = Ameise).
Sonstiges: Weltweit gibt es in den Tropen etwa 150 Arten von Ameisenpflanzen, sie gehören zu unterschiedlichen Gattungen und Familien.

Allamanda
*Golden Trumpet**
Goldtrompete*
*Allamanda cathartica**

*Frangipani**
*Temple Tree**
Frangipani*
Tempelbaum*
Pagodenbaum*
*Gattung Plumeria**

Ordnung: Enzianartige, *Gentianales*
Familie: Hundsgiftgewächse, *Apocynaceae*
Aussehen: Immergrüne und schnell wachsende Kletterpflanze, bis 8 m hoch.
Blätter: Länglich bis eiförmig, sitzen quirlartig an den Zweigen, 10-14 cm lang.
Blüten: Goldgelb, trompetenartig (Name), bis zu 7 cm breit und 12 cm lang.
Blütezeit: Dezember bis April.
Früchte: Kapseln, eiförmig, stachelig.
Nutzen: Ist wegen der reichen Blüten und langen Blütezeit heute weltweit ein beliebter Kletterstrauch in den tropischen, subtropischen und warmgemäßigten (mediterranen) Breiten. Wird in Europa auch als Topfpflanze angeboten.
Standort: Im Heimatland tropische Gebüsch- und Waldformationen.
Heimat: Brasilien. (Keine bestimmte Verbreitung in Australien, deshalb in der Karte nicht markiert.)
Vergleiche: Auch aus Brasilien: *Purple Allamanda*, *Allamanda blanchetii** *(Allamanda violacea*),* meist bis 2 m hoher Strauch, mit purpurrosa Blüten. Auch aus Südamerika: *Yellow Oleander*, Thevetia peruviana*,* mit gelben, trompetenartigen Blüten. →Gold-Trompetenbaum* *(Bignoniaceae).*
Sonstiges: Gattung *Allamanda* mit 12 Arten von immergrünen Kletterpflanzen und Sträuchern aus dem tropischen Süd- und Zentralamerika.

Ordnung: Enzianartige, *Gentianales*
Familie: Hundsgiftgewächse, *Apocynaceae*
Aussehen: Meist bis 8 m hoher Baum mit kurzen, dicken Ästen. Die fleischigen Zweige enthalten giftigen Milchsaft.
Blätter: Wechselständig oder spiralig angeordnet, elliptisch bis länglich, bis 40 cm lang, in Gruppen an den Zweigenden. Laubabwurf ganz oder teils - je nach Art - meist zu Beginn der Trockenzeit.
Blüten: Rot, rosa, bläulich, weiß oder gelb, stark duftend, fünfzählig in propellerartiger Anordnung, bis zu 10 cm breit. In den Tropen erscheinen die Blüten meist vor den neuen Blättern und in den Subtropen meist erst danach.
Blütezeit: August bis Oktober.
Früchte: Balgkapseln, bis 25 cm lang, mit vielen geflügelten Samen.
Heimat: Die etwa acht Arten stammen aus dem tropischen und subtropischen Amerika, heute weltweit verbreitet. (Keine bestimmte Verbreitung in Australien, Karte ist deshalb nicht markiert.)
Namensvetter: Eine ganze Reihe australischer Arten werden bezeichnet als *Native Frangipani,* Heimischer Pagodenbaum, u.a. *Cerbera manghas,* →*Hymenosporum flavum* (Familie *Pittosporaceae).*
Name: Angeblich kreierte der Italiener Frangipani im 12. Jahrhundert ein ähnlich duftendes Parfüm.
Abbildung: Weißer Frangipani, *Plumeria alba.*

Perfume Tree
Ilang-Ilang
Ylang-Ylang
Cananga odorata

Mountain Pepper
»Bergpfeffer«
Tasmannia lanceolata
(Drimys lanceolata)

Ordnung: Magnolienartige, *Magnoliales*
Familie: Annonen-, Rahm-, Sauersack- oder Schuppenapfelgewächse, *Annonaceae*
Aussehen: Immergrüner, ausladender Baum mit gebogenen bis hängenden Ästen, im Regenwald 10-30 m hoch, als Zierbaum nur 6-10 m.
Blätter: Länglich-eiförmig, zugespitzt, ledrig, glänzend, mittel- bis dunkelgrün, bis zu 20 cm lang.
Blüten: Außergewöhnlich! In achselständigen, hängenden Büscheln, gelbgrün, 3-5 cm breit, sehr stark duftend *(odorata)*.
Blütezeit: September bis Januar.
Früchte: 2,5 cm lange, eiförmige Beeren. Sie sind für den Menschen nicht genießbar. Sie werden aber von →Fruchttauben und →Helmkasuaren verspeist, sie verbreiten dann über die unverdaut ausgeschiedenen Samen die Pflanze.
Standort: Tropischer Regenwald.
Heimat: Nordostqueensland bis Indien. Heute weltweit Zierbaum in den Tropen wegen der stark duftenden und außergewöhnlichen Blüten.
Nutzen: In anderen Ländern gewinnt man aus den Blüten das ätherische und exotisch-blumig duftende Ylang-Ylang-Öl. Es ist eine begehrte Komponente bei der Parfüm-Herstellung, wird auch bei der Aromatherapie angewendet.
Weitere Familienvertreter: →Süßsack.

Ordnung: Magnolienartige, *Magnoliales*
Familie: Wintergewächse, *Winteraceae.* (Gehören zu den ältesten heute lebenden Pflanzenfamilien).
Aussehen: In subalpinen Lagen: meist dichter, aufrechter Strauch, bis 2 m hoch. Im gemäßigten Regenwald: aufrechter Baum, bis 15 m hoch.
Blätter: Wechselständig, länglich bis elliptisch, verschiedene Breiten und Längen, ledrig, glänzend, dunkelgrün, bis 8 cm lang. Die jungen Triebe sind rot. Der Blättersaft schmeckt wie Pfeffer.
Blüten: Cremeweiß, sternförmig, 1,5 cm breit, in Büscheln aus 7-18 Blüten.
Blütezeit: November bis Januar.
Früchte: Purpurschwarze, zweilappige Beeren, jeweils mit mehreren Samen.
Standort: Gemäßigte, feuchte Gebiete.
Nutzen: Samen wurden von den weißen Siedlern als Pfeffer-Ersatz verwendet (Name).
Heimat: Tasmanien und Südostaustralien.
Sonstiges: Gattung mit etwa 50 Arten, davon 5-6 heimisch in Australien, meist als *Pepper Bush* bezeichnet. Gattung ist nach dem holländischen Seefahrer Abel Tasman (1603-1659) benannt, er sammelte die Bergpfeffer-Art auf Tasmanien.
Vergleiche: Eng verwandt mit der Winterrinde, *Drimys wintery*, aus Südamerika (!).
Familienname: Benannt nach Kapitän William Winter, einem frühen Forschungsreisenden.

Idiot Fruit
Ribbonwood

»Idiotenfrucht«

Idiospermum australiense
(Calycanthus australiensis)

Ordnung: Lorbeerartige, *Laurales*
Familie: Gewürzstrauchgewächs, *Calycanthaceae*
Aussehen: Aufrechter, 20-30 m hoher Baum mit dunkelgrauer, angerauter Rinde. Das Holz ist streifenartig (*Ribbonwood*).
Blätter: Elliptisch, dunkelgrün, glänzend, ledrig, bis zu 25 cm lang und 10 cm breit, mit vielen Öldrüsen (gegen das Licht sichtbar).
Blüten: Purpurrot, verblassen vor dem Verblühen zu weiß, einzeln an den Zweigen unterhalb der Blätter, nur bis zu 2 cm breit, gleichen kleinen Magnolienblüten.
Frucht: Braun, kugelig und tennisballgroß, ist in 3-4 Segmente geteilt, springt bei Reife auf; ähnlich wie bei der →Kanonenkugelmangrove. Da giftig, werden die Samen ausnahmsweise nicht durch die Tierwelt verbreitet.
Standort: Tropischer Regenwald.
Heimat: Nordostaustralien.
Besonderes: Gehört mit zu den ersten Blütenpflanzen (Angiospermen), die vor etwa 120 Mio Jahren entstanden und die man bis 1970 nur als Fossilien kannte. Vertreter von 12 der weltweit 19 Familien erster (primitiver) Blütenpflanzen sind allein im Daintree Nationalpark (nördlich von Cairns) zu finden.
Name: Idiotenfrucht ist eine Fehlinterpretation des botanischen Namens.

Bower Vine
Bower of Beauty

Jasmin-Pandorea

Pandorea jasminoides
(Bignonia jasminoides)

Ordnung: Braunwurzartige, *Scrophulariales*
Familie: Trompetenbaumgewächse, *Bignoniaceae*
Aussehen: Immergrüne Kletterpflanze, meist bis zu 5 m hoch, teilweise auch höher, mit drahtigen, verzweigten Sprossen.
Blätter: Gegenständig und gefiedert, an der Oberseite hellgrün glänzend, bis 6 cm lang.
Blüten: Trompetenartig, weiß oder rosa, in dem haarigen Schlund rötlichrosa, sehr angenehm duftend, 4-6 cm lang.
Blütezeit: November bis April.
Früchte: Längliche Hülsen.
Standort: Naturraum sind die tropischen und subtropischen Regenwälder.
Heimat: Ostaustralien.
Nutzen: Wegen der üppigen Blütenpracht mit langer Blütezeit und der attraktiven Blätter heute weltweit eine beliebte Kletterpflanze in den wärmeren Klimazonen, dient oft auch zur Verzierung von Pergolen und Bögen.
Vergleiche: Ist ebenfalls heimisch in Australien: *Wonga Wonga Vine*, *Pandorea pandorana* (*Bignonia pandorana*), mit cremegelben Blüten und einem rötlichpurpurn gefleckten Schlund.
Sonstiges: Die Gattung, benannt nach Göttin Pandora aus der griechischen Mythologie, ist mit sechs Arten in Australien, Neukaledonien, Neuguinea und Malaysia verbreitet.

African Tulip Tree*
Flame of the Forest*
Afrikanischer Tulpenbaum*
Spathodea campanulata★

Jacaranda Tree*
Jacaranda*
Palisanderholzbaum*
Jacaranda mimosifolia★
(Jacaranda acutifolia★)

Ordnung: Braunwurzartige, *Scrophulariales*
Familie: Trompetenbaumgewächse, *Bignoniaceae*
Aussehen: Meist immergrüner und nur mäßig verzweigter Baum mit einer domartigen Krone, in seiner Heimat bis 25 m, als Zierbaum meist nur 8-10 m hoch.
Blätter: Gegenständig, federartig, bis zu 45 cm lang. Laubabwurf in Gebieten mit ausgeprägter Trockenzeit.
Blüten: Scharlachrot bis blutrot, am Rand gelb, glockenförmig bzw. tulpenartig (Name) am Ende der Zweige stehend, 10-15 cm lang. Verströmen einen strengen Geruch und bilden viel Nektar. Bestäubung durch Fledermäuse und Vögel.
Blütezeit: Fast das ganze Jahr, Hauptblüte von Dezember bis Mai.
Früchte: Braune, aufrechte, speerspitzenförmige, verholzte Kapseln, bis 20 cm lang, die Samen mit papierartigen Flügeln entlassen.
Heimat: Tropisches Zentral- und Westafrika, meist rund um den Victoriasee. (Außer passendem Klima keine bestimmte Verbreitung in Australien, deshalb ist die Karte nicht markiert.)
Nutzen: Wird wegen der langen Blütezeit und der großen Blätter heute weltweit in den warmen Klimazonen kultiviert. Auch als Topfpflanze, die aber selten blüht.
Sonstiges: Die Gattung umfasst nur diese Art.

Ordnung: Braunwurzartige, *Scrophulariales*
Familie: Trompetenbaumgewächse, *Bignoniaceae*
Aussehen: Stattlicher Baum mit ausladender Krone, in der Heimat bis zu 20 m, kultiviert aber meist nur bis zu 8 m hoch.
Blätter: Farnartig (wird deshalb auch *Fern Tree* genannt) bzw. mimosenblattartig *(mimosifolia)*, bis 45 cm lang. Laubabwurf in der Trockenzeit.
Blüten: Blauviolett, glockenförmig, bis 5 cm lang, in endständigen Blütenständen. Frühjahrsblüte meist vor den neuen Blättern. Die abgeworfenen Blüten bilden einen grandiosen Bodenteppich.
Blütezeit: Oktober bis November, oft im Herbst (März bis April) eine zweite Blüte.
Früchte: Kastagnettenartige, holzige Hülsen mit etwa 8 cm Durchmesser.
Heimat: Trockensavannen in Argentinien. (Außer passendem Klima keine bestimmte Verbreitung in Australien, deshalb in der Karte nicht markiert.)
Nutzen: Heute weltweit in warmen Gebieten ein beliebter Zier- und Straßenbaum. Das weiche, gut zu schnitzende Holz erinnert an Palisander, daher auch »Palisanderholzbaum«. - Das echte Palisanderholz liefern aber vor allem *Dalbergia-* und *Machaerium* Arten, Familie *Fabaceae*.
Sonstiges: Als Jacaranda-Stadt Australiens gilt der Ort Grafton im nördlichen Neusüdwales mit vielen Alleebäumen.

Sausage Tree*
Leberwurstbaum*
Kigelia africana★
(Kigelia pinnata★)

Golden Trumpet Tree*
Gold-Trompetenbaum*
Tabebuia chrysotricha★
und *Tabebuia chrysantha★*

Ordnung: Braunwurzartige, *Scrophulariales*
Familie: Trompetenbaumgewächse, *Bignoniaceae*
Aussehen: Vielgestaltiger, ausladender, meist stark verzweigter Baum, bis 15 m hoch.
Blätter: Eiförmig bis länglich, mittel- bis dunkelgrün, ledrig, in federartiger Anordnung, bis zu 50 cm lang. Nur in Gebieten mit ausgeprägter Trockenzeit Laubabwurf.
Blüten: Bräunlichrot, trichterförmig, bis 10 cm groß, die am Ende von bis 2 m langen Blütenstielen hängen; eine Anpassung an die Bestäubung durch Fledermäuse. Deswegen öffnen sich die Blüten auch nur nachts, morgens sind sie meist schon verblüht.
Blütezeit: Dezember bis Februar.
Früchte: Erinnern an Leberwürste (Name), hellbraun, oberseits durch Korkzellen aufgeraut, bis 1 m lang und 10 kg schwer, hängen am Ende der verdickten Blütenstiele. Verholzt, nicht essbar, aber vielfältige Verwendung in der Volksmedizin.
Heimat: Tropisches und subtropisches Afrika in dem Verbreitungsgebiet des Nilpferdes.(Außer passendem Klima keine bestimmte Verbreitung in Australien, deshalb in der Karte nicht markiert.)
Nutzen: Als attraktiver Einzelbaum und Schattenspender heute in allen warmen Regionen der Erde verbreitet.
Sonstiges: Die Gattung umfasst nur diese Art.

Ordnung: Braunwurzartige, *Scrophulariales*
Familie: Trompetenbaumgewächse, *Bignoniaceae*
Aussehen: Beide Arten sind sehr ähnlich und populär in Australien. Bis 15 m hohe Bäume mit offener Krone und rissiger Rinde.
Blätter: Gegenständig, länglich bis eiförmig, lang gestielt, ledrig, dunkelgrün, beidseits behaart, bis 18 cm lang. Laubabwurf in der Trockenzeit.
Blüten: Trompetenförmig, goldgelb, innen rot gestreift, duftend, bis 8 cm lang, in endständigen Rispen. Erscheinen vor den neuen Blättern.
Blütezeit: August bis Oktober.
Früchte: Bohnenartige, verholzte und hängende Kapseln, bis 15 cm lang. Bei *Tabebuia chrysantha* samtig und rötlichbraun behaart.
Heimat: Überwiegend tropische Regionen von Zentral- und Südamerika. (Außer passendem Klima keine bestimmte Verbreitung in Australien, deshalb in der Karte nicht markiert.)
Nutzen: Werden heute wegen der Blütenpracht und wegen des Laubes in allen wärmeren Klimazonen der Erde kultiviert.
Vergleiche: Aus Mittel- und Südamerika: *Pink Poui**, Rosa Trompetenbaum*, *Tabebuia rosea★*, die Blüten sind weiß bis rosa mit einem gelben Schlund.
→Goldtrompete* *(Apocynaceae)*.
Sonstiges: Gattung mit etwa 100 strauch- und baumförmigen Arten aus Mittel- und Südamerika.

Bush Potatoes
Bush Tomatoes
Buschtomaten
Buschkartoffeln
Gattung *Solanum*

Ordnung: Braunwurzartige, *Scrophulariales*
Familie: Nachtschattengewächse, *Solanaceae*
Aussehen: Meist krautige, kriechende Stauden
oder kleine Sträucher, 30-150 cm hoch, die oft
weich bis stachelig behaart sind.
Blätter: Meist länglich bis oval, wechselständig,
teils behaart.
Blüten: Typische »Kartoffelblüte«, meist blau bis
purpurn, glocken- oder trompetenförmig, leicht
gekräuselt, fünfzählig, mit gelben Augen (Staub-
beuteln), bis 6 cm groß.
Blütezeit: Meist Juli bis September, aber in den
Trockengebieten auch nach Regenfällen.
Früchte: Wie kleine Tomaten, fleischig mit vielen
Samen, bis zu 3 cm groß, Farben von grün, gelb,
braun, rot bis schwarz.
Nutzen: Die Früchte einiger Arten sind essbar
und bedeuten eine wichtige Buschnahrung für
die Aborigines in Zentralaustralien.
Heimat: Von den etwa 100 heimischen Arten
wachsen fast 40 in Zentralaustralien.
Achtung: Einige Arten sind sehr giftig!
Bild: *Spiny Potato Bush, Solanum ferocissimum*,
wächst in Zentralaustralien.
Sonstiges: Die weltweit verbreitete Gattung
umfasst auch Gemüse, wie Kartoffeln, *Solanum
tuberosum*, und Auberginen, *Solanum melongena*.
Tomaten haben die eigene Gattung *Lycopersicon*.

Emu Bush
Desert Fuchsia
Emustrauch
Gattung *Eremophila*

Ordnung: Braunwurzartige, *Scrophulariales*
Familie: »Mauselochgewächse«, *Myoporaceae*
Andere englische Populärnamen: *Poverty Bush,
Turkey Bush, Amulla, Native Fuchsia, etc.*
Aussehen: Meist immergrüner Strauch, 1-2 m
hoch, selten kleiner Baum.
Blätter: Sehr unterschiedlich, von nadelartig bis
rundlich, meist wechselständig, teils behaart,
bis zu 5 cm lang.
Blüten: Glockenförmig, unsymmetrisch, bis 4 cm
lang. Farben weiß, rot, rosa, gelb, violett oder lila,
teils getüpfelt.
Blütezeit: Unregelmäßig, meist nach Regenfällen,
dann auch mehrmals pro Jahr.
Früchte: Kugelige, fleischige Beeren, bis 1,5 cm
dick. →Emus (Name) fressen die für Menschen
giftigen Beeren zum Verbreiten und verbreiten die Pflanze mit
den unverdauten Samen.
Nutzen: Vielfältig bei den Aborigines, als Buschmedizin und -nahrung (Blüten).
Heimat: Eine rein australische Gattung mit über
200 Arten, meist in den Trockengebieten.
Besonderes: Die harten Samen brauchen Feuer
oder Regen zum Keimen, darauf müssen sie oft
viele Jahre warten.
Bild: *Spotted Emu Bush, Eremophila maculata*.
Sonstiges: Die echte Fuchsie gehört zur
Gattung *Fuchsia* in der Familie *Onagraceae*.

Yellow Bladderwort
Gelber Wasserschlauch
Utricularia fulva

Pagoda Flower*
Pagodenstrauch*
Rispenblütiger Losstrauch*
Clerodendrum paniculatum*

Ordnung: Braunwurzartige, *Scrophulariales*
Familie: Wasserschlauchgewächse, *Lentibulariaceae* (gehören zu den fleischfressenden Pflanzen).
Aussehen: Zarte, oberseits blattlose Staude, 20-30 cm hoch, ohne Wurzeln.
Standort: Am Rande von stehenden als auch fließenden Süßgewässern.
Blätter: Der Blütenstängel ist immer blattlos. Die eigentlichen Blätter sitzen an der Basis der Pflanze, zum größten Teil unter Wasser. Am Ende befinden sich Bläschen mit einer Schließklappe, die von feinen Härchen umgeben ist. Stoßen kleine Wassertiere daran, öffnet sich die Klappe, das Opfer wird mit Unterdruck hineingesaugt und verdaut. Mit der Nahrung nimmt die Pflanze Stickstoff und Mineralsalze auf. Die Blase stößt dann die Speisereste aus und spannt sich für den nächsten Fang.
Blüten: Gelbbraun gefleckt, asymmetrisch und orchideenartig, etwa 2 cm breit.
Blütezeit: April bis Oktober.
Heimat: Nordaustralien. Die weltweite Gattung umfasst etwa 210 Arten.
Sonstiges: Fleischfressende Pflanzen gehören zu ziemlich unterschiedlichen, oft nicht näher verwandten Familien. Siehe auch →Sonnentau, und →Kannenpflanze.

Ordnung: Lippenblütlerartige, *Lamiales*
Familie: Lippenblütler, *Lamiaceae*
Aussehen: Immergrüner, aufrechter und offener Strauch, bis zu 1,3 m hoch.
Blätter: Gegenständig, eiförmig, fünflappig und dunkelgrün, 10-15 cm lang.
Blüten: Scharlachrot, langröhrig, stieltellerförmig, angeordnet in endständigen, zylindrischen und aufrechten Rispen (Name), bis 30 cm lang.
Blütezeit: Januar bis April.
Früchte: Beerenartige Steinfrüchte.
Heimat: Myanmar über Malaysia bis China. (Außer passendem Klima keine bestimmte Verbreitung in Australien, deshalb in der Karte nicht markiert.)
Bedeutung: Prachtvoller Zierstrauch, der heute weltweit in den warmen Regionen verbreitet ist.
Vergleiche: Heimat Südostasien: *Glory Flower**, Pagodenblume*, *C. speciosissimum**; aus Westafrika: *Bleeding Heart Vine**, Blutendes Herz*, *C thomsoniae**. Australische Arten weiße Blüten, z.B. *Lolly Bush*, *C. floribundum*, *Hairy Clerodendrum*, *C. tomentosum*.
Sonstiges: Die Gattung ist mit ca. 400 Arten meist in den Tropen und Subtropen verbreitet, vor allem in Afrika und Asien.
Name: Von der griechischen Gattungsbezeichnung *kleros*, Schicksal bzw. Los, und *dendron*, Baum. D.h. einige Arten haben heilende, andere schädigende Eigenschaften.

Lantana*
Wandelblume*
Wandelröschen*
Lantana camara*

Beach Morning Glory
Strandwinde
Ziegenfußwinde
Ipomoea pes-caprae
(Ipomoea biloba)

Ordnung: Lippenblütlerartige, *Lamiales*
Familie: Eisenkrautgewächse, *Verbenaceae*
Aussehen: Immergrüner, vielgestaltiger Strauch, oft mit stacheligem Stamm, als Kulturpflanze meist 1-2 m hoch und breit.
Blätter: Gegenständig, meist eiförmig, mit leicht gesägten Rändern, 5-10 cm lang.
Blüten: Klein, fünfblättrig, stieltellerförmig, in 3-5 cm breiten Blütenständen, mit der jüngsten Blüte jeweils in der Mitte. Die Farben wandeln sich (Name): Beim Aufblühen oft gelb oder rosa, später orange, purpur, rot oder lachsrot.
Blütezeit: August bis April.
Früchte: Blauschwarze, beerenartige Steinfrüchte, sehr dekorativ, aber gefährlich giftig.
Heimat: Ursprünglich Karibik und Zentralamerika, heute aber in allen frostfreien Gebieten der Erde zu finden. (Außer passendem Klima keine bestimmte Verbreitung in Australien, deshalb in der Karte nicht markiert.)
Bedeutung: Teils prachtvolle Zierpflanze, teils aggressives Unkraut. Die wildwuchernde Form, deren Samen durch Vögel übertragen werden, bedrängt durch ihr dichtes Bodenwachstum die heimische Vegetation. So ist z.B. in Südafrika die Kultivierung verboten. Es gibt aber inzwischen auch sterile Sorten.
Sonstiges: Die Gattung umfasst ca. 150 Arten.

Ordnung: Himmelsleiterartige, *Polemoniales*
Familie: Windengewächse, *Convolvulaceae*
Aussehen: Mattenbildende Kriechpflanze mit bis zu 10 m langen Ranken.
Blätter: Wechselständig, zweilappig, oval bis rund, ähnlich dem Abdruck eines Ziegenfußes (Name), bis 12 cm lang.
Blüten: Purpurrosa, trichterförmig und mit einem dunkleren Schlund, 3-7 cm lang. Öffnen sich am Vormittag und sind dann am Nachmittag schon verwelkt (engl. Name).
Blütezeit: Fast ganzjährig, meist März-November.
Früchte: Kugelige, bis zu 2 cm dicke Kapseln, die vierklappig aufspringen.
Standort: Bevorzugt an sandigen Küsten.
Bedeutung: Mannigfaltig bei den Aborigines. Die gekochten Wurzeln sind essbar (in Notzeiten). Mit einem Blätteraufguss werden Spinnenbisse kuriert, aber auch Stiche durch Meerestiere, z.B. Rochen und Quallen.
Heimat: Nord-, Ostaustralien, Südostasien und Malaysia. Natürliche Verbreitung durch wurzelnde Bruchstücke und schwimmfähige Samen.
Vergleiche: Die Knollen von anderen *Ipomoea*-Arten sind schmack- und nahrhafter, wie z.B. Yam, Bush Potato or Sweet Potato, Süßkartoffel oder Batate, *Ipomoea batatas*, die beliebteste Art. →Kumara (Neuseeland).

Blue Devil*
Paterson's Curse*
**Wegerichblättriger
Natternkopf***
Echium plantagineum★

Ruby Saltbush
»Rubin-Salzstrauch«
Enchylaena tomentosa

Ordnung: Raublättrigartige, *Boraginales*
Familie: Raublattgewächse, *Boraginaceae*
Aussehen: Aufrechte, borstig behaarte Staude,
bis 1 m hoch; einjährig oder zweijährig.
Blätter: Länglich, gezähnt und borstig behaart,
bis 30 cm lang.
Blüten: Violettblau, glockenförmig, stehen an
aufrechten, bis 30 cm langen Blütentrieben.
Blütezeit: Oktober bis November, färbt dann
ganze Landstriche blauviolett.
Früchte: Vierklappige Steinfrüchte.
Heimat: Mittelmeerraum. Wurde in Australien
eingebürgert.
Bedeutung: Verbreitete sich um 1880 aus dem
Garten eines gewissen Paterson seuchenartig.
Verdrängt heute viele heimische Wiesenblumen,
daher »Fluch (*Curse*) des Paterson«. Seit 1988
Bekämpfung mit dem ebenfalls aus dem Mittel-
meerraum stammenden Falter *Dialectica scalariella*.
Die Pflanze ist aber oft auch in den trockeneren
Gebieten zu bestimmten Zeiten des Jahres die
einzige Viehnahrung und wird daher auch *Salvation*
(Rettung) *Jane* genannt. Auch die Imker schätzen
die in Australien sonst verdammte Pflanze.
Sehr ähnlich: Ebenfalls in Australien eingeführt:
Viper's Bugloss*, Gewöhnlicher Natternkopf*, *E.
vulgare★*, mit einem grünen Blütenkelch.

Ordnung: Nelkenartige, *Caryophyllales*
Familie: Gänsefußgewächse, *Saltbush Family,
Chenopodiaceae*
Aussehen: Bis 1 m hoher, domförmiger Strauch,
mit glatten oder haarigen Stämmen.
Blätter: Fleischig (sukkulent), wurstartig und
graugrün, 1-2 cm lang, mit feinen Härchen.
Blüten: Winzig, weiß, in den Blattachseln.
Früchte: 4-6 mm dicke, fleischige und kugelige
Beeren, gelb oder rot, später, wenn sie vertrocknen,
schwarz. Sie reifen sehr üppig schon kurz nach
Regenfällen, zu jeder Jahreszeit.
Nutzen: Beliebte Nahrung für die Aborigines. Die
saftigen, süßen Beeren isst man roh, aber die
getrockneten Beeren (wie Rosinen) weicht man
ein. Die saftigen, jungen Blätter kocht man und
genießt sie wie Gemüse.
Standort: Bevorzugt Trockengebiete.
Heimat: Australien.
Vergleiche: Ähnlich verbreitet: *Old Man Saltbush*,
»Greisen-Salzstrauch«, *Atriplex nummularia*, ist
größer und hat blaugraue Blätter, die an die
grauen Haare eines alten Mannes erinnern.
Sonstiges: Salzsträucher gedeihen gut auf
salzhaltigen Böden. Sie haben daher salzige
Blätter, die sehr gern von Schafen gefressen
werden.

Pussytails
Mulla Mulla
Katzenpfötchen
Haarschöpfchen
Gattung *Ptilotus*

Broad-leaf Parakeelya
»Parakeelya«
Calandrinia balonensis

Ordnung: Nelkenartige, *Caryophyllales*
Familie: Fuchsschwanzgewächse, *Amaranthaceae*
Aussehen: Ein- und mehrjährige Stauden und Halbsträucher, bis 60 cm hoch.
Blätter: Meist schmal und wechselständig.
Blüten: Blickfang sind die bis zu 15 cm langen, dichten und unterschiedlich geformten Blütenstände (Ähren) von eiförmig bis zylindrisch und konisch. Die winzigen Blüten sind weiß, gelb, rosa, purpurn oder grün und haben eine sehr weiche Behaarung, daher die Populärnamen.
Blütezeit: Hauptblüte von April bis Oktober, in den Trockengebieten nach Regen.
Bedeutung: Symbolisiert für die Aborigines in Zentralaustralien das männliche Geschlecht (wegen der teils penisartigen Blütenstände). Das Wurzelsystem einiger Arten der Gattung birgt essbare Raupenlarven.
Standort: Fast überall in Australien (nicht in Tasmanien), aber in den Trockengebieten fallen die üppigen Blütenstände besonders auf.
Bild: Pink Mulla Mulla, Rosa Katzenpfötchen, *P. exaltatus*, die in Zentralaustralien häufigste Art.
Sonstiges: Die Gattung ist mit ca. 100 Arten zum größten Teil in Australien heimisch. Sie wird wegen der dekorativen Blütenstände aber heute auch in anderen Ländern kultiviert.

Ordnung: Nelkenartige, *Caryophyllales*
Familie: Portulakgewächse, *Portulacaceae*
Aussehen: Einjährige, mattenbildende Staude, mit bis 30 cm hohen Blütenstielen.
Blätter: Fleischig, schmal, abgeflacht, bis 12 cm lang und 2 cm breit, dienen als Wasserspeicher (Blattsukkulenz).
Blüten: Überwiegend rosa bis lila, fünfblättrig, mit gelber Mitte, bis 3 cm breit, öffnen sich meist nur bei Sonnenschein und bilden besonders nach Regen wahre Blütenteppiche.
Blütezeit: Hauptblüte ist Juni bis Oktober, nach Regen auch zu anderen Zeiten.
Früchte: Kleine und eiförmige Kapseln mit vielen nierenförmigen und dunklen Samen.
Bedeutung: Sehr wichtige Nahrungsquelle für die Aborigines Inneraustraliens. Die gekochten Wurzeln und Blätter dienen als Gemüse. Die wasserhaltigen Blätter kaut man in Notzeiten, sie sind aber in großer Menge giftig. Die Samen werden zu einer essbaren Paste zermahlen. Auch die ersten weißen Siedler aßen die Parakeelyas als Gemüse.
Standort: Trockengebiete, Sandböden.
Heimat: Australien.
Sonstiges: Die Gattung umfasst 150 Arten, die überwiegend in Amerika verbreitet sind.
Ähnlich: →Mittagsblumen (Familie *Aizoaceae*).

Pigfaces
Mittagsblumen
Gattung Carpobrotus

Bougainvillea*
Bougainvillie*
Drillingsblume*
Bougainvillea glabra★

Ordnung: Nelkenartige, *Caryophyllales*
Familie: Eiskrautgewächse, *Aizoaceae*
Aussehen: Kriechpflanze mit bis zu 2 m langen, in Abständen wurzelnden Ausläufern.
Blätter: Fingerförmig, gegenständig, fleischig (Blattsukkulenten), im Querschnitt dreieckig, bis zu 10 cm lang.
Blüten: Margeritenartig, meist purpurn, selten rosa oder gelb, bis 10 cm breit.
Blütezeit: Der größte Teil des Jahres mit der Hauptblüte von Oktober bis Februar. Tagblütig, meist nach Mittag (Name).
Früchte: Bis 3 cm dicke, fleischige Beeren.
Bedeutung: Die saftige Beere schmeckt wie eine salzige Erdbeere oder frische Feige. (Deshalb in Südafrika »Hottentot-Feige« genannt.) Die gekochten Blätter dienen als Gemüse. Der Saft der Blätter gilt als Buschmedizin.
Abbildung: *Angular Pigface or Coastal Noonflower*, Küsten-Mittagsblume, *Carpobrotus glaucescens*, heimisch in Ostaustralien und auf Norfolk Island.
Standort: Meist Sandböden an der Küste.
Vergleiche: Mit dem gleichen Verbreitungsgebiet: *Round-leaved Pigface*, *Disphyma crassifolium*, Blüte ähnlich, aber die Früchte sind nicht essbar.
Sonstiges: Gattung mit ca. 30 Arten meist in Südafrika beheimatet, nur 6 Arten in Australien.
Ähnlich: →Parakeelya (Familie *Portulacaceae*).

Ordnung: Nelkenartige, *Caryophyllales*
Familie: Wunderblumengewächse, *Nyctaginaceae*
Aussehen: Immergrüne, starkwüchsige Kletterpflanze, 5-8 m hoch, die sich mit hakenförmigen Sprossdornen emporrankt.
Blätter: Wechselständig, elliptisch, glänzend, mittel- bis dunkelgrün, 5-13 cm lang.
Blüten: In großen Büscheln an den Zweigenden stehen die farbigen Hochblätter der nicht sehr auffälligen, zu dritt stehenden (Name) Blüten. In der Wildform rosaviolett, Zuchtformen (Sorten) auch lila, rosa, orange, rot oder weiß.
Blütezeit: Hauptblüte Dezember bis Mai, in den Tropen fast das ganze Jahr.
Früchte: Kleine, birnenförmige Kapseln.
Heimat: Ursprünglich Brasilien. (In Australien außer passendem Klima keine bestimmte Verbreitung, deshalb in der Karte nicht markiert.)
Bedeutung: Wegen der üppigen Blütenfülle heute einer der beliebtesten Blumensträucher in allen warmen Regionen der Erde. Die leuchtenden Blüten verzieren häufig Pergolen, Lauben und Hauswande.
Sonstiges: Die Gattung umfaßt 14 immergrüne Kletterpflanzen-, Strauch- und Baumarten aus den Tropen und Subtropen Südamerikas.
Gattungsname: Der französische Seefahrer Bougainville (1729-1811) leitete eine Expedition, auf der diese Pflanze entdeckt wurde.

Native Poplar
Desert Poplar
Wüstenpappel
Codonocarpus cotinifolius

Prickly Pear*
Opuntie*
Feigenkaktus*
Gattung Opuntia*

Ordnung: Kreuzblütlerartige, *Brassicales*
Familie: *Gyrostemonaceae*
Aussehen: Aufrechter, meist schlanker Baum, bis zu 9 m hoch, mit rosa Stamm und Zweigen. Erinnert bezüglich Form und Blattwerk an die europäische Pappel, die aber zur Gattung *Populus*, Weiden-Familie *Salicaceae*, gehört.
Standort: Trockengebiete, oft Sandböden.
Blätter: Wechselständig, oval, graugrün und ledrig, 2-6 cm lang, an langen Stielen. Die Blätter speichern auch Wasser (etwas blattsukkulent).
Blüten: Unscheinbar, Windbestäubung.
Früchte: Glockenförmig *(codonocarpus)*, 1-2 cm lang, mit 30-50 Samensegmenten, die sich bei der getrockneten Frucht separieren.
Nutzen: Sehr vielfältig bei den Aborigines. In dem unteren Stamm und in den Wurzeln nisten sehr nahrhafte Käferlarven. Die gekauten Blätter oder Wurzeln haben eine recht narkotisierende Wirkung und lindern z.B. Zahnschmerzen.
Besonderes: Nutzt den seltenen Regen in den Trockengebieten zum kräftigen Wachstumsschub. Wirft dann die Blätter ab bis zum nächsten Regen. Alter nur 5-8 Jahre.
Heimat: Australien.
Sonstiges: Eine rein australische Familie mit 5 Gattungen und etwa 16 Arten.

Ordnung: Nelkenartige, *Caryophyllales*
Familie: Kakteengewächse, *Cactaceae*
Aussehen: Meist strauch- oder baumartig, 3-5 m hoch. Die »Äste« sind oft zusammengesetzt aus bis zu 40 cm langen, scheibenförmigen und stacheligen Abschnitten. Sie dienen als Wasserspeicher (Stammsukkulente).
Blätter: Rasch abfallende, blattartige Schuppen.
Blüten: Meist einzeln am Rand der Abschnitte, schalen- oder trichterförmig, bis zu 10 cm breit, überwiegend gelb oder rot.
Blütezeit: September bis Januar.
Früchte: Meist essbare, saftige, birnenförmige, bis 10 cm lange Beeren, in den Farben braun, rot, gelb oder grün.
Heimat: Die ca. 200 Arten der Gattung stammen ursprünglich aus Amerika. (Außer passendem Klima keine bestimmte Verbreitung in Australien, deshalb in der Karte nicht markiert.)
Bedeutung: Australien führte ca. 20 Arten als Zierpflanzen ein. Einige Arten verwilderten und entwickelten sich zu einer enormen Landplage. Erst der eingeführte *Cactoblastis*-Schmetterling, dessen Larven den Kaktus fressen, reduzierte die Bestände. - In anderen Ländern kultiviert man den Feigenkaktus wegen seiner Früchte.
Sonstiges: So gut wie keine Familienvertreter der etwa 2000 Arten in Australien!

Rosy Dock*
Ruby Dock*
Wild Hops*
Rubinroter Ampfer*
Rumex vesicarius*

Sundew
Sonnentau
Gattung Drosera

Ordnung: Knöterichartige, *Polygonales*
Familie: Knöterichgewächse, *Polygonaceae*
Aussehen: Einjährige Staude, bis zu 1 m hoch und 50 cm breit, mit Pfahlwurzeln.
Blätter: Länglich oval, bis 15 cm lang, Ränder oft eingerollt, mittel- bis dunkelgrün, mit auffällig blutroten oder lila Adern. Die fleischigen Blätter sind essbar und schmecken wie der europäische Sauerampfer, der zur gleichen Gattung gehört (Ampfer = *Dock*).
Blüten: Rubinrot, klein, sitzen an aufrechten und endständigen, bis 20 cm langen Blütenständen.
Blütezeit: Hauptblüte Juli bis Oktober, oder nach Regenfällen. Ganze Landstriche verwandeln sich dann in rote Blütenteppiche.
Früchte: Rot, geflügelt, aufgeblasen. Erinnern an Hopfen (daher irreführender engl. Populärname *Wild Hops*), der echte Hopfen gehört aber zu der Gattung *Humulus*, Familie *Cannabinaceae*.
Heimat: Nordafrika, Südwestasien. In Australien wahrscheinlich unbeabsichtigt eingeführt mit den afghanischen Kamelen, deren Sättel mit den getrockneten Pflanzen gepolstert waren. Aber die so schön blühende Pflanze breitet sich heute besonders wildwüchsig in Inneraustralien aus und verdrängt zunehmend heimische Arten.
Vergleiche: Der in Europa verbreitete Gattungsvertreter: Großer Sauerampfer, *Rumex acetosa*.

Ordnung: Knöterichartige, *Polygonales*
Familie: Sonnentaugewächse, *Droseraceae*
Aussehen: Meist mehrjährige und immergrüne Staudenarten, die nur 10-60 cm hoch sind.
Besonderes: Sonnentau-Arten zählen zu den fleischfressenden Pflanzen. Sie gehören ganz unterschiedlichen, oft nicht näher verwandten Familien an. Vergleiche auch →Kannenpflanze und →Gelber Wasserschlauch.
Blätter: Oft in rosettenartiger Anordnung. Die Blattränder sind mit Fanghaaren (Tentakeln) besetzt. Sie sondern am Ende ein klebriges, süß duftendes und tauartiges Sekret ab, das im Sonnenlicht glitzert (Sonnentau). Das dadurch angelockte Insekt bleibt daran kleben und berührt auch andere Tentakeln, die dann alle gemeinsam das Opfer töten und mit Hilfe von Enzymen verdauen. Die Fleischkost bedeutet eine eiweißreiche Zusatznahrung für die Pflanze, die oft stickstoffarme Böden besiedelt.
Blüten: Fünfzählig, weiß, rosa oder purpurn.
Standort: Verschiedene Lebensräume mit meist nährstoffarmen, sauren, sumpfigen Böden.
Abbildung: *Redink Sundew, Drosera erythrorhiza.*
Sonstiges: Die weltweite Gattung umfasst etwa 150 Arten, mehr als 60 davon sind in Australien und auch in Neuseeland heimisch.

Queensland Pitcher Plant

Kannenpflanze

Nepenthes mirabilis

Kapok Bush
Cotton Tree

Kapokbaum

Cochlospermum fraseri

Ordnung: Knöterichartige, *Polygonales*
Familie: Kannenpflanzengewächse, *Nepenthaceae*
Aussehen: Bis 10 m hohe Kletterpflanze. Ist die größte fleischfressende Pflanze Australiens (→Sonnentau, →Wasserschlauch).
Blätter: Länglich und ledrig, bis 6 cm lang. Die verlängerte Mittelrippe bildet am Ende eine bis 20 cm hohe und hohle Kanne mit einem Deckel, der unbeweglich ist und vor Regen schützt. Vom farbenfrohen und glatten Kannenrand wird Nektar abgesondert, der die Ameisen und andere Insekten anlockt. Sie rutschen in die Kanne, die wachsartige Innenwände und eine Verdauungsflüssigkeit am Boden besitzt. Die Fleischkost bedeutet Zusatznahrung bei stickstoffarmen Böden.
Blüten: Winzig, grün, an ährigen Trauben.
Standort: Tropische Regenwälder.
Heimat: Von Australien über Südostasien bis Südchina.
Sonstiges: Die bis zu 70 cm lange Kannen der südostasiatischen Arten sollen kleine Vögel und Säugetiere fangen. Das wurde bei australischen Arten nicht beobachtet.
Vergleiche: Nur im Südwesten: *Albany Pitcher Plant*, Krugblatt, *Cephalotus follicularis*, Familie *Cephalotaceae*, Ordnung *Saxifragales*, mit zu Krügen (kleiner als die Kannen) umgeformten Blättern (daher Krugblatt).

Ordnung: Veilchenartige, *Violales*
Familie: Annatogewächse, *Bixaceae*
Aussehen: Schlanker Strauch oder kleiner, wenig verzweigter Baum, bis 6 m hoch.
Rinde: Glatt, grau.
Blätter: Wechselständig, langstielig, gefingert, bis 10 cm lang, aber 15 cm breit. Laubabwurf in der Trockenzeit (Mai bis September).
Blüten: Leuchtend gelb, fünfzählig, schüsselartig, bis zu 8 cm breit, in endständigen und lockeren Büscheln. Die Blüten fallen besonders auf, da sie in der blattlosen Trockenzeit erscheinen.
Früchte: Bis zu 12 cm lange, eiförmige Kapseln (im Bild unten links), die beim Aufspringen die baumwollartigen Samen entlassen, daher auch *Cotton Tree* (Baumwollbaum).
Standort: Tropen, offene Feuchtwälder.
Nutzen: Von den Aborigines werden die gegrillten Wurzeln der jungen Bäume und auch die gelben Blütenblätter gegessen. In anderen Ländern verwendet man die Samenhaare ähnlich wie Kapok (→Roter Seidenwollbaum, Familie *Bombacaceae*).
Heimat: Australien, mit 3 der 15 Arten der weltweiten, tropischen Gattung. (Amerikanische Arten werden auch als Butterblumenbaum bezeichnet).
Vergleiche: Sehr ähnlich: *Cochlospermum gillivraei* und *C. gregorii*, mit unterschiedlichen Blättern. Karte mit der Verbreitung aller drei Arten.

Colocynth*
»Paddy Melon*«
Koloquinte*
Wüstenkürbis*
Citrullus colocynthis

White Clematis
Western Clematis
Weiße Clematis
Clematis pubescens

Ordnung: Kürbisartige, *Cucurbitales*
Familie: Kürbisgewächse, *Cucurbitaceae*
Aussehen: Kriechpflanze mit reich verzweigten Haupt- und Nebensprossen.
Blätter: Wechselständig, gefingert, bis zu 10 cm lang, teils behaart.
Blüten: Gelb, bis 2,5 cm breit.
Früchte: Runde, grün und gelblichweiß gestreifte Melonen, 5-12 cm im Durchmesser, mit extrem bitterem Fruchtfleisch.
Standort: Trockengebiete. Wächst gern nach Regenfällen, dann liegen die »Tennisbälle« in den Gräben der Outbackstraßen.
Heimat: Nordafrika, Südwestasien. In Australien wahrscheinlich unbeabsichtigt eingeführt mit den afghanischen Kamelen, deren Sättel mit den getrockneten Pflanzen gepolstert waren.
Nutzen: In anderen Ländern verwendet man die Bitterstoffe medizinisch (oft als Abführmittel) und gewinnt aus den Samen Öl.
Ähnlich: Gleiche Verbreitung: *Wild Melon or Camel Melon, Citrullus lanatus*, grün, weiß gemasert, mit dunkelbraunen Samen, gilt als die Wildform der Wassermelone, ist aber nicht essbar (zu bitter).
Vergleiche: Wurde eingeführt aus Südafrika: *Paddy Melon*, Cucumis myriocarpus*, und *Ulcardo Melon*, Cucumis melo*, verbreitet in Afrika und Asien, soll aber auch heimisch sein (umstritten).

Ordnung: Hahnenfußartige, *Ranunculales*
Familie: Hahnenfußgewächse, *Ranunculaceae*
Aussehen: Schnellwachsende und mehrjährige Kletterpflanze, bis zu 6 m hoch, mit verholztem Stamm und behaarten Ästen.
Blätter: Dreizählig und oval, bis zu 6 cm lang und 1,5 cm breit. Sie befestigt sich mit ihren ranken-artigen Blattstielen an den Trägerbäumen oder Stützstrukturen.
Blüten: Sternartig, meist weiß und vierzählig, bis zu 4 cm breit.
Blütezeit: Juli bis Oktober.
Früchte: Haarige Balgfrüchte, bis zu 4 cm lang, mit flaumigen Samen.
Nutzen: Die gerösteten und zerstoßenen Wurzeln sind essbar, aber sie schmecken äußerst scharf. Die flaumigen Samen eignen sich auch sehr gut als Feueranzünder.
Standort: Meist Unterwuchs in Wäldern.
Heimat: Südwestaustralien.
Vergleiche: In Australien heimisch sind nur etwa 7 der 250 Arten der Gattung, die vorwiegend auf der Nordhalbkugel verbreitet ist.
Sonstiges: Zahlreicher vertreten ist die sehr eng verwandte Hahnenfuß- und Butterblumen-Gattung *Ranunculus*, etwa 35 der weltweit 400 Arten sind in Australien heimisch.
→Bergbutterblume, *Ranunculus lyallii* (Neuseeland).

Mistletoe

Riemenblumen

Gattungen
Amyema und *Lysiana*

Western Australian Christmas Tree

Westaustralischer Weihnachtsbaum

Nuytsia floribunda

Ordnung: Sandelholzartige, *Santalales*
Familie: Riemenblumengewächse, *Loranthaceae*
Aussehen: Immergrüne Sträucher, sie leben auf Wirtspflanzen. Riemenblumen sind Halbschmarotzer: Sie entziehen zwar dem Wirt Wasser und Nährsalze, betreiben aber selbst Photosynthese.
Blätter: Meist schmal, bis 40 cm lang. Passen sich oft in Form und Farbe den Blättern der Wirtspflanze an, deren Hormone gleichzeitig aufgenommen werden.
Blüten: Röhren- oder trompetenförmig, bis 5 cm lang, meist rot, aber auch gelb, grün oder rosa, in Gruppen zusammenstehend.
Blütezeit: Meist das ganze Jahr.
Früchte: Erbsengroße und dunkle Beeren mit einem Samen, der von einem schleimig-klebrigen Fruchtfleisch umgeben ist.
Vermehrung: Vögel, vor allem der →Rotsteiß-Mistelfresser, verspeisen diese Beeren und scheiden die noch immer klebrigen Samen mit dem Kot auf den Zweigen einer Wirtspflanze aus.
Nutzen: Haut und Fruchtfleisch der Beeren sind roh essbar und schmecken süßlich.
Heimat: Australien.
Bild: *Christmas Mistletoe*, Weihnachtsmistel, *Amyema sanguinea*, in ganz Australien verbreitet.
Sonstiges: Siehe unter →Westaustralischer Weihnachtsbaum.

Ordnung: Sandelholzartige, *Santalales*
Familie: Riemenblumengewächse, *Loranthaceae*
Aussehen: Als Mistelart äußerst ungewöhnlich! Der bodenständige, immergrüne Baum (seltener Strauch) wird bis 8 m hoch. Halbschmarotzer: Zapft mit den Wurzeln benachbarte Pflanzen, meist Gräser und Proteen, an und entzieht ihnen Wasser und Nährsalze, betreibt aber selbst die Photosynthese.
Blätter: Mistelblattartig, blaugrün, 10 cm lang.
Blüten: Goldorange, sie stehen in bis zu 25 cm langen Blütentrauben, nach Honig duftend.
Blütezeit: Ab Oktober, mit der Hauptblüte zur Weihnachtszeit (Name).
Früchte: Bis 3 cm dicke Kapseln mit geflügelten Samen. Die Pflanze wird also windverbreitet und nicht durch Vögel wie andere Mistelarten!
Heimat: Südwestaustralien.
Nutzen: Wichtiger Honigproduzent. Die essbaren Wurzeltriebe schmecken nach Kandis. Heute auch als Zierbaum, der aber erst nach 10 Jahren blüht.
Sonstiges: *Loranthaceae* sind in Australien mit etwa 10 (von weltweit 65) Gattungen und 65 (von weltweit 950) Arten verbreitet.
Vergleiche: →Riemenblumen.
Verwandte in Europa: Laubholz-Mistel, *Viscum album*, der englische Weihnachtsschmuck.

Sweet Quandong
Desert Quandong

Quandong

Santalum acuminatum

Fuchsia Heath
Native Fuchsia

Fuchsienheide

Epacris longiflora

Ordnung: Sandelholzartige, *Santalales*
Familie: Sandelholzgewächse, *Santalaceae*
Aussehen: Immergrüner, aufrechter Strauch oder kleiner Baum, bis 6 m hoch, mit hängenden Zweigen. Ist auch ein Halbschmarotzer wie der →Westaustralische Weihnachtsbaum.
Blätter: Gegenständig, schmal, dick, ledrig, bis 15 cm lang und 1,5 cm breit.
Blüten: Weiß, winzig, in Gruppen an Zweigenden.
Blütezeit: Meist Juni bis Oktober.
Früchte: Bis zu 3 cm große, kugelige, meist rote Steinfrüchte, die reich an Vitamin C sind.
Nutzen: Die süßsauren Früchte sind traditionell Nahrung der Aborigines. Auch die frühen Siedler verwendeten sie für Marmelade.
Besonderes: Nach der →Macadamia-Nuss wird die Quandong-Frucht jetzt auch in Plantagen angebaut und gehört zur australischen Küche. Erschwerte Kultivierung, da der Halbschmarotzer (siehe oben) Nachbarpflanzen benötigt.
Heimat: Trockengebiete Australiens.
Vergleiche: Ähnlich verbreitet: *Plum Bush, Santalum lanceolatum,* essbare, dunkelblaue Steinfrüchte. - Ähnliche Früchte: Verschiedene Quandong-Bäume, Gattung *Elaeocarpus (Elaeocarpaceae)* in nordöstlichen Regenwäldern. - Von Nordaustralien bis Indien: *Sandalwood,* Sandelholz, *S. album,* Produzent für das aromatische Sandelholz und -öl.

Ordnung: Heidekrautartige, *Ericales*
Familie: Heidekrautgewächse, *Ericaceae* (früher: Fels- oder Südheiden, *Epacridaceae*)
Aussehen: Immergrüner Strauch, bis 2 m hoch und breit, mit oft unregelmäßigem Wuchs.
Blätter: Spiralig angeordnet, ei- bis herzförmig, 5-17 mm lang, 3-6 mm breit.
Blüten: Rot mit weißen Spitzen, fuchsienartig (Name), herabhängend, bis 4 cm lang *(longiflora),* aufgereiht in Gruppen bis zu 20 Blüten.
Blütezeit: Meist April bis November.
Früchte: 3-4 mm lange Samenkapseln.
Nutzen: Ein äußerst beliebter Zierstrauch.
Standort: Heide- und Strauchformationen.
Heimat: Ostaustralien.
Vergleiche: Verbreitung im Südosten und auf Tasmanien: *Common Heath,* Australheide, *Epacris impressa,* mit meist rosa Blüten, ist die National-blume von Victoria.
Sonstiges: Diese Gattung, auch Australheiden genannt, ist mit etwa 40 Arten in Australien, Neuseeland und Neukaledonien verbreitet.
Namensvetter: Die echten Fuchsien gehören zur Gattung *Fuchsia,* Familie *Onagraceae.* Wegen der ähnlichen Blüten finden sich die australischen »Fuchsien« z.B. auch bei den Gattungen →*Correa (Rutaceae)* und →*Eremophila (Myoporaceae).* →Baumfuchsie (Neuseeland).

Coral Heath
Kleinblättrige Australheide
Epacris microphylla

Common Beard-Heath
Gewöhnlicher Weißbart
Leucopogon virgatus

Ordnung: Heidekrautartige, *Ericales*
Familie: Heidekrautgewächse, *Ericaceae*
(früher: Fels- oder Südheiden, *Epacridaceae*)
Aussehen: Immergrüner Strauch, bis zu 1,8 m hoch, mit behaarten Ästen.
Blätter: Schmal, fast stiellos und spitzes Ende. Mit nur 2 bis 6 mm sehr klein (*microphylla*, auch deutscher Name). Spiralige Anordnung.
Blüten: Weiß oder rosa, stiellos, röhrenförmig mit fünfzipfeligen Spitzen, nur 2-3 mm lang und 3-7 mm breit, in ährigen Blütenständen am Ende der Zweige.
Blütezeit: Während des ganzen Jahres mit der Hauptblüte von Juni bis Oktober.
Früchte: Etwa 2 mm lange Samenkapseln.
Nutzen: Mäßig beliebter Zierstrauch.
Standort: In Sumpf-, Heide- und offenen Waldformationen an der Küste und im angrenzenden Bergland bis 1900 m Höhe.
Heimat: Ostaustralien, Tasmanien, Neuseeland.
Sonstiges: Fast alle Vertreter aus der Familie *Epacridaceae* finden sich auf der Südhalbkugel, dagegen die nahen Verwandten aus der Familie *Ericaceae* überwiegend auf der Nordhalbkugel. Von den insgesamt rund 420 *Epacridaceae*-Arten sind etwa 355 allein in Australien verbreitet, zweiter Schwerpunkt ist Neuseeland.
Allgemeines: Siehe bei →Gewöhnlicher Weißbart.

Ordnung: Heidekrautartige, *Ericales*
Familie: Heidekrautgewächse, *Ericaceae*
(früher: Fels- oder Südheiden, *Epacridaceae*)
Aussehen: Immergrüner Strauch, bis 60 cm hoch, mit drahtigen, behaarten, rotbraunen Ästen.
Blätter: Schmal bis eiförmig, lederartig, bis zu 22 mm lang, 4 mm breit, an kurzen Stielen.
Blüten: Weiß und »bärtig« (*leucopogon*, aus dem griechischen abgeleitet), fünfzählig, 1-3 mm lang und 3-6 mm breit, an kurzen Stielen, in Gruppen von 4-7 Blüten.
Blütezeit: August bis Dezember.
Früchte: Beerenartige Steinfrüchte, meist rot.
Standort: Sandige Böden in Heide- und offenen Waldformationen in der Nähe der Küste und in dem angrenzenden Bergland.
Nutzen: Die Beeren von den meisten *Leucopogon*-Arten schmecken süßlich. Sie wurden nicht nur von den Aborigines gegessen, sondern auch die frühen Siedler nutzten sie z.B. für Marmelade.
Heimat: Südostaustralien und Tasmanien.
Allgemeines: Australien und Neuseeland, einst gemeinsame Teile von Gondwana, trennten sich schon vor rund 80 Mio Jahren. Deshalb gibt es nur relativ wenige gemeinsame Pflanzenarten. Einige Arten von der Gattung *Leucopogon* gehören dazu, beispielsweise *Leucopogon fraseri*. Siehe auch →Kleinblättrige Australheide.

Scoparia

»Stechheide«

Richea scoparia

Pandani
Tree Heath

Riesenheide

Richea pandanifolia

Ordnung: Heidekrautartige, *Ericales*
Familie: Heidekrautgewächse, *Ericaceae*
(früher: Fels- oder Südheiden, *Epacridaceae)*
Aussehen: Immergrüner Strauch, mit wenigen, aufrechten Ästen. Überwiegend nur 40-100 cm hoch, in windgeschützten Lagen bis 3 m hoch.
Blätter: Dreieckig, stark, mit scharfen Spitzen, spiralig angeordnet, am Stamm überlappend, bis 6 cm lang. Die abgestorbenen Blätter sind sehr ausdauernd und hinterlassen eine ringförmige Narbe an der Pflanze.
Blüten: Klein, eiförmig, meist rot oder gelb, aber auch Farbschattierungen von orange, rosa oder weiß, stehen an bis zu 12 cm langen und dicht gedrängten Blütenständen.
Blütezeit: Januar.
Früchte: Kleine Kapseln, staubartige Samen.
Standort: Feuchte subalpine und alpine Gebiete im Süden und Südwesten von Tasmanien, z.B. Cradle Mountain und St. Clare NP.
Heimat: Tasmanien.
Achtung: Bei Wanderern nicht so beliebt, da man sich an den scharfen, spitzen Blättern leicht verletzen kann.
Vergleiche: Auch in Tasmanien: *Dragon Heath*, Drachenheide, *Richea dracophylla*, bis zu 30 cm lange Blätter und mit weißen Blüten.
Sonstiges: Siehe bei →Riesenheide.

Ordnung: Heidekrautartige, *Ericales*
Familie: Heidekrautgewächse, *Ericaceae*
(früher: Fels- oder Südheiden, *Epacridaceae)*
Aussehen: Der palmenartige Baum wird in dem tasmanischen Regenwald bis 12 m hoch, aber in ungeschützten und alpinen Lagen oft kleiner. Der astlose, kahle Stamm ist meist bekleidet mit abgestorbenen Blättern (ringförmige Narbe).
Besonderes: Ist die weltweit größte Art der Heidepflanzen.
Blätter: »Pandanusartig« (Name), sie erinnern an die tropische Gattung →*Pandanus* der nicht verwandten Familie *Pandanaceae*. Bis 1,5 m lang und 3,5 cm breit. Sie sind spiralig angeordnet und überlappen sich am Stamm.
Blüten: Rot oder rosa, stehen in bis zu 25 cm langen, dicht gedrängten Blütenständen am Ende des Stammes inmitten der Blätter.
Blütezeit: November bis Januar.
Früchte: Kleine Kapseln, ähnlich der Krone der Königin des Schachspiels, staubartige Samen.
Heimat: Westen und Südwesten von Tasmanien: Gemäßigte Regenwälder und alpine Regionen mit einem Jahresniederschlag um 4000 mm.
Vergleiche: Siehe bei →Stechheide.
Sonstiges: Eine rein australische Gattung mit 11 Arten, davon 9 in Tasmanien und 2 auf dem Festland beheimatet.

Giant Water Lily
Australian Water Lily

Riesenseerose

Nymphaea gigantea

Lotus Lily
Sacred Indian Lotus

Indische Lotosblume

Nelumbo nucifera

Ordnung: Seerosenartige, *Nymphaeales*
Familie: Seerosengewächse, *Nymphaeaceae*
Aussehen: Ausdauernde Wasserpflanze mit Schwimmblättern (Blätter bei →Lotosblume aus dem Wasser gehoben).
Blätter: Schwimmend, rund bis herzförmig, gesägte und wellige Ränder, im Durchmesser 10-75 cm, an bis zu 2 m langen Blattstielen, die einem im Schlamm verankerten Wurzelstock (Rhizom) entsprießen.
Blüten: Bis 50 cm über dem Wasser stehend, bläulich, weiß oder rosa, mit einer gelben Mitte (Staubblätter), bis zu 30 cm breit. Die Blütenstiele entspringen ebenfalls dem Rhizom.
Blütezeit: Fast ganzjährig, aber nur tagsüber.
Früchte: Unter Wasser reifende, bis 3 cm große, schwammige Beeren; jeweils mit bis zu 3000 Samen, die sich dank eines Luftsacks im Wasser schwimmend verbreiten können.
Standort: Flache Süßgewässer.
Nutzen: Äußerst vielfältig bei den Aborigines. Die Knollen, Samen, Blüten und Stiele kann man essen. Der Blütennektar wird getrunken.
Heimat: Australien und Neuguinea.
Vergleiche: Ähnliche Verbreitung: *Blue Water Lily, Nymphaea violacea,* kleiner.
Andere Wasserpflanzen: →Indische Lotosblume, →Wasserhyazinthe, →Seekanne.

Ordnung: Seerosenartige, *Nymphaeales*
Familie: Lotosblumengewächse, *Nelumbonaceae* (früher: Seerosengewächse, *Nymphaeaceae*).
Aussehen: Ausdauernde Wasserpflanze mit aus dem Wasser herausragenden Blättern.
Blätter: Waagerecht, fast kreisrund und etwas trichterförmig, 30-75 cm Durchmesser, an bis 2 m langen Stielen, die dem Rhizom entsprießen (wie →Riesenseerose).
Blüten: Über den Blättern stehend, meist rosarot mit gelber Mitte, 15-30 cm Durchmesser, an langen, bestachelten Stielen, die ebenfalls dem Rhizom entspringen.
Blütezeit: März bis November.
Früchte: Die Blüten reifen zu bis 8 cm großen Kapseln mit haselnussartigen Samen.
Standort: Ränder stehender Süßgewässer.
Nutzen: Vielfach bei den Aborigines. Samen, Knollen, junge Blätter und Blattstiele sind essbar. Die zermahlenen Samen dienen als Ersatzkaffee, den schon der Australienforscher Ludwig Leichhardt schätzte. Die Samenkapseln werden heute gern in Blumengestecken verwendet.
Besonderes: Die Samen sind extrem langlebig, nachweislich bis über 200 Jahre!
Heimat: Australien bis Asien.
Andere Wasserpflanzen: →Wasserhyazinthe, →Riesenseerose, →Seekanne.

Water Hyacinth*

Wasserhyazinthe*

Eichhornia crassipes ★

Ordnung: Pontederiaartige, *Pontederiales*
Familie: Hechtkrautgewächse, *Pontederiaceae*
Aussehen: Meist freischwimmende Wasser- oder Sumpfpflanze. Die purpurgrünen Wurzeln hängen 30 cm tief ins Wasser und sind nur selten im Schlamm verankert.
Blätter: Rundlich bis eiförmig, sind in Rosetten angeordnet, bis 15 cm breit. Sitzen an bis 75 cm langen Blattstielen, die aufgeblasen sind und die Pflanze schwimmfähig machen.
Blüten: Blassblau bis violett, mit gelber und blauer Zeichnung auf dem oberen Blütenblatt, bis zu 3 cm breit, stehen in endständigen, bis zu 20 cm langen Blütenständen.
Blütezeit: Fast ganzjährig.
Früchte: Dreifächrige Kapseln.
Heimat: Ursprünglich Südamerika. Heute weltweit in warmen Binnengewässern.
Besonderes: Ausläufer einer Pflanze können in wenigen Monaten mehrere hundert Quadratmeter Wasserfläche bedecken.
Wildwuchs: Die einstige Zierpflanze wurde auch in Australien zu einem lästigen Wasserunkraut, das die Gewässer verstopft und die heimische Wasserwelt bedroht. Kontrollmaßnahmen durch Herbizide und biologische Mittel.
Nutzen: In Südostasien eine unerschöpfliche Quelle für Schweinefutter.

INFO

Mangroven

Mangroven sind Pflanzen, die überwiegend in den Gezeitenzonen warmer Regionen, also zwischen dem Meer und Land, leben. Die meisten Arten sind nicht näher verwandt und erscheinen in sehr unterschiedlichen Formen - als Baum, Strauch, Palme, Farn, Gras oder Epiphyt.

Man nimmt an, dass sich die Mangroven vor 50 bis 60 Mio Jahren zwischen Australien und Neuguinea entwickelten und sich von hier aus über die ganze Welt verbreiteten.

Der Ursprung der Mangroven liegt meist im Regenwald. Bezüglich Wasseraufnahme, Atmung und Fortpflanzung mussten sie sich an den neuen Lebensraum anpassen:

➤ Wie kann man Salzwasser trinken? Mit Hilfe von Wurzeln mit porösen Wänden werden ca. 90% des Salzes absorbiert (Osmose). Das aufgenommene Salz kann durch Salzdrüsen in den Blättern ausgeschieden werden (mit sichtbaren weißen Punkten). Oder es wird abgelagert in den alten Blättern, die dann vergilben und abfallen, oder in der äußeren Rinde, die dann abgeworfen wird.

➤ Wie können die Wurzeln in den durch Wasser verdichteten und sauerstoffarmen Böden atmen? Fast alle Arten lösten das Problem durch Luftwurzeln in verschiedenen Formen, wie Stelz-, Knie-, Schnorchel- und Brettwurzeln, oft auch kombiniert.

➤ Und wie sichert man die Fortpflanzung in den überfluteten Gebieten? Mit verschiedenen Methoden, die bei der Beschreibung der einzelnen Arten erläutert werden.

Zu den Mangroven zählt man heute weltweit 69 Arten. Davon sind in den Gezeitenzonen Australiens 29 Arten heimisch; sie gehören zu unterschiedlichen Ordnungen und Familien, wie beispielsweise:

➤ *Rhizophoraceae* (Mangrovengewächse)
➤ *Meliaceae* (Zedrachgewächse)
➤ *Plumbaginaceae* (Grasnelkengewächse)
➤ *Combretaceae* (Langfadenblütler)
➤ *Acanthaceae* (Akanthusgewächse)
➤ *Avicenniaceae* (Avicennagewächse)
➤ *Sonneratiaceae* (Sonneratgewächse)

Red Mangrove
Stilt Rooted Mangrove
Mangrovenbaum
Stelzenmangrove
Rhizophora stylosa

Grey Mangrove
White Mangrove
»Weiße Mangrove«
Avicennia marina

Ordnung: Myrtenartige, *Myrtales*
Familie: Mangrovengewächse, *Rhizophoraceae*
Aussehen: Bis zu 20 m hoher Baum mit bogenförmigen Stelzwurzeln (vom Stamm aus) und Luftwurzeln (von den Ästen aus).
Blätter: Gegenständig, elliptisch bis eiförmig, dick, ledrig, 6-14 cm lang.
Blüten: Weiß bis cremefarben, vierzählig, etwa 2-3 cm breit, angeordnet in Gruppen.
Blütezeit: Die meiste Zeit des Jahres.
Früchte: Grünbraune, eiförmige, bis 4 cm dicke Steinfrucht mit einem Samen, der noch am Baum keimt. Diese Keimpflanze ist zigarren- bzw. speerförmig, 20-60 cm lang. Daher auch »Zigarrenmangrove«.
Vermehrung: Der Keimling soll bei Ebbe herabfallen, sich in den weichen Schlick einbohren und damit selbst einpflanzen. Doch das funktioniert nur selten. Denn meist treibt der schwimmfähige Keimling mit der Strömung davon, kann dabei in einen bis einjährigen Ruheschlaf verfallen und verankert sich dann an einer geeigneten Stelle. So hat sich *Rhizophora* weltweit verbreitet.
Standort: Tropische und subtropische Tidenzonen an Küsten und Flussmündungen.
Heimat: Australien, Pazifik, Südostasien.
Info: Mangroven, S. 267

Ordnung: Lippenblütlerartige, *Lamiales*
Familie: Avicennagewächse, *Avicenniaceae*
Aussehen: Meist buschartiger Baum, bis 10 m hoch, umgeben von pflockartigen Atemwurzeln (»Schnorchelwurzeln«), die aus dem Schlamm herausragen und bei Ebbe gut sichtbar sind.
Standort: Küsten und Flussmündungen.
Blätter: Schmal oval, dick und ledrig, bis 12 cm lang, oberseits grün, unterseits weiß oder grau (Name) und behaart. An der Unterseite befinden sich auch die Drüsen zur Salzausscheidung, die weißen Punkte sind oft sichtbar.
Blüten: Gelb bis orange, winzig und duftend, in Gruppen von 3 bis 5 Blüten.
Blütezeit: Oktober bis April.
Früchte: Zitronenförmig, bis zu 5 cm groß; je ein Same ist in der Frucht keimt, die Fruchtschale bleibt beim Herabfallen geschlossen.
Vermehrung: Die Frucht mit dem Keimling ist schwimmfähig. Sie öffnet sich aber nicht in zu salzigem Wasser, sondern erst im Brackwasser mit den idealen Bedingungen für das Wachstum. Der schwimmende Keimling soll nur bis zu vier Tage überleben können.
Nutzen: Nur vorbehandelte Früchte sind essbar.
Heimat: Australien, Neuseeland, Afrika, Asien, Nord- und Südamerika.
Info: Mangroven, S. 267

Cannonball Mangrove
Monkey-Puzzle Nuts

Kanonenkugel-Mangrove

Xylocarpus granatum

Itchy Tree
Freshwater Mangrove

»Süßwassermangrove«

Barringtonia acutangula

Ordnung: Rautenartige, *Rutales*
Familie: Zedrachgewächse, *Meliaceae*
Aussehen: Ausladender, bis 25 m hoher Baum, mit ausgeprägten Brettwurzeln.
Rinde: Rosaorange, gesprenkelt und glatt sowie abschuppend.
Standort: Mangrovenwälder in den tropischen Flussmündungssystemen, überwiegend in den feuchten Tropen.
Blätter: Wechselständig, glatt, 7-15 cm lang, zu zwei bis sechs gruppiert.
Blüten: Rosa, klein, unscheinbar.
Blütezeit: Dezember bis Januar.
Früchte: Sind die Attraktion der Pflanze: Sie gleichen einer Kanonenkugel *(Cannonball)* oder einem Granatapfel *(granatum)*, Durchmesser bis 20 cm, gereift goldbraun, mit 12-18 puzzleartigen Samensegmenten. Die Samenschale besteht aus einem umfangreichen, leichten Korkgewebe *(Xylocarpus)*.
Vermehrung: Nicht vorgekeimte Samen wie bei anderen Mangrovenarten. Die Frucht explodiert bei Reife, und die Puzzlesamen, die oft als Strandgut zu sehen sind, schwimmen davon.
Heimat: Nordostaustralien.
Ähnlich: *Cedar Mangrove, Xylocarpus mekongensis,* jedoch mit Atem(»Schnorchel«)wurzeln.
Info: Mangroven, S. 267

Ordnung: Myrtenartige, *Myrtales*
Familie: Krukenbaumgewächse, *Lecythidaceae*
Aussehen: Großer Strauch oder kleiner Baum, 5-8 m hoch, ein- oder mehrstämmig.
Blätter: An den Zweigenden, wechselständig, bis 16 cm lang, 6 cm breit. Kurzer Laubabwurf während der Trockenzeit (Juni bis August).
Blüten: Tiefrot, rosa oder weiß, gruppiert an bis 30 cm langen, hängenden Trauben. Blühen meist nur nachts bis zum nächsten Mittag. Die neuen Blüten folgen umgehend.
Blütezeit: Periodisch während des Jahres.
Früchte: Bis 6 cm lange, mattgrüne, eiförmige Kapseln mit vier Kanten *(acutangula)*.
Nutzen: Die Aborigines geben zerstoßene Rinde, Wurzeln und Blätter in Gewässer, um Fische zu betäuben, die man dann mit der Hand fangen kann.
Standort: An Süßgewässern in Küstennähe.
Heimat: Nordaustralien bis Südostasien.
Achtung: Wird in der Regenzeit bevölkert von haarigen Raupen, die bei Berührung einen tagelangen Juckreiz verursachen *(Itchy Tree)*.
Sonstiges: Die Mangroven (Info S. 267) leben in den (salzhaltigen) Gezeitenzonen, daher ist »Süßwassermangrove« irreführend. Allerdings wachsen einige *Barringtonia*-Arten am Rande von Mangrovenwäldern.

*Central Australian
Cabbage Palm*
Marienpalme
Livistona mariae

Sand Palm
Sandpalme
Livistona humilis

Ordnung: Palmartige, *Arecales*
Familie: Palmengewächse, *Arecaceae*
Aussehen: Bis 26 m hohe Palme mit schlankem Stamm und kugeliger Krone.
Blätter: Fächerartig, bei der Jungpalme rötlich (daher auch *Red-leaved Palm* oder *Red Cabbage Palm*), später bläulichgrün, 2 m breit, sitzen an stacheligen, 2,5 m langen Blattstielen.
Blüten: Beige bis blassgelb, in aufrechten, bis 1,3 m hohen Blütenständen, die kürzer als die Blätter sind.
Blütezeit: September bis Dezember.
Früchte: Klein, kugelig, mit nur einem Samen.
Standort: Zentralaustralien. Hier war das Klima noch bis vor 5000 Jahren feuchter. Aus jener Zeit überlebte diese Palmenart, vorwiegend im Bereich des Palm Valley (Finke Gorge NP). Hier haben die Schluchten felsige Böden, sodass sich Regenwasser besonders lange hält und nicht in den Untergrund versickert.
Besonderes: Wächst jährlich 10-30 cm (je nach Wasserzufuhr) und wird 100 bis 300 Jahre alt. Sehr flache Wurzeln.
Nutzen: Das wie Kohl (*Cabbage*) aussehende und schmeckende Palmenherz haben die Aborigines und frühen Siedler gegessen. (Leider tötet man damit die Palme.)
Vergleiche: →Sandpalme.

Ordnung: Palmartige, *Arecales*
Familie: Palmengewächse, *Arecaceae*
Aussehen: Dünne, zwergwüchsige, einstämmige Fächerpalme, bis 5 m hoch, mit einem oft von Feuern angeschwärzten Stamm.
Standort: Bevorzugt Sandböden (Name). Meist als Unterwuchs in offenen Eukalyptuswäldern der Feuchtsavanne.
Blätter: Fächerartig, etwa 80 cm breit, sitzen an stacheligen Blattstielen.
Blüten: Gelb bis cremefarben, winzig, stehen an bis zu 1,5 m hohen Blütenständen, die die Krone überragen.
Blütezeit: September bis Mai.
Früchte: Glänzend schwarz, eiförmig, bis 2 cm breit, mit je einem Samen.
Nutzen: Die Aborigines essen traditionell die Jungtriebe, Früchte und Palmenherzen. Das Mark des Stammes hat medizinische Bedeutung.
Heimat: Nordaustralien.
Vergleiche: U.a. Katherine Gorge (Nitmiluk NP): *Windmill Palm*, Windmühlenpalme, *Livistona inermis*. Südostküste: *Australian Fan Palm*, Australische Fächer- oder Livistonienpalme, *Livistona australis*, bis 30 m hoch, häufigste australische *Livistona*-Art. - Siehe auch →Marienpalme.
Sonstiges: 20 (von insgesamt ca. 30) *Livistona*-Arten sind in Australien heimisch.

Alexandra Palm
Königspalme
Alexandrapalme
Archontophoenix alexandrae

Kattan Palm
Wait-a-While Palm
Lawyer Cane or Vine
Rotangpalme
Rattanpalme
Gattung Calamus

Ordnung: Palmartige, *Arecales*
Familie: Palmengewächse, *Arecaceae*
Aussehen: Bis zu 25 m hohe, schnellwachsende Palme. Schlanker Stamm, Basis leicht verdickt, saubere Ringnarben abgeworfener Palmwedel.
Standort: Ursprünglich im tropischen Regenwald, heute weltweit beliebte Zierpalme.
Blätter: Krone aus 8-12 Palmwedel, bis 3 m lang und 90 cm breit. Die Blattstiele sind am Grunde verbreitert und umfassen den ganzen Stamm in einem glatten und grünen Kronenschaft.
Blüten: Weiß oder cremefarben, bis 8 mm breit, angeordnet in traubenartigen Blütenständen am Stamm unterhalb des Blattansatzes.
Blütezeit: Januar bis Mai.
Früchte: Rot und eiförmig, bis zu 15 mm lang; die Früchte besitzen das gleiche traubenartige Aussehen wie die Blütenstände.
Nutzen: In Notzeiten und zu bestimmten Anlässen wurden von den Aborigines die Palmenherzen gegessen. Dient heute als Zierpalme, wird aber auch wegen des ausgedehnten Wurzelgeflechtes zur Uferbefestigung angepflanzt.
Heimat: Nordostaustralien.
Vergleiche: Tropische und warmgemäßigte Ostküste: *Bangalow Palm*, Feuerpalme, *Archontophoenix cunninghamiana*, sehr ähnlich, an der Basis aber nicht verdickt.

Ordnung: Palmartige, *Arecales*
Familie: Palmengewächse, *Arecaceae*
Aussehen: Immergrüne, meist kletternde Palme, bis 250 m (!) lange Stämme (Lianen), die einem unterirdischen Wurzelstock (Rhizom) entspringen.
Besonderes: Mit Hilfe der widerhakigen Dornen an Stamm, Zweigen, Trieben und meist auch an den Blättern klettern sie an anderen Bäumen empor zum Sonnenlicht. Die unteren Stammteile glätten sich später.
Standort: Tropische Regenwälder.
Blätter: Bis 4 m lange Palmwedel. Sie sieht man als Wanderer selten (zu hoch), umso besser z.B. bei der Fahrt über die Regenwaldgipfel mit der Seilbahn von Cairns nach Kuranda.
Blüten: Kaum auffallend, selten zu sehen.
Früchte: Schuppige Beeren (Panzerfrüchte).
Nutzen: Aus dem bambusartigen Holz von verwandten Arten fertigt man in Südostasien die Korb- bzw. Rattanmöbel.
Heimat: Tropische Regenwälder von Australien bis Asien sowie Afrika mit 340 Arten. *Calamus* ist die artenreichste Palmengattung.
Abbildung: *Yellow Lawyer Cane, Calamus moti.*
Englische Populärnamen: *Wait-a-While* (Warte ein Weilchen), um sich von den Dornen zu befreien. - *Lawyer Cane* (Juristen-Rohr), da man über die Bodenlianen oft stolpert.

Cairns Fan Palm
Wedge-leaflet Fan Palm

Australische Strahlenpalme

Licuala ramsayi

Ordnung: Palmartige, *Arecales*
Familie: Palmengewächse, *Arecaceae*
Aussehen: Einstämmige, schlanke Palme, meist bis 12 m, selten bis 20 m hoch.
Standort: Meist als Unterwuchs in tropischen Regenwäldern, bis 450 m über Meereshöhe.
Blätter: Fächerartig, fast kreisrund, bis zu 2 m Durchmesser, geteilt in viele, keilförmige *(wedge)* Segmente, gesägte Ränder mit »Tropfspitzen«. Die Fächerblätter sitzen an bis zu 2,5 m langen, stacheligen Blattstielen.
Blüten: Cremefarben, klein; sie sind an ährigen Blütenständen angeordnet, die zwischen den Blättern entspringen und diese meist wenig überragen.
Blütezeit: Dezember bis Februar.
Früchte: Kugelig, steinfruchtartig, rötlich.
Nutzen: Die Aborigines aßen die Palmenherzen in Notzeiten. Die Palmwedel dienten als Dach für Unterstände. - In anderen Ländern fertigt man aus verwandten Arten vor allem Sonnenhüte und schwere Spazierstöcke *(Penang Lawyers)*.
Heimat: Nordostaustralien, Neuguinea.
Vergleiche: Mit gleicher Verbreitung: *Black Palm*, Schwarzpalme, *Normanbya normanbyi*, bis 20 m hoch, dunkles, hartes Holz. – In subtropischen Regenwäldern: *Walking Stick Palm*, Spazierstock-Palme, *Linospadix monostachya*, meist 1-4 m hoch.

Coconut Palm

Kokos-Palme

Cocos nucifera

Ordnung: Palmartige, *Arecales*
Familie: Palmengewächse, *Arecaceae*
Aussehen: Bis 30 m hohe Palme mit einem meist gebogenen Stamm, an der Basis verdickt mit oft sichtbaren Wurzelansätzen.
Standort: Tropische Küstengebiete.
Blätter: Krone mit 28-30 bis zu 7 m langen Palmwedel.
Blüten: Gelb, winzig, sternförmig, sie stehen in achselständigen Trauben.
Blüte- und Reifezeit: Ganzjährig.
Früchte: Ab einem Palmenalter von 7 Jahren bis zu 15 Kokosnüsse pro Fruchtstand.
Nutzen: In anderen Ländern werden fast alle Pflanzenteile vielfältig genutzt, wie für Kokosöl, Kokosflocken, Kokosnüsse. Das Kokoswasser von den grünen Früchten ist ein erfrischendes Getränk. Die Kokosmilch wird dagegen aus dem zermahlenen Nährgewebe gewonnen.
Heimat: Ursprünglich Südostasien und Indien, heute weltweit an allen tropischen Küsten der Meere. In Australien wahrscheinlich eingebürgert (umstritten); die schwimmfähigen Kokosnüsse sind im Salzwasser nicht unbegrenzt keimfähig.
Vergleiche: Meist Zentralaustralien: *Date Palm**, Dattelpalme*, *Phoenix dactylifera**, verbreitete sich entlang der Kamelrouten, da die Kameltreiber die Dattelkerne am Wegesrand ausspuckten.

Yaccas
»Blackboys«
Grass Trees
Grasbäume
Gattung Xanthorrhoea

Black Gin
Drumhead Grass Tree
Großer Grasbaum
Kingia australis

Ordnung: Spargelartige, *Asparagales*
Familie: Grasbaumgewächse, *Xanthorrhoeaceae*
Aussehen: Bis 7 m hohe, palmenartige Pflanze, mit einem schlanken, zylindrischen Stamm, der sich im oberen Bereich manchmal teilt.
Standort: Meist feuchte Niederungen.
Rinde: Beringt durch Ansätze abgestorbener Blätter, graubraun, überwiegend schwarz durch die häufigen Buschbrände, die das Wachstum fördern. (Bei den kultivierten Arten hilft dafür der Flammenwerfer nach.)
Blätter: Grasartige (Name) Laubblätter, bis zu 120 cm lang, mit scharfen Spitzen.
Blüten: Beigeweiß, klein, zahlreich an aufrechten, bis zu 3 m langen Blütenständen.
Blütezeit: Überwiegend nach Buschfeuern.
Früchte: Braune Kapseln mit 1-2 Samen.
Besonderes: 1 m Wachstum dauert 30-150 Jahre, je nach Niederschlag. Alter bis zu 1500 Jahre.
Heimat: Nur Australien (mit Tasmanien). Etwa 30 Arten der Gattung *Xanthorrhoea*.
Populärname: *Blackboy* heute diskriminierend. Die frühen Siedler sahen darin einen Aborigine (schwarzer Stamm und Haare) mit einem Speer (langer Blütenstand).
Bild: *Common Grass Tree*, Gewöhnlicher Grasbaum, *Xanthorrhoea preissii*, Heimat Südwestaustralien.
Nutzen: Siehe bei →Großer Grasbaum.

Ordnung: Spargelartige, *Asparagales*
Familie: *Dasypogonaceae*, mit 8 Gattungen, (früher: Grasbaumgewächse, *Xanthorrhoeaceae*)
Aussehen: Baumartig, bis 8 m hoch; schlanker, zylindrischer Stamm und kugelige Krone.
Standort: Heide- und Waldformationen.
Rinde: Beringt durch Ansätze abgestorbener Blätter, hellbraun, oft schwarz durch häufige, wachstumsfördernde Buschbrände.
Blätter: Grasartige (Name) Laubblätter, silbrig bis mattgrün, bis zu 90 cm lang, abgestorbene Blätter hängen rockartig herunter.
Blüten: Schmal, silbrig grün bis cremefarben, 2-3 cm lang, sitzen an bis zu 50 cm langen und trommelstockartigen *(Drumhead)* Blütenständen.
Blütezeit: Meist Juli bis September, oder nach Buschbränden.
Früchte: Nussartig, mit nur einem Samen.
Heimat: Südwestaustralien.
Populärname: *Black Gin* (Schwarzes Mädchen) wohl wegen der rockartig herunterhängenden, toten Blätter. Wird heute ungern benutzt.
Vergleiche: →Grasbäume, *Xanthorrhoea*.
Nutzen: Aborigines nutzen die verschiedenen Grasbaumarten vielfältig. Man kann den Blütennektar aussaugen, die Blattschösslinge essen und das Stammharz als einen ausgezeichneten Klebstoff verwenden.

Ti Ngahere
Hawaiian Red Ti

Strauchige Keulenlilie

Cordyline fructiosa
(Cordyline terminalis)

Gymea Lily
Australian Giant Lily

Riesenspeerblume

Doryanthes excelsa

Ordnung: Spargelartige, *Asparagales*
Familie: Agavengewächse, *Agavaceae*
Aussehen: Immergrüner, büscheliger Strauch, bis 5 m hoch und 2,5 m breit, mit einem meist unverzweigten Stämmchen.
Blätter: Riemenförmig, meist 30-60 cm lang, ursprünglich grün, aber heute in den mehr populären Gartensorten ('Bella' in der Abbildung) sehr verschiedenartig bunt, überwiegend rot, häufig gestreift. Die Blätter stehen meist in einem Schopf am Stammende.
Blüten: Klein, weißlich, purpurn oder rötlich, an bis zu 50 cm langen Blütenständen.
Blütezeit: Dezember bis Februar.
Früchte: Leuchtend rote, kugelige Beeren.
Heimat: Nordaustralien, Südostasien und pazifische Inseln. Heute weltweit Zierpflanze in den Tropen und Subtropen.
Nutzen: Besonders vielfältig auf Hawaii (Name), dort z.B. deckt man mit den Blättern die Dächer oder isst die Wurzel.
Vergleiche: Subtropische Regenwälder in Ostaustralien: *Australian Cabbage Tree*, Australischer Kohlbaum, *Cordyline stricta*, palmenartig, 2-3 m hoch. Ähnlich wie →Spazierstock-Palme: *Broad-Leaf Palm Lily*, *Cordyline petiolaris*, Blätter entsprießen dem Stamm. - Zu der gleichen Gattung gehört →Neuseeland-Kohlbaum (Neuseeland).

Ordnung: Spargelartige, *Asparagales*
Familie: Speerblumen, *Doryanthaceae*
Aussehen: Immergrüne, mehrjährige Staude, bis 1,5 m, mit Blütenstand sogar bis zu 5 m hoch. Die Wuchsform erinnert an eine Agave, deshalb bis vor kurzem Zuordnung zur Familie *Agavaceae*, Agavengewächse.
Standort: Küstennahe und offene Eukalyptuswälder, meist rings um Sydney.
Blätter: Schwertartig, dick und ledrig, bis 1,5 m lang und 10 cm breit, an der Basis der Pflanze rosettenartig angeordnet.
Blüten: Tiefrot, röhrig, 10-16 cm lang. Stehen an dem bis 5 m langen Blüten»stamm« mit einem endständigen, kugeligen, bis zu 30 cm breiten Blütenstand.
Blütezeit: August bis November.
Früchte: Bis 10 cm lange, verholzte, eiförmige Kapseln mit vielen geflügelten Samen.
Nutzen: Die Aborigines essen die Blütenspitzen und rösten die jungen Stiele und Wurzeln. Auch Vögel besuchen gern die nektarreichen Blüten.
Vergleiche: Weiter nördlich an der subtropischen Ostküste: *Spear Lily, Doryanthes palmeri*, deren Blütenstände gleichen großen Ähren.
Sonstiges: Die rein australische Familie besteht nur aus diesen beiden Arten, deren Verbreitung die Karte zeigt.

Screw Pine
Common Screw Palm
Schraubenbaum
Schraubenpalme
Pandanus spiralis

Cooktown Orchid
»Cooktown-Orchidee«
Dendrobium bigibbum

Ordnung: Schraubenbaumartige, *Pandanales*
Familie: Schraubenbaumgewächse, *Pandanaceae*
Aussehen: Palmartiger Baum, 5-7 m hoch. Der oft verzweigte Stamm ist spiralig (Name) und wird am Fuße von Stelzwurzeln gestützt. Keine Luftwurzeln wie andere ähnliche Arten.
Standort: Feuchtigkeitsliebend, meist an den tropischen Süß- und Salzgewässern.
Blätter: Schwertartig, bedornt, bis zu 3 m lang, schraubenförmig (Name) angeordnet und in gedrängten Büscheln an den Zweigenden.
Blüten: Weiß, unscheinbar. Es gibt männliche (Ähren) und weibliche (Köpfchen), die auf jeweils verschiedenen Pflanzen erscheinen (zweihäusig).
Früchte: Ananasartig, orange bis rot, bis 30 cm lang, mit facettenähnlich zusammengesetzten Einzelfrüchten mit 5-7 Samen. Die konischen Einzelfrüchte findet man oft als Strandgut.
Nutzen: Vielfältig bei den Aborigines. Die Früchte sind im jungen Stadium essbar. Aus den Blattfasern fertigt man Säcke und Bekleidung. Das Mark der Stelzwurzeln dient als Buschmedizin.
Heimat: Nordaustralien.
Vergleiche: Weitere 11 australische (von weltweit 700) Arten, z.B. an der subtropischen Ostküste: *Coastal Screw Pine, Pandanus tectorius*; meist an Flüssen: *River Pandanus, Pandanus aquaticus*. Die Karte zeigt die Verbreitung aller Arten.

Ordnung: Orchideenartige, *Orchidales*
Familie: Orchideen, *Orchidaceae*
Aussehen: Halbimmergrüne, mehrjährige Orchidee, bis zu 1 m lang
Standort: Tropische und offene Wälder. Sitzt Bäumen und Felsen auf (Epiphyt).
Blätter: Länglich, dunkelgrün, 8-15 cm lang und bis 35 mm breit. Teilweise laubabwerfend in der Trockenzeit (Mai bis September).
Blüten: Rosa bis hellviolett, seltener weiß, bis 5 cm breit, an bis 40 cm langen, traubenartigen Blütenständen, mit 3-15 Blüten.
Blütezeit: Fast das ganze Jahr.
Nutzen: Gilt als die attraktivste australische Orchidee. Wird kultiviert und in viele Länder als sehr haltbare Schnittblume exportiert. Heute auch farbenprächtige Hybriden. Die Aborigines und auch frühe Siedler kauten die verdickten, stärkehaltigen Stämme.
Heimat: Nordostaustralien, Neuguinea.
Besonderes: Nationalblume von Queensland. Sie wurde 1959 auch 13 Arten »vom Volk gewählt«.
Sonstiges: Die Gattung ist mit ca. 900 Arten von Indien bis in den Westpazifik verbreitet, davon etwa 50-60 australische Arten. Weltweit gibt es etwa 1000 Gattungen.
Allgemeines: Etwa 1000 (von weltweit 35 000) Arten von Orchideen wachsen in Australien.

Christmas Bells
Weihnachtsglöckchen
Gattung Blandfordia

Fringed Violet
Common Fringe Lily
Gewöhnliche Fransenlilie
Thysanotus tuberosus

Ordnung: Lilienartige, *Liliales*
Familie: *Blandfordiaceae* (die Gattung *Blandfordia* gehörte früher zu den Liliengewächsen, *Liliaceae*).
Aussehen: Mehrjährige und grasbüschelartige Staude, vorwiegend bis zu 80 cm hoch, mit einer unterirdischen Wurzelknolle (Rhizom).
Standort: Sumpf-, Heide- und Moorgebiete.
Blätter: Graugrün, grasartig und mit spitzen Stacheln, bis 1 m lang.
Blüten: Meist rot und gelb gesäumt, seltener nur gelb, hängend, glockenförmig, bis 6 cm lang, in Trauben bis zu 20 Blüten an einem langen Spross. Die Bestäubung erfolgt durch nektarsuchende Vögel.
Blütezeit: Zur Weihnachtszeit (Name), dann oft blütenbedeckte Landstriche.
Früchte: Bis 6 cm lange Samenkapseln.
Heimat: Kleine Familie mit nur vier *Blandfordia*-Arten, die nur in Australien (mit Tasmanien) vorkommen (endemisch). Die Karte zeigt die Verbreitung aller vier Arten.
Bild: *Large-flowered Christmas Bell or Northern Christmas Bell, Blandfordia grandiflora*, heimisch in Neusüdwales und Queensland.
Vergleiche: In Neusüdwales: *Mountain Christmas Bell, Blandfordia cunninghamii;* und *Christmas Bell, Blandfordia nobilis*. Nur in Tasmanien: *Tasmanian Christmas Bell, Blandfordia punicea.*

Ordnung: Lilienartige, *Liliales*
Familie: Grasliliengewächse, *Anthericaceae* (Gattung früher bei Liliengewächsen, *Liliaceae*).
Aussehen: Aufrechte, mehrjährige Staude, bis zu 80 cm hoch, mit zylindrischen, bis 3 cm langen Sprossknollen an den Enden der Wurzelstöcke (Rhizome).
Standort: Verstreut in offenen Strauch- und Waldformationen.
Blätter: Nur wenige, grasartig, 10-60 cm lang, entsprießen der Pflanzenbasis jährlich neu und verdorren zur Blütezeit.
Blüten: Blau bis lila, drei ausgefranste Blütenblätter (Name), 15-35 mm breit. Endständige Blütenstände, bis 8 Blüten an bis 80 cm langen Sprossen.
Blütezeit: Oktober bis März. Eintagsblüten vom Morgen bis zum frühen Nachmittag.
Früchte: Kleine, runde Samenkapseln.
Nutzen: Die Aborigines kochen oder rösten die saftigen Knollen. Besonders bei den Arten in den Trockengebieten drückt man auch die Knollen aus, um den Durst zu löschen.
Heimat: Südostaustralien.
Sonstiges: Die fast reine australische Gattung ist mit fast 50 Arten auf dem ganzen Kontinent und Tasmanien verbreitet. Nur zwei Arten sind in Neuguinea heimisch.

Mangles' Kangaroo Paw
Red and Green Kangaroo Paw

Rotgrünes Kängurupfötchen

Anigozanthos manglesii

Ordnung: Ingwerartige, *Zingiberales*
Familie: Kängurupfötchen, *Haemodoraceae*
Aussehen: Immergrüne, mehrjährige, aufrechte, büschelbildende Staude, mit dem Blütenstand bis zu 1 m hoch; mit einer unterirdischen, an einem kurzen Wurzelstock (Rhizom) wachsenden Sprossknolle.
Standort: Bevorzugt auf Sandböden in Heide-, Strauch- und Waldformationen.
Blätter: Riemenförmig, graugrün, 10-50 cm lang und 5-12 mm breit, entsprießen büschelartig dem Pflanzengrund.
Blüten: Sehr ungewöhnlich: röhrig, samthaarig, grün, an der Basis rot. Die verwachsenen Blütenblätter sollen an die Pfoten von Kängurus (Name) erinnern. Die Blütenstände stehen an bis 1 m langen, samthaarigen und roten Sprossen. Die nektarreichen Blüten werden überwiegend von Honigfressern besucht und bestäubt.
Blütezeit: August bis November.
Früchte: Dreiklappige Samenkapseln.
Nutzen: Attraktive Gartenpflanze. Im Blumenhandel als Schnitt- und Trockenblumen, die auch zunehmend exportiert werden.
Heimat: Südwestaustralien, hier wachsen auch die übrigen 10 Arten der Gattung (endemisch).
Besonderes: Nationalblume vom Bundesstaat West-Australien.

Traveller's Tree*
East West Palm*

Quellenbaum* Baum der Reisenden*

Ravenala madagascariensis*

Ordnung: Ingwerartige, *Zingiberales*
Familie: Strelitziengewächse, *Strelitziaceae*, (früher: *Musaceae*, Bananengewächse).
Aussehen: Immergrüner, aufrechter, bis zu 16 m hoher Baum; unverzweigter und palmenartiger Stamm mit fächerartiger, bis 6 m ausladender Krone. Jungpflanzen zunächst ohne Stamm.
Blätter: Wechselständig, dicht gedrängt und langgestielt, 2-4 m lang. Wie bei den ähnlichen Bananenblättern sind die älteren Blätter durch den Wind stark eingerissen.
Blüten: Cremeweiß, bis 20 cm lang, in bis 85 cm langen, kahnförmigen Blütenständen zwischen den Blattachseln.
Blütezeit: Dezember bis Februar.
Früchte: Holzige Kapsel mit essbaren Samen.
Heimat: Madagaskar. Heute weltweit Zierbaum in den Tropen und Subtropen. Eine weitere Art, *Ravenala guianensis**, stammt aus Südamerika. (Außer passendem Klima keine bestimmte Verbreitung in Australien, deshalb Karte unmarkiert.)
Nutzen: In anderen Ländern gewinnt man aus den Samen ein antiseptisches Fett und aus dem Stamm einen zuckerhaltigen Saft.
Populärnamen: Gespeichertes Regenwasser in den kahnförmigen Blattachseln soll Reisende im Notfall erlaben. - Ausrichtung des Blattfächers oft von Ost nach West *(East West Palm)*.

Native Ginger
Australischer Kurkuma
Australische Safranwurz
Curcuma australasica

Ordnung: Ingwerartige, *Zingiberales*
Familie: Ingwergewächse, *Zingiberaceae*
Aussehen: Aufrechte und bis zu 45 cm hohe Staude, mit einem unterirdischen, fleischigen, aromatischen und mehrjährigen Wurzelstock (Rhizom).
Standort: In der Nähe von Süßgewässern der wechselfeuchten Tropen.
Blätter: Paddelförmig, weich, aufrecht, sattgrün, bis 45 cm lang und 15 cm breit, an bis zu 20 cm langen Blattstielen. Wachsen jährlich neu aus dem Wurzelstock.
Blüten: Gelb, röhrig und sehr klein. Werden fast vollständig verdeckt von den grünen bis rötlichen Tragblättern (Brakteen) des bis zu 20 cm langen Blütenkolbens.
Blütezeit: November bis April.
Früchte: Dreiklappige, dünnwandige, samenhaltige Kapseln, die selten gebildet werden.
Nutzen: Die Aborigines essen die gerösteten Wurzelstöcke. Bestimmte Pflanzenteile sollen auch zur Empfängnisverhütung gedient haben.
Heimat: Nordaustralien, Neuguinea.
Sonstiges: Mit *Native Ginger*, heimischer Ingwer, bezeichnet man auch Arten anderer Gattungen, wie *Alpinia, Amomum, Tapeinochilos (Costaceae)*. - Kommerzieller Ingwer, *Zingiber officinale*, →Ingwer.

Spinifex Grass
Igelgras
Stachelschweingras
Gattungen
Triodia und *Plechtrachne*

Ordnung: Grasartige, *Graminales/Poales*
Familie: Süßgräser, *Poaceae/Gramineae*
Aussehen: Mehrjähriges, sehr stacheliges und verzweigtes Gras. Bildet entweder bis zu 3 m breite Polster oder auch ringförmige Horste (die ursprüngliche Pflanze ist dann abgestorben) bis zu 20 m Durchmesser. Die beiden Gattungen sind sehr ähnlich und lassen sich nur an den Blütenständen unterscheiden.
Standort: Überwiegend Trockengebiete, meist auf sandigen oder felsigen Böden.
Blätter: Schmal, dünn, bis zu 40 cm lang, nach Regen grün, bei Trockenheit gelb und dann oft eingerollt. Nicht auf die Gattungen bezogen unterscheidet man: Harte Arten, in die man nicht hineintasten kann (zu stachelig) und die kein Harz enthalten, sowie weiche Arten, die man berühren kann und die harzhaltig sind.
Blüten: Grasblütenstand, bis 1 m hoch.
Blütezeit: Januar bis März, meist nach Regen.
Heimat: Alle 55 Arten nur in Australien.
Nutzen: Traditionell bei den Aborigines. Mit dem erhitzten Harz der weichen Igelgrasarten klebt man z.B. Speerspitzen und Steinbeile an die Holzschäfte. Die pulverisierten Wurzelsprosse sind antiseptisch bei Schnitt- und Brandwunden. Mit den Grashalmen deckt man Unterstände ab.

Bunya Pine
Bunyatanne
Bunya-Bunya-Baum
Araucaria bidwillii

Hoop Pine
Moreton Bay Pine
Hoop-Schmucktanne
Araucaria cunninghamii

Ordnung: Kiefernartige, *Pinales*
Familie: Araukariengewächse, *Araucariaceae*
Aussehen: Bis 50 m hohe, immergrüne Konifere, gerader und zylindrischer Stamm mit spiralig angeordneten, fast horizontalen Ästen sowie einer domförmigen, bienenkorbartigen Krone.
Rinde: Schwarzbraun, schuppenartig.
Blätter: Flach, oval-länglich mit scharfer Spitze, glänzend, dunkelgrün, bis 65 mm lang und 15 mm breit, spiralig angeordnet.
Früchte: Männliche Zapfen zylindrisch, bis zu 20 cm lang. Weibliche Zapfen ananasartig, bis zu 30 cm lang, 7 kg schwer, mit bis zu 150 essbaren »Nüssen« unter den Schuppen, jeweils eiförmig und bis 3 cm lang.
Nutzen: Die nussreichen Zapfen erscheinen jedes Jahr, in großen Mengen aber nur alle drei Jahre. Dann versammelten sich die Aborigines aus nah und fern meist in den *Bunya-Mountains* (nordwestlich von Brisbane) zu einem mehrwöchigen »Erntedankfest«.
Heimat: Nur im subtropischen Ostaustralien (endemisch). Heute weltweit Zierbaum in allen tropischen bis warmgemäßigten Regionen.
Vergleiche: →Norfolktanne, →Hoop-Schmucktanne, →Queensland-Kauri, →Neuseeland-Kauri.
Besonderes: Siehe bei →Queensland-Kauri.
Sonstiges/Allgemeines: →Norfolktanne.

Ordnung: Kiefernartige, *Pinales*
Familie: Araukariengewächse, *Araucariaceae*
Aussehen: Bis 60 m hohe, immergrüne Konifere, mit einem sehr geraden, zylindrischen Stamm, bis 2 m Durchmesser, und einer symmetrischen, offenen Krone. Die spiralig angeordneten, fast waagerechten Äste tragen das büschelartige Blattwerk überwiegend am Astende.
Rinde: Graubraun, blättert waagerecht ab wie Hobelspäne (*Hoop*).
Blätter: Nadelartig, 3-15 mm lang, in spiraliger, schuppenförmiger, dicht gedrängter Anordnung um den Zweig herum.
Früchte: Der bis 10 cm lange, weibliche Zapfen ist eiförmig und erinnert an eine grüne Ananas. Im Gegensatz zu der →Bunyatanne sind die »nackten« Samen geflügelt, werden also vom Wind verbreitet.
Heimat: Ostaustralien und Neuguinea.
Nutzen: Meist als Forstbaum, in Queensland und anderen Ländern. Das mattgelbe Weichholz wird beim Hausinnenausbau geschätzt, z.B. für Dielen und Decken. Aber auch als Schmuckbaum, z.B. in Parkanlagen.
Vergleiche: →Queensland-Kauri, →Norfolktanne, →Bunyatanne, →Neuseeländischer Kauri-Baum.
Besonderes: Siehe bei →Queensland-Kauri.
Sonstiges/Allgemeines: →Norfolktanne.

Norfolk Island Pine*

Norfolktanne*
Zimmertanne*

Araucaria heterophylla*
(Araucaria excelsa*)

Ordnung: Kiefernartige, *Pinales*
Familie: Araukariengewächse, *Araucariaceae*
Aussehen: Immergrüne, kegelförmige Konifere, bis 60 m hoch, Äste sind spiralig angeordnet und leicht aufsteigend, fächerförmiges Blattwerk.
Blätter: Nadelartig, 5-10 mm lang, spiralig um den Zweig herum gedrängt angeordnet.
Früchte: Bis 13 cm große Zapfen, nur alle 3 Jahre.
Heimat: Norfolk Island (zwischen Australien und Neuseeland). In Australien kultiviert - meist an Küsten - ohne bestimmte Verbreitung, deshalb in der Karte nicht markiert.
Nutzen: Früher begehrter Stamm für Masten der Segelschiffe. Heute als salztoleranter Baum weltweit kultiviert meist an den Küsten warmer Regionen. In Mitteleuropa als »Zimmertanne« eine Topfpflanze. Auch geschätzter Forstbaum.
Vergleiche: →Hoop-Schmucktanne, →Queensland-Kauri, →Bunyatanne, →Norfolktanne und →Neuseeländischer Kauri-Baum (Neuseeland).
Sonstiges: Gattung *Araucaria* ist mit 19 Arten von Australien bis Südamerika verbreitet.
Besonderes: Siehe bei →Queensland-Kauri.
Allgemeines: Araukarien (insgesamt 41 Arten) sind benannt nach dem Ort Arauco in Chile und gelten als »altertümliche« Nadelbäume, u.a. wegen der Nadelstruktur. Als »Gondwanapflanzen« sind sie fast nur auf der Südhalbkugel beheimatet.

Queensland Kauri Pine

Kauri-Tanne
Kauri-Fichte
Queensland-Kauri

Agathis robusta

Ordnung: Kiefernartige, *Pinales*
Familie: Araukariengewächse, *Araucariaceae*
Aussehen: Bis 55 m hoher Baum. Der Stamm ist in der unteren Hälfte meist astfrei und hat einen Durchmesser von bis zu 2,4 m.
Rinde: Braun bis graubraun, die sich regelmäßig abschuppt, daher kaum Epiphyten.
Blätter: Eiförmig, dunkelgrün, flach, ledrig, bis 13 cm lang und 4 cm breit.
Früchte: Bis 15 cm lange Zapfen mit bis zu 440 geflügelten Samen unter den Schuppen.
Nutzen: Begehrtes Möbelholz. Bis vor kurzem noch Holzeinschlag in den Regenwäldern. Keine Aufforstungen in Australien.
Heimat: Feuchtwälder Ostaustraliens.
Sonstiges: 21 *Agathis*-Arten von Südostasien bis Neuseeland verbreitet. Werden im Deutschen Kauri-Bäume, -Fichten oder -Kiefern genannt.
Vergleiche: →Neuseeländischer Kauri-Baum, *Agathis australis*, (Neuseeland). Ferner →Norfolktanne, →Hoop-Schmucktanne, →Bunyatanne.
Besonderes: 1994 entdeckte man bei Sydney die Araukarien-Art: Wollemie, *Wollemi Pine, Wollemia nobilis*. Sie gilt als ein »lebendes Fossil«: Die Art ist über 100 Mio Jahre alt, und man betrachtet sie als mögliches Bindeglied zwischen den Nacktsamern und den einkeimblättrigen Pflanzen.
Allgemeines: Siehe bei →Norfolktanne.

Celery top Pine

Tasmanien-Stieleibe
Tasmanien-Selleriekiefer

Phyllocladus aspleniifolius

Ordnung: Kiefernartige, *Pinales*
Familie: Stein- oder Stieleiben, *Podocarpaceae*, (Gattung früher bei Blatteiben, *Phyllocladaceae*).
Aussehen: In windausgesetzten Lagen als Strauch, in geschützten Lagen als bis 18 m hoher Baum, mit glatter, grauschwarzer Rinde und spiralig angeordneten, waagerechten Ästen.
Blätter: Die auffälligen »Sellerieblätter« (Name) sind nur abgeflachte Blattstängel (Phyllokladien, Gattungsname), die Photosynthese betreiben. Die echten Blätter sind radial angeordnet und zu schuppenartigen, funktionslosen Nadeln reduziert. - Und damit ist die Selleriekiefer ein Nadelbaum!
Blüten: Sehr klein, von November bis März.
Früchte: Die weiblichen Zapfen, die auf Stielchen sitzen (Familienname), bilden wenige Samen.
Standort: In den gemäßigten Regenwäldern und geschützten alpinen Gebieten.
Nutzen: Das dauerhafte Holz wurde früher in der Möbelindustrie geschätzt.
Besonderes: Wird bis zu 800 Jahre alt.
Heimat: Nur Westtasmanien (endemisch).
Sonstiges: Gattung in Australien und Neuseeland. Siehe →Neuseeland-Selleriekiefer (Neuseeland).
Vergleiche: In Tasmanien: *Huon Pine*, *Lagarostrobos franklinii*, bis 2500 Jahre alt! Der Wurzelstock eines lebenden Baumes ist sogar 10 500 Jahre alt und ist damit die älteste lebende Pflanzenwurzel.

King Billy Pine
King William Pine

Sichelförmige
Schuppenfichte
(Große Sumpfzypresse)

Athrotaxis selaginoides

Ordnung: Kiefernartige, *Pinales*
Familie: Zypressen, *Cupressaceae*, (Gattung früher bei Sumpfzypressen, *Taxodiaceae*).
Unterfamilie: Schuppenfichten, *Athrotaxidoideae*
Aussehen: Bis 35 m hoher, konischer Nadelbaum mit offener Krone. Stamm oft gegabelt. Äste wachsen erst waagerecht und dann aufrecht. Noch lebende Exemplare bis 1500 Jahre alt.
Heimat: Westtasmanien. Meist in gemäßigten Regenwäldern in Höhenlagen von 500 bis 1400 m.
Rinde: Rötlichbraun, dick, längs gefurcht, meist bemoost, löst sich in dünnen, langen Streifen ab.
Blätter: Nadelförmig, leuchtend grün, dick, bis zu 12 mm lang, schuppenartig und spiralig rings um den Zweig angeordnet.
Früchte: Zapfen, die weiblichen sind bis 20 mm lang und enthalten geflügelte Samen.
Nutzen: Das Weichholz war früher in der Möbel- und Schiffsindustrie begehrt. Heute steht der Baum unter Naturschutz.
Populärname: Bezieht sich auf Tasmaniens King-William-Range und -See (William IV.).
Vergleiche: Gleiches Gebiet an Binnengewässern: *Pencil Pine*, Zypressenähnliche Schuppenfichte (Kleine Sumpfzypresse), *Athrotaxis cupressoides*, meist mehrstämmig, bis 20 m hoch.
Sonstiges: Die nordamerikanischen Mammutbäume bilden die Unterfamilie *Sequoioideae*.

White Cypress Pine
Inland Cypress Pine
Weiße Zypresse
Callitris glaucophylla
(Callitris columellaris)

Radiata Pine*
Monterey Pine*
Monterey-Kiefer*
Pinus radiata★
(Pinus insignis★*)*

Ordnung: Kiefernartige, *Pinales*
Familie: Zypressengewächse, *Cupressaceae*
Unterfamilie: Schmuckzypressen, *Callitroideae*
Aussehen: Immergrüner, aufrechter Nadelbaum, je nach Verfügbarkeit von Wasser 6-30 m hoch.
Standort: Anpassungsfähig an Trockengebiete, bevorzugt Regionen mit Jahresniederschlägen von 400 bis 700 mm.
Rinde: Dunkelgrau, hart, tief gefurcht.
Blätter: Sind zu winzigen Schuppen reduziert, blaugrau *(glauco)*, 1-3 mm lang und spiralig um die nadelartigen Triebe angeordnet.
Früchte: Die weiblichen, eiförmigen Zapfen, bis 25 mm lang, entlassen viele geflügelte Samen.
Nutzen: Gutes Bauholz, termiten- und fäulnis-resistent. Das aromatische Harz (Sandarak) wurde als Firnis und in der Pharmazie genutzt. Die Aborigines verwenden die Blätter und Zweige zum Inhalieren bei Erkältungskrankheiten.
Heimat: Australien.
Vergleiche: Nur an der Ostküste: *Coastal Cypress Pine, Callitris columellaris,* schloss früher auch *Callitris glaucophylla* ein. Zu den früheren Artnamen gehören auch *C. glauca, C. hugelii, C. robusta.* →Neuseeland-Schuppenzeder (Neuseeland).
Sonstiges: Von den 18 *Callitris*-Arten sind 16 in Australien und 2 in Neukaledonien beheimatet. Die Gattung der Nordhalbkugel heißt *Cupressus.*

Ordnung: Kiefernartige, *Pinales*
Familie: Kieferngewächse, *Pinaceae*
Aussehen: Immergrüner, aufrechter Nadelbaum, bis 40 m hoch, 12 m breit, als Jungbaum schmal und konisch, später breit und kuppelförmig.
Rinde: Schwarzbraun, dick, tief gefurcht.
Blätter: Schlanke Nadeln, glänzend grün, bis zu 15 cm lang, stehen zu dritt an kurzen Sprossen.
Früchte: Die bis 17 cm langen und gelbbraunen weiblichen Zapfen entlassen nach 2-3 Jahren viele schwarze, beflügelte Samen.
Heimat: Küstenregion von Kalifornien, USA. (In Australien nur klima- und bodenbedingt verbreitet, deswegen auf der Karte nicht markiert.)
Nutzen: Schnellwachsender Forstbaum, heute weltweit verbreitet. In Australien zuerst 1860 auf den Goldfeldern von Victoria angepflanzt, um Stützhölzer für Bergwerke zu gewinnen. Heute bilden die in vielen Landesteilen, meist auf Sandböden kultivierten Forstbäume das Rückgrat der australischen Weichholzindustrie.
Vergleiche: Erbringt im forstlichen Anbau den vier- bis fünffachen Holzertrag gegenüber der Waldkiefer oder Föhre, *Pinus sylvestris,* in Europa. →Monterey-Kiefer* (Neuseeland).
Sonstiges: Heimat fast aller 140 *Pinus*-Arten auf der Nordhalbkugel. Keine heimischen Arten der Familie *Pinaceae* in Australien und Neuseeland.

Cycad
Palmfarn
Familien
Cycadaceae und *Zamiaceae*

Man Farn
Soft Tree Fern
Antarktischer Baumfarn
Dicksonia antartica

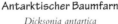

Ordnung: Palmfarne, *Cycadales*
Familien:
- Palmfarne, *Cycadaceae*, nur die Gattung *Cycas*.
- Zamiagewächse, *Zamiaceae*, u.a. mit den austra-lischen Gattungen *Macrozamia*, *Lepidozamia* und *Bowenia*.
Endemisch in Australien sind 50 (von ca. 290 weltweit in Warmklimaten beheimateten) Arten.
Aussehen: Erinnern im Wuchs sowohl an Palmen als auch an Baum- bzw. gewöhnliche Farne, sind jedoch nicht verwandt. Stämme meist kurz oder sie wachsen teilweise oder ganz unterirdisch. Krone mit palm- bzw. farnartigen Blattwedeln.
Wachstum: Sehr langsam, meist 200 bis 300 Jahre alt, die *Macrozamia*-Arten bis 1500 Jahre! Neue Blattwedel werden alle 2-3 Jahre gebildet.
Vermehrung: Es gibt männliche und weibliche Pflanzen (zweihäusig), die (außer bei Gattung *Cycas*) zapfenartige Blütenstände entwickeln.
Nutzen: Die Aborigines machen die sehr giftigen Samen durch Wässern und Rösten essbar.
Abbildung: *Zamia Palm*, *Cycas media*.
Bekannte Art: In Zentralaustralien: *MacDonnell Range Cycad*, *Macrozamia macdonnellii*.
Sonstiges: Palmfarne gelten als lebende Fossilien, da sie das Bindeglied zwischen Nacktsamern, z.B. Fichte, und Bedecktsamern, z.B. Rotbuche, darstellen.

Ordnung: Baumfarne, *Cyatheales*
Familie: Dicksoniengewächse, *Dicksoniaceae*
Aussehen: 2-12 m hoher Baumfarn, erinnert an →Palmfarn oder Palme. Der Scheinstamm (kein echtes Holz) ist dick, unverzweigt und borstig, häufig mit aufsitzenden Pflanzen (Epiphyten).
Standort: Feuchtwälder mit ganzjähriger, hoher Luftfeuchtigkeit.
Wedel: Bis 3 m lang. Die eingerollten, behaarten jungen Blätter entwickeln sich in der Blatt-schopfmitte (Krone). Die Sporen sitzen an der Unterseite der fruchtbaren Wedel.
Nutzen: Die Aborigines essen das stärkehaltige Mark des Stammes, roh oder geröstet.
Heimat: Ostaustralien und Tasmanien.
Vergleiche: Eine ähnliche Familie: *Cyatheaceae*, mit z.B. *Rough Tree Fern*, Australischer Baumfarn, *Cyathea australis* (*Alsophila australis*), bis zu 20 m hoch, wird häufig kultiviert.
→Schwarzer und →Silber-Baumfarn (Neuseeland).
Sonstiges: Die echten Baumfarne umfassen ca. 9 Gattungen mit 900 Arten, überwiegend auf der Südhalbkugel verbreitet.
Lebendes Fossil: Der *King Fern*, *Angiopteris erecta*, Familie *Marattiaceae*, ist kein Baumfarn. Diese Farnart ist ca. 300 Mio Jahre alt und hat sich in den letzten 50 Mio Jahren nicht verändert, zu sehen z.B. auf Fraser Island.

Horn Ferns
Geweihfarne
Gattung Platycerium

Bird's Nest Fern
Vogelnestfarn
Asplenium australasicum

Ordnung: Tüpfelfarnartige, *Polypodiales*
Familie: Tüpfelfarngewächse, *Polypodiaceae*
Aussehen: Farn mit geweihartigen Wedeln, an Bäumen oder Felsen aufsitzend (Epiphyt), bis zu 2 m groß.
Standort: Überwiegend Regenwälder.
Wedel: Jede Pflanze bildet unfruchtbare (sterile) und fruchtbare (fertile) Wedel. Die sterilen Wedel vertrocknen und tragen dann das »Nest«. Die stehenden und hängenden fertilen, geweihartigen Wedel fallen nach dem Verwelken ab.
Sporen: Tüpfelförmige Gruppen (Familienname) an der Blattunterseite der fertilen Wedel.
Besonderes: Das trichterartige »Nest« der ausgewachsenen Exemplare, das mit Humus und Falllaub angefüllt ist, bietet auch Lebensraum für Tiere und Pflanzen.
Nutzen: Wird in Blumenläden als dekorativer Zimmerfarn angeboten.
Abbildung: Links: *Elkhorn Fern*, Elchgeweihfarn, *Platycerium bifurcatum*, bis 90 cm lange, fertile Wedel. - Rechts: *Staghorn Fern*, Hirschgeweihfarn, *Platycerium superbum*, bis 2 m lange, fertile Wedel.
Sonstiges: Die Gattung umfasst 15 Arten, die in Afrika, Südostasien bis Australien sowie in Südamerika verbreitet sind.
Vergleiche: Siehe →Vogelnestfarn.

Ordnung: Streifenfarnartige, *Aspleniales*
Familie: Streifenfarngewächse, *Aspleniaceae*
Aussehen: Bis zu 2 m hoher Farn mit einem trichterförmigen Blattschopf (»Nest«).
Standort: Meist Regen- und Feuchtwälder, an Bäumen und Felsen aufsitzend (Epiphyt) und seltener am Boden wachsend.
Wedel: Bis 2 m lang, immergrün und ganzrandig, bilden einen humus- und wassersammelnden Trichter zur Ernährung der Pflanze.
Sporen: Streifenartige Gruppen (Familienname) an der Blattunterseite der fertilen Wedel.
Verwendung: Beliebter Zierfarn, ebenso wie der ähnliche, auch als Vogelnestfarn bezeichnete *Asplenium nidus*.
Heimat: Australien bis Polynesien.
Abbildung: Links: Korbfarn, *Basket Fern*, *Drynaria rigidula*, (Familie *Polypodiaceae*, →Geweihfarn), bis 1,5 m hohe Wedel. - Rechts: Vogelnestfarn, *Asplenium australasicum*.
Vergleiche: Siehe →Geweihfarn.
Sonstiges: *Asplenium* ist die formenreichste Farngattung mit ca. 700 Arten, die über die ganze Erde in den unterschiedlichsten Lebensräumen verbreitet sind.
Besonderes: Einige Arten entwickeln auf den Wedeln junge Pflänzchen, die dann abfallen und auf der Erde weiterwachsen.

Common Nardoo
Australischer Kleefarn
Marsilea drummondii

Lichens

Flechten

Ordnung: Kleefarnartige, *Marsileales*
Familie: Kleefarngewächse, *Marsileaceae*
Aussehen: Kleeähnlicher, gruppenbildender Farn. Wächst bodenständig, bis zu 30 cm hoch, als Schwimmpflanze oder auch amphibisch, jeweils mit einem kriechenden bzw. schwimmenden, sehr verzweigten Wurzelstock (Rhizom).
Standort: In oder am Rande von Süßgewässern, bevorzugt zeitweilig überschwemmte Schlammböden.
Wedel: Ähneln einem vierblättrigen Kleeblatt, bis zu 3 cm breit. Entweder freistehend oder auch schwimmend, an bis 30 cm langen Wedelstielen, die aus dem Wurzelstock entspringen.
Sporen: Erbsenartige Sporenkapseln (Sporenfrüchte bzw. Sporokarpien) an 8-90 mm langen (umgeformten) Wedelstielen, die separat der Achse entsprießen.
Verwendung: Die Aborigines mahlen die stärkereichen Sporenfrüchte, aus dem gelben Pulver fertigen sie Brot und eine Paste.
Besonderes: Die Sporokarpien überdauern bis 70 Jahre Trockenheit. Sobald sie mit Wasser benetzt werden, beginnt das Wachstum.
Heimat: Australien.
Sonstiges: Eine kosmopolitische Gattung in den warmen und gemäßigten Regionen mit 65 Arten, 7 davon in Australien beheimatet.

Abteilungen: Grünalgen, *Chlorophyta*; Blaugrüne Bakterien, *Cyanophyta*; Pilze, *Mycophyta*
Bild: Orangerote Luftalge, *Trentepohlia aurea*
Aussehen: Rote Tupfer und Flächen auf Felsen und Steinen in Flüssen; man hält sie für rote Farbanstriche, Wegmarkierungen oder Rost (Eisenoxyd).
Standort: Meist Berglagen mit hohen Niederschlägen, aber auch an der Küste.
Besonderes: Die einen roten Farbstoff (Carotin) bildenden Grünalgen - bei anderen Flechtenarten sind Blaugrüne Bakterien für die Farbe verantwortlich - und Schlauchpilze, also zwei nicht verwandte Organismen, leben in einer engen Gemeinschaft (Symbiose): Die Algen bzw. Blaugrünen Bakterien betreiben Photosynthese und versorgen den Pilz besonders mit Zucker, während das Pilzgeflecht als Wasserspeicher (inkl. Mineralstoffe) dient und beiden Halt gibt. Zusammen bilden sie eine Flechte, z.B. die abgebildete Krustenflechte.
Allgemeines: Die anspruchslosen Flechten sind oft Erstbesiedler unwirtlicher Unterlagen, darauf wachsen dann oft Moose und später andere Pflanzen. Die meisten Flechten sind sehr empfindlich gegen Luftverschmutzung und ihr Vorhandensein bzw. Fehlen ist ein Kriterium für die Luftqualität. In Australien bestimmte man bisher etwa 3500 Arten, gleich viele warten noch darauf.
→Flechten (Neuseeland).

Früchte und Nutzpflanzen

Seit Jahrtausenden ernährten sich die australischen Ureinwohner (Aborigines) von den Früchten und Pflanzen des Landes, vor allem in den Trockengebieten Zentralaustraliens eine besondere Herausforderung. Man betrieb auch nicht Ackerbau oder Viehzucht wie auf anderen Kontinenten.

Die ersten weißen Siedler, die ihre Umwelt als feindlich ansahen, verschmähten dagegen die heimischen Nahrungsmittel. Selbst bekannte Australienforscher verhungerten in Gebieten, die den Aborigines genügend Nahrung boten. Erst in den letzten Jahren erwachte das Interesse an der Ernährung der Ureinwohner, und die Australier beginnen, auch diese Früchte zu verwerten, z.B. →Quandong-Frucht.

Nur eine einzige heimische Frucht erlangte bisher Weltruhm, nämlich die →Macadamia-Nuss, schon erstaunlich für einen so großen Kontinent. Alle anderen Nutzpflanzen wurden von den weißen Einwanderern eingeführt.

Aufgrund der klimatischen Vielfalt kultiviert Australien heute alle gängigen Obstsorten, ob aus gemäßigten, subtropischen oder tropischen Breiten. Sie werden meist auf großen Plantagen angebaut. Sie dienen nicht nur der Versorgung des Landes, sondern werden auch exportiert, insbesondere Äpfel (vor allem von Tasmanien), Birnen und Zitrusfrüchte. Weltbekannt wurde die Apfelsorte Granny Smith, die zuerst von einer »Oma Smith« in Sydney gezüchtet wurde. Auch die Weintrauben werden in großem Maße kultiviert, und die australischen Weine haben inzwischen weltweite Bedeutung.

Zudem werden alle gängigen Gemüsesorten angepflanzt, sie dienen aber im Gegensatz zu dem Obst- und Getreideanbau vornehmlich der Eigenversorgung.

Im Rahmen dieses Kapitels sollen nur einige der »exotischen«, meist eingebürgerten Früchte und Nutzpflanzen vorgestellt werden, die dem Australienreisenden begegnen und die er nicht unbedingt aus seiner Heimat kennt.

Macadamia Nut
Queensland Nut
Hawaiinuss
Macadamianuss
Macadamia integrifolia

Familie: Proteengewächse, *Proteaceae*
Aussehen: Immergrüner, ausladender Baum, als Regenwaldbaum bis 20 m, als Plantagenbaum bis 10 m hoch. Trägt nach 7-10 Jahren Früchte.
Blätter: Länglich bis eiförmig, ledrig, dunkelgrün glänzend, bis 25 cm lang.
Blüten: Klein, weiß bis rötlich, röhrig, sitzen an traubigen Blütenständen mit bis zu 100 Blüten.
Früchte: Die kugelige Balgfrucht enthält einen von einer harten Schale umgebenen Samen, den essbaren, ölhaltigen Nusskern.
Nutzen: Schon die Aborigines schätzten die Nuss. Ist heute die einzige kommerzielle Frucht Australiens mit Weltrang. Gilt als die feinste, wohlschmeckendste, aber auch teuerste Nuss (»Gourmetnuss«). Kurioserweise kultivierte man sie zuerst ab 1920 auf Hawaii (Hawaiinuss), aber erst ab 1960 auch in Australien: Ungefähr 800 Plantagen produzieren 40% der Welternte von 25 000 t Nusskernen. Anbau in etwa zwölf subtropischen und tropischen Ländern.
Sonstiges: 7 der 8 Arten sind australisch. Neben *Macadamia integrifolia* wird nur noch *Macadamia tetraphylla* kommerziell genutzt.
Name: Botaniker Ferdinand von Müller (Melbourne) benannte die Gattung 1857 nach seinem Freund, dem Wissenschaftler Dr. John Macadam.
Allgemeines: Früchte und Nutzpflanzen.

Mango*
»King of Fruit*«
Mango*
Mangifera indica*

Paw Paw*
Papaya*
Carica papaya*

Familie: Sumachgewächse, *Anacardiaceae*
Aussehen: Immergrüner, weitausladender Baum, bis 40 m hoch und 15 m breit, als Plantagenbaum oft kleiner.
Blätter: Wechselständig, länglich, bis zu 30 cm lang. Kontinuierliche Erneuerung des Laubes durch »Blattausschüttung«, wobei die jungen, zuerst rötlichen Blätter an den Enden von ausgewählten Zweigen büschelweise erscheinen.
Blüten: Winzig, blass grünlichgelb, sitzen mit bis zu 5 000 an rispenförmigen Blütenständen. Sie duften nach Lilien.
Früchte: Birnen- bis nierenförmige Steinfrüchte mit einem schmackhaften, oft faserigen Fruchtfleisch. Hängen an langen Stielen, bis zu 2 kg schwer. Mangobäume tragen bis zu 50 Jahre.
Nutzen: Neben Bananen zählen die an Vitamin A und C sehr reichen Mangos zu den wichtigsten tropischen Früchten, sie reifen in Australien von Mitte November bis Mitte Februar. Als beste Sorte gilt die Bowen Mango aus Nordqueensland. Die »Würfelmethode« (siehe Abbildung) gilt als die eleganteste Art, eine Mango zu essen.
Heimat: Myanmar (Burma) und Ostindien, wird dort seit 4 000 Jahren kultiviert, heute weltweit in subtropischen und tropischen Regionen. Die Karte zeigt die australischen Anbaugebiete.
Allgemeines: Früchte und Nutzpflanzen, S. 286

Familie: Melonenbaumgewächse, *Caricaceae*
Aussehen: Bis zu 8 m hohe, baumartige Staude mit einem geraden, weichholzigen Stamm und einer palmartigen Krone.
Blätter: Mächtig, bis 75 cm breit, handförmig geteilt, sitzen an bis zu 1 m langen und hohlen Blattstielen.
Blüten: Männliche und weibliche, die meist auf getrennten Stauden (zweihäusig) sitzen. Die männlichen Blüten locken Insekten an, die dann die weiblichen Blüten bestäuben. Auf Plantagen pflanzt man die weiblichen Stauden (die ja die Früchte tragen) und die männlichen im Verhältnis 25 zu 1, um einen guten Fruchtertrag zu sichern
Früchte: Melonenartige Beerenfrucht mit gelbem oder rötlichem Fruchtfleisch, bis zu 30 cm lang und 5 kg schwer. Die Stauden tragen ab einem Alter von 18 Monaten - kontinuierlich 3 Jahre lang - insgesamt 30 bis 150 Früchte.
Nutzen: Papayas sind reich an Vitamin C, Kalium, Calcium und Magnesium. Sie werden meist frisch in den Anbauländern verzehrt, da sie nicht lange haltbar sind.
Heimat: Das tropische Süd- und Mittelamerika, schon von den Indianern kultiviert, heute weltweit in den warmen Regionen. Die Karte zeigt die australischen Anbaugebiete.
Allgemeines: Früchte und Nutzpflanzen, S. 286

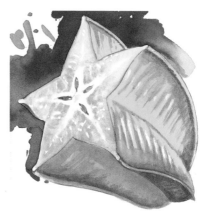

Jack Fruit*
Jackfrucht*
Jacobsfrucht*
Artocarpus heterophyllus*

Familie: Maulbeergewächse, *Moraceae*
Aussehen: Immergrüner und ausladender Baum, meist 10-20 m hoch.
Blätter: Eiförmig, ledrig, bis 18 cm lang.
Blüten: Unscheinbar, mit Blütenständen am Stamm oder älteren Ästen (Stammblütigkeit), dort entwickeln sich auch die Früchte.
Früchte: Die melonenförmige Sammelfrucht ist meist 4 bis 20 kg schwer, mit maximal 50 kg ist sie sogar die größte Baumfrucht der Welt. Bis zu 5 cm große Kerne (Samen) mit fleischiger Hülle, die gelben Paprikas ähneln.
Nutzen: Das süß-saftige Fruchtfleisch wird roh und die Kerne werden gekocht verzehrt. Das tiefgelbe, wertvolle Hartholz dient u.a. für edle Bauten (wie Tempel), Bootsbau und Schnitzereien.
Heimat: Südindien. Heute weltweit meist in den Tropen angebaut, in Australien nur vereinzelt (siehe Karte).
Ähnliche Früchte: Ursprünglich aus Malaysia: *Breadfruit**, *Brotfrucht**, *Artocarpus altilis**, mit kugelförmiger, kleinerer Frucht; sowie *Durian**, »Stinkfrucht*«, *Durio zibethinus* (Bombacaceae)*, die in Asien geschätzte Frucht schmeckt und riecht für Europäer unangenehm (deshalb ist der Verzehr in Hotels oft verboten).
Allgemeines: Früchte und Nutzpflanzen, S. 286

Carambola*
Five Star Fruit*
Karambole*
Sternfrucht*
Averrhoa carambola*

Familie: Sauerkleegewächse, *Oxalidaceae*
Aussehen: Der Sternfruchtbaum ist halbimmergrün und ausladend, in der Wildform bis 15 m hoch, kultiviert nur bis 6 m und buschig.
Blätter: Wechselständig, eiförmig, bis zu 10 cm lang, falten sich kurioserweise nachts oder bei Berührung zusammen. Teilweiser Laubabwurf in der Trockenzeit.
Blüten: Klein, mattrot, fünfzählig in buschigen Blütenständen. Blühen fast ganzjährig.
Früchte: 10-20 cm lang, 150-500 g schwer, gelb, meist fünfkantig (engl. Name), im Querschnitt sternförmig (Name), mit 10-12 Samen.
Nutzen: Die knackigen und saftigen Früchte, reich an Vitamin A und C sowie Eisen, werden roh mit Schale gegessen oder zu Saft gepresst. Der Geschmack variiert je nach Kultursorte von säuerlich bis süß. Die Sternfrüchte sollen Diabetikern sogar den Blutzucker senken. Die Köche schätzen die sternförmigen Scheiben zur Dekoration, z.B. bei Frühstücksbuffets. Dagegen werden die Blüten in Salaten verwendet.
Heimat: Ursprünglich Südostasien, heute aber weltweit in den Tropen und Subtropen meist für den Hausgebrauch kultiviert und nur in geringem Umfang in Obstplantagen angebaut, so auch in Australien (siehe Karte).
Allgemeines: Früchte und Nutzpflanzen, S. 286

Custard Apple*

Süßsack*
Zimtapfel*
Rahmapfel*
Schuppen-Annone*

Annona squamosa ★

Lychee*

Litchi*
Litchipflaume*

Litchi chinensis ★

Familie: Schuppenapfelgewächse, *Annonaceae*
Aussehen: Halbimmergrüner und ausladender Strauch oder Baum, 3–6 m hoch.
Blätter: Länglich, ledrig, bis zu 12 cm lang, sehr angenehm duftend.
Blüten: Gelblich, an eine kleine Magnolienblüte erinnernd, nur 2 cm lang.
Früchte: Rundliche Sammelfrucht mit eiförmigen Schuppen, 6–10 cm Durchmesser und 100–500 g schwer, weißliches Fruchtfleisch mit großen, schwarzen Kernen. Die graugrüne Haut erhält bei Druck schnell schwarze Flecken.
Nutzen: Die leichtverderblichen Früchte werden ohne Schale und Kerne meist frisch gegessen, seltener zu Säften und Speiseeis verarbeitet. Das Fruchtfleisch ist cremig und schmeckt wie Pudding (Custard) mit Vanillegeschmack.
Heimat: Tropen Amerikas. Wird heute weltweit in den Subtropen und Tropen angebaut, so auch in Australien (siehe Karte).
Vergleiche: Mit ähnlichen Früchten:
- Cherimoya, *Annona cherimola*.
- Ochsenherz- oder Netzannone, *A. reticulata*.
- Stachelannone oder Sauersack, *A. muricata*.
- Sternapfel, *Chrysophyllum cainito*, gehört zur Familie Sapotagewächse, *Sapotaceae*.
Allgemeines: Früchte und Nutzpflanzen, S. 286

Familie: Seifenbaumgewächse, *Sapindaceae*
Aussehen: Immergrüner, ausladender Baum, bis 12 m hoch und 9 m breit, das dichte Blattwerk reicht bis zum Boden.
Blätter: Wechselständig, ledrig, länglich-oval, tiefgrün glänzend.
Blüten: Reichlich, sehr klein, grünlichweiß, in Büscheln an langen Stielen.
Früchte: Pflaumenartig (Name), 3–4 cm groß, mit roter, leicht stacheliger Außenschale und einem dicken Samen (Kern), umgeben von einem weißen, geleeartigen Fruchtfleisch. Die Früchte hängen in Büscheln herab.
Verwendung: Lieblingsobst der Chinesen. Die vitaminreichen und leicht verderblichen Früchte werden meist frisch gegessen; das Fruchtfleisch lässt sich leicht von Schale und Kern lösen und schmeckt süß-säuerlich. Man verarbeitet die Litchis auch zu Trockenobst, Konserven und Wein. Das Holz schätzt die Möbelindustrie.
Heimat: Subtropisches Südchina, wird dort seit etwa 4000 Jahren kultiviert. Heute weltweiter Anbau in subtropischen Gebieten, in Australien nur vereinzelt (siehe Karte).
Vergleiche: Von den malayischen Tropen stammt: Die kleinere Rambutan-Frucht*, *Nephelium lappaceum* ★, mit langen, weichen Stacheln.
Allgemeines: Früchte und Nutzpflanzen, S. 286

Tamarillo*

Tamarillo*
Baumtomate*
Cyphomandra betacea★
(Cyphomandra crassicaulis★)

Familie: Nachtschattengewächse, *Solanaceae*
Aussehen: Immergrüner, baumartiger Strauch, bis zu 3 m hoch.
Blätter: Herzförmig, hellgrün, weichflaumig, bis zu 25 cm lang, mit einem unangenehmen Geruch.
Blüten: Reichlich, blass rosa, glockenartig und wohlriechend, bis 2,5 cm breit, angeordnet an bis zu 15 cm langen Blütenständen.
Früchte: Form und Größe wie Hühnereier, meist mit rötlicher, glatter, dünner Haut. In das gelbe Fruchtfleisch sind kleine Samen eingebettet. Die Früchte hängen in Büscheln herab.
Nutzen: Die vitaminreichen Früchte isst man ohne Schale, meist roh. Das tomatenähnliche, aber festere Fruchtfleisch schmeckt herzhaft süß-bitter. Die Früchte verwendet man auch für Salate und Marmeladen.
Heimat: Peruanische Anden. Anbau heute aber weltweit im warmgemäßigten bis subtropischen Klima, vereinzelt auch in Australien (siehe Karte).
Sonstiges: Zu der Familie *Solanaceae* gehören altbekannte Obst- und Gemüsesorten, wie z.B. Auberginen, Pepinos, Kartoffeln, Pfefferschoten, Paprika, Blasenkirschen und »echte« Tomaten sowie Tabak.
Allgemeines: Früchte und Nutzpflanzen, S. 286

Passionfruit*

Maracuja*
Passionsfrucht*
Purpurgranadilla*
Passiflora edulis★

Familie: Passionsblumengewächse, *Passifloraceae*
Aussehen: Immergrüne Kletterpflanze, beliebt wegen ihrer Blüten und Früchte.
Blätter: Dreifingrig, bis 20 cm groß.
Blüten: Weiß und purpurn, typisch schüsselförmige Passionsblüte, bis 7 cm breit.
Früchte: Hühnereigroße, purpurne Beeren mit einem wässrigen, kernreichen Fruchtfleisch.
Verwendung: Die saftigen und süßsäuerlichen Früchte löffelt man aus oder verarbeitet sie zu Getränken (Maracuja-Saft).
Heimat: Brasilien. Anbau heute weltweit in den warmen Regionen, vereinzelt auch in Australien (siehe Karte). *Passiflora edulis* ist die wirtschaftlich wichtigste *Passiflora*-Art.
Namen: Die Passionsblumenblüte erinnerte die Missionare in Brasilien an die Leiden Christi, und bei der Frucht dachten die spanischen Eroberer an einen kleinen, heimischen Granatapfel, daher Grenadille bzw. Granadilla.
Vergleiche: Auch aus Brasilien: *Giant Granadilla**, Riesengranadilla*, *Passiflora quadrangularis★*, Blüte bis 12 cm, Früchte 1-2 kg.
Sonstiges: Die Gattung ist mit rund 400 Arten überwiegend im tropischen Amerika verbreitet, wenige Arten auch in Südostasien, Polynesien, sowie in Australien mit 3 Arten.
Allgemeines: Früchte und Nutzpflanzen, S. 286

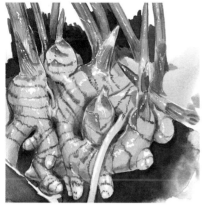

*Common Ginger**

Echter Ingwer*

Zingiber officinale ⋆

*Sugar Cane**

Zuckerrohr*

Saccharum officinarum ⋆

Familie: Ingwergewächse, *Zingiberaceae*
Aussehen: Bis 1,8 m hohe, schilfartige Staude, mit einem knolligen Wurzelstock (Rhizom), dem eigentlichen Produkt.
Blätter: Schilfartig, an kräftigen Trieben.
Blüten: Gelb mit roter Lippe, in endständigen Ähren an separaten und blattlosen Sprossen. Blüten im Vergleich zu anderen Ingwergewächsen unbedeutend.
Knollen: Handförmig, fleischig, reich an Stärke, ätherischen Ölen und Harz.
Heimat: Wahrscheinlich in China und Indien, wird dort schon seit 5000 Jahren kultiviert, heute weltweiter Anbau in den Subtropen und Tropen. Australien zählt zu den führenden Produzenten in der Welt, es ist ein relativ kleines Anbaugebiet bei dem Örtchen Yandina nördlich von Brisbane (siehe Karte).
Verwendung: Das frische und brennend scharf schmeckende Rhizom dient zum Würzen von Speisen. Es wird vielfältig verarbeitet, z.B. zu Gewürzpulver, Gingeröl, kandiert zum Ingwer, als Aroma in Ingwergebäck, -marmelade, -bier und –likör. - Auch vielfältige medizinische Bedeutung.
Sonstiges: Verschiedene heimische Gattungen der Ingwergewächse werden oft als *Native Ginger* bezeichnet, →Australische Safranwurz.
Allgemeines: Früchte und Nutzpflanzen, S. 286

Familie: Süßgräser, *Poaceae (Gramineae)*
Aussehen: Bis 6 m hohes, mehrjähriges, schilfähnliches Gras, mit einem bis zu 5 cm dicken, bambusartigen, zuckerhaltigen Stängel.
Blätter: Schilfartig, bis 1,8 m lang.
Blüten: Federbüschelartige Blütenstände, lila.
Heimat: Melanesien. *Saccharum officinarum* ist eine Kreuzung mit anderen *Saccharum*-Arten. Weltweiter Anbau heute zwischen dem 30. nördlichen und 30. südlichen Breitengrad.
Anbau in Australien: Etwa 6500 Zuckerrohr-Farmen erwirtschaften etwa 10 t Rohrzucker pro Hektar, vergleichbar mit den Erträgen bei (dem chemisch gleichen) Rübenzucker. Australien ist weltweit größter Rohrzucker-Exporteur.
Pflanzung: Erfolgt mit kurzen Zuckerrohrstücken mit einem Knoten, aus dem später die Wurzeln ausschlagen. Sie treiben nach der Ernte neu aus und werden alle 3-4 Jahre neu gesetzt.
Ernte: Nach 12-16 Monaten mit Erntemaschinen, die das Zuckerrohr abschneiden, in kleine Stücke zerhacken und in Transportbehälter geben, die traditionell per »Bähnchen«, vermehrt aber per LKW zur Zuckerfabrik gebracht werden.
Verarbeitung: Neben dem braunen Rohrzucker fallen Melasse (Zuckersyrup) und Bagasse (die ausgepressten Pflanzenfasern) an.
Allgemeines: Früchte und Nutzpflanzen, S. 286

Übersicht über im Text angegebene Orte und Nationalparks (NP)

Queensland (Qld)
1 Daintree River
2 Cairns
3 Kuranda
4 Curtain Fig Tree/Atherton Tableland
5 Eungella NP
6 Wild Duck Island/Mackay
7 Heron Island/Gladstone
8 Carnarvon Gorge NP
9 Wreck Rock/Bundaberg
10 Mon Repos/Bundaberg
11 Hervey Bay
12 Fraser Island
13 Tangalooma/Moreton Island
14 Lamington NP
15 Point Danger

Neu-Süd-Wales (NSW)
16 Cape Byron

Victoria (Vic)
17 Phillip Island
18 Wildlife Wonderland/Bass
19 Otway Coast

Tasmanien (Tas)
20 Tasmanische Nationalparks

Süd-Australien (SA)
21 Kangaroo Island

West-Australien (WA)
22 Cape Leeuwin
23 Rottnest Island
24 Lake Monger
25 Monkey Mia/Shark Bay
26 Ningaloo Reef
27 Ashmoore Reef
28 Geiki Gorge

Nord-Territorium (NT)
29 Kings Canyon (Watarrka NP)
30 Palm Valley (Finke Gorge NP)
31 Desert Park
32 MacDonnell Ranges
33 Kakadu NP
34 Territory Wildlife Park

ANHANG : NEUSEELANDS TIER- UND PFLANZENWELT

Wie die australische, so ist auch die neuseeländische Pflanzen- und Tierwelt eng verbunden mit
der einstigen Zugehörigkeit zum Gondwanaland
(siehe S. 7). Noch heute gibt es viele verwandtschaftliche Gemeinsamkeiten, beispielsweise:

➤ Laufvögel auch in Australien, Afrika und Südamerika,

➤ Südbuchen und Araukarien auch in Australien,
Neuguinea, Neukaledonien und Südamerika.

Nach Afrika, Indien und Südamerika löste
sich Neuseeland vor 80 Mio Jahren von Gondwana - als sich dort höhere Arten von Tieren
(Säugetiere, vor allem Raubtiere) und Pflanzen
(Blütenpflanzen) gerade erst ausbreiteten.

Erst 30 Mio Jahre später driftete Australien
nach Norden mit einem größeren Bestand von
Säugetieren, Schlangen und Blütenpflanzen. Wegen
der immer breiter werdenden Wasserstraße
(heute 2000 km) gelangten sie nicht mehr nach
Neuseeland, von der Verbreitung durch Vögel oder
Treibgut einmal abgesehen. Vögel und Meeressäugetiere dagegen konnten die Küsten von
Neuseeland erreichen.

Viele mit archaischem Erbgut von Gondwana
ausgestattete Arten überlebten hier unverändert
für Jahrmillionen. Abgeschiedenheit und Isolation
von anderen Landmassen ermöglichten der neuseeländischen Flora und Fauna eine eigenständige
und unabhängige Entwicklung mit einer einzigartigen Naturvielfalt. So sind auch die meisten
Arten nur hier heimisch, d.h. endemisch. Die Natur
ist einerseits relativ arm an Arten, andererseits
reich an Erscheinungsformen mit hervorragender
Anpassung an die verschiedenen Standorte und
Klimazonen, wie Hochgebirgsregionen, Grasländer,
Südbuchenwälder, subtropische und gemäßigte
Regenwälder.

Die wichtigsten heimischen Tiergruppen :

➤ Landsäugetiere: 2 Fledermausarten, zusätzlich 34 eingeführte und verwilderte Arten;

➤ Meeressäugetiere: 39 Arten von Walen (mit
Delphinen) und Robben;

➤ Land- und Seevögel: einst 240 Arten, davon
90 seit Ankunft des Menschen ausgestorben;

➤ Reptilien: 32 Arten Echsen (incl. 2 Brückenechsen) sowie 2 Seeschlangen-, aber keine
Landschlangenarten;

➤ Lurche: einst 5 Froscharten, 2 davon seit
etwa 100 Jahren ausgestorben;

➤ Insekten: bisher 9500 Arten klassifiziert;

➤ Spinnen: 2500 Arten, nur eine Art giftig;

➤ Andere Wirbellose: u.a. 180 Ringelwurmarten
und 520 Landschneckenarten.

Das herausragendste Merkmal ist das weit-
gehende Fehlen von Landsäugetieren. Viele der
ökologischen Nischen, die in anderen Erdregionen
von Säugetieren besetzt worden wären, belegten
in Neuseeland Vögel, wie Lappenvögel, Papageien,
Rallen, Kiwis und die ausgestorbenen Moas. Da
Bodenfeinde und Nahrungskonkurrenten früher
fehlten, verlernten viele Vögel das Fliegen und
entwickelten einen kräftigeren Körperbau.

Die heimische Pflanzenwelt umfasst etwa
3000 Arten; 85 % der ca. 2000 Blütenpflanzen
und alle 20 Nacktsamer (Nadelbäume) sind
endemisch; 25 % aller Arten wachsen oberhalb
der Baumgrenze. Interessanterweise fehlen viele
Arten von im benachbarten Australien so arten-
reich vertretenen Familien, wie Eukalypten und
Akazien. Andererseits entwickelten sich aus den
alten Gondwana-Familien - Myrten und Hülsen-
früchtler - eigenständige Arten.

Im Vergleich zu anderen Bruchstücken von
Gondwana konnte sich die neuseeländische
Uridylle relativ lange, bis vor rund 1000 Jahren,
erhalten und entfalten. Mit der Ankunft der
Menschen ging ein dramatischer Wandel einher.
Ursprünglich waren 80 % bewaldet, heute nur
noch 23 %. Und mit der beabsichtigten und unbeabsichtigten Einführung von etwa 1300 Tier- und
fast 2000 Pflanzenarten begann eine katastrophale Zerstörung der neuseeländischen Natur
(z.B. →Possum, →Rothirsch, →Marderarten). So
verschwanden viele heimische Arten, und andere
sind heute vom Aussterben bedroht.

Die Erhaltung heimischer Arten wird heute in
Neuseeland sehr ernst genommen. Auf den drei
Hauptinseln ist es kaum möglich, fremde Tier-
und Pflanzenarten flächendeckend zu entfernen.
Umso erfolgreicher ist man bei der Umsiedlung
von gefährdeten Tierarten auf Schutzinseln, die
man vorher gründlich von eingeführten Tieren
säuberte. So überleben zumindest dort einige
der einzigartigen Arten von Neuseeland.

Kiwi
Tokoeka

Brown Kiwi

Streifenkiwi

Apteryx australis
mit drei Unterarten

Kea
Kea

**Kea-Papagei
Berg-Papagei**

Nestor notabilis

Familie: Kiwis oder Schnepfenstrauße, *Apterygidae*
Aussehen: Untersetzter, flugunfähiger Laufvogel. Gefieder fellartig, graubraun, gestreift. Schnabel lang und leicht abwärts gebogen. Schwanz und Flügel fehlen. Bis 35 cm und 2,8 kg.
Lebensraum: Wald und Buschland.
Lebensweise: Nachtaktiv. Einzelgänger. Stöbert mit dem Schnabel nach Nahrung. Sieht schlecht, Nasenlöcher an der Schnabelspitze erleichtern die Futtersuche mit Hilfe des Geruchssinnes.
Stimme: U.a. schrilles »ki-wiii« (Name).
Nahrung: Wirbellose, Sämereien, Früchte.
Entwicklung: Bodenbrüter. 1 oder 2 Eier werden in 65-85 Tagen vom Männchen ausgebrütet.
Besonderes: Rekord in der Vogelwelt: Mit 500 g weist das Ei ein Fünftel des Körpergewichts auf! **Vergleiche:** Nordwesten der Südinsel: *Roa, Great Spotted Kiwi*, Haastkiwi, *A. haasti*, bis 45 cm und 3,3 kg, größter Kiwi; heute fast nur noch auf Kapiti Island: *Kiwi-Pukupuku, Little Spotted Kiwi*, Zwergkiwi, *A. oweni*, bis 30 cm und 1,3 kg. Karte mit Verbreitung aller drei Arten. - Der flugunfähige *Moa* †, bis 3,6 m hoch, ist ausgestorben. - →Emu, →Helmkasuar, →Strauß (Australien).
Artenschutz: Ja. Arten bedroht: durch Wiesel, Hunde, Katzen, etc. sowie Rodungen. Erfolgreiche Ansiedlungen auf Schutzinseln ohne Feinde.
Sonstiges: Ist das inoffizielle Nationalsymbol.

Familie: Echte Papageien, *Psittacidae*
Aussehen: Groß, kurzschwänzig, mit schlankem und nach vorn gezogenem Oberschnabel. Gefieder ist olivgrün »geschuppt«, Flügelunterseiten teils rötlich, beim Flug gut zu sehen. Bis 50 cm.
Lebensraum: Küste bis Hochgebirge. Einziger alpiner Papagei der Welt, kann auch im Schnee leben.
Lebensweise: Sehr gesellig und neugierig. Oft an Touristenorten zu beobachten. Benutzt dort den zum Ausgraben von Wurzeln und Würmern geeigneten starken Schnabel, um z.B. die Gummidichtungen von Autoscheiben zu zerpflücken. Auch Wanderer müssen sich vor der »diebischen Elster von Neuseeland« hüten.
Stimme: Im Flug kreischend »kee-aah« (Name).
Nahrung: Meist Pflanzenmaterial, aber auch Aas .
Entwicklung: Weich ausgepolsterte Bruthöhle. Das Weibchen bebrütet 2-3 Eier in 24 Tagen. Aufzucht gemeinsam, Junge flügge mit 100 Tagen.
Artenschutz: Ja, Art nicht bedroht.
Vergleiche: Auch Nordinsel: *Kaka*, Waldpapagei, *N. meridionalis*, 50 cm, Scheitel blass; nur noch 70 Vögel: *Kakapo*, Eulenpapagei, *Strigops habroptilus*, mit 70 cm weltweit größter Papagei; ebenfalls selten: *Kakariki, Red- and Yellow Crowned Parakeet*, Ziegen- und Springsittich, *Cyanoramphus novaezelandiae* und *auriceps*.- →Papageien in Australien.
Info: Papageien, S. 42

Tui

Parson Bird

**Pastorvogel
Priestervogel**

Prosthemadera novaeseelandiae

Riroriro

Grey Warbler

Maorigerygone

Gerygone igata

Familie: Honigfresser, *Meliphagidae*
Aussehen: Untypisch für einen Honigfresser: metallisch dunkelgrün und -blau, fast schwarz. Um den Hals mit feinen, weißen Schmuckfedern. Am Kinn hängen die beiden charakteristischen Federbüschel, die an das Beffchen der Pastorentracht erinnern (Name). Bis 32 cm.
Lebensraum: Primärwälder und Buschland, jetzt zunehmend auch in Kulturland.
Stimme: Melodisch und glockenartig, aber auch rau keuchende und kichernde Laute. Ist der ausdauerndste Sänger der Vogelwelt Neuseelands: der erste am Morgen und der letzte am Abend, oft auch in mondhellen Nächten. Männchen und Weibchen singen häufig auch im Duett.
Nahrung: Überwiegend Blütennektar, aber auch Insekten und Früchte. Wichtiger Bestäuber von Pflanzen und Verbreiter von Samen.
Entwicklung: Das Weibchen bebrütet in einem Nest 3-4 Eier in 14 Tagen, dabei unterhält das Männchen es gern mit einem Ständchen. Beide füttern dann die Jungen, die in 11 Tagen flügge sind.
Artenschutz: Ja, Art nicht bedroht.
Vergleiche: Mit gleicher Verbreitung und ähnlichem Ruf: *Korimako, Makomako, Bellbird, Glockenvogel, Anthornis melaluna*, olivgrün, bis 20 cm. Insgesamt nur drei Arten von Honigfressern in Neuseeland, im Gegensatz zu 65 Arten in →Australien.

Familie: Panthervögel, *Pardalotidae*
(auch: Südseegrasmücken, *Acanthizidae*)
Aussehen: Oberseite graubraun, Kopf und Kehle hellgrau, Bauch weiß. Nur 10-11 cm groß.
Lebensraum: Wald-, Busch- und Farmland, auch Parks und Gärten. Nur in Neuseeland (endemisch). Andere *Gerygone*-Arten auch in Australien.
Lebensweise: Paarweise und in Familien; aber außerhalb der Brutzeit auch größere Trupps. Fängt seine Beutetiere rüttelnd (in der Luft scheinbar stillstehend) an den Zweigenden.
Stimme: Hübscher trillernder Gesang. Man hört den Vogel häufiger als man ihn sieht.
Nahrung: Wirbellose, wie Spinnen, Raupen, Fliegen und Käfer, seltener auch kleine Früchte.
Entwicklung: Das Weibchen allein baut das birnenförmige Hängenest mit einem seitlichen Schlupfloch und bebrütet 2-5 Eier in 20 Tagen. Beide Eltern füttern die Jungen, die mit 18 Tagen flügge sind. Alter 6 Jahre. Meist 2 Gelege pro Jahr. Das zweite Gelege wird oft vom →Bronzekuckuck (Australien) parasitiert.
Artenschutz: Ja. Art ist nicht bedroht. Eine der wenigen endemischen Arten, die von der Umwandlung in Kulturland sogar profitiert haben und dadurch zunehmende Bestände verzeichnen.
Vergleiche: Zur gleichen Familie gehört auch der →Fleckenpanthervogel (Australien).

Piwakawaka
Fantail
Wagtail
Grey Fantail
Graufächerschwanz
Rhipidura fuliginosa

Familie: Monarchen, *Monarchidae*
Aussehen: Oberseite gräulich, Unterseite hellbraun, Augenstreif und Kehle weiß. Der Vogel wippt mit dem 8 cm langen, fächerartige Schwanz (Name) seitlich hin und her. 16 cm mit Schwanz. Einer der bekanntesten und beliebtesten Vögel Neuseelands.
Lebensraum: Wälder, Busch- und Farmland, sehr häufig auch in Parks und Gärten. U.a. auch in Südostaustralien heimisch.
Lebensweise: Einzeln, paarweise, außerhalb der Brutzeit auch kleine Trupps. Verharrt auf seinem Ansitz, fliegt dann akrobatisch, um Fluginsekten zu schnappen. Nahrungssuche gelegentlich auch am Boden. »Vorlauter« Vogel, stellt häufig seinen aufgefächerten Schwanz zur Schau.
Stimme: Hoch zwitscherndes »tchiet-tchiet«.
Nahrung: Meist Insekten, u.a. →Kriebelmücken.
Entwicklung: 2-5 Gelege von August bis Februar. Beide Eltern bauen das kompakte, schalenförmige Nest oft auf einer waagerechten Astgabel und bebrüten abwechselnd 3-4 Eier in 14 Tagen. Die Jungen sind nach der gleichen Zeit flügge.
Artenschutz: Ja. Art nicht bedroht.
Engl. Name: *Wagtail* (Bachstelze) ist irreführend. Bachstelzen wippen mit dem Schwanz auf und ab.
Vergleiche: 3 endemische Unterarten in Neuseeland. →Gartenfächerschwanz, *R. fuliginosa*, (Australien). Es gibt weltweit 43 *Rhipidura*-Arten.

Miromiro
North Island Tomtit
South Island Tomtit
Maorischnäpper
Petroica macrocephala

Familie: Schnäpper, *Petroicidae* (*Eopsaltriidae*), (dagegen Fliegenschnäpper, *Muscicapidae*)
Aussehen: Großer Kopf und kurzer Schwanz. Männchen (im Bild) mit schwarzem Rücken und Kopf und mit weißem Fleck über dem Schnabel. Unterseite weiß. Weibchen oberseits braun, unterseits blasser gefärbt. 13 cm. Die 5 Unterarten variieren leicht in Größe und Farbe.
Lebensraum: Bevorzugt offene Waldlandschaften.
Lebensweise: Einzeln oder paarweise. Fängt von einem niedrigen Zweig aus Insekten und Wirbellose auf dem Boden, im Sommer greift er Beutetiere auch an Baumstämmen. Ohne Scheu vor Menschen, verhält sich neugierig bis aggressiv.
Stimme: Männchen hohes »swie-swie«, Weibchen piepsendes »siet-siet«.
Nahrung: Überwiegend Wirbellose, im Herbst und Winter auch kleine Früchte.
Entwicklung: Oft in Dauerehe. 2-3 Gelege von September bis Januar. Nur das Weibchen flicht das napfförmige Baumnest in 1-10 m Höhe, bebrütet 2-3 Eier in 16 Tagen und wird in dieser Zeit vom Männchen gefüttert. Die Jungen sind in 18 Tagen flügge.
Artenschutz: Ja. Art nicht bedroht.
Vergleiche: Insgesamt 9 *Petroica*-Arten sind im australasiatischen Raum heimisch.
→Rotschnäpper, *P. goodenovii*, (Australien).

Kahu

Swamp Harrier
Australasian Harrier

Sumpfweih(e)

Circus approximans

Familie: *Greifvögel, Accipitridae*
Aussehen: Überwiegend dunkelbraun. Flügel mit gefingerten Enden, Spannweite bis zu 145 cm. Männchen 55 cm, Weibchen 60 cm.
Lebensraum: Hauptsächlich Sumpf-, Gras- und Farmlandschaften. Auch Australien, Neuguinea und südwestpazifische Inseln.
Lebensweise: Einzeln, paarweise, außerhalb der Brutzeit auch Trupps bis 150 Vögel.
Stimme: Pfeifende Rufe während der Balz.
Nahrung: Meist Frischfleisch von Wasservögeln, Fröschen, Fischen, Kaninchen und anderen Säugern. Auch Aas, weidet gern tote Schafe aus oder als »Straßenkehrer« z.B. überfahrene →Possums.
Entwicklung: Das Weibchen allein baut im Sumpfland den Bodenhorst und bebrütet 3-4 Eier in 33 Tagen. Die Jungen sind mit 6 Wochen flügge.
Artenschutz: Ja. Art nicht bedroht.
Vergleiche: Endemisch, weit verbreitet, aber selten: *New Zealand Falcon, Falco novaeseelandiae,* 43-47 cm. → Pfeifweih(e), (Australien).
Sonstiges: Um 1700 ausgestorben: Endemischer *Haast's Eagle* †, Haastadler †, Neuseeland-Adler †, *Harpagornis moorei* †, war mit 10-14 kg Gewicht und 2,5-3 m Flügelspannweite der größte Greifvogel der Neuzeit; Hauptbeute war der bis zu 15mal schwerere, auch ausgestorbene →Moa-Laufvogel.
Info: Greifvögel, S. 66

Kereru
Kuku
Kukupa

New Zealand Pigeon

Maorifruchttaube

Hemiphaga novaeseelandiae

Familie: Tauben, *Columbidae*
Aussehen: Groß und farbenprächtig. Oberseite und Brust metallisch schimmernd grün, braun, lila, zuweilen auch blaugrau, je nach Lichteinfall. Unterseite weiß. Augen, Schnabel und Füße rot. Bis 51 cm und 650 g.
Lebensraum: Feuchte Flachland- und Bergwälder, seltener Kulturfolger in Parks und Gärten.
Lebensweise: Nicht sehr gesellig, bei Nahrungssuche und Schlaf meist allein. Erzeugt laute Fluggeräusche bei Kurzflügen im Dickicht der Wälder.
Stimme: Gurrt zart, aber durchdringend.
Nahrung: Überwiegend direkt von den Bäumen gepickte Früchte, im Winter auch Blüten und Blätter. Wichtige Rolle im ökologischen Kreislauf: Sie verbreitet durch unverdaute Samen viele Baumarten, manche sogar fast ausschließlich.
Entwicklung: Freibrüter. Nur 1 Ei, wird in 29-30 Tagen ausgebrütet, Junges in 45 Tagen flügge.
Artenschutz: Ja. Nicht bedroht. Doch nehmen die Bestände ab durch eingeführte Nesträuber (→Possums) und Rodungen. Auch Kontroverse mit den Maori, die die Taube gern bejagen.
Vergleiche: Ist die einzige endemische Taubenart Neuseelands. - Auch im ganzen Land verbreitet: die aus Australien eingeführte →Felsentaube. Weitere sechs Taubenarten im Australien-Teil, u.a. Purpurbrust-Fruchttaube.

Ruru
Morepork
Neuseeland-Kuckuckskauz
Ninox novaeseelandiae

Familie: Eigentliche Eulen, *Strigidae*
Aussehen: Oberseits dunkelbraun, oft mit weißen Punkten, unterseits weiß und braun gefleckt, gelbgrüne Augen, Schleier. 25-35 cm.
Lebensraum: Sehr anpassungsfähig. Bevorzugt Küsten- und niedere Bergwälder, aber auch auf landwirtschaftlichen Kulturflächen zu finden.
Lebensweise: Paarweise. Nahrungssuche in den ersten Nachtstunden. Ruht am Tage im Dickicht. Deshalb sieht man ihn selten, rührt sich auch nicht, wenn man nahe vorbeigeht. Aber nachts hört man ihn häufig. Wird am Ruheplatz auch gern von anderen Vögeln »geärgert«.
Stimme: Der englische Name ist abgeleitet vom nächtlichen »more-pork« (mehr Schweinefleisch). Ruf erinnert auch an Menschenstimmen, daher bellen sogar Hunde, wenn sie die Laute hören.
Nahrung: Insekten, Vögel, Reptilien und kleine Nagetiere, vor allem Mäuse.
Entwicklung: Baumhöhlennest in 1-20 m Höhe. Die 2-4 Eier werden 1 Monat lang vom Weibchen bebrütet, es wird jeden Abend vom Männchen gefüttert. Junge flügge mit 5-6 Wochen.
Artenschutz: Ja. Art nicht bedroht.
Verbreitung: Auch in Indonesien, Neuguinea und Australien (dort meist →*Boobook* genannt).
Vergleiche: Aus Europa, häufig auf der Südinsel: *Little Owl*, Steinkauz, *Athene noctua*, 23 cm.

Pukeko
Purple Swamphen
Purpurhuhn
Porphyrio porphyrio

Familie: Rallen, *Rallidae*
Aussehen: Das purpurfarbene Gefieder ist namensgebend. Unterschwanz ist weiß. Beine, Schnabel und Stirnplatte sind rot. Spannweite 70-88 cm. 51 cm groß, 1 kg schwer.
Lebensraum: Sümpfe und Feuchtgebiete mit dichter Vegetation. Auch Stadtparks.
Lebensweise: Schwimmt nur selten, fliegt aber gut und läuft schnell. Ist in der Natur meist scheu, dennoch häufig zu beobachten.
Stimme: Schrille Trompetenrufe und dumpfe Laute, meist nachts.
Nahrung: Pflanzenteile, auch Insekten, Fische, Reptilien, Kleinvögel.
Entwicklung: Bildet eine Brutgemeinschaft mit 1-2 Weibchen und 2-7 Männchen. Alle helfen beim Bau des Bodennestes, bebrüten abwechselnd 3-8 Eier in 23-29 Tagen und ziehen dann auch gemeinsam die Jungen auf.
Artenschutz: Ja. Art nicht bedroht.
Vergleiche: Wie großes Purpurhuhn, 63 cm, 3 kg: die flugunfähige Ralle *Takahe*, *Porphyrio mantelli*, galt bis 1948 als ausgestorben, heute ca. 200 lebende Exemplare, meist Nähe Lake Te Anau. - Fleckenhaft verbreitet: *Weka*, Woodhen, Weka-Ralle, *Gallirallus australis*, 53 cm, bräunlich.
Auch in Australien: →*Australian/Eurasian Coot*, Blässhuhn und →*Purpurhuhn*.

Kuera*

California Quail*

Schopfwachtel*

Callipepla californica★
(Lophortyx californica★)

Kawau

Black Shag
Great Cormorant

Kormoran

Phalacrocorax carbo

Familie: Fasanenartige, *Phasianidae*
Unterfamilie: Zahnwachteln, *Odontophorinae*
Aussehen: Tarngefieder überwiegend graubraun mit gesprenkelter Brust. Charakteristisch die schwarze, nach vorn gekringelte Schopfflocke auf der Stirn, kleiner beim Weibchen. Männchen (im Bild) mit schwarzer Kehle und weißer Begrenzung zur blaugrauen Brust. Weibchen kleiner, aber weniger kontrastreich und mit grauer Kehle. 25 cm.
Lebensraum: Busch-, Gras- und Farmlandschaften, sowie bewachsene Flussufer. - Wurde 1862 von der Westküste Nordamerikas eingeführt.
Lebensweise: Bodenvogel, aber schläft auf Bäumen. Lebt gesellig, jedoch paarweise in Dauerehe.
Stimme: Lautes »chi-ca-go«.
Nahrung: Samen jeder Art, Triebe, Insekten.
Entwicklung: Das Weibchen bebrütet in einer Grasmulde bis zu 22 Eier in 23-24 Tagen. Die Jungen werden noch 6 Wochen von den Eltern betreut.
Vergleiche: Eingeführt aus Australien: *Brown Quail*, Ypsilon-Wachtel, *Coturnix ypsilophora*, 18 cm, braun und mehr rundlich. - Wachteln in Australien: siehe →Schwarzbrustwachtel, *C. pectoralis*.
Sonstiges: Die einzige endemische Wachtelart von Neuseeland ist etwa 1875 ausgestorben: *New Zealand Quail†*, Neuseeland-Wachtel †, *Coturnix novaezelandiae †*.

Familie: Kormorane, *Phalacrocoracidae*
Engl. Name: In Neuseeland meist *Shags* genannt.
Aussehen: Gefieder schwarz mit grünlichem und rötlichem Metallglanz, verschiedene Weißanteile je nach Unterart und Alter. Wangen und Kinn weiß. Schnabel mit Hakenspitze. 80-100 cm.
Lebensraum: Meeresküsten und küstennahe Süßgewässer. Kosmopolit: Nordamerika, Europa, Asien, Afrika, Australien und Neuseeland.
Lebensweise: Fliegt mit gestrecktem Hals. Jagt tauchend nach Beute und bleibt bis zu einer Minute unter Wasser, Antrieb durch Ruderfüße. Muss nach jedem Tauchgang die Flügel trocknen (siehe →Schlangenhalsvogel, Australien).
Stimme: Grunzen, Krächzen und Pfiffe, meist aber schweigsam.
Nahrung: Kleine Fische und marine Wirbellose.
Entwicklung: Koloniebrüter. Nester in Bäumen oder auf küstennahen Felsen. Beide bebrüten abwechselnd die 3-5 Eier in 28-30 Tagen. Junge flügge mit 7 Wochen.
Artenschutz: Teilschutz. Art nicht gefährdet.
Vergleiche: Südküste der Südinsel und Stewart Island: *Stewart Island Shag*, *Leucocarbo chalconotus*, 68 cm, bronzefarben, mit rosa Füßen.
Auch Australien: →*Little Shag*, Kräuselscharbe, *Phalacrocorax melanoleucos*, und →*Pied Shag or Pied Cormorant*, Elsterscharbe, *P. varius*.

Turua
Royal Albatross
Königsalbatros
Diomedea epomophora

Taiaroa Head

Hoiho
Yellow-eyed Penguin
Gelbaugenpinguin
Megadyptes antipodes

Taiaroa Head

Familie: Röhrennasen, *Procellariidae*
Unterfamilie: Albatrosse, *Diomedeinae*
Aussehen: Vorwiegend weiß. Flügel oben schwarz, unten meist weiß mit schwarzen Spitzen, über 3 m Spannweite. 115 cm, 9 kg.
Lebensraum: Kühle Meere und Küsten.
Lebensweise: Meist über und auf dem Meer, fliegt und segelt bis 500 km pro Tag. Landgang nur zum Brüten auf entlegenen Inseln Neuseelands, außer der kleinen Kolonie (ca. 100 Vögel) Taiaroa Head auf der Otago-Halbinsel bei Dunedin.
Nahrung: Tintenfische, Fische, Krebse, die von der Wasseroberfläche aufgenommen werden.
Entwicklung: Bodennest. Dauerehe. Nur ein Ei alle 2 Jahre, abwechselnd bebrütet in 11 Wochen. Junges flügge mit 19-20 Wochen, verbringt dann 3-6 Jahre auf See. Dort halten sich auch die Eltern für ein Jahr (getrennt!) auf.
Artenschutz: Ja. Bedroht auf See durch *Longline Fishing* und an Land durch Marderarten.
Vergleiche: 11 der 14 Albatrosarten leben in den Meeren rund um die Antarktis und besuchen Neuseeland, u.a. die mit bis 1,35 m größte Art: *Wandering Albatross*, Wanderalbatros, *Diomedea exulans*, der mit 3,3 m die größte Spannweite aller Vögel hat. – Brütet an den Küsten Australiens: →*White-capped Albatross*, Weißkappen-Albatros, *Diomedea cauta*.

Familie: Pinguine, *Spheniscidae*
Aussehen: Mit namensgebenden gelben Augen, noch auffälliger ist der gelbe Streifen um den Kopf. 65-70 cm, 5-6 kg. Bis zu 30 Jahre alt.
Lebensraum: Neuseeland. Küsten entlegener Inseln und Südküste der Südinsel. Die kleine Kolonie Taiaroa Head auf der Otago-Halbinsel bei Dunedin kann besucht werden.
Lebensweise: Küstenvogel. Tagsüber Nahrungssuche im Meer bis 25 km vor der Küste mit kurzen Tauchgängen bis 100 m Tiefe. Während der jährlichen, vierwöchigen Mauser kein Fischen.
Stimme: Großes Repertoire, u.a. durchdringender, trompetenartiger Kehlkopfschrei.
Nahrung: Meist Fische, seltener Tintenfische.
Entwicklung: Bodennest. Dauerehe, jedoch führt Unfruchtbarkeit zur »Scheidung«. Beide Eltern brüten die 2 Eier abwechseld in 6 Wochen und ziehen die Küken auf, flügge nach 14-15 Wochen.
Artenschutz: Ja. Art stark gefährdet.
Sonstiges: Ist stammesgeschichtlich der wohl älteste noch lebende Pinguin, aber mit nur noch ca. 6000 Vögeln weltweit auch der seltenste.
Vergleiche: Rings um die Südinsel: *Pokotiwha, Fjordland Crested Penguin*, Dickschnabelpinguin, *Eudyptes pachyrhynchus*, 60 cm, gelber Augenstreif.
Auch in Australien: →*Korora, Blue/Fairy/Little Penguin*, Zwergpinguin, *Eudyptula minor*, 40 cm.

Kekeno
New Zealand Fur-Seal
Neuseeland-Seebär
Arctocephalus forsteri

Paraoa
Sperm Whale
Pottwal
»Moby Dick«
Physeter catodon

Unterklasse: Höhere Säugetiere, *Eutheria*
Ordnung: Raubtiere, *Carnivora*
Familie: Ohren- oder Pelzrobben (Urahnen sind bärenartige Raubtiere), *Otariidae*
Aussehen: Graubraun. Spitze Schnauze mit Schnurrhaaren. Vorder- und Hinterflossen. Das Männchen mit Nackenmähne, bis 2,5 m, 200 kg, das Weibchen bis 1,5 m und 90 kg.
Lebensraum: Kühle Küstengewässer. An Land bevorzugt felsige Ufer. Lebt auch in Australien.
Lebensweise: Meist im Wasser, Antrieb mit den Hinterflossen. Schläft unter Wasser, taucht alle 30 Minuten auf, ohne aufzuwachen.
Nahrung: Fische, Tintenfische, Pinguine.
Entwicklung: Fortpflanzung nur an Land; bilden Brutkolonien bis 1500 Tiere. Nur ein Junges pro Jahr, selbständig mit 1 Jahr; geschlechtsreif mit 5 Jahren. Alter etwa 20 Jahre.
Artenschutz: Ja. Art ist nicht bedroht. Früher durch Pelzjäger fast ausgerottet. Die Bestände steigen wieder an, in Neuseeland etwa 100 000 und in Australien 35 000 Tiere.
Hotspots: z.B. Cape Foulwind, Milford Sound.
Vergleiche: Weitere 8 heimische Robben-Arten auf antarktischen Inseln. Gelegentlich brütet an der Südinsel-Südküste: *Whakahao, New Zealand Sea-Lion,* Auckland-Seelöwe, *Phocarctos hookeri.* - An Australiens Küsten: →Neuseeland-Seebär.

Unterklasse: Höhere Säugetiere, *Eutheria*
Ordnung: Waltiere, *Cetacea*
Unterordnung: Zahnwale, *Odontoceti*
Familie: Pottwale, *Physeteridae*
Aussehen: Dunkelgrau mit weißer Unterseite. Der riesige, eckige Kopf enthält 2000 l Walrat und außerdem das größte Gehirn (10 kg) aller Lebewesen. Atemfontäne bis 5 m hoch. Männchen bis 20 m und 60 t; Weibchen bis 12 m und 45 t.
Lebensraum: In tropischen und subtropischen Meeren. Die Männchen auch in polaren Regionen.
Lebensweise: Lebt in Herden von 10-30 Tieren. Starkes Sozialverhalten, gegenseitige Hilfe.
Nahrung: Große Tintenfische und Fische der Tiefsee. Taucht bis 2 Stunden und 3000 m tief. Gegen Kälte hilft eine 35 cm dicke Fettschicht.
Entwicklung: Alle 4-6 Jahre nur ein Junges, ist selbständig mit 2 Jahren und geschlechtsreif mit 10 Jahren. Alter 50-70 Jahre.
Artenschutz: Ja. Art nicht bedroht.
Hotspots: z.B. Kaikoura, nördlich Christchurch.
Vergleiche: 37 (von weltweit 80) Walarten (Delphine und Wale) in Neuseelands Gewässern: u.a. *Hector's Dolphin,* Hector-Delphin, *Cephalorhynchus hectori.* Auch an Australiens Küsten: →*Bottlenose Dolphin,* Großer Tümmler, →Pottwal, →Buckelwal, →Glattwal, →Schwertwal, →Grindwal.
Info: Wale, S. 31

Paihamu* or Pohima*
»Opossum*«
(Brush-tail) Possum*
Fuchskusu*
»Bürstenschwanz-Possum*«
Trichosurus vulpecula*

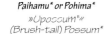

Klasse: Säugetiere, *Mammalia*
Ordnung: Beuteltiere, *Marsupialia*
Familie: Kletterbeutler, *Phalangeridae*
Engl. Name: »Opossum« nicht korrekt, da nicht verwandt mit dem amerikanischen Beuteltier.
Aussehen: Katzenartig mit buschigem Greifschwanz. Silbergrau mit cremefarbenem Bauch, auch schwarz bis dunkelrot. Bis 4,5 kg, 55 cm.
Lebensraum: Wälder, Siedlungsgebiete.
Lebensweise: Nachtaktiver Einzelgänger. Lebt meist auf Bäumen und klettert gewandt.
Nahrung: Meist Blätter, auch Knospen, Blüten, Früchte und Rinde sowie Insekten und Vogeleier.
Entwicklung: Paarung ganzjährig. Pro Jahr oft 2 Würfe, je 1 Junges, Beuteltragzeit 5 Monate. Junges reitet dann auf dem Rücken der Mutter, ist selbständig mit 7 Monaten und geschlechtsreif mit 1-2 Jahren. Alter bis 11 Jahre.
Artenschutz: Nein!!! Das heute in Australien geschützte Tier wurde um 1850 in Neuseeland als Pelztier ausgesetzt. Mangels natürlicher Feinde (in Australien: u.a. Dingos, Echsen, Schlangen) enorme Vermehrung auf heute ca. 80 Mio Tiere. Verheerende Schäden an den heimischen Bäumen (fressen Jungtriebe) und Vögeln (Raub der Eier).
Vergleiche: Australien: →Fuchskusu, →Ringelbeutler.
Sonstiges: Neben der Possum- auch große Kaninchenplage, siehe →Wildkaninchen* (Australien).

Torihua*/Wlhara*/Toata*
Ferret.*/Weasel*/Stoat*
Iltis*/Mauswiesel*/
Großwiesel* (Hermelin*)
Mustela
putorius*/nivalis*/erminia*

Klasse: Säugetiere, *Mammalia*
Unterklasse: Höhere Säugetiere, *Eutheria*
Ordnung: Raubtiere, *Carnivora*
Familie: Marderartige, *Mustelidae*
Unterfamilie: Wieselartige, *Mustelinae*
Abbildung: Großwiesel tötet ein Königslöffler-Junges mit einem flinken Biss in den Nacken - in einem Nest hoch oben im Baum.
Aussehen: Schlanker, gestreckter Körper von 15-45 cm Länge mit kurzen Gliedmaßen. Mit typischem Raubtiergebiss.
Lebensraum: Außerordentlich anpassungsfähig. In Neuseeland überwiegend Graslandschaften (Leibspeise sind hier Kaninchen), weniger dichte Wälder. Nur auf den beiden Hauptinseln.
Lebensweise: Einzelgänger. Schnelle Läufer, gute Gräber, Kletterer und Schwimmer.
Nahrung: Groß- und Mauswiesel nur Tierisches: Fleisch, Eier, Fisch; Iltis auch Früchte.
Entwicklung: Männchen paaren sich mit mehreren Weibchen. Pro Wurf bis zu 12 Junge, teils bis zu 3 Würfe pro Jahr. Geschlechtsreif mit 1-2 Jahren.
Artenschutz: Nein! Um 1875 aus Europa eingeführt, um die Kaninchenplage zu bekämpfen. Aber mangels natürlicher Feinde starke Vermehrung. Heute vor allem eine Bedrohung für die heimische Vogelwelt, u.a. auch für Kiwis und Papageien. 25 % der Nahrungsaufnahme sind Vögel und deren Eier.

Tia*

Red Deer*

Rotwild*
Rot- oder Edelhirsch*

Cervus elaphus★

Klasse: Säugetiere, *Mammalia*
Unterklasse: Höhere Säugetiere, *Eutheria*
Ordnung: Paarhufer, *Artiodactyla*
Familie: Hirsche, *Cervidae*
Aussehen: Im Sommer rötlichbraun, im Winter graubraun. 1,5-2,1 m lang. Männliche Tiere mit Geweih, jährlicher Abwurf nach der Brunftzeit.
Verbreitung: Ursprünglich Europa, Mittelasien, Nordafrika und Teile Nordamerikas.
Lebensraum: Laub- und Nadelwälder mit angrenzenden Grasflächen, Bergwälder, Heideflächen.
Lebensweise: Dämmerungs- und nachtaktiv.
Nahrung: Pflanzenkost: Gräser, aber noch lieber Blätter, Jungtriebe, Knospen, Stecklinge und Jungbäume. Durch Wildverbiss enorme Schäden an heimischen und aufgeforsteten Wäldern.
Artenschutz: Nein! Um 1850 als Jagdwild eingeführt, später weitere 12 Wildarten, u.a. *Fallow Deer**, Damwild*, *Dama dama★*; *Wapiti**, Nordamerika-Hirsch*, *Cervus elaphus canadensis★*. (Verbreitungskarte mit allen Arten.) Bis heute großer Streit zwischen Umweltschützern und Jägern.
Wirtschaft: Seit 1960 Export von Wildfleisch *(Venison)* von Freiwild; seit 1980 auch von Hirschfarmen mit heute etwa 2,5 Mio Tieren: 75 % sind Rothirsche, 10 % Wapitis, Rest anderes Rotwild. Lukrativ ist auch das pulverisierte Bastgeweih *(Velvet)*, in Asien hochgeschätztes Heilmittel.

Hipi*

Sheep*

Schafe*

Gattung Ovis★

Klasse: Säugetiere, *Mammalia*
Unterklasse: Höhere Säugetiere, *Eutheria*
Ordnung: Paarhufer, *Artiodactyla*
Familie: Hornträger, *Bovidae*
Unterfamilie: Böcke oder Ziegenartige, *Caprinae*
Abbildung: *Romney*, Neuseelands Primärschaf.
Geschichte: Erste Versuche im 19. Jahrhundert mit dem in Australien so erfolgreichen *Merino* (an trockenes Klima gewöhnt) schlugen auf der feuchten Nordinsel fehl. Britische Rassen waren erfolgreicher: Sie produzierten außer grober Wolle auch Fleisch. Bald verlagerte sich die Schafzucht auf die Südinsel mit großen trockenen Flächen im Ostteil, auch gut für die Merinozucht.
Wirtschaft: Heute hält man ca. 40 Mio Schafe; jährlicher Wollertrag rund 200 000 t. Neuseeland ist zweitgrößter Wollproduzent der Welt nach Australien; führend am Weltmarkt bei der meist für Teppiche verwendeten Grobwolle (25 % Anteil) und bei Lamm- und Schaffleisch (53 %).
Wichtige Schafsrassen: Gesamtanteil und Faserstärke (je feiner, umso teurer) in Klammern.
Romney (56 %, 33-39 Micron);
Coopworth (16 %, 35-40 Micron);
Perendale (10 %, 31-37 Micron);
Corriedale (6 %, 26-33 Micron):
Merino (5 %, 14-24 Micron);
»Teppichschaf« *Drysdale* (1 %, über 40 Micron).

Tuatara
Tuatara

Brückenechse
Sphenodon punctatus
Sphenodon guntheri

Klasse: Reptilien, *Reptilia*
Ordnung: Schnabelköpfe, *Rhynchocephalia*
Familie: Brückenechsen, *Sphenodontidae*
Aussehen: Wie eine große Eidechse, bis 60 cm lang, wird über 100 Jahre alt. Schädelknochen ähneln denen von Reptilien, die vor ca. 220 Mio Jahren gelebt haben. Gilt als lebendes Fossil.
Ungewöhnliche anatomische Merkmale:
➤keine Zähne, sondern Knochen-Auszackungen;
➤Kieferknochen mit schnabelähnlicher Form;
➤knöcherne Schläfenbrücken (dt. Name);
➤keine Ohrenöffnungen, hören aber gut;
➤mit Haut bedecktes »drittes Auge« am Oberschädel, begrenzte Verbindung zum Gehirn;
➤Männchen ohne Penis: pressen bei Paarung die Kloakenöffnungen aneinander, wie bei Vögeln.
Lebensraum: Nur Neuseeland. Früher im ganzen Land, heute nur noch auf etwa 30 steilen Inseln.
Lebensweise: Nachtaktiv. Bewegt sich langsam, aber jagt schnell. Liebt Temperaturen um 15°C. Bewohnt teilweise Nisthöhlen von Seevögeln.
Nahrung: Gliederfüßer, Regenwürmer, Geckos, Skinks, auch Eier und Küken von Seevögeln.
Entwicklung: Legt 5-15 Eier in einem Erdloch ab, das mit Pflanzenmaterial und Erde bedeckt wird. Die Jungen schlüpfen nach 11-16 Monaten.
Artenschutz: Ja. Noch ca. 100 000 lebende Tiere. Brütet dort erfolgreich, wo es keine Ratten gibt.

Tarautete*
Rainbow-Trout*

Regenbogenforelle*
Onchorhynchus mykiss★
(Salmo gairdneri★)

Klasse: Knochenfische, *Osteichthyes*
Ordnung: Lachsartige, *Salmoniformes*
Familie: Forellenfische, *Salmonidae*
Name: In Europa auch »Lachsforelle«.
Aussehen: Mit rötlichem Seitenstreifen, bis zu 80 cm lang und 10 kg schwer.
Lebensraum: Meist Seen, in Neuseeland seltener Flüsse. Ursprünglich im Westen Nordamerikas heimisch, 1883 in Neuseeland eingebürgert.
Lebensweise: Raubfisch. Jungfische in Schwärmen, aber später Einzelgänger im eigenen Revier. Überwindet leicht Wasserfälle von 3 m und mehr.
Nahrung: Meist kleine Fische, Insekten, Frösche.
Entwicklung: Geschlechtsreif mit 2 Jahren. Eiablage in einer Laichgrube am Gewässerboden. Brutdauer 30-40 Tage. Alter etwa 7 Jahre.
Vergleiche: Aus Europa eingebürgert, lebt meist in Flüssen: *Brown Trout**, Forelle*, *Salmo trutta★*. Verbreitungskarte mit beiden Arten.
Sonstiges: Beide Arten sind die beliebtesten Anglerfische in Neuseeland. Um ein Überfischen zu verhindern, dürfen Forellen nicht gehandelt werden, man findet sie daher auch nicht auf den Speisekarten der Restaurants. - Zudem sind die Einnahmen aus den Gebühren für Angelscheine (auch für Touristen erhältlich) wesentlich höher als der Gewinn, den man durch die kommerzielle Vermarktung erzielen könnte.

Paua
Blackfoot Paua
Rainbow/Common Paua
»Meeresopal«
Neuseeland-See-/Meerohr
Haliotis iris

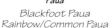

Stamm: Weichtiere (Mollusken), *Mollusca*
Klasse: Schnecken, *Gastropoda*
Familie: Meerohren, *Haliotidae*
Aussehen: Die perlmuttreiche Schale ähnelt einer Muschel, meist mit perforationsartigen Löchern am Rand, außen kalkverkrustet und innen mit herrlichen blaugrünen Farbmustern. Bis 17 cm.
Lebensraum: Nur Neuseeland. Felsige Küstengewässer, von der Brandungszone bis 25 m Tiefe.
Lebensweise: Fortbewegung an Felsoberflächen mit Hilfe des Haftfußes. Scheidet das Atemwasser über die Löcher am Gehäuserand aus.
Nahrung: Meist Algen und Seetang.
Entwicklung: Getrenntgeschlechtlich. Aus den befruchteten Eiern entwickeln sich Larven, die erst frei schwimmen und sich dann festsetzen.
Nutzen: Bei Maori zur Schnitzkunst-Dekoration (vor allem als Augen) und als Nahrungsmittel. Heute werden die regenbogenfarbig schillernden, opalfarbenen Schalen (Meeresopal) zu Schmuckstücken verarbeitet und das Fleisch wird in viele Länder (etwa 50 NZD/kg) exportiert.
Vergleiche: Weitere zwei heimische Arten: *Paua Korohiwa, Silver Paua, H. australis,* bis 10 cm, innen silbrig; *Virgin Paua, H. virginea,* bis 6 cm.
Siehe auch →See-/Meerohren (Australien).
Greenlipped Mussel, Grünschalmuschel, *Perna canaliculus,* Neuseelands beliebteste Speisemuschel.

Weta
Tree Weta
Baum-Weta
Gattung Hemideina

Klasse: Insekten, *Insecta*
Ordnung: Spring(heu)schrecken, *Saltatoria*
Unterordnung: Langfühlerschrecken, *Ensifera*
Familie: Wetas, *Anostomatidae*
Maori-Name: »Gott der hässlichen Dinge«.
Aussehen: Walzenförmiger Körper mit kräftigen hinteren Sprungbeinen und körperlangen Fühlern (Antennen), aber ohne Flügel. 5 cm lang.
Lebensraum: Meist Bäume und Sträucher. Insgesamt sechs endemische Baum-Weta-Arten.
Lebensweise: Dämmerungs- und nachtaktiv. Gewandte Kletterer, springen selten. Die Männchen erzeugen mit den Hinterbeinen einen kratzenden Zirplaut (wie mit Daumennagel über einen Kamm).
Nahrung: Meist Blätter, auch andere Insekten.
Entwicklung: Die Weibchen legen 100-300 Eier mit einem säbelförmigen »Stachel« (Legebohrer) am Hinterleib ab. Verwandlung unvollkommen.
Vergleiche: Über 70 Weta-Arten, u.a. *Ground Weta,* Boden-Weta, *Gattung Hemiandrus; Giant Weta,* Riesen-Weta, *Gattung Deinacrida,* sind mit 10 cm die größten und 71 g die schwersten Insekten weltweit. - *Cave Weta,* Höhlen-Weta, gehören zur Familie Höhlenschrecken *(Rhaphidophoridae).*
Siehe auch →Grillen (Australien).
Sonstiges: Wetas gibt es unverändert seit 200 Mio Jahren. - Ihr Biss ähnelt einem Wespenstich und ist ungefährlich.

Puratoke
New Zealand Glow-Wurm
Neuseeland-Glühwürmchen
Arachnocampa luminosa

Klasse: Insekten, *Insecta*
Ordnung: Zweiflügler, *Diptera*
Unterordnung: Mücken, *Nematocera*
Familie: Pilzmücken, *Mycetophilidae*
Aussehen: Die eigentlichen Glühwürmchen sind Larven der Pilzmücke, *Fungus Gnat*, *Arachnocampa luminosa*, die bis zu 1,5 cm groß wird und einem Moskito ohne Rüssel gleicht.
Larve: Ähnelt Streichholz, 2,5 cm lang. Lebt in einer Art Hängematte, an Überhängen oder Höhlendecken mit seidenähnlichen Fäden befestigt.
Lebensweise: Erzeugt mit dem fluoreszierenden Organ Licht, um im Dunkeln Beute anzulocken. Lässt bis 50 cm lange, klebrige Fäden – wie Fliegenfänger – herabhängen. Bleibt ein Insekt daran kleben, wird es nach oben gezogen und verspeist.
Entwicklung: Larve bis zu 9 Monate; dann Verpuppung; nach 2-3 Wochen schlüpft die fertige Mücke, die nur 2-3 Tage lebt. Ihre einzige Bestimmung ist, einen Partner zu finden und Eier zu legen, aus denen nach 3 Wochen die Larven schlüpfen.
Lebensraum: Alle Regionen Neuseelands, bekannteste Höhlen bei Waitomo und Te Anau. Gleiche Gattung auch in Ostaustralien.
Vergleiche: Glühwürmchen in Europa (Leuchtkäfer) leuchten, um Partner zu finden (nur zur Paarungszeit); in Neuseeland um Beute anzulocken (deswegen ganzjährig, praktisch für Touristen).

Namu
Sandfliege
»Sandfliegen« Neuseeland-Kriebelmücken
Gattung Austrosimulium

Klasse: Insekten, *Insecta*
Ordnung: Zweiflügler, *Diptera*
Unterordnung: Mücken, *Nematocera*
Teilordnung: Stechmückenartige, *Culicomorpha*
Familie: Kriebelmücken, *Simuliidae*
Engl. Name: Fälschlich von Kapitän Cook initiiert.
Abbildung: *A. australense* auf der Haut.
Aussehen: Der schwarze Plagegeist ähnelt einer Fliege, maximal 5 mm lang, meist kleiner.
Lebensraum: 18 Arten in Neuseeland, bevorzugt an fließenden Gewässern mit hoher Luftfeuchtigkeit wie z.B. an der Westküste der Südinsel.
Lebensweise: Beide Geschlechter sind Nektarsauger; die Weibchen zusätzlich Blutsauger an Säugetieren und Vögeln, die Blutmahlzeit ist eine Hormonstimulanz für die Entwicklung der Eier.
Entwicklung: Bilden Schwärme zur Partnerfindung: Die Männchen fliegen die Weibchen von unten an, die Begattung beginnt in der Luft und wird am Boden fortgesetzt. Abgabe der bis zu 1000 Eier an oder in Fließgewässer. Der Zyklus Ei-Larve-Puppa-Insekt dauert 6-7 Wochen.
Mückenstich: Juckt, nicht Stechsauger (z.B. Moskito) sondern Poolsauger und deswegen gibt die weibliche Mücke Blutgerinnungshemmer in die Wunde. Neuseelands Kriebelmüken übertragen aber keine Krankheiten, wie z.B. in Amerika und Afrika. - Vorbeugung mit Mückenmitteln.

Pohutukawa

New Zealand Christmas Tree

Eisenholzbaum
Neuseeland-Weihnachtsbaum

Metrosideros excelsa
(Metrosideros tomentosa)

Klasse: Zweikeimblättrige, *Dicotyledoneae*
Ordnung: Myrtenartige, *Myrtales*
Familie: Myrtengewächse, *Myrtaceae*
Aussehen: Ausladender, reich verzweigter Baum, bis 21 m hoch, mit kurzem, dickem Stamm.
Standort: Nördl. Nordinsel meist in Küstennähe.
Rinde: Dunkelgrau und gefurcht.
Blätter: Elliptisch bis länglich, 10-15 cm lang, ledrig, oberseits dunkelgrün, unterseits weiß (bei den *Rata*-Arten, siehe unten, dagegen grün).
Blüten: Leuchtend karminrot, puderquastenartig, in dichten Büscheln am Ende der Zweige.
Blütezeit: Um die Weihnachtszeit (Name).
Früchte: Bis 1 cm lange, ledrige Kapseln.
Nutzen: Wird heute weltweit kultiviert, u.a. im südlichen Australien: meist als Strauch, daher auch »Weihnachtsbusch«, aber auch als ein Zier- und Schattenbaum. Die Maori nutzten Rinde und Blüten als Buschmedizin.
Heimat: Neuseeland.
Vergleiche: Mit ähnlichen Blüten: *Northern Rata, Metrosideros robusta,* überwiegend auf Nordinsel; *Southern Rata, Metrosideros umbellata,* Nord- und Südinsel; die Kletterpflanze *Climbing Rata, Metrosideros diffusa,* in ganz Neuseeland verbreitet.
Allgemeines: 12 der 50 *Metrosideros*-Arten sind neuseeländisch. Die baumförmigen Arten heißen Eisenhölzer, das Holz ist schwerer als Wasser.

Manuka

Red Tea Tree
Round-leafed Tea Tree

Manuka-Teebaum

Leptospermum scoparium

Klasse: Zweikeimblättrige, *Dicotyledoneae*
Ordnung: Myrtenartige, *Myrtales*
Familie: Myrtengewächse, *Myrtaceae*
Aussehen: Gedrungener Strauch, oft baumartig, bis 4 m hoch, mit überhängenden Trieben.
Standort: Weitverbreitet, von Küstennähe bis zu Berglagen von 1400 m Höhe.
Rinde: Braun, schält sich in langen Streifen.
Blätter: Elliptisch, steif, spitz, mittel- bis dunkelgrün, nur bis 10 mm lang und 6 mm breit. Duften aromatisch, besonders beim Zerdrücken.
Blüten: Weiß oder rosa, einzelstehend, schalenförmig, bis 15 mm breit, in üppigen Mengen.
Blütezeit: Oktober bis Januar.
Früchte: Verholzte Samenkapseln.
Vergleiche: Ähnliche Verbreitung: *Kanuka, White Tea Tree,* Weißer Teebaum, *Kunzea ericoides,* bis zu 15 m hoch, Blüten aber nur bis 7 mm breit und nur weiß, weichere Blätter als *Manuka.*
Nutzen: Aus Blättern beider Arten gewinnt man das Teebaumöl, beliebt u.a. wegen antiseptischer Eigenschaften. Besonders *Manuka* ist bei Imkern eine hochgeschätzte Bienenpflanze, denn der Manuka-Honig ist ein Exportschlager.
Heimat: Beide Arten in Neuseeland. *L. scoparium* auch Australien, damit eine der wenigen Pflanzenarten, die in beiden Ländern heimisch sind.
Allgemeines: →Küsten-Teebaum (Australien).

Kotukutuku

Tree Fuchsia

Baumfuchsie

Fuchsia excorticata

Southern Beeches

**Südbuchen
Scheinbuchen**

Gattung Nothofagus

Klasse: Zweikeimblättrige, *Dicotyledoneae*
Ordnung: Myrtenartige, *Myrtales*
Familie: Nachtkerzengewächse, *Onagraceae*
Aussehen: Langsam wachsender Baum, in der Natur bis 12 m hoch, Stammdurchmesser von über 60 cm. Größte Fuchsienart weltweit. In Kultur nur bis zu 4 m hoher Strauch.
Standort: Meist am Rande von Wäldern und in Sekundärwäldern; Küstennähe bis über 1000 m.
Rinde: Hellbraun, papierartig abblätternd.
Blätter: Dunkelgrün mit silbriger Unterseite, bis 10 cm lang und 5 cm breit. In kühlerem Klima und höheren Lagen im Winter laubabwerfend.
Blüten: Hängend, grünlich-violett oder mattrot, sprießen meist direkt aus den Ästen (Kauliflorie).
Blütezeit: Oktober bis Dezember.
Früchte: Lila bis schwarze Beeren, 15 mm lang, mit vielen Samen. Von Maoris *Konini* genannt.
Nutzen: Vor allem Vögel sammeln Blütennektar und Früchte. Schon die Maori aßen die wohlschmeckenden Früchte, auch die ersten weißen Siedler fertigten daraus u.a. Marmelade.
Heimat: Neuseeland.
Allgemeines: Gattung mit etwa 100 Arten aus Zentral- und Südamerika - ausgenommen vier auf Neuseeland und einer auf Tahiti beheimateten Art. Gattung benannt nach dem deutschen Arzt und Botaniker Dr. Fuchs aus Wemding.

Klasse: Zweikeimblättrige, *Dicotyledoneae*
Ordnung: Buchenartige, *Fagales*
Familie: Scheinbuchengewächse, *Nothofagaceae* (früher: Buchengewächse, *Fagaceae*)
Aussehen: 5 Arten (4 Arten, 1 Unterart) schnellwachsender Bäume bis 30 m hoch, Stammdurchmesser bis zu 2 m, oft mit Brettwurzeln.
Standort: Überwiegend auf der Südinsel, Küstennähe bis Baumgrenze über 1000 m Höhe.
Rinde: Jungbaum glatt, Altbaum rau und streifig. Unter der Rinde leben Insekten, die Honigtau ausscheiden. Wichtige Nahrungsquelle für Vögel, aber auch für schwarze Schimmelpilze.
Blätter: Dunkel- und hellgrün, oft gesägt, immergrün, kleiner als die der europäischen Buche. Im Bild: 1) *Tawhai, Silver Beech*, Neuseel. Silberbuche, *N. menziesii;* 2) *Tawhai Raunui, Red Beech*, Rote Scheinbuche, *N. fusca;* 3) *Tawhai Raunui, Hard Beech*, Harte Südbuche, *N. truncata;* 4) *Tawhai Rauriki, Black Beech*, Schwarze Berg-Südbuche, *N. solandri*.
Blüten: Klein, kätzchenartig.
Früchte: Samenschalen mit dreieckigen Samen.
Nutzen: Geschätztes Möbelholz.
Heimat: Neuseeland. Verbreitungskarte mit allen fünf Arten.
Vergleiche: Im Australien-Teil: →Berg-Südbuche und →Myrten-Südbuche.
Allgemeines: →Myrten-Südbuche (Australien).

Pate

Seven Finger

**»Siebenfinger-
Strahlenaralie«**

Schefflera digitata

Horoeka

Lancewood

Lanzenbaum

Pseudopanax crassifolius

Klasse: Zweikeimblättrige, *Dicotyledoneae*
Ordnung: Doldenblütlerartige, *Apiales/Araliales*
Familie: Efeugewächse, *Araliaceae*
Aussehen: Langsam wachsender Baum, meist mehrstämmig, bis 8 m hoch.
Standort: Von Meeresniveau bis etwa 1000 m Höhe, bevorzugt feuchte Standorte.
Blätter: Meist sieben- bis neunfach gefingert, bis 20 cm lang, fein gezahnt, dünn und weich (im Gegensatz zur Fünffinger-Aralie, siehe unten).
Blüten: Grünlich-gelb, winzig, an Rispen.
Blütezeit: Februar bis März.
Früchte: Runde Beeren, lila, mit 5-10 Samen.
Nutzen: Als Zimmerpflanze weltweit kultiviert. Heil- und Nutzpflanze bei den Maori. Die Beeren werden von Vögeln geschätzt.
Heimat: Neuseeland.
Vergleiche: Vorwiegend Nordinsel: *Whauwhaupaku, Five Finger,* Fünffinger-Aralie, *Pseudopanax arboreus,* Blätter meist nur fünf- bis siebenfach gefingert und grob gezahnt. Allgemeines zu *Pseudopanax* →Lanzenbaum.
Allgemeines: Die Gattung *Schefflera* ist mit etwa 900 Arten auf den Pazifikinseln, in Australien (→Strahlenaralie), Südostasien, Zentral- und Südamerika beheimatet. In Neuseeland nur mit der einen Art *Schefflera digitata*.

Klasse: Zweikeimblättrige, *Dicotyledoneae*
Ordnung: Doldenblütlerartige, *Apiales/Araliales*
Familie: Efeugewächse, *Araliaceae*
Aussehen und Blätter: Jungbaum (bis zu 20 Jahre alt) mit einem einzelnen, astlosen Stamm, bis ca. 2,5 m hoch, von dem lanzenartige (Name), grob gezahnte und bis 1 m lange Blätter herunterhängen (links im Bild). Der bis zu 15 m hohe Altersbaum hingegen hat weiche, drei- oder fünffach gefingerte Blätter mit nur 30 cm Länge und bildet eine verzweigte, runde Krone (rechts im Bild).
Standort: Von Meeresniveau bis 800 m Höhe.
Blüten: Grünlich, in 7-10 cm breiten Dolden.
Blütezeit: Januar bis März.
Früchte: Kleine, lila Beeren an weiblichen Bäumen.
Vergleiche: Ähnliche Verbreitung und Entwicklung: *Toothed Lancewood, P. crassifolius,* als Altbaum 6 m hoch mit einer mehr kugelartigen Krone.
Besonderes: Die interessante Entwicklung findet man auch bei anderen neuseeländischen Bäumen: Der Jungbaum schützt sich mit ungenießbaren Blättern vor Wildfraß (früher →Moas), im Alter sorgen dann normale Blätter in der Höhe für eine bessere Photosynthese.
Heimat: Neuseeland, für beide Arten.
Allgemeines: Die 20 *Pseudopanax*-Arten sind nur in Neuseeland, Tasmanien und Chile beheimatet und gelten deshalb als Gondwana-Pflanzen.

Taramea
Native Carrot
Wild Spaniard
Golden Spaniard
Golden Speargrass
»Neuseeland-Speergras«
Gattung Aciphylla

Mt Cook Lily
Mountain Lily
Giant Buttercup
Mountain Buttercup
Bergbutterblume
Ranunculus lyallii

Klasse: Zweikeimblättrige, *Dicotyledoneae*
Ordnung: Doldenblütlerartige, *Apiales / Araliales*
Familie: Doldengewächse, *Apiaceae / Umbelliferae*
Gattung: 39 (von insgesamt 42) Arten sind in Neuseeland beheimatet, drei in Australien.
Aussehen: Aus Pfahlwurzeln sprießen Stauden, die borstige, grasartige Büschel (Blatthorste) bis zu 1 m Höhe und 1,5 m Breite bilden.
Standort: Meist bergige Grasformationen und alpine Regionen, seltener niedrige Lagen.
Blätter: Meist riemenartig, steif, ledrig, ocker-farbig und bis 80 cm lang. Oft mit gefährlichen Stacheln an den Spitzen.
Blüten: Mit Stacheln umstellte Blütenstände tragen viele kleine, meist goldbraune Blüten. Der Blütenstand wird bis 2 m hoch und erhebt sich über die Büschel. Separate Blütenstände für männliche und weibliche Blüten.
Blütezeit: Dezember bis Januar.
Nutzen: Zur Dünen- und Hangbefestigung (Pfahl-wurzeln). Die Maori aßen die Wurzelstöcke; sie extrahierten aus ihnen auch ein Harz (am Feuer), es diente als Kaugummi, aber auch als Schmuck.
Besonderes: Da es in Neuseeland früher keine vegetarischen Säugetiere gab, fragt man sich, warum die Pflanze so wehrhaft ist. Wahrscheinlich war es Selbstschutz gegen grasende →Moas.
Im Bild: *Golden Spaniard, Aciphylla aurea.*

Klasse: Zweikeimblättrige, *Dicotyledoneae*
Ordnung: Hahnenfußartige, *Ranunculales*
Familie: Hahnenfußgewächse, *Ranunculaceae*
Aussehen: Halbimmergrüne, gruppenbildende, Knollen bildende Staude bis 1 m hoch. Weltweit größte *Ranunculus*-Art, auch mit größter Blüte.
Standort: Feuchte, subalpine Regionen (700 bis 1500 m) der Südinsel und von Stewart Island.
Blätter: Bratpfannenartig, im Durchmesser bis zu 40 cm, seerosenähnlich, tiefgrün glänzend und ledrig, angeordnet an langen Blattstielen.
Blüten: Weiß glänzend, becherförmig, bis 8 cm breit, an verzweigten hohen Stängeln, mit bis zu 15 Blüten an einem Stängel.
Blütezeit: Mitte November bis Mitte Januar.
Name: Im Englischen irreführend *Lily* wegen der ähnlichen Blätter der Seerose (→*Water Lily*). - Als *Giant Buttercup* wird auch der eingeführte Scharfe Hahnenfuß, *Ranunculus acer,* bezeichnet.
Heimat: Neuseeland.
Vergleiche: Am weitesten verbreitet ist die ein-geführte, gelbblühende Art *Creeping Buttercup**, Kriechender Hahnenfuß*, *Ranunculus repens★*.
Allgemeines: 35 (von weltweit 400) *Ranunculus*-Arten sind in Neuseeland heimisch. - Ebenso 7 (von weltweit 200) *Clematis*-Arten mit meist weißen Blüten. →*Weiße Clematis* (Australien).

Kowhai
Kowhai

Neuseeland-Schnurbaum

Sophora microphylla
und *Sophora tetraptera*

Klasse: Zweikeimblättrige, *Dicotyledoneae*
Ordnung: Hülsenfruchtartige, *Fabales*
Familie: Schmetterlingsblütler, *Fabaceae (Leguminosae)*
Aussehen: Ausladender Baum, bis zu 10 m hoch und breit. Herabhängende, ineinandergreifende Zweige bilden eine breite, kugelige Krone.
Standort: Überschwemmungsebenen und Waldrand; meist einzelstehend und in der Nähe von Wasser, da die Samen schwimmfähig sind.
Rinde: Rau und gefurcht, gräulich und graubraun.
Blätter: Farnartig, bis 15 cm lang, bilden bis zu 40 Paare eiförmiger, dunkelgrüner, nur 1 cm langer Fiedern. Abwurf der meisten Blätter von Juli bis August, damit ist *Kowhai* einer der wenigen laubabwerfenden Bäume Neuseelands.
Blüten: Goldgelb, bis 5 cm lang, je 4-10 Blüten hängen an bis 6 cm langen Trauben. Bildung der Blüten vor den Blättern, dadurch erscheint der ganze Baum während der Blüte gelb. Die Blüte ist die inoffizielle Nationalblume Neuseelands.
Blütezeit: August bis Oktober.
Früchte: 15 cm lange Hülsen.
Heimat: Neuseeland und Chile.
Sonstiges: Die harten, schwimmfähigen Samen aus Neuseeland sind wahrscheinlich für die Verbreitung der gleichen Art in Südchile verantwortlich.
Vergleiche: Nur Ostküste Nordinsel: *Kaka Beak*, *Clianthus puniceus*, Strauch mit roten Blüten.

*Russel Lupin**
Stauden-Lupine*

*Lupinus polyphyllus** und
*Lupinus Russel Hybriden**

Klasse: Zweikeimblättrige, *Dicotyledoneae*
Ordnung: Hülsenfruchtartige, *Fabales*
Familie: Schmetterlingsblütler, *Fabaceae (Leguminosae)*
Aussehen: Aufrechte Staude, 1-1,5 m hoch und 45-60 cm breit.
Standort: Überwiegend Flussebenen und hügelige Grasformationen sowie Straßenränder.
Blätter: Gefingert mittelgrün, sie bilden einen prachtvollen, 1 m hohen Horst.
Blüten: 15 bis 60 cm lange Ähren mit großen, farbintensiven, rosa-, creme-, orangefarbenen, violetten oder blauen, häufig auch zweifarbigen Schmetterlingsblüten.
Blütezeit: Dezember bis Januar.
Nutzen: Weltweit Zierstaude, die sich aber in Neuseeland teils ungehemmt verbreitet hat. Dient aber auch, wie die unten erwähnte Baumlupine, zur Regeneration von Dünenlandschaften. Andere Lupinen-Arten werden als Viehfutter angepflanzt.
Vergleiche: Auf Südinsel auch weit verbreitet: *Tree Lupin**, Baumlupine*, *Lupinus arboreus**, bis 2,5 m hoher und 1 m breiter Strauch mit in der Regel blassgelben, wohlriechenden Blüten. Wird aber in Neuseeland meist als Unkraut angesehen.
Heimat: Beide Arten Nordamerika (Kalifornien).
Allgemeines: Gattung *Lupinus* mit 200 Arten aus Nordamerika, Südeuropa und Nordafrika.

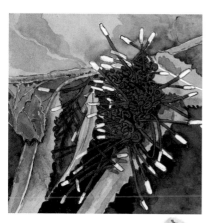

Rewarewa
New Zealand Honey Suckle
Neuseeland-Geißblatt
Knightia excelsa

Koromiko
Veronica
Speedwell
Neuseeländische Strauchveronika
Gattung Veronica/Hebe

Klasse: Zweikeimblättrige, *Dicotyledoneae*
Ordnung: Proteenartige, *Proteales*
Familie: Proteusgewächse, *Proteaceae*
Aussehen: Meist säulenförmiger Baum, bis 30 m hoch und 10 m breit, Stammdurchmesser bis zu 1 m. Die kurzen, seitlichen Äste beginnen oft erst in 15 m Höhe.
Standort: Tiefland- und Bergwälder bis 850 m über Meereshöhe.
Rinde: Ziemlich glatt, dunkelbraun bis nahezu schwarz.
Altersblätter: Bis 15 cm lang und 5 cm breit, wechselständig, ledrig, stumpfgezähnt. Jugendblätter länger und schmäler, auch gezähnt.
Blüten: Tiefrot, Grevillea-ähnlich, röhrenförmig, schlank und duftend, in dichten Trauben.
Blütezeit: November.
Nutzen: Heimische Vögel holen den Blütennektar, der auch eine wichtige Rolle bei der Honigerzeugung durch eingeführte Bienen spielt. Das Holz ist stark gemasert und eignet sich gut für Drechselarbeiten.
Heimat: Neuseeland.
Allgemeines: Die überwiegend in Australien und Südafrika verbreitete Proteus-Familie umfaßt etwa 1500 Arten (→Info Proteen im Australien-Teil). In Neuseeland nur mit je einer *Knightia*-Art und *Toronia*-Art vertreten.

Klasse: Zweikeimblättrige, *Dicotyledoneae*
Ordnung: Lippenblütlerartige, *Lamiales*
Familie: Wegerichgewächse, *Plantaginaceae* (früher: Braunwurzgewächse, *Scrophulariaceae*)
Gattung: *Veronica* (Ehrenpreis) umfaßt jetzt wieder die etwa 100 Hebe-Arten (Untergattung); sie kommen fast nur in Neuseeland vor.- Die Art *Hebe elliptica* ist heimisch in Neuseeland, Südchile und auf den Falkland-Inseln. Wie bei →Neuseeland-Schnurbaum soll der Samen mit Meeresströmungen transportiert worden sein.
Aussehen: Immergrüne Sträucher, seltener auch Bäume, die bis 15 m hoch werden.
Standort: Unterschiedliche Lebensräume: von der Küste bis zum Hochgebirge - mit Felsstandorten bis zu Strauch- und Grasformationen.
Blätter: Vielseitig: dicht und gegenständig, eiförmig bis rundlich, lanzettlich bis schuppenartig.
Blüten: Sehr verschieden: Farbe variiert von weiß zu rosa, blau, purpur oder rot. 1-12 mm breite Blüten stehen in Trauben, Ähren oder kleinen Köpfchen.
Blütezeit: Meist November bis Januar.
Nutzen: Heute Zierpflanzen weltweit, viele Hybridzüchtungen. - Bei den Maori vielfältige Heilpflanze.
Bild: Links *H. salicifolia*, rechts *H. paukiramosa*.
Vergleiche: Ähnliche Blüten wie *H. salicifolia* hat Kamahi, *Weinmannia racemosa* (*Cunoniaceae*), mit rötlichen Fruchtständen (wie Blüten) im Herbst.

Kiwi Fruit*
Chinese Gooseberry*
Kiwi(frucht)*
Chinesischer Strahlengriffel*
Actinidia deliciosa★ (chinensis★)

Kumara*
Sweet Potato*
Batate*
Süßkartoffel*
Ipomoea batatas★

Klasse: Zweikeimblättrige, *Dicotyledoneae*
Ordnung: Heidekrautartige, *Ericales*
Familie: Strahlengriffelgewächse, *Actinidiaceae*
Aussehen: Laubabwerfende, schnellwüchsige (bis 15 cm pro Tag) Kletterpflanze (Rebe), die an verdrahteten, T-förmigen Holzrahmen (ähnlich wie beim Hopfenanbau) gezogen wird.
Blätter: Eiförmig, bis 20 cm lang.
Blüten: Mit männlichen und weiblichen Blüten auf verschiedenen Pflanzen (zweihäusig). In den Plantagen pflanzt man eine männliche Rebe für je sieben weibliche Reben.
Früchte: Eine mit 7 Jahren ausgewachsene weibliche Rebe trägt ca. 1000 Kiwis pro Saison. Die Erntezeit ist von Mitte April bis Anfang Juni.
Nutzen: Die an Vitam C reichen Früchte werden meist frisch gegessen.
Heimat: Das Yangtse-Tal in China. Erst die Kiwis (Spitzname für die Neuseeländer, aber auch Name des flugunfähigen →Kiwi) züchteten die verbrauchergerechten Sorten und verhalfen der Kiwifrucht in den 1970er Jahren zu Weltruhm. Leider vergaßen die Neuseeländer, »ihren« Namen zu schützen. Deshalb wird die Frucht heute unter dem Kiwi-Namen weltweit in den gemäßigten bis subtropischen Breiten angebaut. Hauptanbaugebiet in Neuseeland ist die Bay of Plenty mit Puke als »Kiwi-Hauptstadt«.

Klasse: Zweikeimblättrige, *Dicotyledoneae*
Ordnung: Nachtschatttenartige, *Solanales*
Familie: Windengewächse, *Convolvulaceae*
Aussehen: Windepflanze, kriecht meist am Boden. An den Knoten der bis zu 5 m langen und stark verzweigten Stängel entwickeln sich die Wurzeln mit dicken Knollen, den Süßkartoffeln.
Standort: Anbau in allen warmen Regionen der Erde als eine der wichtigsten Nutzpflanzen.
Blätter: Wechselständig, an langen Stielen; sehr vielgestaltig, von eiförmig bis handförmig.
Blüten: Typische, trichterförmige Windenblüte, bläulich oder rötlich, seltener weiß; bis 7 cm lang.
Heimat: Nördliches Südamerika bis Mexiko, wo die Süßkartoffel auch Kumara genannt wurde. Sie wurde von den aus Polynesien nach Neuseeland einwandernden Maori als »Kumara« mitgebracht und sie kultivierten sie auch im kühlen neuseeländischen Klima. Wie die Kumara allerdings von Amerika nach Polynesien kam, ist umstritten.
Nutzen: Die Kumara erfreut sich heute in Neuseeland bei allen Bevölkerungsteilen großer Beliebtheit und fehlt auf keiner Speisekarte. - Ähnlich wie die Kartoffel ist sie überaus vielfältig einsetzbar, zum Kochen oder Braten ebenso zur Gewinnung von Stärke oder Alkohol. Besonders beliebt auch als Pommes frites *(Kumara Fries)*.
Vergleiche: →Ziegenfußwinde (Australien).

Nikau

Nikau Palm

Nikaupalme

Rhopalostylis sapida

Klasse: Einkeimblättrige, *Monocotyledoneae*
Ordnung: Palmartige, *Arecales*
Familie: Palmengewächse, *Arecaceae*
Aussehen: Bis 10 m hohe, sehr langsam wachsende Palme. Schlanker Stamm mit sauberen Ringnarben abgeworfener Palmwedel. (Die Ringnarben sind keine »Jahresringe«.)
Standort: Küstenwälder, vornehmlich Regenwälder, bis 600 m über Meereshöhe.
Blätter: Bis 3 m lange Palmwedel entsprießen einem bauchigen, glänzendgrünen Kronenschaft.
Blüten: Zuerst cremefarben bis hellviolett, dann verblassend; sie wachsen in 30-60 cm langen Büscheln unterhalb des Kronenschaftes. Bildung der Blüten erst ab einem Alter von ca. 30 Jahren.
Blütezeit: Dezember bis Februar.
Früchte: Beerenartig, erst grün, ausgereift rot.
Nutzen: Die Maori aßen Jungtriebe, Früchte und Palmenherzen. Mit den Palmwedeln deckte man Häuser und aus den Palmwedelstreifen wurden z.B. Körbe geflochten. - Bienen schätzen den Nektar der Blüten, Tauben und Papageien die Beeren.
Heimat: Neuseeland.
Besonderes: Einzige Palmenart Neuseelands und außerdem die am weitesten südlich, bis zum 44. Breitengrad, beheimatete Palme der Welt .
Vergleiche: → 6 Palmenarten im Australien-Teil.

Ti Kouka

Palm Lily
New Zealand Cabbage Tree

Palmenlilie
Neuseeland-Kohlbaum

Cordyline australis
(Dracaena australis)

Klasse: Einkeimblättrige, *Monocotyledoneae*
Ordnung: Spargelartige, *Asparagales*
Familie: Agavengewächse, *Agavaceae;*
noch umstritten: Asteliengewächse, *Asteliaceae*
Aussehen: Aufrechter, palmenartiger Baum, verzweigt sich im Alter, 4-12 m. Ähnlich der Yucca oder Palmlilie, Gattung *Yucca*, aus Mittelamerika.
Standort: Lichtliebend, an Rändern von Wäldern und Sümpfen. Überlebt Feuer, dadurch oft auch auf gerodetem Farmland. Küste bis 800 m Höhe.
Rinde: Korkartig, dick, rau und rissig.
Blätter: Schwertähnlich, bis zu 90 cm lang.
Blüten: Winzig, cremeweiß, süß duftend, an bis 1,5 m langen und 60 cm breiten Rispen. Blüten mit Lilienmerkmalen, daher früher in der Lilienfamilie.
Blütezeit: Oktober.
Früchte: Blaugetönte kleine Beeren, bis zu 5 mm.
Vergleiche: Westküste Südinsel und Berglagen Nordinsel: *Ti Toi, Mountain Cabbage Tree, Cordyline indivisa*, Stamm schlanker, aber Blätter länger. - Insgesamt 5 (von 15) heimische *Cordyline*-Arten. →Strauchige Keulenlilie (Australien).
Heimat: Beide Arten Neuseeland.
Nutzen: Die Maori nutzten die Blattfasern, die fester als beim →Neuseeland-Flachs sind, für Tau- und Flechtwerk, und verzehrten verschiedene Teile der Pflanze. Die europäischen Siedler aßen die Schösslinge als Ersatz für Kohl, daher Kohlbaum.

Kowharawhara
Perching Lily
»Aufsitzende Astelie«
Astelia solandri

Klasse: Einkeimblättrige, *Monocotyledoneae*
Ordnung: Spargelartige, *Asparagales*
Familie: Asteliengewächse, *Asteliaceae*
(früher: Liliengewächse, *Liliaceae*)
Aussehen: Immergrüne, einen Wurzelstock bildende
Staude, die meist hoch oben in den Bäumen auf
Astgabeln sitzt (Epiphyt), manchmal aber auch
auf Felsen oder am Boden wächst. Ähnelt einem
Vogelnest, bis 2 m breit und hoch.
Standort: Regenwälder bis 500 m Höhe.
Blätter: Schwertartige, gebogene Blätter, bis
zu 2 m lang und 4 cm breit; oberseits hellgrün,
unterseits silbrig schimmernd, seidig behaart.
Blüten: Gelblichweiß, klein, süßlich duftend, an
lang gestielten, offenen Rispen. Männliche und
weibliche Blüten auf verschiedenen Pflanzen.
Blütezeit: Mitte Oktober bis Mitte März.
Früchte: Grüngelbe oder braune Beeren in auf-
fälligen Büscheln.
Nutzen: Die Maori aßen die Beeren, die Frauen
dekorierten gern ihr Haar mit den schneeweißen
Fasern an der Blattunterseite . - Heute weltweit
beliebte Zierpflanze.
Heimat: Neuseeland.
Allgemeines: 13 (der insgesamt 25) *Astelia*-Arten
wachsen nur in Neuseeland (endemisch).
Vergleiche: Epiphyt mit ähnlicher Verbreitung:
Kahakaha, *Perching Lily*, *Collospermum hastatum*.

Harakeke
Flax Lily
New Zealand Flax
Neuseeländer Flachs
Phormium tenax

Klasse: Einkeimblättrige, *Monocotyledoneae*
Ordnung: Spargelartige, *Asparagales*
Familie: Neuseeländer Flachs, *Phormiaceae*
(früher: Liliengewächse, *Liliaceae*
davor: Agavengewächse, *Agavaceae*)
Aussehen: Immergrüne, Horst bildende Staude,
bis 4 m hoch und 2 m breit.
Standort: Gestrüpp, Sümpfe, Flussufer, Hänge,
von der Küste bis zum Gebirge.
Blätter: Steif, aufrecht, schwertähnlich, bis zu
3 m lang und 5-12 cm breit.
Blüten: Bis 5 cm lang, röhrenförmig, trüb rot, an
bis 5 m hohen, kräftigen, rotpurpurnen Rispen.
Blütezeit: November bis Januar.
Vergleiche: In höheren Lagen: *Wharariki*, *Mountain
Flax*, *Phormium cookianum*, kleiner, mit orange-
gelben Blüten und überhängenden Blättern.
Heimat: Beide Arten Neuseeland.
Nutzen: Eine der wichtigsten Nutzpflanzen der
Maori: Aus den Fasern der Blätter fertigten sie
Kleider, Taue, Schnüre, Netze und Körbe; aus den
Blütenständen baute man Flöße. - Bis 1930 hat
man die Fasern industriell gewonnen und meist
exportiert. - Heute weltweit beliebte Zierpflanze
mit vielen Hybrid-Züchtungen.
Sonstiges: Der echte Flachs, *Linum usitatissimum*,
gehört zur Lein-Familie *Linaceae*, aber die Fasern
von *Harakeke* haben ähnliche Eigenschaften.

African Lily*
»Aggies Pant*«
Schmucklilie*
Afrikanische Liebesblume*
Agapanthus africanus★
und *Agapanthus praecox★*

Torch Lily*
Red Hot Poker*
Tritome*
Fackellilie*
Raketenblume*
Kniphofia uvaria★

Klasse: Einkeimblättrige, *Monocotyledoneae*
Ordnung: Spargelartige, *Asparagales*
Familie: Lauchgewächse, *Alliaceae*
Aussehen: Immergrüne, mehrjährige, gruppen-
bildende Staude, bis 90 cm hoch.
Blätter: Riemenförmig, dunkelgrün, 30-70 cm
lang, stehen in kräftigen Büscheln. Entspringen
einem kurzen Wurzelstock (Rhizom) mit dichten,
fleischigen Wurzeln.
Blüten: Lavendelblau oder weiß, trompeten-
förmig, 4-6 cm lang. Mit bis zu 200 Blüten an
einer runden Dolde an einem bis zu 1 m langen
Spross.
Blütezeit: Dezember bis Mai.
Heimat: Südafrika (Südwestliche Kapprovinz).
Bedeutung: Heute weltweit, u.a. auch Australien, mit vielen Sorten beliebte Zierpflanze in
Gärten und Parks: in meist warmgemäßigten Regionen ohne Frost, aber auch in subtropischen
Breiten. *Agapanthus africanus* ist populärste Art
in Neuseeland, sie ist nicht so frostempfindlich
wie *Agapanthus praecox*, die mehr Blüten hat.
Sonstiges: Die Gattung *Agapanthus* ist mit ca.
10 immergrünen und laubabwerfenden Arten im
südlichen Afrika beheimatet. Verbreitung der
immergrünen Arten in den Küstengebieten, die
laubabwerfenden Arten dagegen besiedeln mehr
die feuchteren Gebirgsgrasländer im Binnenland.

Klasse: Einkeimblättrige, *Monocotyledoneae*
Ordnung: Spargelartige, *Asparagales*
Familie: Affodillgewächse, *Asphodelaceae*
(früher: Liliengewächse, *Liliaceae*)
Englischer Name: *Poker* ist ein Feuerhaken.
Aussehen: Horstbildende, immergrüne Staude,
bis 1,2 m hoch und 60 cm breit. *Kniphofia uvaria
var. maxima* sogar bis 2 m hoch.
Standort: Besonders Weg- und Straßenränder.
Blätter: Schwertähnlich überhängend, dick, fein
gesägt, bis 60 cm lang und 5 cm breit.
Blüten: Erst scharlachrot, später orange-gelb
verblassend, röhrenförmig, 3-4 cm lang; erscheinen
an schlanken, länglich-eiförmigen Trauben im oberen
Bereich eines bis zu 1,2 m langen Blütenstängels,
der die Blätter überragt.
Blütezeit: Dezember bis Mai.
Nutzen: Heute weltweit Zierpflanze mit vielen
Sorten. - Als winterharte Pflanze ist *Kniphofia
uvaria* in Neuseeland die beliebteste Art und ist
daher im ganzen Land verbreitet.
Heimat: Südafrika (Südwestliche Kapprovinz).
Die Gattung *Kniphofia* umfasst etwa 70 Arten
aus dem südlichen und tropischen Afrika.
Vergleiche: 6 (von 20) Arten der überwiegend in
Südafrika beheimateten Gattung *Bulbinella* sind
auch in Neuseeland heimisch: *Maori Onion*, mit
gelben, fackelartigen Blüten, in alpinen Regionen.

Kareao
Supplejack
Holzliane
Ripogonum scandens

Kiekie
Giegie
Kiekie-Kletterpalme
Freycinetia banksii

Klasse: Einkeimblättrige, *Monocotyledoneae*
Ordnung: Lilienartige, *Liliales*
Familie: Stechwindengewächse, *Smilacaceae* (früher: Liliengewächse, *Liliaceae*)
Aussehen: Kletterpflanze, windet sich um Bäume bis zum Kronendach, wo sie Blätter und Früchte bildet. Den Stamm bilden schwarze, seilartige, bis 2 cm dicke Lianen mit regelmäßigen Knoten, wie z.B. beim Bambus. Die Kletterpflanze haftet aber nicht so gut an der Stütze, wie z.B. →*Kiekie*. Dadurch fällt sie häufig herunter und bildet in Bodennähe durch die vielen Windungen einen oft undurchdringlichen »Drahtverhau«.
Standort: Küstenwälder.
Blätter: Gegenständig, dunkelgrün, bis zu 10 cm lang und 6 cm breit; nur an den Stammenden.
Blüten: Grün, sternartig, nur bis 1 cm breit.
Blütezeit: November bis Januar.
Früchte: Scharlachrote Beeren, bis 1 cm dick.
Nutzen: Vielfältige Verwendung bei den Maori: Aus den Lianen stellte man Hängebrücken und Hängeleitern her; aus den jungen Trieben wurden Körbe geflochten; die Beeren sind essbar; einige Pflanzenteile hatten medizinische Bedeutung.
Heimat: Neuseeland.
Allgemeines: Die Gattung *Ripogonum* umfasst 8 Arten von Kletterpflanzen, nur 1 ist in Neuseeland, 7 sind in Australien beheimatet.

Klasse: Einkeimblättrige, *Monocotyledoneae*
Ordnung: Schraubenbaumartige, *Pandanales*
Familie: Schraubenbaumgewächse, *Pandanaceae*
Aussehen: Palmartige Kletterpflanze mit lianenartigen, armdicken und bis 100 m langen Stämmen. Klettert mit Hilfe langer Ranken an den Bäumen empor, um ans Sonnenlicht zu gelangen; kriecht auch über Felsen und gefallene Baumstämme.
Standort: Feuchte Küsten- und Bergwälder bis 1000 m Höhe.
Blätter: Schmal, flachsartig, fein gesägt, bis zu 1,5 m lang und 2,5 cm breit; in schraubenförmiger Anordnung, sie bilden an den Zweigenden sehr gedrängte, üppige Büschel.
Blüten: Außergewöhnlich, die drei cremefarbenen Blütenkolben sind von weißen, fleischigen Frucht- bzw. Deckblättern umgeben.
Blütezeit: September bis November.
Früchte: Beeren, zu maiskolbenartigen Fruchtständen vereinigt.
Nutzen: Vielfältige Verwendung bei den Maori: Die Jungblätter, Blütenkolben und Früchte kann man essen, aus den Blattfasern fertigte man Kleider, Taue, Schnüre, Matten, Netze und Körbe; Verschiedene Teile der Pflanze nutzte man auch medizinisch.
Heimat: Neuseeland.
Vergleiche: →Schraubenbaum (Australien).

Montbretia
"Falling Stars"
Montbretie*
Crocosmia x crocosmiiflora★
(C. aurea x C. potsii)

Toetoe
Cutty Grass
Toetoe-Gras
Gattung Cortaderia

Klasse: Einkeimblättrige, *Monocotyledoneae*
Ordnung: Lilienartige, *Liliales*
Familie: Schwertliliengewächse, *Iridaceae*
Aussehen: Robuste, gruppenbildende, variable Knollenpflanze, bis 1 m hoch und 10 cm breit.
Standort: An Straßenrändern, Flussufern und Hecken sowie auf mageren Böden.
Blätter: Aufrecht, schwertartig, blassgrün und halb immergrün, bis zu 80 cm lang; sie wachsen fächerförmig von der Basis der Pflanze aus, wie z.B. bei der Gladiole.
Blüten: Leuchtend gefärbt, von gelb über orange bis rot, trichterförmig, gladiolenartig, 3-5 cm lang; stehen in verzweigten Ähren an drahtartigen Sprossen. Eine Ähre trägt bis zu 40 Blüten.
Blütezeit: Dezember bis Februar.
Nutzen: Heute weltweit als Zierblume mit vielen Hybridzüchtungen. Ist auch eine ausgezeichnete Schnittblume. Die häufigste Art in Neuseeland ist die Hybride *Crocosmia x crocosmiiflora*, die um 1880 in Frankreich entstand.
Sonstiges: Montbretien breiten sich in manchen Gebieten Neuseelands unkontrolliert aus und werden dann als Unkraut angesehen.
Heimat: Südafrika.
Allgemeines: Die Gattung umfasst insgesamt sieben gruppenbildende Knollenpflanzenarten aus den Grasländern von Südafrika.

Klasse: Einkeimblättrige, *Monocotyledoneae*
Ordnung: Grasartige, *Graminales/Poales*
Familie: Süßgräser, *Poaceae/Gramineae*
Gattung: Insgesamt 25 *Cortaderia*-Arten: 19 in Südamerika, 1 in Neuguinea und 5 in Neuseeland (*C. fulvida, richardii, splendens, toetoe, turbaria*). 2 der südamerikanischen Arten, als Pampas-Gras bezeichnet, wurden nach Neuseeland eingeführt. Sie werden leicht mit den heimischen Arten verwechselt, doch die Pampasgräser blühen im Herbst (März-Mai) und die Toetoe-Arten im Frühling und Sommer (September-Februar).
Aussehen: Dichtbüschelige, horstbildende und ausdauernde Gräser, bis zu 6 m hoch (in Blüte).
Standort: Straßenränder, Grasformationen.
Blätter: Steif, flach, oft bewachst, bis zu 3 m lang und 5 cm breit, scharfkantig (der Gattungs- und englische Name beziehen sich darauf).
Blüten: Fedrig, endständig, weiß bis silbern oder rosa, in Rispen an bis zu 6 m hohen Blütenstängeln.
Blütezeit: September bis Februar.
Nutzen: Als Ziergras und Dekoration in Blumengestecken. - Die Maori fertigten daraus Drachen.
Sonstiges: Wiesen mit den heimischen Matten-, Tussock- oder Rispengräsern verschwanden, die Weidewirtschaft bevorzugte eingeführte Arten.
Abbildung: Die größte Art: *Cortaderia splendens*.
Vergleiche: →Stachelschweingras (Australien).

Kaori

Kauri

**Neuseeländischer
Kauri-Baum**

Agathis australis

Klasse: Nacktsamer, *Gymnospermae*
Ordnung: Kiefernartige, *Pinales*
Familie: Araukariengewächse, *Araucariaceae*
Aussehen: Bis 60 m hoher Baum. Der Stamm, in der unteren Hälfte meist astfrei, hat einen Durchmesser bis 8,5 m. Erreicht die volle Größe erst mit 1500 Jahren, Alter bis 4000 Jahre. Der wohl beeindruckendste Baum Neuseelands.
Rinde: Braun bis aschgrau, schuppt regelmäßig ab, daher kaum Epiphyten am Stamm.
Standort: Nördliche Küstenwälder. Im Waipoua Forest: »Tane Mahuta«, mit 51,5 m der höchste noch lebende Kauri, Alter etwa 2000 Jahre.
Blätter: Die «Nadeln» sind eiförmig, mittelgrün, flach, ledrig, bis 4 cm lang und 1 cm breit.
Samen: Am gleichen Baum: maiskolbenartige männliche und kugelförmige weibliche Zapfen, mit geflügelten Samen unter den Schuppen.
Nutzen: Vielfältig bei Maori: z.B. das Holz zum Kanu- und Hausbau, Kauriharz als Feueranzünder. - Die Europäer nutzten das leichte Holz (u.a. für Schiffe, Häuser, Möbel) und das Harz als Firnis für Lacke und Linoleum bzw. als Kauri-Kopal (Neuseeländischer Bernstein) für Schmuck.
Heimat: Neuseeland. Es überlebten nur 4 % der ehemaligen Kauriwälder.
Vergleiche: →Queensland-Kauri (Australien).
Allgemeines: Siehe →Norfolktanne (Neuseeland).

Norfolk Island Pine*

**Norfolktanne*
Zimmertanne***

Araucaria heterophylla*
(Araucaria excelsa*)

Klasse: Nacktsamer, *Gymnospermae*
Ordnung: Kiefernartige, *Pinales*
Familie: Araukariengewächse, *Araucariaceae*
Aussehen: Immergrüne, kegelförmige Konifere, bis 60 m hoch; Äste sind spiralig angeordnet und leicht aufsteigend, fächerförmiges Blattwerk.
Blätter: Nadelartig, 5-10 mm lang, in spiraliger, schuppenförmiger, um den Zweig herum dicht gedrängter Anordnung .
Samen: Zapfen, bis zu 13 cm groß. Samen nur alle 3 Jahre.
Heimat: Norfolk Island (zwischen Australien und Neuseeland).
Nutzen: Früher begehrter Stamm für Segelschiff-Masten. Heute als salztoleranter Baum häufig an den Küsten Neuseelands angepflanzt, auch weltweit in warm-gemäßigten Regionen. In Mitteleuropa als »Zimmertanne« eine beliebte Topfpflanze. Auch geschätzter Forstbaum.
Vergleiche: →Neuseeländischer Kauri-Baum; im Australien-Teil: →Norfolktanne, →Queensland-Kauri, →Bunyatanne, →Hoop-Schmucktanne.
Allgemeines: Araukarien (insgesamt 3 Gattungen mit 41 Arten) sind benannt nach dem Ort Arauco in Chile und gelten als »altertümliche« Nadelbäume, u.a. wegen der Nadelstruktur. Als »Gondwanpflanzen« sind sie fast nur auf der Südhalbkugel beheimatet.

Totara

Totara

Totara-Steineibe

Podocarpus totara

Klasse: Nacktsamer, *Gymnospermae*
Ordnung: Kiefernartige, *Pinales*
Familie: Stein- oder Stieleiben, *Podocarpaceae*
Aussehen: Ausladender, immergrüner, bis 40 m hoher Baum, Stamm bis zu 3 m dick. Leichte Ähnlichkeit mit Eiben (Gattung *Taxus, Taxaceae*). Ausgewachsen erst mit 250 bis 400 Jahren. Die Bäume sind entweder männlich oder weiblich.
Standort: Tiefland- und niedere Bergwälder bis zu 600 m Höhe.
Rinde: Rotbraun, schält sich in langen Streifen.
Blätter: Nadelartig, olivgrün, bis 3 cm lang und 4 mm breit, spiralig angeordnet.
Blüten: Gelbgrüne, kätzchenartige männliche Blüten und grüne, zapfenartige weibliche Blüten.
Blütezeit: Oktober bis November.
Früchte: Rote Beeren auf weiblichen Bäumen.
Nutzen: Vielfältige Verwendung bei den Maori: Das leicht zu bearbeitende, rötliche Holz diente für Haus-, Kanubau und Waffenherstellung, vor allem für Schnitzereien (»Schnitzbaum«); die Beeren sind essbar; verschiedene Teile der Pflanze hatten medizinische Bedeutung. - Auch für die Europäer ein vielseitiges Nutzholz.
Heimat: Neuseeland.
Vergleiche: Weitere 3 heimische Arten: *Hall's Totara, P. hallii*, bis 20 m; *Mountain Totara, P. nivalis*, bis zu 1 m; *Needle-leaved Totara, P. acutifolius*, bis 5 m.

Kahikatea

White Pine

Weißkiefer

Dacrycarpus dacrydioides
(Podocarpus dacrydioides)

Klasse: Nacktsamer, *Gymnospermae*
Ordnung: Kiefernartige, *Pinales*
Familie: Stein- oder Stieleiben, *Podocarpaceae*
Aussehen: Aufrechter Nadelbaum: Jungbaum ist konisch; ausgewachsen (mit 250 bis 400 Jahren) mehr rundliche und nicht sehr ausladende Krone. bis zu 60 m hoch, Stammdurchmesser bis 1,5 m. Höchste Baumart von Neuseeland.
Standort: Meist Sumpfwälder, auch trockene Lagen und Berghänge, bis 800 m Höhe.
Rinde: Grau, schält sich schuppenartig; untere Hälfte des Stammes glatt und astlos.
Blätter: Am Altbaum zypressenartig, hängend, grazile Verzweigung mit sich überlappenden feinen Nadeln, nur bis 3 mm lang (Bild links). Weiches Anfühlen, im Gegensatz zum unten erwähnten *Rimu* mit borstigen Nadeln (Bild rechts).
Früchte: Weibliche Pflanzen mit einzelnen großen Samen an einer beerenartigen, fleischigen Hülle. Ein Baum trägt jährlich bis zu 800 kg Früchte.
Vergleiche: Gleiche Verbreitung: *Rimu, Red Pine, Rimu-Harzeibe, Dacrydium cupressinum*, bis 30 m hoch, hängende Zweige mit borstigen Nadeln.
Nutzen: Beide Arten: Maori aßen die Früchte und nutzten Pflanzenteile für Heilbehandlungen. Auch ein vielseitiges Nutzholz für die Europäer: *Kahikatea* ist hell und *Rimu* ist rötlich (Namen).
Heimat: Neuseeland.

Miro
Rusty Pine
Brown Pine
Rostkiefer
Prumnopitys ferruginea
(Prumnopitys ferrugineus)

Klasse: Nacktsamer, *Gymnospermae*
Ordnung: Kiefernartige, *Pinales*
Familie: Stein- oder Stieleiben, *Podocarpaceae*
Aussehen: Immergrüner, aufrechter Baum, bis 25 m hoch und 5 m breit, mit wirteligen Ästen; erst mit 400 bis 600 Jahren ausgewachsen.
Standort: Tieflandwälder bis 1000 m Höhe.
Rinde: Nahezu schwarz, deutlich gekerbt.
Blätter: Schmale, bis zu 2,5 cm lange, oft leicht gewundene Nadelblätter; wachsen in zwei Reihen an dünnen Ästchen und ähneln denen der Eibe.
Früchte: An weiblichen Bäumen: leuchtendrote Steinfrüchte, eiförmig und bis zu 2,5 cm breit, mit nur einer dünnen, fleischigen Schicht um den Samen. Früchte riechen nach Terpentin.
Vergleiche: Gleiche Verbreitung und Baumhöhe, aber mit abschuppender Rinde: **Matai**, Black Pine, Schwarzkiefer, *Prumnopitys taxifolia (P. spicatus)*, mit ähnlichen, eibenartigen Nadelblättern wie Miro, jedoch unterseits blaugrün.
Nutzen: Beide Arten: Die Maori aßen die Früchte, schnitzten aus dem Holz Kunstgegenstände und nutzten Pflanzenteile für Heilbehandlungen. Auch vielseitiges Nutzholz der Europäer, besonders für Parkettfußböden und zur Möbelherstellung.
Heimat: Neuseeland.
Allgemeines: Gattung mit 10 Koniferen-Arten auf der Südhalbkugel, 2 davon in Neuseeland.

Tanekaha
Celery Pine
Neuseeland-Selleriekiefer
Pyllocladus trichomanoides

Klasse: Nacktsamer, *Gymnospermae*
Ordnung: Kiefernartige, *Pinales*
Familie: Stein- oder Stieleiben, *Podocarpaceae*, (Gattung früher bei Blatteiben, *Phyl, locladaceae*).
Aussehen: Immergrüner, aufrechter, konischer Baum, bis 25 m hoch und 7 m breit, mit spiralig angeordneten, waagerechten Ästen; erst mit 200 bis 500 Jahren ausgewachsen.
Standort: Tieflandwälder bis 800 m Höhe.
Rinde: Glatt, rotbraun, oft aufsitzende Flechten.
Blätter: Die auffälligen »Sellerieblätter« (Name) sind nur abgeflachte Blattstängel (Phyllokladien, Gattungsname), die Photosynthese betreiben. Die echten Blätter sind radial angeordnet und zu schuppenartigen, funktionslosen Nadeln reduziert. - Und damit ist die Selleriekiefer ein Nadelbaum!
Nutzen: Maori nutzten die tanninreiche Rinde zum Färben von Kleidungsstücken aus Flachsfasern, auch als Heilmittel gegen Ruhr. Die Europäer verwendeten die flexiblen Jungbäume für Spazierstöcke und Angelruten, die man auch exportierte.
Vergleiche: In Neuseeland: nur Norden der Nordinsel *Toatoa, P. toatoa (P. glaucus)* bis 15 m hoch; *Mountain Toatoa, P. aspleniifolius*, bis 9 m hoch. Karte mit allen drei Arten. - In Australien: →*Celery-top Pine*, Tasmanien-Selleriekiefer.
Allgemeines: Gattung mit 5 Arten in Indien, Südostasien, Tasmanien und 3 in Neuseeland.

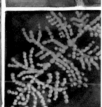

Kawaka
New Zealand Cedar
Neuseeland-Schuppenzeder
Libocedrus plumosa

Klasse: Nacktsamer, *Gymnospermae*
Ordnung: Kiefernartige, *Pinales*
Familie: Zypressengewächse, *Cupressaceae*
Unterfamilie: Schmuckzypressen, *Callitroideae*
Aussehen: Immergrüner, aufrechter und langsam wachsender Nadelbaum, bis 25 m hoch, 3 m breit. Der Stamm des Altbaumes ist im unteren Teil astfrei und hat einen Durchmesser von 1,2 m. Der Jungbaum ähnelt einem Farn.
Standort: Wälder in Höhenlagen bis 600 m.
Rinde: Rosabräunlich, faserig, pergamentartig, in langen und breiten Streifen abblätternd.
Blätter: Winzige, leuchtendgelbgrüne Schuppenblätter an flachen, farnartigen Zweigen.
Samen: Die weiblichen Zapfen mit ungeflügelten Samen und die männlichen Zapfen befinden sich auf demselben Baum.
Heimat: Neuseeland.
Nutzen: Das dunkelrote und schön gemaserte Holz schätzte früher die Bau- und Möbelindustrie. Heute sind die Baumbestände zu gering.
Vergleiche: Höhenlagen 250-1200 m und nur bis 20 m hoch: *Pahautea, Mountain Cedar*, Neuseeland-Bergzeder, *Libocedrus bidwillii*. Die Karte zeigt die Verbreitung beider Arten. - →Weiße Zypresse und →Schuppenfichte (Australien).
Sonstiges: Die nordamerikanischen Mammutbäume bilden die Unterfamilie *Sequoioideae*.

Radiata Pine*
Monterey Pine*
Monterey-Kiefer*
Pinus radiata ★
(Pinus insignis ★)

Klasse: Nacktsamer, *Gymnospermae*
Ordnung: Kiefernartige, *Pinales*
Familie: Kieferngewächse, *Pinaceae*
Aussehen: Immergrüner, aufrechter Nadelbaum, bis 60 m hoch, 12 m breit, als Jungbaum schmal und konisch, später breit und kuppelförmig.
Rinde: Schwarzbraun, dick, tief gefurcht.
Blätter: Schlanke Nadeln, glänzend grün, bis zu 15 cm lang, stehen zu dritt an kurzen Sprossen.
Samen: Die bis 17 cm langen und gelbbraunen weiblichen Zapfen entlassen nach 2-3 Jahren viele schwarze, beflügelte Samen.
Heimat: Kalifornien, USA; dort nur 30 m hoch.
Nutzen: Der schnellwachsende Forstbaum bildet das Rückgrat der neuseeländischen Weichholzindustrie. Auf 1,3 Mio ha Forstwirtschaft mit eingeführten Arten entfallen 90 % auf die Monterey-Kiefer. Erbringt im forstlichen Anbau den vier- bis fünffachen Holzertrag gegenüber der Waldkiefer oder Föhre, *Pinus sylvestris*, in Europa.
Vergleiche: Vereinzelte Anpflanzungen auch mit der kalifornischen *Coulter Pine** Coulter-Kiefer*, *Pinus coulteri ★*, mit den größten Zapfen aller Kiefern-Arten, bis zu 40 cm lang und 5 kg schwer. →Monterey-Kiefer (Australien).
Sonstiges: Heimat fast aller 140 *Pinus*-Arten auf der Nordhalbkugel. Keine heimischen Arten der Familie *Pinaceae* in Neuseeland und Australien.

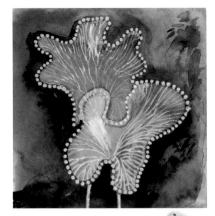

Fork Fern
Chain Fern
Kettenfarn
Tmesipteris tannensis

Raurenga
Kidney Fern
Nierenfarn
Trichomanes reniforme

Abteilung: Farnpflanzen, *Pteridophyta*
Klasse: Urfarne, *Psilotopsida*
Ordnung: Urfarne, *Psilotales*
Familie: Urfarne, Gabelblattgewächse, *Psilotaceae*
Aussehen: Kleiner Farn, meist auf den Stämmen der Baumfarne aufsitzend (Epiphyt), manchmal auch am Boden wachsend; ohne echte Wurzeln, nur mit Wurzelstock (Rhizom). Der Sprossteil der Pflanze besteht aus sich gabelig verzweigenden Stängeln, 5 bis 80 cm lang.
Standort: Feuchte Tiefland- und Bergwälder bis 1000 m Höhe.
Wedel: Bis zu 2 cm lange, blattähnliche Schuppen, die den Spross umgeben. Die Photosynthese geschieht in den Sprossen.
Besonderes: Der Kettenfarn gilt als die zweitälteste noch lebende Pflanzenart der Welt und wird als »lebendes Pflanzenfossil« bezeichnet.
Vergleiche: Gattung mit zwei Arten: *Tmesipteris tannensis* kommt in Neuseeland und Australien (Tasmanien) vor; *Tmesipteris vieillardii* nur in Neukaledonien.
Allgemeines: In Neuseeland sind 164 Arten von Farnen und Baumfarnen heimisch, etwa die Hälfte davon kommen nur hier vor (sind also endemisch). Viele dieser Arten haben mehr als 100 Mio Jahre unverändert überlebt.

Abteilung: Farnpflanzen, *Pteridophyta*
Klasse: Farngewächse, *Pteridopsida*
Ordnung: Hautfarnartige, *Hymenophyllales*
Familie: Hautfarn- oder Schleierfarngewächse, *Hymenophyllaceae*
Aussehen: Äußerst ungewöhnlich für einen Farn: Der blattartige Wedel sitzt an einem bis zu 15 cm langen Stängel. Der Farn bildet ausgedehnte und attraktive Matten am Boden, auf Felsen und auf Baumstämmen (Epiphyt).
Standort: Feuchte Tiefland- und Bergwälder, bis zu 1000 m Höhe.
Wedel: Gleichen nierenförmigen (Name) Blättern, ungeteilt, durchscheinend und glänzend, bis zu 10 cm lang und 13 cm breit. Ein Hautfarn, weil die Wedelspreite, abgesehen von den Wedelrippen, nur eine Zellschicht dick ist. Die Sporenkapseln liegen an dem unteren, gewellten Wedelrand, und nicht wie bei den meisten Farnen auf der Unter- oder Oberseite der Wedel.
Besonderes: Der Wedel rollt sich als Schutz gegen zu große Verdunstung bei Trockenheit ein und öffnet sich wieder, sobald es regnet.
Heimat: Neuseeland.
Sonstiges: 27 der weltweit etwa 650 Arten der Familie sind in Neuseeland beheimatet, davon 6 aus der Gattung *Trichomanes*.
Allgemeines: →Kettenfarn.

Ponga
Silver Tree Fern
Silber-Baumfarn
Cyathea dealbata

Korau
Mamaku
Black Tree Fern
Schwarzer Baumfarn
Cyathea medullaris

Abteilung: Farnpflanzen, *Pteridophyta*
Klasse: Farngewächse, *Pteridopsida*
Ordnung: Baumfarne, *Cyatheales*
Familie: Becherfarngewächse, *Cyatheaceae*
Aussehen: Immergrüner Baumfarn, bis 10 m hoch, erinnert an →Palmfarn oder →Palme. Der Scheinstamm (kein echtes Holz) ist dick, unverzweigt und borstig, oft mit aufsitzenden Pflanzen (Epiphyten). Die Wedel bilden eine horizontale Krone.
Standort: Feuchte Tiefland- und Bergwälder bis zu einer Höhe von 1000 m.
Wedel: Bis 4 m lange, 1,2 m breite, gefiederte Wedel, mit dem charakteristischen silbrigweißen Überzug auf der Unterseite der Wedel und der Wedelstiele (Name). Die eingerollten, behaarten jungen Wedel entwickeln sich in der Mitte des Wedelschopfes (Krone). Die Sporen sitzen an der Unterseite der fruchtbaren Wedel.
Nutzen: Die Maori aßen Teile der Pflanze: das stärkehaltige Mark des Stammes, roh oder geröstet, und den nicht eingerollten Teil des aufkeimenden Farns.
Heimat: Neuseeland.
Besonderes: Gilt - neben dem →Kiwi - als Nationalsymbol Neuseelands, vor allem die silbrige Wedelunterseite und der aufkeimende Farn (Koru).
Name: *Ponga* sprich *Punga*.
Vergleiche/Allgemeines: →Schwarzer Baumfarn.

Abteilung: Farnpflanzen, *Pteridophyta*
Klasse: Farngewächse, *Pteridopsida*
Ordnung: Baumfarne, *Cyatheales*
Familie: Becherfarngewächse, *Cyatheaceae*
Aussehen: Bis 20 m hoher, immergrüner Baumfarn, mit bis 10 m breiter, schirmähnlicher Krone, die aus 20-30 Wedeln gebildet wird. Eine der größten und beeindruckendsten Arten weltweit. Weiteres →Silber-Baumfarn.
Standort: Feuchte Tiefland- und Bergwälder bis zu einer Höhe von 500 m.
Wedel: Bis zu 6 m lang, 2 m breit, 8 cm dick und mit schwarzen, spreuartigen Schuppen bedeckt. Auch die Wedelstiele sind an der Basis schwarz (Name). Weiteres →Silber-Baumfarn.
Nutzen: Wie →Silber-Baumfarn. - Früher bauten die Maori aus den Stämmen von *Wheki-Ponga*, *Dicksonia fibrosa*, Hütten und Zäune;
Heimat: Neuseeland, auch Australien (Victoria und Tasmanien) und einige Südpazifik-Inseln.
Allgemeines: 7 der weltweit etwa 650 *Cyathea*-Arten sind in Neuseeland beheimatet, auch 3 von 25 *Dicksonia*-Arten (Familie *Dicksoniaceae*).
Vergleiche: Neuseeland: →Silber-Baumfarn; mit schirmähnlichen Wedeln, *Waekura, Umbrella Fern, Sticherus cunninghamii* (Gleicheniaceae). Australien: →Antarktischer Baumfarn.

Giant Moss

Riesenmoos

Dawsonia superba

Lichens

Flechten

Abteilung: Moospflanzen, *Bryophyta*
Klasse: Laubmoose, *Bryopsida*
Familie: Haarmützen-, Bürsten-, Widertonmoose, *Polytrichaceae*
Aussehen: Der bis zu 60 cm lange, aufrechte, beblätterte Stängel ähnelt einem Kiefernsämling; das Moos bildet ausgedehnte Matten am Boden des Waldes. Es ist die größte Moosart in Neuseeland und eine der größten Arten weltweit.
Standort: Feuchte Tieflandwälder bis zu einer Höhe von 500 m.
Blättchen: Schmal und spitz an den Blattenden, bis 2 cm lang, sitzen am unverzweigten Stängel.
Heimat: Neuseeland, Australien und Neuguinea.
Nutzen: Unter den Moosen ist u.a. das Torfmoos *Sphagnum cristatum (Sphagnaceae)* wirtschaftlich bedeutend. Das getrocknete Moos nimmt bis zum 25-fachen seines Trockengewichts an Wasser auf und wird im Gartenbau vielfältig genutzt, z.B. als Nährboden in der Orchideenzucht.
Vergleiche: Gleiche Familie, auch als Riesenmoos bezeichnet: *Giant Moss, Dendroligotrichum dendroides;* der Stängel ist verzweigt und bis zu 40 cm hoch; gleiche Verbreitung, aber meist in höheren Lagen.
Allgemeines: In Neuseeland wachsen etwa 1000 Moos-Arten: je zur Hälfte Laub- und Lebermoose, die seltenen Hornmoose sind nur mit 13 (von weltweit maximal 300) Arten vertreten.

Abteilungen: Grünalgen, *Chlorophyta;* Blaugrüne Bakterien, *Cyanophyta;* Pilze, *Mycophyta*
Bild: Orangerote Luftalge, *Trentepohlia aurea*
Aussehen: Rote Tupfer und Flächen auf Felsen und Steinen in Flüssen; man hält sie für rote Farbanstriche, Wegmarkierungen oder Rost (Eisenoxyd).
Standort: Hochgebirgslagen mit hohen Niederschlägen, vor allem auf der Südinsel.
Besonderes: Die einen roten Farbstoff (Carotin) bildenden Grünalgen - bei anderen Flechtenarten sind Blaugrüne Bakterien für die Farbe verantwortlich - und Schlauchpilze, also zwei nicht verwandte Organismen, leben in einer engen Gemeinschaft (Symbiose): Die Algen bzw. Blaugrünen Bakterien betreiben Photosynthese und versorgen den Pilz besonders mit Zucker, während das Pilzgeflecht als Wasserspeicher (inkl. Mineralstoffe) dient und beiden Halt gibt. Zusammen bilden sie eine Flechte, z.B. die abgebildete Krustenflechte.
Allgemeines: Die anspruchslosen Flechten sind oft Erstbesiedler unwirtlicher Unterlagen, darauf wachsen dann oft Moose und später andere Pflanzen. Die meisten Flechten sind sehr empfindlich gegen Luftverschmutzung und ihr Vorhandensein bzw. Fehlen ein Kriterium für die Luftqualität. Neuseeland mit seiner reinen Luft ist eine besonders flechtenreiche Region: Etwa 1000 Arten wurden bisher bestimmt, gleich viele warten noch darauf.

Stichwortverzeichnis

Die **drei Schrifttypen** werden wie folgt verwendet:
• Deutsche Namen
• Englische Namen
• *Wissenschaftliche Namen*

Im Neuseeland-Teil wird noch eine **vierte Schrifttype** verwendet für:
• *Maori-Namen*
Im Stichwortverzeichnis erscheinen sie jedoch wie englische Namen.

Im Text sind **umgangssprachliche und nicht offizielle Bezeichnungen** mit doppelten Winkelklammern versehen:
• z.B. »Moby Dick«

Jeweils **eingeführte Arten** sind mit einem Stern gekennzeichnet:
• z.B. Aga-Kröte*

Die **ausgestorbenen Arten** sind mit einem Kreuz markiert:
• z.B. Tasmanischer Tiger †

A

Aal, Gefleckter Röhren- 139
Aal, Ohrfleck-Röhren- 139
Abalones 162
Acacia aneura 209
Acacia cyclops 212
Acacia dealbata 211
Acacia decurrens 211
Acacia estrophiolata 211
Acacia kempeana 210
Acacia podalyriifolia 211
Acacia pycnantha 210
Acanthaster planci 167
Acanthasteridae 167
Acanthophis antarcticus 127
Acanthuridae 146
Acanthurinae 146
Accipiter cirrhocephalus 68
Accipiter novaehollandiae 68
Accipitridae 67, 68, 69, 298
Aciphylla 311
Acmena smithii 205
Acridotheres tristis★ 107
Acrobates pygmaeus 21
Acrocephalinae 105
Acrocephalus stentoreus 105
Acrochordidae 129
Acrochordus arafurae 129
Acrochordus granulatus 129
Acropora 151

Actiniaria 151
Actinidia chinensis★ 314
Actinidia deliciosa★ 314
Actinidiaceae 314
Adansonia gibbosa 229
Adansonia gregorii 229
Adder, Common Death 127
Adder, Deaf 127
African Tulip Tree* 250
Afrikanischer Regenbaum* 216
Afrikanischer Tulpenbaum* 250
Allamanda blanchetii★ 247
Allamanda cathartica★ 247
Allamanda violacea★ 247
Allamanda★ 247
Allamanda★, Purple 247
Allfarblori 46
Alliaceae 317
Allocasuarina decaisneana 228
Alsophila australis 283
Amadine, Diamant- 102
Amadina, Spitzschwanz- 101
Amaranthaceae 256
Ameise, Weber- 181
Ameisen, Bulldoggen- 181
Ameisen, Honigtopf- 182
Ameisenbeutler 24
Ameisenigel 9
Ameisenpflanze 246
Amethystpython 125
Amitermes meridionalis 172
Ampfer*, Rubinroter 259
Amphibians, General 108
Amphiprion ocellaris 145
Amphiprion percula 145
Amphiprioninae 145
Amsel* 106
Amulla 252
Amyema 262
Amytornis 87
Anacardiaceae 238, 287
Anas platyrhynchos 55
Anas rhynchotis 55
Anas superciliosa 55
Anatidae 53, 54, 55
Anemonefish, Clown 145
Anemonefish, False Clown 145
Anemonenfisch, Orange- 145
Angelfish, Emperor 144
Angiopteris erecta 283
Angophora costata 200
Angophora floribunda 200
Anguilla reinhardtii 138
Anguillidae 138
Anhinga melanogaster 59
Anhingidae 59
Anigozanthos manglesii 277
Annona cherimola 289

Annona muricata 289
Annona reticulata 289
Annona squamosa★ 289
Annonaceae 248, 289
Annone*, Schuppen- 289
Anostomatidae 306
Anseranas semipalmata 55
Anseranatidae 55
Ant Plant 246
Ant, Green Tree 181
Ant, Greenhead 181
Antarktischer Baumfarn 283
Antartic Beech 241
Anteater, Spiny 9
Antechinus 24
Anthericaceae 276
Anthochaera carunculata 88
Anthochaera paradoxa 88
Anthornis melaluna 296
Anthouse Plant 246
Anthozoa 150, 151
Anthus novaeseelandiae 99
Ants, Bulldog 181
Ants, Honeypot 182
Ants, Jumper 181
Apiaceae 311
Apis mellifera★ 180
Aplonis metallica 107
Apocynaceae 247
Apodidae 104
Apodea 104
Apple, Rough-barked 200
Apple, Smooth-barked 200
Aprosmictus erythropterus 47
Apterygidae 295
Apteryx australis 295
Apteryx haasti 295
Apteryx oweni 295
Aquila audax 69
Aquila Hieraaetus 68
Aquila morphnoides 68
Arachnocampa luminosa 307
Arafura File Snake 129
Arafura-Warzenschlange 129
Araliaceae 244, 310
Aralie, Fünffinger- 310
Aralie, Strahlen- 244
Araneidae 184
Araucaria bidwillii 279
Araucaria cunninghamii 279
Araucaria excelsa★ 280
Araucaria excelsa★ 320
Araucaria heterophylla★ 280
Araucaria heterophylla★ 320
Araucariaceae 279, 280, 320
Archerfish 144
Archidendron lucyi 220
Archontophoenix alexandrae 271

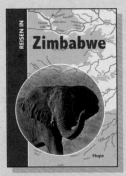
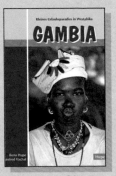